Deutschbuch für die Oberstufe

Texte, Themen und Strukturen

Zentralabitur Deutsch 2020
Grund- und Leistungskurs

Handreichungen für den Unterricht

Herausgegeben von
Deborah Mohr und Andrea Wagener

Erarbeitet von
Manuela Meyer-Pfeil, Diana Sackmann,
Frank Schneider, Angelika Thönneßen und
Linda Walbergs

INHALT

1 Johann Wolfgang Goethe: „Faust I" 4
Konzeption des Kapitels 4
1.1 Vor der Lektüre 8
1.2 Inhaltssicherung 8
1.3 Figuren und Handlung 9
1.4 Thematische Aspekte 10
1.5 Sprachgestaltung und Form untersuchen 16
1.6 Inszenierungen als Deutungsmöglichkeiten untersuchen und gestalten 17
1.7 Zur Gattung und zur epochalen Einordnung des Dramas 18
1.8 Goethes „Faust I" und Brechts „Der gute Mensch von Sezuan" – Menschenbilder und Wirkungsweisen zweier Dramen vergleichen 19
1.9 Klausurtraining: Einen Sachtext mit Bezug auf einen literarischen Text erörtern (Aufgabenart III B) 20
Lernerfolgskontrolle/Klausurvorschläge 23

2 Heinrich von Kleist: „Die Marquise von O…" 32
Konzeption des Kapitels 32
2.1 Vor der Lektüre 35
2.2 Die Handlung 35
2.3 Ort und Zeitgestaltung 36
2.4 Die Hauptfiguren 38
2.5 Thematische Aspekte 41
2.6 Erzählweise, Sprache und Stil 44
2.7 Leben und Werk des Autors 46
Lernerfolgskontrolle/Klausurvorschlag 48

GK 3 Judith Hermann: „Sommerhaus, später" 53
Konzeption des Kapitels 53
3.1 Vor der Lektüre 56
3.2 Handlung, Zeit, Ort und Fiktionalität 56
3.3 Die Figuren 56
3.4 Den Schluss der Erzählung deuten 60
3.5 Judith Hermann und die zeitgenössische Kurzprosa 60

LK 3 E.T.A Hoffmann: „Der Sandmann" 62
Konzeption des Kapitels 62
3.1 Vor und während der Lektüre 65
3.2 Figuren und thematische Aspekte 66
3.3 Motive untersuchen und vergleichen 71
Lernerfolgskontrolle/Klausurvorschlag 72

GK 4 Erzähltexte vergleichen: „Sommerhaus, später" und „Die Marquise von O…" 79
Konzeption des Kapitels 79
4.1 Die Raumsymbolik 80
4.2 Die Sprachlosigkeit der Figuren 80
4.3 Klausurtraining: Einen Erzähltext analysieren (Aufgabenart I A) 81
Lernerfolgskontrolle/Klausurvorschlag 84

LK 4 Hartmut Lange: „Das Haus in der Dorotheenstraße" 89
Konzeption des Kapitels 89
4.1 Handlung und Figuren 91
4.2 Thematische Aspekte im Vergleich 93
4.3 Klausurtraining: Einen Erzähltext analysieren (Aufgabenart I A) 96
Lernerfolgskontrolle/Klausurvorschlag 98

GK 5 „unterwegs sein" – Lyrik von der Romantik bis zur Gegenwart	104
LK 5 „unterwegs sein" – Lyrik vom Barock bis zur Gegenwart	104
Konzeption des Kapitels	104
5.1 Annäherung an ein Thema der Lyrik	109
LK 5.2 Leben und Vergehen – „Unterwegssein" in der Lyrik des Barock	110
LK 5.3 Veränderung und Beständigkeit – Von der Aufklärung zur Weimarer Klassik	113
GK 5.2 / LK 5.4 Weltflucht und Heimkehr – Von der Romantik zum Realismus	116
GK 5.3 / LK 5.5 Eine Welt im Umbruch – Lyrik der Moderne und des Expressionismus	119
GK 5.4 / LK 5.6 Brüchigkeit der Heimat – Lyrik des 20. und 21. Jahrhunderts	124
GK 5.5 / LK 5.7 Selbstreflexion als Reise – Lyrik des 21. Jahrhunderts	128
GK 5.6 / LK 5.8 Klausurtraining: Zwei Gedichte analysieren und vergleichen (Aufgabenart I B)	131
Lernerfolgskontrolle/Klausurvorschläge	134
GK 6 Sprachvarietäten und ihre gesellschaftliche Bedeutung – Dialekte und Soziolekte	142
Konzeption des Kapitels	142
6.1 Dialekte und Soziolekte	145
6.2 Merkmale und Verbreitung von Dialekten	146
6.3 Vorteil Dialekt? – Dialekte und ihre Wirkung	147
6.4 Jugendsprache	149
6.5 Fußballsprache und weitere Soziolekte	152
6.6 Klausurtraining: Materialgestütztes Schreiben (Aufgabenart IV)	153
Lernerfolgskontrolle/Klausurvorschläge	156
LK 6 Zur Aktualität der Sapir-Whorf-Hypothese	168
Konzeption des Kapitels	168
6.1 Sprache, Denken, Wirklichkeit – Eine Annäherung	171
6.2 Die Sapir-Whorf-Hypothese	172
6.3 Sapir-Whorf heute – Aktuelle Experimente kennen lernen und bewerten	176
6.4 Klausurtraining: Materialgestütztes Schreiben (Aufgabenart IV)	177
Lernerfolgskontrolle/Klausurvorschläge	180

1 Johann Wolfgang Goethe: „Faust I"

Konzeption des Kapitels

GK: Arbeitsheft für den Grundkurs; **LK:** Arbeitsheft für den Leistungskurs;
Texte, Themen und Strukturen: Ausgabe Nordrhein-Westfalen, 978-3-464-68112-1 / 978-3-464-68111-4

Seite	Sequenz/ Materialien	Didaktisch-methodische Hinweise	Anknüpfung an „Texte, Themen und Strukturen"
S. 3	**1.1 Vor der Lektüre** *Fiktive Zeitungsmeldung*	Der Text ermöglicht eine inhaltliche Vorentlastung. Eine Annäherung zur Formulierung erster (Lese-)Erwartungen kann alternativ über das differenzierende Zusatzmaterial (→ diese HRU, S. 8) erfolgen.	Zu dem Stück insgesamt bietet sich ergänzend das entsprechende Kapitel an: „Eine Sonderform des Dramas – Goethe: Faust I" (S. 224 ff.).
S. 4	**1.2 Inhaltssicherung**	Die Schüler/-innen rekapitulieren den Handlungsverlauf anhand von bekannten Textzitaten, die sie in den Gesamtkontext einordnen.	Eine Vertiefungsmöglichkeit zu Fiktionalitätssignalen bietet das Kapitel „Zwischen Fiktion und Wirklichkeit – Modelle literarischer Kommunikation" (S. 175). Die Aufgaben können ergänzend an Textauszügen aus Hermanns Erzählung erarbeitet werden.
S. 5	**1.3 Figuren und Handlung** Tabellarischer Überblick	Die Fokussierung des Kapitels auf die drei Handlungslinien „Himmlische Rahmenhandlung" (blau), „Gelehrtentragödie" (grün) und „Gretchentragödie" (rot) wird eingeführt. Die Tabelle kann vorab als Überblick eingesetzt und später durch Stichpunkte (Unterrichtsergebnisse, Eindrücke der Schüler/-innen, die in 1.2 kontextualisierten Zitate) ergänzt werden.	Zur Ergebnissicherung siehe die Szenenübersicht zu „Faust I" auf Seite 227 f. Weiterführend kann der Aufbau von Dramen thematisiert werden, z. B. mit Hilfe der Informationskästen „Das klassische Drama" (S. 221), „Die geschlossene Form" (S. 222: Schema nach *Gustav Freytag*), „Das Drama der offenen Form" (S. 222).

1 JOHANN WOLFGANG GOETHE: „FAUST I"

Seite	Sequenz/ Materialien	Didaktisch-methodische Hinweise	Anknüpfung an „Texte, Themen und Strukturen"
S. 6 ff.	**1.4 Thematische Aspekte**	Zu den Handlungslinien „Himmlische Rahmenhandlung" und „Gelehrtentragödie" erfolgen erste exemplarische textanalytische Zugriffe zur lokalen und globalen Kohärenzbildung. Zur Gestaltung der „Bühnenwirklichkeit" werden handlungs- und produktionsorientierte Verfahren aus dem Bereich der Theaterpädagogik verwendet. Als optionale Auswertungs- und Überprüfungsform kann das szenische Vortragen gewählt werden. Der Schwerpunkt liegt auf der Verschränkung von analytischen und produktionsorientierten Zugriffen und deren Reflexion zur Förderung methodischer Kompetenzen. Integriert sind Aufgaben zur lokalen und globalen Kohärenz, die in ihrer Exemplarität dazu befähigen sollen, die erworbenen Teilkompetenzen auch auf andere dramatische Texte anzuwenden.	Mögliches Additum: ein aspektorientierter Vergleich des „Prologs" mit der Szene „Studierzimmer" (S. 224 ff.). Methode: Möglichkeiten des szenischen Interpretierens (S. 232)
S. 6	**Das Welt- und Menschenbild im Prolog untersuchen**		
S. 7	**Fausts Ausgangssituation beschreiben**		
S. 8 f.	**Die Wissenschaftlerfiguren Faust und Wagner kontrastieren** Kreuzworträtsel „Faust"		
S. 10	**Ein Rollenprofil zur Figur Faust erstellen** Information: Rollenprofile zu Figuren Fragen zum Rollenprofil	Die Information und der Fragenkatalog unterstützen beim produktiven Schreibauftrag: Die Schüler/-innen versetzen sich in die Situation eines Schauspielers und entwickeln ein Rollenprofil zur Figur Faust.	
S. 11 ff.	**Wette und Teufelspakt untersuchen** Vertrag Faust–Mephisto *Maria Faust:* „Rollenprofil ‚Mephisto'"	Die diffizilen Vereinbarungen zwischen Faust und Mephisto werden über die schrittweise Erarbeitung eines entsprechenden Vertrags aufgeschlüsselt. Dabei soll deutlich werden, dass es sich zunächst um einen Pakt handelt, dem eine Wette hinzugefügt wird. Das Rollenprofil der Schauspielerin Maria Faust bietet Möglichkeiten zur Auseinandersetzung mit der Profilierung der Figur Mephisto im Spannungsfeld „Werkzeug Gottes / ebenbürtiger Widersacher".	Zur Darstellung von Faust und Mephisto am Beginn des Dramas siehe Seite 226.

1 JOHANN WOLFGANG GOETHE: „FAUST I"

Seite	Sequenz/ Materialien	Didaktisch-methodische Hinweise	Anknüpfung an „Texte, Themen und Strukturen"
S. 14 ff.	**Bedeutung und Entwicklung der Figur Gretchen untersuchen** Information: Die Bedeutung der Figur Gretchen in „Faust I" Sachtext zum Vorbild der Figur Gretchen *Joseph Fay:* „Faust und Mephisto im Kerker" (Lithografie)	Handlungslinie „Gretchentragödie"	Die erste Begegnung (Szene „Straße") kann im Vergleich der Inszenierungen von *Gründgens* (1960) und *Dorn* (1987) untersucht werden (S. 229). Inwiefern die „Gretchentragödie" mit einer Katastrophe endet, wird anhand der Szene „Kerker" untersucht (S. 230 f.).
S. 17 f.	**1.5 Sprachgestaltung und Form untersuchen** Information: Bildhafte Sprache Information: Vers- und Strophenformen	Die Reflexionsmonologe „Wald und Höhle" und „Gretchens Stube" werden aspektorientiert untersucht. Schwerpunkt ist die Beschreibung, Erschließung und Deutung von Figurensprache, Situation und Atmosphäre sowie ihre Korrespondenz mit der formalen Gestaltung.	Zur Wiederholung bzw. Vertiefung siehe: bildhafte Sprache S. 58 f.; Reim, Metrum, Strophen- und Gedichtformen S. 197 f.; rhetorische Figuren S. 200 ff.; Bezüge zwischen Form und Inhalt formulieren S. 203.
S. 19 f.	**1.6 Inszenierungen als Deutungsmöglichkeiten untersuchen und gestalten** Information: „Faust"-Inszenierungen Bühnenfotos aus zwei Inszenierungen *Benjamin Henrichs:* „Geschick ist alles, Goethe Schall und Rauch" *Gerhard Kaiser:* „Gibt es einen Faust nach Peter Stein?"	Die Schüler/-innen entwickeln zunächst anhand ihrer Textlektüre eigene Ideen für ein Bühnenbild zum „Prolog", bevor sie sich mit bekannten Faust-Inszenierungen beschäftigen. Ideal wäre der Besuch einer aktuellen Inszenierung mit Vorbereitung und anschließender Reflexion, ggf. auch mit Schauspielern und/oder Theaterpädagogen des jeweiligen Hauses.	Zur Vertiefung oder Differenzierung siehe S. 235 „Bühneninszenierungen – Interpretationen im Kontext ihrer Zeit" (u. a. Auszug eines Interviews mit *Peter Stein*), S. 229 f. (Szene „Straße" bei *Stein* und *Dorn* mit Bühnenfotos), S. 236 „Gründgens und Dorn: Faust-Inszenierungen im Vergleich" (zahlreiche Bühnenfotos zur Szene „Kerker").
S. 21	**1.7 Zur Gattung und zur epochalen Einordnung des Dramas** Information: Goethes Arbeit am „Faust"	Die Schüler/-innen wiederholen zum einen ihr Epochenwissen und erkennen zum anderen die Einzigartigkeit des „Faust"-Dramas in Bezug auf seine literaturgeschichtliche Verortung.	Zur Orientierung über die (Literatur-)Geschichte vgl. die inneren Umschlagseiten. Zu den Epochen: „Von der Aufklärung zum Sturm und Drang" (S. 394 ff.), „Klassik und Romantik" (S. 421 ff.)

Seite	Sequenz/ Materialien	Didaktisch-methodische Hinweise	Anknüpfung an „Texte, Themen und Strukturen"
S. 22 f.	**1.8 Goethes „Faust I" und Brechts „Der gute Mensch von Sezuan" – Menschenbilder und Wirkungsweisen zweier Dramen vergleichen** Information: Bertolt Brecht: „Der gute Mensch von Sezuan" *Bertolt Brecht:* „Der gute Mensch von Sezuan" (Epilog)	Ein Vergleich des „Faust I" mit „Der gute Mensch von Sezuan" bietet sich an, da Brechts Drama deutliche strukturelle Unterschiede aufweist, jedoch inhaltliche Vergleiche ermöglicht, z. B. im Hinblick auf das Menschenbild, die Rolle der Götter sowie die Liebesbeziehungen und die damit verbundenen Konflikte. Die Schüler/-innen erschließen das Menschenbild, das im „Epilog" des Brecht-Stücks ausgeführt wird, und vergleichen es mit ihren Arbeitsergebnissen zu „Faust I". Die produktionsorientierte Aufgabe, einen entsprechenden Epilog zu „Faust I" zu verfassen, motiviert zum abschließenden Resümee.	Zu „Der gute Mensch von Sezuan": Inhaltsübersicht S. 218 ff.; Informationen „Drama der offenen Form" (S. 222), „Verfremdungseffekt" (S. 223); *Bertolt Brecht:* „Die dramatische und die epische Form des Theaters" (S. 223)
S. 24 ff.	**1.9 Klausurtraining: Einen Sachtext mit Bezug auf einen literarischen Text erörtern** *Aydın Süer:* Menschenbilder der Moderne	Die verkürzte Analyse des Sachtextes wird verknüpft mit dem erworbenen Deutungswissen zu den Handlungslinien und zum Menschenbild. Hier kann auch eigenständig gearbeitet werden. Zwei weitere Klausurvorschläge (mit Erwartungshorizonten) bietet diese Handreichung (→ S. 23 ff.).	Die fünf Schritte entsprechen dem Vorgehen des Klausurtrainings in „Texte, Themen und Strukturen" (vgl. S. 242 ff.). Unterstützen kann auch das Kapitel „Texte planen, schreiben und überarbeiten – Die Schreibkompetenz verbessern" (S. 580 ff.).

Literaturhinweise

Gaier, Ulrich: Kommentar zu Goethes Faust. Reclam, Stuttgart 2002

Goethe, Johann Wolfgang von: Faust. Urfaust, Faust I, Faust 2. Hrsg. u. kommentiert von Erich Trunz. C. H. Beck, München 1982 (2014³)

Jaeger, Michael: Global Player Faust oder Das Verschwinden der Gegenwart. Zur Aktualität Goethes. Königshausen u. Neumann, Würzburg 2013 (erste vier Auflagen: Wolf Jobst Siedler Verlag, Berlin 2008)

Kaiser, Gerhard: Gibt es einen Faust nach Peter Stein? In: Die Welt, 01.07.2001. Online unter www.welt.de/print-welt/article462394/Gibt-es-einen-Faust-nach-Peter-Stein.html (Zugriff am 12.06.2017)

Praxis Deutsch, Heft 250: Faust. Friedrich Verlag, Seelze 2015

Roselt, Jens: Kreatives Zuschauen. Zur Phänomenologie von Erfahrungen im Theater. Der Deutschunterricht 2/2004, Friedrich Verlag, Seelze 2004

Sudau, Ralf: Johann Wolfgang Goethe: Faust I und Faust II, Oldenbourg Interpretationen, Band 64. Oldenbourg Schulbuchverlag, München 1993

1.1 Vor der Lektüre

▶ S. 3

Der produktionsorientierte Zugriff vor der Lektüre ermöglicht eine inhaltliche Vorentlastung. Die Schüler/-innen formulieren ihre (Lese-)Erwartungen anhand eines sprachlich modernisierten Zeitungsberichts (historische Brechung) mit Informationen zu den Geschehnissen, sie formulieren geeignete Fragestellungen zu Tathergang und Motiven, auch unter dem Aspekt von Schuld und Verantwortung (Frau M.? Prof. Dr. F.? Türsteher Herr M.?), und reflektieren damit zentrale inhaltliche Aspekte des Dramas.

Das folgende **Zusatzmaterial** kann **zur Neigungs- und/oder Leistungsdifferenzierung** eingesetzt werden. Es bietet darüber hinaus ein Figurentableau mit nur wenigen Hintergrundinformationen zu den einzelnen Figuren (Material 1) sowie einen „kontemporären" Bericht (Material 2).
Alternative Aufgabenstellung: Entwickeln Sie eine dramatische Geschichte mit den unten vorgestellten Personen und deren Eigenschaften.

M 1
Figuren („dramatis personae")
- Dr. Heinrich Faust, Wissenschaftler (befindet sich in tiefer Lebenskrise, verliebt sich in Gretchen, schließt einen Pakt mit Mephisto, dem Teufel)
- Margarete (Gretchen), junges Mädchen (verliebt sich in Faust, wird durch ihn geschwängert und landet unter Mordverdacht im Kerker)
- Marthe Schwerdtlein, Gretchens Nachbarin

M 2
Kindsmörderin verhaftet! Grausige Leichenfunde im Hause M.
Wie uns zugetragen wurde, kam es in der vergangenen Nacht zu einer schändlichen Bluttat im Hause des Fräulein M. Neben einem toten Säugling fand man auch die Leichen der Mutter und des Bruders der jungen M. Diese hatte sich – so Augenzeugen – in den Tagen zuvor mehrfach mit dem allseits bekannten Gelehrten Dr. F. getroffen, zunächst beim Spaziergange und hernach, so die Nachbarin Frau Marthe S., auch in deren Garten sowie in M.s Hause. Obwohl sie nach wie vor zu den schweren Vorwürfen schweigt und ihr die Taten noch nicht nachgewiesen werden konnten, verbleibt M. in Kerkerhaft, zumal sich ihr Geisteszustand zunehmend verschlechtere. Was den 55-jährigen Dr. F. dazu trieb, ausgerechnet die Gesellschaft des aus sehr einfachen Verhältnissen stammenden Fräulein M. zu suchen, liegt noch im Dunkeln. Sein Famulus W. verriet jedoch, Dr. F. habe jüngst nicht nur mit der Wissenschaft und seinen Erkenntnissen, sondern auch mit dem Leben an sich zutiefst gehadert. Außerdem habe er vermehrt unter dem Einfluss eines „teuflisch wirkenden Herrn M." gestanden, so die Worte des Zeugen. Auch die Inhaftierte spricht immer wieder von dem geheimnisvollen M., der ihr stets ein heimlich Grauen eingeflößt habe. Ob und wie Dr. F und der mysteriöse M. in die Ereignisse um die heimtückischen Morde verstrickt sind, konnte bis jetzt noch nicht ermittelt werden.

1.2. Inhaltssicherung

▶ S. 4

1
A) V. 354–359: Erste Szene nach dem Prolog: Im Eingangsmonolog beklagt Faust seine Lebenssituation und spricht über seine Wünsche und Sehnsüchte.
B) V. 1064–1067 („O glücklich ..."): Faust schildert seinem Schüler Wagner beim Spaziergang seine Zweifel und seine innere Zerrissenheit.
C) V. 1338–1341 („Ich bin der Geist ..."): Faust und Mephisto im Studierzimmer; Faust versucht herauszufinden, wer Mephisto ist.
D) V. 2605 f. („Mein schönes Fräulein ..."): Faust spricht Margarete bei ihrer ersten Begegnung auf der Straße an.
E) 3415 („Nun sag ..."): Margarete stellt Faust in Marthens Garten die „Gretchenfrage" und wird daraufhin von Faust beschwichtigt.

1.3 Figuren und Handlung

▶ S. 5

1 Hinweis: Die im Arbeitsheft vertieft erarbeiteten Szenen sind durch Fettdruck hervorgehoben, die Zitate von Seite 4 sind mit Versangaben verortet.

Szenen-/Aktfolge		Stichpunkte zur Handlung
1	Zueignung	Zugang zum Drama: Reflexion über das Dichten, Erörterung des Wesens und der Aufgabe des Theaters durch Dichter, Direktor und Schauspieler; künstlerische Ansprüche und Wünsche
2	Vorspiel auf dem Theater	
3	**Prolog im Himmel**	Himmlische Rahmenhandlung: Erzengel loben die Schöpfung; Der Herr und Mephisto diskutieren über den Menschen, wobei Faust als Beispiel dient.
4	**Nacht**	Fausts Ausgangslage, Erlebnishunger und Erkenntnisdrang: A) „Habe nun […]" (V. 354 ff.)
5	Vor dem Tor	Osterspaziergang Faust und Wagner; Bürger und Bauern. Unzufriedenheit Fausts: B) „O glücklich […]" (V. 1064 ff.); Mephisto als Pudel
6	Studierzimmer (I)	Faust beschwört den Pudel (Mephisto); C) „Ich bin der Geist, der stets verneint […]" (V. 1338 ff.)
7	**Studierzimmer (II)**	Pakt und Wette
8	**Auerbachs Keller**	Erste Schritte Mephistos, um die abgeschlossene Wette zu gewinnen (Trinkgelage, Verjüngung Fausts um 30 Jahre …)
9	**Hexenküche**	
10	**Straße (I)**	Erste Begegnung von Margarete und Faust; D) „Mein schönes Fräulein […]" (V. 2605 f.); Fausts Verlangen: Mephisto soll ein Treffen arrangieren
11	**Abend**	Faust und Mephisto schleichen heimlich in Margaretes Zimmer und deponieren dort ein Schmuckkästchen. Margaretes Lied vom „König in Thule"
12	Spaziergang	Faust verlangt weitere Dienste von Mephisto: neues Schmuckgeschenk, Einbezug von Marthe
13	Der Nachbarin Haus	Schmuckgeschenk an Margarete wird vor der Mutter verheimlicht; Marthe erfährt durch Mephisto vom angeblichen Tod ihres Mannes, Faust soll diesen bestätigen
14	Straße (II)	Faust lehnt die Falschaussage zunächst ab, leistet dann aber den Meineid
15	**Garten**	Faust / Margarete und Mephisto / Marthe gehen paarweise spazieren; Margarete erzählt von ihrer Lebenssituation: Vater tot, sie kümmert sich um Geschwister und Haushalt
16	Ein Gartenhäuschen	Erster Kuss, Liebesbekenntnis
17	**Wald und Höhle**	Beschauliches Nachdenken / Kontemplation Fausts: Sehnsucht nach der Geliebten bei gleichzeitigen Zweifeln und Skrupeln; Vorahnung und Umschlag ins Unheilvolle
18	**Gretchens Stube**	Nachdenken Margaretes; Lied am Spinnrad
19	Marthens Garten	Verabredung zur Liebesnacht; Faust erhält von Mephisto den Schlaftrunk für Margaretes Mutter; Gretchenfrage: E): „Nun sag, wie hast du's mit der Religion?" (V. 3415)
20	Am Brunnen	Liebesnacht; Margarete erfährt von einer verlassenen schwangeren Frau und erahnt ihr eigenes Schicksal
21	Zwinger	Mutter stirbt am Schlaftrunk; Margarete ist schwanger und wendet sich an die Mater Dolorosa
22	Nacht. Straße vor […]	Ächtung Margaretes durch ihren Bruder Valentin; Kampf mit Faust, Valentin stirbt
23	Dom	Margarete hat Todesvisionen; Ohnmacht

24	Walpurgisnacht	Margarete hat ihr Kind ertränkt und wird zum Tode verurteilt; Faust feiert indessen mit Mephisto auf dem Blocksberg und hat eine Vision von der hingerichteten Margarete.
25	Walpurgisnachtstraum	
26	**Trüber Tag. Feld**	Faust will Margarete mit der Hilfe Mephistos aus dem Kerker befreien.
27	Nacht. Offen Feld	Vorausdeutung der bevorstehenden Hinrichtung Gretchens
28	**Kerker**	Margarete erwartet ihre Hinrichtung, will nicht mit Faust fliehen: **9) „Heinrich, mir graut's vor dir" (V. 4610)**, sondern überantwortet sich Gottes Gnade („Ist gerettet!").

▶ S. 6 ## 1.4 Thematische Aspekte

Das Welt- und Menschenbild im Prolog untersuchen (Handlungslinie „Himmlische Rahmenhandlung")

1 a Es treten auf: der Herr, die Erzengel, die himmlischen Scharen, Mephisto.
  b Bei dem im Himmel stattfindenden Dialog wird Faust zum Gegenstand eines Disputs, einer Streitfrage zwischen dem Herrn und Mephisto: Während der Herr ein optimistisches Bild von der menschlichen Existenz und ihrem Entwicklungspotenzial zeichnet (Gottgleichheit, Krone der Schöpfung), verspottet Mephisto den Menschen als immer wieder kläglich scheiternde Fehlschöpfung.
  c Wer bei dem Disput nun Recht hat, wollen der Herr und Mephisto am Beispiel Fausts herausfinden.

2 Zutreffend sind folgende Aussagen zur Funktion der Szene:
  ✓ Wichtige Figuren wie Faust und Mephisto werden eingeführt.
  ✓ Die Zuschauer erahnen, dass Mephisto etwas im Schilde führt, um Faust vom „rechten Weg" abzubringen. Dadurch wird Neugier geweckt und Spannung erzeugt.
  ✓ Der Prolog und die darin abgeschlossene „Wette" zwischen dem Herrn und Mephisto bilden die Rahmenhandlung und den Ausgangspunkt für die in den folgenden Szenen einsetzende Handlung.
  ✓ Der Verständnishorizont für die Binnenhandlung wird geklärt, z. B.: Wie kommt das Böse in die Welt?

3

	Der Herr	**Mephisto**
Leben auf der Erde (z. B. V. 280 f., 296 oder 345)	Aufforderung zu positiver Betrachtung des irdischen Lebens, der göttlichen Schöpfung als wertvoll und schön	Menschen mühen sich, aber vergeblich; das Leben auf Erden ist für sie eine Plage, ein „Jammertal"
Menschliche Existenz (z. B. V. 308 ff., V. 287 ff.)	Bild von Gärtner und Pflanze verdeutlicht menschliche Existenz: Wachstum und Reifung unter Gottes Lenkung	Der Mensch hat nur animalischen Charakter und Instinkte, ist „tierischer als jedes Tier".
Sicht auf moralische Werte, Schuld, Vernunft (z. B. V. 284 ff., V. 328 f.)	Solange der Mensch strebt, macht er Fehler, irrt sich, wird auch schuldig. Er ist sich aber letztlich immer im Klaren darüber, was richtig und falsch ist: „[…] rechten Weges wohl bewusst" (V. 328 f.).	Göttlicher Abglanz im Menschen nützt diesem nicht, würde besser ohne diesen Schein leben; menschliche Vernunft kann nicht genutzt werden.

▶ S. 7 **Fausts Ausgangssituation beschreiben (Handlungslinie „Gelehrtentragödie")**

1 Faust klagt, er habe zwar an vier Fakultäten studiert, müsse aber nun einsehen, dass er trotzdem nichts wisse. Er versuche seit Jahren zu lehren, ohne dabei Erkenntnisse vermitteln zu können. Zwar hält er sich für gescheiter als andere und fürchtet weder Hölle noch Teufel, doch sei ihm dafür alle Freude versagt und es gelinge ihm nicht, die Menschen zu bessern. Auch an Ansehen fehle es ihm, sein Leben sei so nicht lebenswert. Deshalb verschreibt er sich nun der Magie, um dort zu finden, „was die Welt / Im Innersten zusammenhält" (V. 383 f.), und um finale Erkenntnis zu gewinnen, anstatt permanent zu suchen.

1.4 THEMATISCHE ASPEKTE

2
Prolog im Himmel (V. 300 ff.)
MEPHISTOPHELES:
„Fürwahr! er dient Euch auf besondre Weise. / Nicht irdisch ist des Toren Trank noch Speise."
→ Eingangsmonolog: „Drum hab ich mich der Magie ergeben" (V. 377)
„Ihn treibt die Gärung in die Ferne, / Er ist sich seiner Tollheit halb bewusst;
→ Eingangsmonolog z. B.: „Und sehe, dass wir nichts wissen können!" (V. 364);
„Da steh' ich nun, ich armer Tor, / Und bin so klug als wie zuvor!" (V. 358 f.)
„Vom Himmel fordert er die schönsten Sterne"
→ Eingangsmonolog: „Dass ich erkenne, was die Welt / Im Innersten zusammenhält" (V. 382 f.)
„Und von der Erde jede höchste Lust, / Und alle Näh' und alle Ferne / Befriedigt nicht die tiefbewegte Brust."
→ Eingangsmonolog z. B.: „Und ziehe schon an die zehen Jahr' / Herauf, herab und quer und krumm / Meine Schüler an der Nase herum / Und sehe, dass wir nichts wissen können!" (V. 361–364);
„Es möchte kein Hund so länger leben!" (V. 376)

3
1. Faust wendet sich dem Makrokosmos zu (Bezugnahme auf Nostradamus' Buch).
2. Er ruft den Erdgeist an, der ihn zurückweist (V. 475–514).
3. Er ist im Begriff, Suizid zu begehen (Nebentext: *Er setzt die Schale an den Mund.* V. 736).

Die Wissenschaftlerfiguren Faust und Wagner kontrastieren (Handlungslinie „Gelehrtentragödie") ▶ S. 8
Der Schwerpunkt dieses Teilkapitels liegt auf der Erarbeitung der kontrastiven Figurenkonstellation Faust–Wagner anhand der Szene „Nacht" (Auszug V. 518–605). Der Zugriff erfolgt in zwei Schritten:
(1) Textanalyse und Interpretation als Basis für eine (2) Analyse und Interpretation nach einem produktionsorientierten, theaterpädagogischen Ansatz.

1 Mit der Aufgabe wird die Grundlage für die handlungsorientierte, theaterpädagogische Vorgehensweise insbesondere des zweiten Schritts geschaffen und ein funktionaler Einstieg in die Textanalyse gewährleistet. Dies soll vor allem den Schülerinnen und Schülern entgegenkommen, die im analytischen Bereich Schwierigkeiten haben.
Die offensichtlichsten Requisiten nennt Goethe selbst; entsprechend werden sich einige Schüler/-innen an der Regieanweisung orientieren: Schon das Anklopfen Wagners (V. 517) versetzt Faust in üble Laune (V. 519 ff.); er weiß, was ihn erwartet: „Der trockne Schleicher" (V. 521), der bereits äußerlich als täppischer Spießbürger typisiert wird und durch den Nebentext fast lächerliche Züge erhält: *Wagner im Schlafrocke und der Nachtmütze, eine Lampe in der Hand* (V. 521 f.).
Des Weiteren werden einige Schüler/-innen Wagner zum Beispiel ein Buch an die Hand geben und sollten in der Lage sein zu begründen, warum sie sich für das betreffende Buch entschieden haben.
Denkbar sind weitere Ideen wie zusammengeklebte Zettel o. Ä., die Bezug nehmen auf Fausts zynische Aufforderung: „Leimt zusammen, / Braut ein Ragout von andrer Schmaus" (V. 538 f.), mit der er ein Stückwerk aus fremden Vorträgen und Theorien meint.

2 Die Aufgabe dient der exemplarischen Klärung von Begriffen. Diese sollten möglichst selbstständig aus dem Kontext erschlossen werden. Die Schüler/-innen lernen so, Kohärenzlücken zu schließen und lokale Kohärenz – auch als Voraussetzung für die Anbahnung globaler Kohärenz – herzustellen.
Waagerecht: 1 deklamieren, 5 Überredung, 7 Quellen, 8 Famulus
Senkrecht: 2 Ergetzen, 3 Mittel, 4 Schnitzel, 6 Museum

3 Individuelle Lösungen

Aufgaben zur Differenzierung:
A) Um eventuellen Analyse- und Interpretationsschwierigkeiten in Bezug auf die Figur Wagner zu begegnen, sollten ein bis zwei Textpassagen (z. B. V. 530–533 oder V. 586 f.) gemeinsam exemplarisch analysiert werden. Aus Gründen der Übersichtlichkeit und vereinfachenden Systematisierung wird zunächst auf Wagner fokussiert, obwohl sich der Kontrast zu Faust von vornherein anbietet und zu erwarten ist.

B) Alternatives Vorgehen:
Kreuzen Sie die Formulierungen an, die Wagner als Wissenschaftler am treffendsten charakterisieren, und unterstreichen Sie Textstellen, mit der Sie Ihre Wahl belegen können.
- ✓ Das imitierende Schauspielern und die rhetorischen Künste interessieren Wagner mehr als eigenständiges reflektierendes Denken.
- ✓ Er lebt abgeschottet von der Außenwelt (V. 532), arbeitet ohne reale Erfahrungen.
- ✗ Wagner bewundert Faust und will wie dieser den Dingen auf den Grund gehen.
- ✓ Er ist ein Wissenschaftler im „Elfenbeinturm".
- ✗ Sein Ziel ist es, Menschen zu überzeugen und nicht zu überreden.
- ✗ Äußeres und Formales zählen für ihn nicht viel, wichtiger sind ihm Inhalt und wahre Erkenntnis.

▶ S. 9   4 Die Anregungen können in einem Cluster gesammelt werden. Genannte Begriffe könnten etwa sein: Realität – inneres Erleben, Einsicht; Bücher, Welt, Erkenntnisgewinn, Nachahmung/Äußeres; Theorie, Schein.

5 Es ist zu erwarten, dass sich keine Eins-zu-eins-Gegenüberstellung mit dem bereits erarbeiteten Bild von Wagner ergibt. Dies ist bei dem in Aufgabe 6 zu formulierenden zusammenfassenden Fazit zu berücksichtigen.

Faust	Wagner
- betont die Rolle der eigenen leidenschaftlichen Erfahrung (vgl. V. 534 ff.) - disziplinübergreifendes Forschen - welt- und naturferner Erkenntnisgewinn und reines Bücherwissen sind für ihn ohne Gehalt (V. 566 ff.) - setzt auf Erleben und Erfahren mit Gefühl, Herz und Seele (V. 534 ff.) - Pansophie („umfassende Weisheit": Geistesausrichtung der Renaissance mit der Vorstellung eines allumfassenden Wissens)	- hat den Wunsch/Anspruch, die Menschen zu belehren (V. 533, 586 f.) - ist wissenschafts- und traditionsgläubig - der typische „Wissenschaftler im Elfenbeinturm": lebt abgeschottet, ist weltfremd, naturfern, hat wenig soziale Kontakte - will aus der Geschichte/Vergangenheit lernen - setzt auf Imitation, Nachahmung, Schauspielern (V. 527), Rhetorik im Sinne von Überredung (V. 533) und Belehrung - Priorität haben bei ihm Äußeres und Formales, weniger der Inhalt (V. 547)

6 Die Auflösung und Kontrastierung der Metaphorik in Vers 604 dient zum einen der wiederholenden Textanalyse sowie der Herstellung lokaler und globaler Kohärenz, zum anderen der Zusammenfassung der Ergebnisse dieses Teilkapitels im Sinne einer Kulmination der gewonnenen Erkenntnisse zu den beiden Wissenschaftlertypen.
Mit den Metaphern „nach Schätzen graben" und „Regenwürmer finden" kennzeichnet Faust Wagners Bemühen um Wissenserwerb. Dadurch wird der Gegensatz zwischen der von Faust ersehnten Erkenntnis und der naiven Traditions- und Wissenschaftsgläubigkeit Wagners verdeutlicht. Faust entlarvt Wagners „Erkennen" als äußerliches und rein theoretisches Erkennen im Gegensatz zu dem von ihm angestrebten, auch das Innere mit umfassenden Erleben („Ja, was man so erkennen heißt!", 587 ff.). Wagners Erkenntnisse wertet er sarkastisch als „Regenwürmer" ab (V. 605).
Die Figur Wagner ist also als ein Gegensatz zu Faust konzipiert. Sie trägt entscheidend zur Profilierung von Fausts Wesensart bei und kann als eine frühere Entwicklungsstufe Fausts interpretiert werden. Möglicherweise steht Faust auch deshalb Wagner so unwillig und sarkastisch gegenüber, weil dieser ihm eine ungeliebte „alte Haut" spiegelt.
Hinweis: An dieser Stelle empfiehlt sich eine Klärung des uneigentlichen Sprechens von Faust und die Klärung des Begriffs „Sarkasmus" (ggf. in Abgrenzung zu Spott, Ironie und Zynismus).
Weiterführend kann thematisiert werden, wie eine Aktualisierung des durch Wagner verkörperten Wissenschaftlertypen aussieht (beispielsweise ein Forscher, der fortschrittsgläubig ist, nur auf das rational Erfahrbare und das technisch Machbare ausgerichtet) und welche Gefahren eine entsprechende Art von Wissenschaft birgt.

1.4 THEMATISCHE ASPEKTE

Ein Rollenprofil zur Figur Faust erstellen

▶ S. 10

1 a Zu dieser Aufgabe kann als **Zusatzmaterial** das folgende **authentische Rollenprofil für die Figur Wagner** an die Hand gegeben werden. Verfasst wurde es von dem Schauspieler Benjamin Zelouf vom Rheinischen Landestheater in Neuss.

Ein „Rollenprofil"
- konstituiert sich aus bestimmten Fragen an die jeweilige Rolle, die teilweise über die im Text vermittelten Informationen hinausgehen.
- Ihre Beantwortung hilft der Darstellerin / dem Darsteller, die Rolle plastischer, konturenschärfer, „lebendiger" zu machen, das Handeln, die Motive, den Hintergrund der Rolle besser zu verstehen, sie mit „Tiefenschärfe" zu versehen.
- Kernfragen an eine Rolle sind:
   1. Woher komme ich?
   2. Wo bin ich?
   3. Wohin gehe ich?

Rollenprofil „Wagner"

Wagner: Benjamin Zelouf, Rheinisches Landestheater, Neuss

Selbstbild/Vorlieben

Wie alt bist du? Wo und mit wem lebst du?
Ich bin 35 Jahre alt und lebe alleine.
Was magst du an dir, was nicht?
Ich mag alles an mir, ich bin mir keiner Fehler bewusst. Ich weiß: Ich bin klug und bin meistens klüger als alle.
Was sind deine Probleme, was deine Ängste, was deine Träume?
Meine Probleme sind, dass ich oft Menschen treffe, die weit unter meinem intellektuellen Niveau sind. Ich habe Angst, dass immer mehr Zeit draufgeht, um mich einem Heer von Dummköpfen verständlich zu machen, was mein wissenschaftliches Umfeld angeht.
Welche Dinge beschäftigen dich am meisten? Wie beeinflussen sie dein Leben und dein Selbstbild?
Es ist mir besonders wichtig, in angesehenen Kreisen meine Ansichten zu Welt und Wissenschaft preiszugeben und zu veröffentlichen. Ich finde es ungeheuer wichtig, dass meine Erkenntnisse und Ansichten in einem prominenten Umfeld gehört werden.
Was sind deine Hobbys?
Ich rede gerne – allerdings mag ich nicht von dummen Fragen unterbrochen werden.
Deine Lieblingsfarbe?
Ich denke wenig über Farben nach –.

Vergangenheit

Aus was für einem Elternhaus stammst du? Wo und wie habt ihr gewohnt und gelebt?
Ich stamme aus gutbürgerlichen Verhältnissen, meine Eltern haben von mir eine wissenschaftliche Laufbahn erwartet. Die brachte mich letztlich zum renommiertesten Wissenschaftler aller Zeiten, Herrn Dr. Faust – bitte vergessen Sie nicht, dass ich sein erster Assistent bin.
Welche Ereignisse sind dir besonders in Erinnerung geblieben und haben dich geprägt?
Die Aufnahme bei Dr. Faust als wissenschaftlicher Assistent sowie die Aufnahme in seinen wissenschaftlichen Kreis.

Arbeitsalltag

Wie sieht dein Arbeitsalltag aus?
Ich bin den ganzen Tag beschäftigt, die kreativen Gedankengänge von Dr. Faust mit meinem wissenschaftlichen Team zu ordnen und sie einer breiten wissenschaftlichen Öffentlichkeit zugänglich zu machen.
Welche Qualifikationen sind dafür erforderlich?
Rechtswissenschaften, Medizin, Wirtschaftswissenschaften und Theologie. Dass man sämtliche Sprachen in Wort und Schrift beherrschen muss, um sich auf einem internationalen wissenschaftlichen Parkett zu bewegen, versteht sich von selbst …
An welchen Orten arbeitest du?
Hauptsächlich in meinem Büro neben Dr. Faust – Ich mag keine Reisen wie Dr. Faust. … Ist auch nicht nötig …

> Mit wem und für wen arbeitest du?
> *Ich erwähnte bereits, dass ich mit meinem wissenschaftlichen Team arbeite, bestehend aus einem halben Dutzend Auszubildender, die mich als Mentor brauchen, sowie meiner Assistentin.*
> Was verdienst du?
> *Über Geld spreche ich nicht.*
> Was bedeutet dir deine Arbeit?
> *Alles.*
> Wie sieht deine Freizeit aus?
> *Für Freizeit bleibt bei meinem Pensum und der Lektüre wissenschaftlicher Neuerscheinungen wenig Zeit …*
>
> **Aussehen und Auftreten**
> Wie siehst du aus?
> *Ich bin Intellektueller.*
> Wie sind Körperbau, Gesicht, Haar, Frisur?
> *Ich bin natürlich schlank, habe ein schmales Gesicht, gewelltes Haar und eine gepflegte Frisur.*
> Wie bist du gekleidet?
> *Obwohl ich auf Kleidung nicht besonders achte, darf ich doch wohl behaupten, eine attraktive, gepflegte Erscheinung zu sein.*
> Wie bewegst du dich? Wie gehst du, stehst du oder sitzt du in unterschiedlichen Situationen oder bei unterschiedlichen Personen?
> *Ich bewege mich selbstverständlich körperbewusst, auch achte ich auf meinen Gesichtsausdruck, den ich gerne auch trainiere. Und ich beherrsche die nötigen rhetorischen Ausdrucksmöglichkeiten. Ob ich sitze oder stehe, hängt ganz davon ab, mit wem ich es zu tun habe.*

   b **Weiterführende Vorschläge:**
- Die Schüler/-innen entwickeln ihr persönliches Bild von Faust und tragen es vor (z. B.: „Ich, Faust, komme gerade aus …"); ggf. in Form des szenischen Vortragens. Die jeweilige „Anlage" der Faust-Rolle erfährt tendenziell unterschiedliche Ausrichtungen, die eng im Zusammenhang mit dem Verständnis der Figur Wagners stehen.
- Um die Auseinandersetzung eines Schauspielers mit seiner Rolle zu konkretisieren, kann ein Interview mit einem der Hauptdarsteller einer Faust-Inszenierung durchgeführt werden (siehe Beispiel oben oder das Rollenprofil zur Figur Mephisto im Arbeitsheft Seite 13, erarbeitet von der Schauspielerin und Mephisto-Darstellerin Maria Faust, Theater am Schlachthof, Neuss).

Zusatzaufgabe:
Untersuchen Sie die Szene „Vor dem Tor" im Hinblick darauf, ob Wagner seinem Charakter treu bleibt.
Diese Aufgabe hat eine festigende und eine weiterführende Komponente:
- festigend: Rekapitulation der Ergebnisse (Feststellung des bisher entwickelten Wagner-Bildes)
- weiterführend: Einarbeitung in eine neue Szene unter Fokussierung einer konkreten Fragestellung

2 Als „Alter Ego" kann man eine Figur bezeichnen, mit der sich eine andere Figur stark identifizieren und die sie als Teil der eigenen Identität wahrnehmen kann. Wagner könnte eine solche Projektionsfigur für Faust sein, da er in seinem Streben eine (möglicherweise bereits überwundene) Entwicklungsstufe von Fausts Erkenntnishunger verkörpert (vgl. Hinweise zu S. 9, Aufg. 6).

▶ S. 11 **Wette und Teufelspakt untersuchen**
1 *Der Herr* beschreibt Mephisto als Schalk, Teufel und Geist, der alles negiert bzw. in Frage stellt und so als sein Werkzeug und Teil des göttlichen Plans die Menschen plagt und antreibt. **Mephisto** betrachtet sich selbst als weitgehend ebenbürtig, erkennt Gott aber als Herrn an und letztlich auch seine Funktion im Weltplan. Dennoch scheint er davon überzeugt, dass er die Wette gegen Gottes Plan und Wirken gewinnt, da er auf die Schwäche der Menschen und seine „Verführungskünste" setzt. Mephisto definiert sich als Gegenpol Gottes und sieht die Menschen als Objekte seines Interesses und Vergnügens.

2 Individuelle Lösungen

3 Beim Vertrag zwischen den Herren Faust und Mephisto verpflichten sich die Vertragspartner zu Folgendem:
§ 1: Mephisto verspricht gegenüber Faust: Er wird ihm mit Hilfe seiner Zauberkraft als Diener zur Erfüllung von Fausts Sehnsüchten und Bedürfnissen zur Seite stehen.
§ 2: Faust verpflichtet sich im Gegenzug dazu, Mephisto später im Jenseits zu dienen.
Zusatzklausel: Der Vertrag tritt in Kraft, wenn Mephisto Faust in einen Zustand der Zufriedenheit und Ruhe versetzt, in dem sein Erlebnishunger und Erkenntnisdrang gestillt sind. Faust wird ab diesem Moment Mephisto mit Leib und Seele dienen.

▶ S. 12

4–6 Die Wette zwischen Faust und Mephisto bezieht sich – wie bereits in der himmlischen Rahmenhandlung des „Prologs" durch die Wette zwischen dem Herrn und Mephisto angelegt – auf die Streitfrage der unablässigen oder doch irgendwann erlahmenden Aktivität Fausts. Mit dem Abschluss einer Wette gelangt Faust aus der eher passiven Rolle des Paktpartners in die Aktivität eines kämpferischen Wettstreiters, der davon ausgeht, dass die „Zusatzklausel" (vgl. Aufg. 3) nicht eintritt; Mephisto hält dagegen.

7 Individuelle Lösungen. Textstellen, die das Spannungsfeld Mephisto als (A) Werkzeug Gottes / (B) ebenbürtiger Widersacher illustrieren:
(A) „Meine Probleme sind, […] herhalten muss" (Z. 9–13)
(A) „Mir fällt auf, […] ernst nehmen kann" (Z. 18–22)
(A/B) „Mein Traum ist […] die Seelen der angeblich ‚guten' Menschen" (Z. 27–31)
(A/B) „Mein Selbstbild als […] endlich mal vorbei ist" (Z. 45–48)
(A) „Ich bin der gefallene Engel Gottes. Es war mal ganz schön, im Himmelreich zu sein" (Z. 50 f.)
(B) „Aber auch langweilig. Mein eigenes Reich gefällt mir besser" (Z. 51 f.)
(eher B) „Meine Qualifikation ist […], bin ich größer als Gott" (Z. 54–62)

▶ S. 13

8 Mephisto führt Faust zunächst in „Auerbachs Keller" zu einem Trinkgelage, doch diese irdischen Vergnügungen berühren Faust nicht, er ist gelangweilt und will von dort weg. In der „Hexenküche" setzt Mephisto auf schwarze Magie und Teufelszauber. Faust wird durch einen Hexentrunk verjüngt und verspürt sexuelles Verlangen, als er in einem Zauberspiegel das Bildnis einer schönen Frau sieht (erregendes Moment der Gretchentragödie).

Bedeutung und Entwicklung der Figur Gretchen untersuchen (Handlungslinie „Gretchentragödie")

▶ S. 14

1 „Straße (I)": Gretchen wird beschrieben als 14-jähriges, sehr schönes (vgl. V. 2609 f. und 2613), bescheidenes, frommes, tugendhaftes, warmherziges, kindlich unschuldiges Mädchen (vgl. V. 2609 ff.). Gleichzeitig ist sie aber auch selbstbewusst und gibt Faust eine schnippische Antwort (vgl. V. 2607 f.).
„Abend": Auch in dieser Szene wird Gretchen charakterisiert als tugendhaftes Mädchen, das sich neugierig (vgl. V. 2678 ff.) und nicht beeindruckt von Fausts Erscheinen und dem Schmuckgeschenk zeigt.
„Garten": Im Gespräch mit Faust zeigt Gretchen sich bescheiden, demütig und unschuldig sowie sehr natürlich und offen; ihre Hände lassen erkennen, dass sie hart arbeiten muss. Sie verbirgt ihre Emotionen nicht und steht zu ihren spontanen Gefühlen Faust gegenüber (vgl. V. 3206 f.).

2 Margaretha Brandt wird charakterisiert als unwissendes, naives und unbescholtenes Mädchen, das aus Angst vor der Ächtung und Bestrafung durch das soziale Umfeld und aus Scham ihr neugeborenes, uneheliches Kind umgebracht hat. Das Tatmotiv „Angst vor negativen gesellschaftlichen Sanktionen" findet sich auch in der Gretchentragödie: Die herrschenden Moralvorstellungen erlauben Sexualität und Mutterschaft nur in der Ehe (vgl. auch das Schicksal „Bärbelchens").

▶ S. 15

3 Individuelle Lösungen

4 Erwartete Lösung:
  1. Tod der Mutter durch den Schlaftrunk
  2. Gretchen ist mittelbar involviert in die Umstände, die zum Tod ihres Bruders führen.
  3. Gretchen ertränkt ihr neugeborenes Kind.

▶ S. 16

5   1. <u>Lichtstrahl</u> → „Ist gerettet!" (V. 4612); Erläuterung: Die „Stimme von oben", der Herr, die himmlischen Scharen lassen keinen Zweifel: Gretchen wurde gerettet, von ihrer Schuld erlöst.
2. <u>Gretchen</u> → „Gericht Gottes! dir hab ich mich übergeben! / […] Heinrich! Mir graut's vor dir." (V. 4605–4610); Erläuterung: Gretchen hätte die Möglichkeit zu fliehen, wendet sich aber von Faust ab, dem Lichtstrahl zu und legt ihr Schicksal in die Hand Gottes. Sie erkennt, dass Faust ihre Liebe nicht erwidert, sondern sie eher aus Mitleid und Schuldgefühlen retten will, und nimmt den Tod bewusst an.
3. <u>Faust</u> → „Ich bin's! Komm mit!" (V. 4502), „Du sollst leben!" (V. 4604) u. a.; Erläuterung: Faust empfindet keine Liebe mehr für Gretchen, will sie aber aus Mitleid und Schuldbewusstsein aus dem Kerker retten.
4. <u>Mephisto</u> → zu Faust: „Her zu mir!" (V. 4611); Erläuterung: Gretchen verlangt zwar von Faust, er solle Mephisto wegschicken (V. 4602 f.), und ist somit die Gegenspielerin Mephistos. Mephisto gelingt es jedoch, mit Faust zu verschwinden (s. Regieanweisung).

6   Faust möchte Gretchen aus dem Kerker befreien und zur Flucht verhelfen. Im Gegensatz zu Faust sieht Gretchen darin keine echte Rettungsmöglichkeit für sich, zumindest keine diesseitige. Sie fühlt sich schuldig und will dafür büßen, dass sie sich vorehelich mit Faust eingelassen und ihr Kind umgebracht hat. Sie könnte sich durch die von Faust und Mephisto initiierte Flucht retten, erkennt aber, dass ihre Beziehung zu Faust nicht mehr durch gegenseitige Liebe bestimmt ist, und überantwortet sich der Rettung durch Gott.

7   Trunz ist insofern zuzustimmen, als Gretchen in der ausweglosen Situation im Kerker wieder zu sich findet und ihrem Wesen treu bleibt. Während Mephisto sich in seinen Aussagen noch auf das irdische Gericht bezieht, denkt Gretchen bereits an den himmlischen Richter. Zunächst graut es ihr vor Mephisto, doch dann ist sie durch ihre wachsende Ich-Stärke sogar in der Lage, in Gegenwart des Teufels zu beten.

▶ S. 17 ## 1.5 Sprachgestaltung und Form untersuchen

1 a   V. 3217–3239: Faust dankt dem Erdgeist für das beglückende Gefühl, eins mit der Natur zu sein, wobei sich die Bildbereiche Liebe, Natur und Gott vermischen. Faust fühlt sich aufgehoben in der Natur, ist ausgeglichen und in seelischer Hochstimmung; es scheint, als habe er sein inneres Gleichgewicht gefunden.
V. 3240–3250: Im zweiten Teil des Monologs weicht Fausts Euphorie einer zunehmenden inneren Unruhe: Faust erkennt erneut die menschliche Unvollkommenheit.
  b   Fausts euphorische, fast hymnische Beschreibung der Natur unterstreicht sein Streben nach Ruhe, Selbsterkenntnis, Regeneration, Heilung. Mensch und Natur sind „Brüder" (pantheistisches Naturgefühl).
  c   Die Höhle steht für Abgeschiedenheit, Geborgenheit und Alleinsein. Sie ist ein Schutzraum, der ein Innehalten sowie (kontemplative) Welt- und Selbsterkenntnis frei von Mephistos Einfluss ermöglicht.

2 a   Mephisto ist ein Meister des perfekten Timings: In dem Moment, in dem der zusehends unruhige Faust sich wieder seiner „zweiten Seele" bewusst wird (vgl. V. 3247 ff.), tritt er auf – wie eine personifizierte negative Stimme von Fausts Gewissen (vgl. S. 14 dieser Handreichung: Ausführungen zum „Alter Ego"). Er macht Faust dessen Selbstbetrug klar und zerstört durch Spott, Ironie und Anspielungen sowohl Fausts innere Harmonie als auch seine moralischen Bedenken.
  b   Mephisto vergleicht Faust mit Tieren (zurückgezogen lebender Uhu, Kröte). Damit macht er deutlich, dass er Fausts Empfindungen verachtet („Dir steckt der Doktor noch im Leib.", V. 3277). Im Zusammenhang mit Fausts Liebe zu Gretchen spricht Mephisto von Gretchens Verlassenheit und verwendet dabei Naturbilder (V. 3307 f.: „Liebeswut übergeflossen", „geschmolzenen Schnee", „Bächlein"). Er betont, dass Gretchen leide und „[F]ür seine Liebe zu belohnen" sei (V. 3314). So bewegt er Faust zur Rückkehr zu dem jungen Mädchen und leitet damit die tragische Entwicklung der Gretchentragödie ein.

3   Faust entschließt sich, zu Gretchen zurückzukehren, obwohl er bereits ahnt, dass dies die Zerstörung ihrer Existenz zur Folge haben wird („Unmensch ohne Zweck und Ruh'", V. 3349; „Mag ihr Geschick auf mich zusammenstürzen / Und sie mit mir zugrunde gehn!", V. 3364 f.). Faust gibt sich fatalistisch („Du, Hölle […]", V. 3361), sein zerstörerisches Wesen wird durch destruktive Naturgewalten verbildlicht („Der wie ein Wassersturz von Fels zu Felsen brauste, / Begierig wütend, nach dem Abgrund zu", V. 3350 f.).

4 a In ihrem Lied beklagt Gretchen zunächst, dass sie ohne die Anwesenheit ihres Geliebten keine Freude mehr im Leben empfindet („Wo ich ihn nicht hab, / Ist mir das Grab, / Die ganze Welt / Ist mir vergällt.", V. 3378 ff.); sie ruft sich sehnsüchtig sein Bild vor Augen („Sein hoher Gang […]", V. 3394 f.). In den letzten beiden Strophen wird ihr Wunsch nach dem Zusammensein, der Vereinigung mit dem Geliebten deutlich. Dabei ist sich Gretchen wohl ihres Handels und der möglichen Folgen bewusst und ahnt, dass sie „[A]n seinen Küssen / Vergehen sollt!" (V. 3412 f.).

▶ S. 18

b Gretchen bemüht sich, ihre Situation zu klären. Sie ist aufgewühlt und rastlos und versucht verzweifelt, ihre innere Ruhe wiederzuerlangen.

5 a

	Vers-/Strophenform und weitere Auffälligkeiten	Wirkung und Bezug zum Inhalt
Faust Reflexionsmonolog „Wald und Höhle" V. 3217–3239 V. 3240–3250	Blankvers; reimloser fünfhebiger Jambus; Ausnahme: „Gabst mir […]" (V. 3220)	• gleichmäßiger, ruhiger Vers macht deutlich, was Faust empfindet: Glück, Ausgeglichenheit, Seelenfrieden, Euphorie; Dankgebet an den Erdgeist • Fausts Moment seelischer Hochstimmung endet: Erkenntnis der Zerrissenheit und Unvollkommenheit, Umschlag in „zweite Seele" Fausts (Mephisto)
Auftritt Mephisto V. 3252 ff.	Madrigalvers, vierhebige Verse, Wechsel mit fünf- und sechshebigen Versen	Fausts Sprache wirkt hektisch, kurzatmig → spiegelt Störung des Seelenfriedens durch Eintreffen Mephistos
Gretchen Reflexionsmonolog „Gretchens Stube" V. 3374 ff.	• Volkslied in Strophenform • zweihebige Verse, unregelmäßiger Rhythmus • vierversige Strophen • (i. d. R.) Reimbindung, Kehrreim • lakonisch, spröder Stil	• Gretchens Lied wirkt auf den ersten Blick schlicht und eingängig, Liebesbekenntnis mit Volksliedcharakter • sprachliche und formale Brüche → Verweis auf die ins Unheilvolle kippende Handlung und das tragische Ende; Disharmonie entspricht Gretchens Gefühlslage

b Die Form korrespondiert mit dem Inhalt: Der gleichmäßige klassische Blankvers im Reflexionsmonolog spiegelt Fausts Gefühl der seelischen Ausgeglichenheit und Hochstimmung in der Natur wider. Der Dialog mit Mephisto hingegen ist gekennzeichnet durch den metrisch freien Madrigalvers, der zum einen Fausts wieder aufkeimende Zerrissenheit und Unruhe, zum anderen Mephistos scharfzüngigen Duktus unterstreicht. Gretchens Sehnsucht und Unruhe werden durch den inhaltlichen Bruch (Liebesbekenntnis, Vorahnung der Katastrophe) mit dem Volksliedcharakter verdeutlicht; diese Disharmonie passt zu Gretchens Gefühlslage.

1.6 Inszenierungen als Deutungsmöglichkeiten untersuchen und gestalten

▶ S. 19

1 Hinweis: Im Zentrum dieses Teilkapitels stehen die Inszenierungsideen der Schüler/-innen, daher bilden sie hier auch mit den Aufgaben 1 und (Seite 20, Aufg.) 5 jeweils den Ausgangs- und Endpunkt der Arbeit. Die Auseinandersetzung mit der Mehrdeutigkeit literarischer Texte und der Zeitbedingtheit von Rezeption und Interpretation lässt sich über den Vergleich zweier Inszenierungen des Prologs besonders ertragreich initiieren. Durch die produktionsorientierte Herangehensweise wird deutlich, dass Überlegungen zur Gestaltung immer ihren Ausgangspunkt in einer gründlichen Textanalyse haben, persönliche Deutungsansätze profilieren und gleichzeitig zu einem vertieften Textverständnis beitragen. Daher ist die Auseinandersetzung mit den Inszenierungen von Dorn und Stein und ggf. die Betrachtung der Filmausschnitte nicht als abschließender Höhepunkt des Unterrichtsvorhabens zu sehen („Wir haben das Drama gelesen und jetzt gucken wir den Film!"), sondern unterrichtsbegleitend als Impuls, Vergleichs- und Deutungsfolie.

2 Erwartete Antworten:
Bei Dorn erwarte ich, dass er zur Umsetzung seiner Gesellschaftskritik das Drama nicht ganz werkgetreu inszeniert und Regieanweisungen im Sinn seiner Intention umgestaltet.
Stein wird wahrscheinlich werkgetreu arbeiten und den Nebentext (Regieanweisungen im Drama) möglichst exakt umsetzen.

▶ S. 20 3 Mögliche Lösung:
- Bei Dorn wirkt die Darstellung des Himmels eher grotesk: Der Herr im Vordergrund wirkt etwas heruntergekommen, die Engel im Hintergrund greise und mehr lächerlich als erhaben. Die Himmelsarchitektur wirkt wie ein kleiner Guckkasten, was den Eindruck einer spöttelnden, satirischen Inszenierung unterstreicht.
- Bei Stein wird der Himmel durch eine sich nach oben windende, imposante goldene Spirale dargestellt, auf der die Himmelsbewohner in erhabener Haltung stehen – ein spektakuläres Bühnenbild, das die sphärische Dimension betont. Insgesamt bemüht Stein sich um eine eher werkgetreue Darstellung.

4 Obwohl die Inszenierungen von Dorn (1988) und Stein (2000) zeitlich nicht weit auseinanderliegen, sind die Unterschiede in ihren Inszenierungsansätzen sehr deutlich: Während Dorn auf feine Satire setzt und sein Publikum intellektuell anspruchsvoll unterhalten möchte, setzt Stein auf die Wirkungskraft des Dramentextes, möchte eine werkgetreue Umsetzung realisieren und so einen möglichst unverfälschten Zugang zum Werk ermöglichen.

5 Vgl. Seite 19, Aufgabe 1.

▶ S. 21 ## 1.7 Zur Gattung und zur epochalen Einordnung des Dramas

1 Die literarischen Epochen und die zugehörigen Merkmale:
Aufklärung (ca. 1720–1800)
- Vernunft, Emanzipation des Denkens, Mündigkeit, Freiheit
- Literatur soll belehren und erziehen (Fabel, Parabel, Drama)

(E) Der Herr hegt Sympathie mit dem mündigen Individuum
Begründung/Textbezug: Menschen- und Weltbild des Herrn vgl. Prolog und Kap. 1.4
(F) Mephisto als ironischer Kommentator des Weltgeschehens (entlarvt Falsches, kritisiert Haltungen, Ideologien, Institutionen)
Begründung/Textbezug: Mephisto als Schalk (V. 339) und „Geist, der stets verneint! / Und das mit Recht" (V. 1338 f.), der sarkastisch die menschliche Vernunft beschreibt (V. 286); sozialkritisch–satirische Elemente z. B. im Flohlied (V. 2211 f.)

Sturm und Drang (1770–1785)
Geniegedanke, Naturenthusiasmus, Liebes- und Freundschaftskult, Freiheitspathos, Bürgerliches Trauerspiel
(A) Vermischung der Stilelemente von Tragödie und Komödie
Begründung/Textbezug: Tragödie: v. a. Gretchentragödie; Komödie: Sprachwitz, satirischer Humor (z. B. Mephisto im Prolog), Hexenküche
(B) Faust als Genie und titanischer Enthusiast
Begründung/Textbezug: Fausts Streben nach Wissenserweiterung, Entgrenzung, euphorische Hinwendung zu Natur und Schöpfung; Geniegedanke
(Fausts Verlangen, im irdischen Dasein bereits „Gottesfülle" haben zu wollen, seine Selbstüberschätzung und Hybris lassen ihn nicht an seiner persönlichen und an der menschlichen Existenz generell verzweifeln)
(C) Gretchentragödie als bürgerliches Trauerspiel der ständeübergreifenden Liebe
Begründung/Textbezug: V. 2681ff.: kleinbürgerliche Aufstiegssehnsucht Gretchens; überschreitet gesellschaftliche Normen und bleibt diesen innerlich verpflichtet (vgl. Kerkerszene)
(G) offene Dramenform
Begründung/Textbezug: mehrsträngige Handlung; Vielfalt von Ort, Stand und Diktion; ausschnitthafte Darstellung der Geschehnisse

Klassik (1786–1805)
- Ideal der Humanität, Rückbezug auf die Antike, Verssprache, Harmoniegedanke (Körper–Geist, Verstand–Gefühl usw.)
- Ideal der „schönen Seele", des ursprünglich Typischen, des von der Person unabhängigen Gültigen

(D) Einbindung der Handlung in himmlische Rahmenhandlung, Faust als Repräsentant der Menschheit
Begründung/Textbezug: Faust als Exemplum, vereint positive und negative menschliche Wesenszüge; Theodizeegedanke (z. B. Prolog, V. 317, 328, 340)
Romantik (ca. 1795–1835)
Sehnsucht, Wander- und Reisemotiv, Fabelwesen, Märchen, fantastische Erzählungen, Lyrik, Mittelalterbegeisterung, Poetisierung und Romantisierung der Welt
(H) Mythen, Mysterienspiel, Märchen
Begründung/Textbezug: Hexen, Fantasie-, Zauber- und Fabelwesen; skurrile Geschehnisse in den Szenen, Walpurgisnachtstraum, Liedelemente

1.8 Goethes „Faust I" und Brechts „Der gute Mensch von Sezuan" – Menschenbilder und Wirkungsweisen zweier Dramen vergleichen ▶ S. 22

1 Inhaltszusammenfassung:
Der Wasserverkäufer Wang begegnet drei Göttern, die ausgezogen sind, einen guten Menschen finden. Er hat Mühe, ein Nachtlager für sie zu finden: Einzig die Prostituierte Shen Te ist bereit, die Götter bei sich aufzunehmen. Als die Götter von deren finanzieller Notlage erfahren, schenken sie ihr Geld, von dem sie einen Tabakladen kauft. Doch kurze Zeit später steht sie abermals mit leeren Händen da, weil sie in ihrer Mitmenschlichkeit vielen Menschen hilft. Als einzigen Ausweg sieht sie ihre Verwandlung in den hartherzigen und geschäftstüchtigen Shui Ta. In dieser Rolle treibt sie ausstehende Gelder ein, kann aber dennoch nicht ihre Miete bezahlen. So beschließt sie, eine Versorgungsehe mit dem Flieger Sun einzugehen. Auch diesen unterstützt sie finanziell und gerät wiederum in Not. Sun hingegen benutzt Shen Te nur und verlässt sie, obwohl sie ein Kind von ihm erwartet. Shen Te bleibt nichts anderes übrig, als wieder in die Rolle ihres Alter Egos Shui Ta zu schlüpfen und alle, zu denen sie gut war, gegen geringste Entlohnung für sich arbeiten zu lassen. Zwar erholt sich das Geschäft finanziell, doch verdächtigen die Menschen Shui Ta nun des Mordes an den „verschwundenen" Shen Te. Vor Gericht gibt sich Shen Te den Richtern – den drei Göttern – zu erkennen und beklagt die Unmöglichkeit, „gut zu sein und doch zu leben", wie die Götter es ihr aufgetragen hatten. Auch die Götter können nicht helfen und entschweben auf einer rosaroten Wolke. Der Schluss des Dramas bleibt somit offen.

2 b Mit „ein bitteres Ende" (V. 6) ist zunächst auf inhaltlicher Ebene gemeint, dass die Götter die verzweifelte Shen Te im Stich lassen. Zudem entlässt der Epilog das Publikum durch das offene Ende fragend, möglicherweise unbefriedigt und mit der düsteren Ahnung, dass es kein gutes Handeln ohne schlechtes geben könne. Die Zuschauer/-innen sollen aktiv werden.

3 Mögliche Aspekte des Menschenbildes:
- Frage nach dem Potenzial des Menschen, gut zu handeln
- Existenzmöglichkeit guter Menschen in kapitalistischen Systemen
- Shen Te als Spielball der Götter, Fremdbestimmung/Abhängigkeit → pessimistisches Menschenbild
- Gut-Sein schließt ein menschenwürdiges Leben aus: Die Protagonistin muss ein Alter Ego entwerfen, um (über-)lebensfähig zu bleiben (Shen Te – Shui Ta)
- Letztlich bleibt die Frage offen, ob es im Drama Brechts einen „guten Menschen" gibt.

4 Die <u>Zuschauer/-innen</u> werden von einem <u>Schauspieler</u> direkt angesprochen. Dieser entschuldigt sich dafür, dass man ihnen kein zufriedenstellendes Ende der <u>dramatischen Handlung</u> bieten könne. Er fragt das Publikum direkt nach einer Lösung und gibt Impulse: andere <u>Menschen</u> (Figuren/<u>Zuschauer/-innen</u>)? andere <u>Götter</u>?

1 JOHANN WOLFGANG GOETHE: „FAUST I"

▶ S. 23 5

Vergleichsaspekt	Goethe: „Faust I"	Brecht: „Der gute Mensch von Sezuan"
Haltung Gottes / der Götter gegenüber den Menschen	Der Herr greift nicht in das irdische Geschehen ein und vertraut dem Menschen so sehr, dass er den Teufel wirken lässt – wohl wissend, dass der Mensch vom richtigen Wege abkommen kann („Es irrt der Mensch, solang' er strebt.", V. 315), aber letztendlich zu Gott zurückfindet.	Die Götter riskieren ihre Existenzberechtigung (an dieser sind sie primär interessiert), wenn sie den einzig guten Menschen verlieren. Sie haben keine Antwort auf Shen Tes Klagen, übernehmen keine Verantwortung, sind hilflos. Ihnen bleibt nur die Flucht vor der Realität (rosarote Wolke).
Menschenbild (auch hinsichtlich der Fähigkeit, „gut" zu sein)	„Ein guter Mensch in seinem dunklen Drange / ist sich des rechten Weges wohl bewusst.", V. 328 f. – Der Herr ist davon überzeugt, dass der Mensch trotz aller Irrwege, Verführungen und Fehler den rechten Weg einschlägt und das Gute schließlich siegt. Das Böse ist ein Teil des Guten und gehört zum Schöpfungsplan.	Scheitern und Schlecht-Sein gehören zur menschlichen Existenz, der Mensch ist nur vollständig in der Ausprägung beider Pole. Gutes wird (im Kapitalismus) erst durch das Böse möglich, da Gut-Sein und ein menschenwürdiges Leben sich gegenseitig ausschließen.
Einbeziehen des Publikums		Das Publikum wird direkt angesprochen und aufgefordert, eine Lösung zu finden; Eingeständnis der Ratlosigkeit.

6 Bei der Gestaltung des Epilogs könnten je nach Aussageabsicht folgende Aspekte berücksichtigt werden:
- Schauspieler/-in kommentiert das Faust-Drama
- Haltung des Schauspielers und der Figuren zum Dramenschluss – Bewertung und sich daraus ableitende Erklärung, Entschuldigung, Rechtfertigung (Analogie zu Brecht) oder Lehre, Mahnung, Aufforderung, Reflexionsangebote usw.
- „Vorhang zu ... und noch Fragen offen?" – Bezug zum erarbeiteten Menschenbild
- Beantwortung der Frage „Auf welche Weis dem guten Menschen man / Zu einem guten Ende helfen kann".
- Adaption der Brecht'schen Form oder Versuch der Übernahme sprachlicher Gestaltungsmittel aus dem Drama wie zum Beispiel in Kapitel 1.5 angelegt
- Spiel mit der Einbeziehung des Publikums

7 Individuelle Lösungen

▶ S. 24 ### 1.9 Klausurtraining: Einen Sachtext mit Bezug auf einen literarischen Text erörtern

Erster Schritt: Die Aufgabenstellung verstehen

▶ S. 25 2 <u>Zutreffende Aussagen zum ersten Aufgabenteil:</u> Die Schüler/-innen sollen
- einleitend Titel, Autor, Textsorte und Erscheinungsjahr nennen,
- das Thema des Textes genau angeben,
- die Textaussagen zu den von Süer beschriebenen Menschenbildern mit eigenen Worten wiedergeben.

<u>Zutreffende Aussagen zum zweiten Aufgabenteil:</u> Die Schüler/-innen sollen
- die von Süer beschriebenen Menschenbilder auf die Figur Faust beziehen,
- eine sachliche und textbezogene Argumentation verfassen.

3 Im ersten Aufgabenteil ist eine knappe Analyse des Sachtextes gefordert. Der Schwerpunkt liegt auf dem zweiten Aufgabenteil, der Erörterung des von Süer dargestellten Sachverhalts unter Bezug auf die drei Handlungslinien in Goethes Faust (1. Rahmenhandlung / Prolog im Himmel, 2. Gelehrtentragödie, 3. Gretchentragödie).

1.9 KLAUSURTRAINING: EINEN SACHTEXT MIT BEZUG AUF EINEN LITERARISCHEN TEXT ERÖRTERN

Zweiter Schritt: Erstes Textverständnis und Ideen formulieren

4 Nach Süer gehört es zum Menschsein, eine Idee davon zu entwickeln, was das Wesen des Menschen im Kern ausmacht. Diese Menschenbilder sind an ihren historischen Kontext gebunden und spiegeln in ihrer Veränderung den Wandel des menschlichen Selbstverständnisses und des gesellschaftlichen Kontexts, was Süer exemplarisch am Menschenbild der Antike einerseits und der Neuzeit andererseits ausführt. ▶ S. 26

5 Mögliche Lösungsaspekte:
- Antike: klassisches Altertum, griechische Philosophie, Götter, Olymp, Marmorstatuen, Helden, Schönheit von Körper und Geist; bis heute prägende Gedanken in der Literatur, Wissenschaft, Kunst; Platon: Gott als Maß der Dinge u. a. m.
- Neuzeit: Entdecker, heliozentrisches Weltbild, Buchdruck (Gutenberg), Emanzipation des Bürgertums, Humanismus, Kants „kategorischer Imperativ" (Regel zur Entscheidungsfindung, ob eine Handlung moralisch schlecht oder gut ist) u. a. m.
- von Süer umrissene Menschenbilder: <u>Antike:</u> begrenzter, heteronomer Mensch; unvollkommener Mensch / vollkommener Gott; Gott verursacht menschliche Handlung; <u>Neuzeit:</u> autonomer Mensch, moralische Autonomie (Kant); Mensch steht im Mittelpunkt (anthropozentrisches Menschenbild); Menschsein als Aufgabe; stets tätiger Mensch

6 Mögliche Ideen:
- Faust ist ein tätiger Mensch und daher eher autonom, weil er „immer strebend sich bemüht", nach neuen Erkenntnissen sucht, seine Beziehung zu Gretchen reflektieren kann.
- Faust ist eher heteronom, da er (wie z. B. im Prolog angelegt) in seinen Handlungen sowohl von Gott geleitet als auch von Mephisto manipuliert werden kann.

Dritter Schritt: Den Text analysieren und die Erörterung vorbereiten

7 Zutreffende Formulierung: Kontrastierung der Menschenbilder von Antike und Neuzeit

8
- Einleitung (Z. 1–12): vgl. S. 26, Aufgabe 4; Süer umreißt die historische Entwicklung des Welt- und Menschenbildes als Wendung von einem durch den göttlichen Willen geprägten Weltgeschehens zu einem von Menschen autonom gestalteten Weltwirkens.
- Menschenbild der Antike: Mensch als Werkzeug der Götter, menschliche Unvollkommenheit – göttliche Vollkommenheit, Abhängigkeit, menschliches Handeln durch Gotteseingriffe in Gang gebracht, Jenseitsorientierung, fremdbestimmt
- Menschenbild der Neuzeit: anthropozentrisch, Selbstbestimmung des Menschen als Basis seines Handelns, Autonomie, Diesseitsorientierung, Menschsein als Aufgabe und nicht als Status, Schöpfungskraft liegt im Menschen, Vernunftwesen Mensch

9 **Rahmung (Prolog im Himmel) und Teufelspakt** ▶ S. 27
- Blick des Herrn auf Faust (V. 308, 317) und Selbstbild (etwa V. 371 ff.) sind geprägt von der Unvollkommenheit des Menschen → **Antike**.
- Menschenbild der Heteronomie, insofern Faust zum Gegenstand und Testobjekt der Wette zwischen Mephisto und dem Herrn wird, allerdings sieht der Herr auch einen dynamischen Anteil in der menschlichen Existenz („Das Werdende, das ewig wirkt und lebt […]", V. 346 f.) → **Antike**.
- Mephisto als von Gott vorgesehenem Antreiber des Menschen, oft Auslöser menschlicher Dynamik („Des Menschen Tätigkeit kann allzu leicht erschlaffen […] Drum geb' ich gern ihm den Gesellen zu / Der reizt und wirkt und muss als Teufel schaffen […]", V. 340 ff.) → **Antike**.
- Idee eines autonomen Menschen wird darin sichtbar, dass Faust / der Mensch sein Handeln zum Gegenstand einer Wette machen kann (impliziert Autonomie, sonst könnte man nicht wetten) → **Neuzeit**.

Gelehrtentragödie
- Fausts Selbstbild konstituiert sich auch hier durch die menschliche Unvollkommenheit, s. z. B. Szene „Nacht" → **Antike**.
- Mensch als Schöpfender (z. B. Dialog mit dem Erdgeist: „Soll ich dir, Flammenbildung; weichen? / Ich bin's, bin Faust, bin deinesgleichen! […]", V. 500 ff.) → **Neuzeit**.
- Faust wird zum „Versuchskaninchen" bei der Wette zwischen Herr und Mephisto → **Antike**.

- Faust als Mensch, der komplexe Zusammenhänge versteht bzw. zu verstehen sucht, z. B. in der Szene „Nacht" („Dass ich erkenne, was die Welt / Im Innersten zusammenhält […], V. 382 f.)" → **Neuzeit**.
- idealtypische Darstellung der Dynamik menschlichen Handelns, z. B. in der Szene „Studierzimmer" („Werd' ich beruhigt mich je in ein Faulbett legen, / So sei es gleich um mich getan! […]", V. 1692 ff.) → **Neuzeit**.
- Diesseitsorientierung (z. B. Faust im Dialog mit Mephisto: „Das Drüben kann mich wenig kümmern […]", V. 1660 f.) → **Neuzeit**.

Gretchentragödie
- eher keine Hinweise auf ein antikes Menschenbild
- Faust beweist zwar keine moralische Autonomie im Sinne Kants (s. o.), aber immerhin Ansätze von Autonomie als Bruch erkennbar → **Neuzeit**.
- keine Rücksicht auf bestehende Ordnung, autonome Gestaltung sozialer Beziehungen → **Neuzeit**.

Zusammenfassung und mögliches Fazit
Das Goethes Drama prägende Menschenbild weist in seinen beiden Haupthandlungslinien „Gelehrtentragödie" und „Gretchentragödie" eine Tendenz zum neuzeitlichen Menschenbild auf. Die das Geschehen rahmende Handlungslinie „Prolog im Himmel" zeigt klare Züge einer antiken Vorstellung vom Menschen (vgl. auch Kap. 1.4). Wie bereits in Kap. 1.7 „Zur Gattung und zur epochalen Einordnung des Dramas" erarbeitet, spiegelt Goethe in seinem „Faust I" eine Entwicklung von der frühen Neuzeit bis ins 18. Jahrhundert und integriert so auch eine Mischung antiker und neuzeitlicher Elemente in seiner Darstellung des Menschen. Im Vordergrund steht die Herauslösung des Menschen aus einem durch den göttlichen Willen geprägten Weltgeschehen. Durch die Erweiterung der Faust-Sage um den „Prolog" mit seinen heteronomen Aspekten wird aus dem Pakt eines einzelnen Menschen mit dem Teufel ein universelles Menschheitsdrama, in dem das Individuum Faust in seiner Autonomie zum Exempel wird.

Vierter Schritt: Den Schreibplan erstellen und den Text schreiben

10 Reihenfolge der Arbeitsschritte: 3, 10, 1, 4, 6, 7, 8, 1, 5, 9

11 Individuelle Lösungen

Fünfter Schritt: Den eigenen Text überarbeiten

12/13 Individuelle Lösungen

Erörterung von Sachtexten mit Bezug auf einen literarischen Text (Aufgabenart III B)

Aufgabenstellung

1. Untersuchen Sie den Text „Faust als Prototyp der globalisierten Gegenwart", indem Sie herausarbeiten, wie der Autor den Wandel der Faust-Rezeption beschreibt. *(33 Punkte)*

2. Prüfen Sie unter Bezugnahme auf das Drama „Faust I" und auf eigene Beispiele Jaegers These, dass zentrale Aspekte der Faustfigur in Beziehung zu alltäglichen Verhaltensweisen in der Gegenwart gesetzt werden können. *(39 Punkte)*

Michael Jaeger: Faust als Prototyp der globalisierten Gegenwart (2013)

[…] Der Riss, der Epochenbruch der Moderne, der durch Goethes „Faust" und durch Goethes Biografie geht, und mit ihm Goethes höchst distanziertes, prekäres Verhältnis zu seinem Faustdrama und zu dessen Heros schien freilich lange Zeit in dem Bild, das man sich vom strebenden Helden und von seinem Schöpfer machte, verborgen zu bleiben.

Bis in die zweite Hälfte des 20. Jahrhunderts begegnete Goethes Faust seinem Publikum – in der Schule, im Theater, in den Hörsälen und in der Literatur – als Vorbildfigur eines tatkräftig-selbstbewussten Optimismus, der, wenn auch manchmal auf fragwürdige Weise und mit bedenklichen Methoden, sein Schicksal selbst in die Hand nimmt. Sein pausenloses „Streben" galt als Tugend und seine Lebensgeschichte stellte sich in dieser Perspektive als eine exemplarisch gelungene Persönlichkeitsentwicklung, als produktive – technisch-wissenschaftliche, industrialisierende und unternehmerische – Weltaneignung, kurzum als Fortschritt und Glück dar, mögen auch bedauerlicherweise einige Opfer seinen (Lebens-)Weg säumen und beträchtliche Kosten zu Buche schlagen. Diese Verluste indessen konnten den vorherrschenden Deutungsoptimismus nicht erschüttern, da nun einmal Späne fallen durften, wo der tüchtige Faust die Welt bearbeitete.

In neuerer Zeit und immer offensichtlicher gewinnt allerdings ein ganz anderes Faustverständnis an Überzeugungskraft: Man nimmt nun den Untertitel des Goetheschen Textes beim Wort und liest Fausts Drama als „eine Tragödie", als Katastrophe der Natur sowie der Zivilisation […] Heute kann man noch einen Schritt weiter gehen und den vermeintlichen Heroen des Dramas ansehen als eine veritable Unglücksfigur, die die Negation der gesamten Philosophie Goethes und aller seiner Zivilisationsideale personifiziert. […]

Goethes Text kennt zahlreiche Variationen jenes in Fausts Pakt mit Mephisto ausgesprochenen Verbots der Ruhe und des Verweilens im Angesicht des Schönen. Um nur einige zu nennen: „Und Fluch vor allen der Geduld!" (V. 1606) oder „Wie ich beharre bin ich Knecht" (V. 1710) oder „Stürzen wir uns in das Rauschen der Zeit, / Ins Rollen der Begebenheit!" (V. 1754 f.) oder „Dem Taumel weih' ich mich" (V. 1766) und zuletzt „Das verfluchte hier!" (V. 11233). Alles Hiersein, alles bewusste Jetzt- und Dasein ist wertlos, öde, tot. Nur das, was nicht da ist, nicht zur Verfügung steht, das Nochnichtseiende ist attraktiv und verspricht das wahre Leben. Es ist evident, dass aus diesem Verbot des Verweilens ein Kult der Geschwindigkeit hervorgeht, ein Kult der rastlosen Innovation, des permanenten Bild- und Sensationswechsels.

Wer von uns Heutigen könnte sich der Einsicht verschließen, dass, längst verinnerlicht, Fausts Pakt- und Wettformel unser alltägliches Verhalten bestimmt. Wird man doch den Prozess der permanenten Negation jeder innehaltend-verweilenden Reflexion des Daseienden als Strukturgesetz des modernen Zeitempfindens ansehen können. […]

Ins Extrem gesteigert wird die Verneinung des gegenwärtig Daseienden in der heutigen Informations- und Mediengesellschaft. Kaum treten die Bilder und Nachrichten in Erscheinung, sind sie durch ihr Dasein sogleich entwertet, tot. Der immer schnellere ununterbrochene Bild-, Klang-, Daten- und Nachrichtenstrom jagt sofort weiter zur nächsten, zur neuen Sensation. In der Welt der rasenden Bildwechsel und der sie begleitenden hetzenden Rhythmen ist in der Tat jedes Verweilen – das Verweilen des anschauend-reflektierenden Bewusstseins – unmöglich geworden. […] Faust kann nie, darf nie genug haben am gegenwärtig Daseienden, zunächst in seinem Wissensdrang, dann in seiner verzweiflungsvollen Ablenkungssucht, zuletzt in seinem unstillbaren Hunger, jede Realität zu verschlingen. Er möchte alles und dauernd andere Dinge besitzen, neue, noch spektakulärere Bilder sehen. Fausts Verbot des Verweilens, die Verneinung alles jetzt, in der augenblicklichen Realität Hier- und Daseienden und Fausts unstillbares Verlangen nach dem Nochnicht(-da-)seienden, nach dem, was er gerade nicht hat, diese Bewusstseinsdisposition ist Mephisto. Goethe modernisiert die uralte, aus dem 16. Jahrhundert herkommende Geschichte vom Dr. Faust […].

Aus: Michael Jaeger: Global Player Faust oder Das Verschwinden der Gegenwart. Zur Aktualität Goethes. Königshausen & Neumann, Würzburg 2013, S. 11, 22

Autorin: Angelika Thönneßen

ERWARTUNGSHORIZONT

Inhaltliche Leistung

Aufgabe 1

	Anforderungen Die Schülerin / Der Schüler	maximale Punktzahl (AFB)	erreichte Punktzahl
1	**formuliert eine aufgabenbezogene Einleitung** unter Angabe von Titel, Autor, Textsorte, Erscheinungsjahr.	3 (I)	
2	**erschließt das zentrale Thema des Textes,** etwa: Wandel in der Betrachtung der Faustfigur: Vom positiv und als vorbildhaft bewerteten unermüdlichen Erkenntnisstreben Fausts zur kritisch betrachteten „Verneinung des gegenwärtig Daseienden".	3 (I)	
3	**gibt einen Überblick über den Gedankengang und Textaufbau,** etwa: • einleitender Hinweis auf den biografischen und epochenübergreifenden Entstehungskontext des Dramas und dessen Rezeption • Ausführungen zur Rezeption der Faustfigur bis in die zweite Hälfte des 20. Jahrhunderts • Ausführungen und Textverweise zum Verbot der Ruhe und Ableitung eines „Kults der rastlosen Innovation" • Bezug zum gegenwärtigen gesellschaftlichen Zustand mit Beispielen • Rückbezug zum Faustdrama	6 (II)	
4	**erschließt Aspekte der Faustrezeption,** wie sie in Schulen, im Theater, in Universitäten und in der Literatur bis in die erste Hälfte des 20. Jahrhunderts stattgefunden hat, etwa: • Faustfigur als Vorbild • positive Bewertung des rastlosen Strebens • Vita Fausts als Exempel gelungener Persönlichkeitsentwicklung • Spiegelung von Fortschritt und Glück • vorherrschender Deutungsoptimismus • dabei billigende Inkaufnahme menschlichen Leids und materieller Verluste	8 (II)	
5	**erschließt Aspekte der Faustfigur,** die nach Jaeger negativ konnotiert werden können und sie als **„Prototyp der globalisierten Gegenwart"** ausweisen, etwa: • Verweilen in der Gegenwart als „nutzlos, öde, tot" • hedonistisches Verlangen nach stetigem „Bild- und Sensationswechsel" • Kult der Geschwindigkeit und „rastlosen Innovation" • Beispiele aus der gegenwärtigen Informations- und Mediengesellschaft und deren kritische Bewertung • Fausts Erlebnishunger als Mephisto gemäße Persönlichkeitsdisposition • Haltung: Allein das, was noch nicht ist oder was man noch nicht haben kann, ist erstrebenswert.	10 (II)	
6	**formuliert eine reflektierte Schlussfolgerung** auf der Basis ihrer/seiner Unterrichtskenntnisse.	3 (III)	
7	**erfüllt ein weiteres aufgabenbezogenes Kriterium.**	(4)	
	Summe Aufgabenteil 1	**33**	

Autorin: Angelika Thönneßen

ERWARTUNGSHORIZONT

Aufgabe 2

	Anforderungen Die Schülerin / Der Schüler	maximale Punktzahl (AFB)	erreichte Punktzahl
1	**formuliert eine aufgabenbezogene Überleitung** mit Bezug zum Sachtext und zum „Faust-Drama".	3 (I)	
2	**legt zentrale Aspekte der Faustfigur dar,** mit Verweis auf das Drama und ggf. unter Bezug auf den Sachtext, etwa: • unstillbarer Erkenntnisdrang, Wunsch nach unmittelbarer Wahrnehmung und Anschauung versus Rationalität und Abstraktion, dadurch auch Wunsch nach Entgrenzung • Besinnen auf Urphänomene und Wesentliches • Streben nach Selbstverwirklichung • Lebenshunger, Verzweiflung, Ungeduld, dadurch Bereitschaft zum Teufelspakt • negative Bewertung von Stillstand und Ruhe, harsche Ablehnung des „Hier und Jetzt", Sehnsucht nach rauschhaftem Erleben / „Taumel" • Egoismus	10 (I, II)	
3	**erörtert Aspekte und Beispiele, die Jaegers These unterstützen,** etwa: • Fausts Pakt- und Wettformel mit Mephisto beeinflusst unseren Alltag: Faust wird zum Exempel für den heutigen ruhelosen, immer dringlicher beschäftigten „Macher". • Fausts Rastlosigkeit spiegelt Schnelligkeit und Hektik der Medien- und Informationsgesellschaft mit der Entwertung des „momentan Gegenwärtigen". „Keine Zeit haben" gilt hier als Symbol für Erfolg. • Fausts Hedonismus und egoistische Erlebnissucht sind evtl. Fingerzeige auf soziale Vereinsamung und schwindende Mitmenschlichkeit. • Abwertung von Ruhe, Muße, reflektierendem Innehalten	10 (II, III)	
4	**erörtert Aspekte und Beispiele, die Jaegers These relativieren,** unter Bezugnahme auf Spannungsfelder und Widersprüche der Gegenwart, etwa: • Geschwindigkeit versus Entschleunigung • Bewusstsein für mögliche Erhöhung der Lebensqualität durch minimalistische Orientierung statt Konsum („Das kauf ich! Nicht.") • rationale Erfassung der Welt versus Bedürfnis nach sinnstiftender Orientierung • Fortschritts- und Forschungsgläubigkeit versus (ethische) Verantwortung der Wissenschaft („Darf der Mensch, was er kann?") • wachsende Wirtschaft und Globalisierung versus Bewusstsein über Grenzen und Risiken von Wachstum und Fortschritt • moderne Forschung in Philosophie und Ethik: Was ist Glück? „Glück" als Unterrichtsthema	10 (II, III)	
5	**nimmt anschließend Stellung zu Jaegers These,** dass zentrale Aspekte der Faustfigur in Beziehung zu alltäglichen Verhaltensweisen in der Gegenwart gesetzt werden können.	6 (III)	
6	**erfüllt ein weiteres aufgabenbezogenes Kriterium.**	(4)	
	Summe Aufgabenteil 2	**39**	

Autorin: Angelika Thönneßen

Texte, Themen und Strukturen

ERWARTUNGSHORIZONT

Darstellungsleistung

	Anforderungen Die Schülerin / Der Schüler	maximale Punktzahl	erreichte Punktzahl
1	strukturiert den Klausurtext kohärent, schlüssig, stringent und gedanklich klar.	6	
2	formuliert unter Beachtung der fachsprachlichen und fachmethodischen Anforderungen.	6	
3	belegt Aussagen durch angemessenes und korrektes Zitieren.	3	
4	drückt sich allgemeinsprachlich präzise, stilistisch sicher und begrifflich differenziert aus.	5	
5	formuliert lexikalisch und syntaktisch sicher, variabel und komplex (und zugleich klar).	5	
6	schreibt sprachlich richtig.	3	
	Summe Darstellungsleistung	28	
	Gesamtpunktzahl	100	
	Note: **Datum:**		

Autorin: Angelika Thönneßen

LERNERFOLGSKONTROLLE/KLAUSURVORSCHLAG

Erörterung von Sachtexten mit Bezug auf einen literarischen Text (Aufgabenart III B)

Aufgabenstellung

1 Untersuchen Sie den Text „Das bürgerliche Drama des 18. und 19. Jahrhunderts" von Karl S. Guthke, indem Sie unter Berücksichtigung des Argumentationsgangs darlegen, worin der Autor den Nutzen des bürgerlichen Dramas sieht und wie er durch den Dramatiker erreicht werden kann. *(30 Punkte)*

2 Fassen Sie die zentralen Thesen Guthkes zusammen und erörtern Sie, inwieweit die Figuren Faust und Gretchen als „mittlere Charaktere" bezeichnet werden können. *(42 Punkte)*

Karl S. Guthke: Das bürgerliche Drama des 18. und 19. Jahrhunderts (1980)

Den Anfang des bürgerlichen Dramas markiert Lessing 1756 in einer Bemerkung, die nicht nur den besonderen ästhetisch-emotionalen Reiz des Neuen nachempfinden lässt, sondern auch dessen theoretisch grundsätzlichen Charakter. In der Vorrede zu einer deutschen Übersetzung von James Thomsons[1] Trauerspielen schreibt er:

„So wie ich unendlich lieber den allerungestaltesten Menschen, mit krummen Beinen, mit Buckeln hinten und vorne, *erschaffen*, als die schönste Bildseule eines *Praxiteles*[2] gemacht haben wollte: so wollte ich auch unendlich lieber der Urheber des *Kaufmanns von London*[3] [von George Lillo], als des *sterbenden Cato*[4] [von Gottsched] seyn, gesetzt auch, dass dieser alle die mechanischen Richtigkeiten hat, derenwegen man ihn zum Muster für die Deutschen hat machen wollen. Denn warum? Bey einer einzigen Vorstellung des erstern sind, auch von den Unempfindlichsten, mehr Thränen vergossen worden, als bey allen möglichen Vorstellungen des andern, auch von den Empfindlichsten, nicht können vergossen werden. Und nur diese Thränen des Mitleids, und der sich fühlenden Menschlichkeit, sind die Absicht des Trauerspiels, oder es kann gar keine haben. [...]"

Ein Vorzug des bürgerlichen Dramas vor dem heroischen ist, so heißt es stereotyp in den überaus zahlreichen Schriften zur Verteidigung der neuen Gattung, dass es „einen größern Nutzen stiftet". Unter Nutzen ist sittliche Besserung zu verstehen, „nützliche Moral". Erzielt wird diese jedoch nicht, wie in der Heldendramatik, durch den „kalten Affekt" der intellektuellen Bewunderung unempfindlich standhafter Übermenschen, sondern durch die Wirkung auf das Gemüt, auf die Gefühle, mit andern Worten: durch die „Rührung". Ihr wird in dieser Theorie ein nachhaltigerer Einfluss auf die Charakter- und Gesinnungsbildung zugeschrieben als dem Appell an den Intellekt. Denn nicht das Gefühl im Allgemeinen soll in der Rührung angesprochen werden, sondern eine bestimmte Möglichkeit des Empfindens: die Fähigkeit zur Empathie[5]. Das ist die Fähigkeit, Mitfreude und Mitleid zu fühlen, jenes Mitempfinden, das sich in dem angenehmen und z. T. sogar genussvoll kultivierten Weinen bekunden kann, von dem Lessing in der Thomson-Vorrede sprach als dem empirischen Wert – Kriterium des bürgerlichen Dramas. Die moralisch bessernde Wirkung, die dem bürgerlichen Drama gegenüber dem heroischen zugeschrieben wird, besteht letztlich in nichts anderem als in der Erziehung zu solcher optimaler Gefühlsfähigkeit („Fühlbarkeit") und philantropischer[6] Sympathie. Sie äußert sich sowohl in der herzbewegenden „Freude" (Gellert[7]) über die Tugend, „a joy too exquisite for laughter" (Steele), wie auch und besonders im „Mitleiden"; denn „der mitleidigste Mensch ist der beste Mensch [...]. Wer uns also mitleidig macht, macht uns besser und tugendhafter" (Lessing an Nicolai, 13. November 1756).

Wie aber erreicht der „bürgerliche" Dramatiker diese Besserung durch Rührung? Am sichersten, wenn er dem Zuschauer eine ununterbrochene und ungetrübte Wirklichkeitsillusion vermittelt, also eine Vorspiegelung des gegenwärtigen „gemeinen Lebens", wie das Publikum es aus der täglichen Erfahrung kennt. „Tugenden, Laster, Begebenheiten, alles ist uns wahrscheinlicher, weil sie aus der Sphäre unserer eignen Erfahrung genommen sind." „Wir sind sozusagen unter uns, und nehmen an dem, was vorgeht, umso mehr Anteil, als das, was wir sehen, unseren Anverwandten, unsern Freunden – uns selbst begegnen kann." „Wir" finden also im bürgerlichen Drama (im Unterschied zum historisch-theologisch-politischen Heldendrama) „unsere" Wirklichkeit auf der Bühne wieder. Das ist von entscheidender Wichtigkeit in der Theorie des bürgerlichen Dramas; denn nur durch eine derart vollkommene Illusion ist jene Identifikation unserer selbst mit den auf der Bühne weniger agierenden als

---

1 **James Thomson** (1700–1748): schottischer Schriftsteller und Erfinder
2 **Praxiteles**: griech. Bildhauer im 4. Jh. v. Chr.
3 Im **Trauerspiel „Der Kaufmann von London"** (1731) von Lillo erschien erstmals ein Bürger als Opfer eines tragischen Schicksals.
4 **„Der sterbende Cato"** (1732) von Gottsched: Stück über den Selbstmord des jüngeren Cato zur Zeit Caesars
5 **Empathie**: Bereitschaft und Fähigkeit, sich in andere Menschen einzufühlen und mitzufühlen
6 **Philantropie**: Menschenliebe
7 **Christian Fürchtegott Gellert** (1715–1769): Professor für Philosophie

Autorin: Angelika Thönneßen

lebenden dramatis personae möglich, welche ihrerseits die unentbehrliche Voraussetzung dafür ist, dass wir gerührt werden, Mitleiden und Mitfreude empfinden.

Wer „wir" sind, dürfte dabei keinem Zweifel mehr unterliegen: wir sind, so heißt es schon 1755 bei Pfeil, „keine Sieger, keine Tyrannen, keine ihrer Kronen und ihres Lebens beraubte Prinzen; sondern Bösewichter und redliche Männer, wie wir sie täglich im gemeinen Leben wahrnehmen", mit einem Wort „Privatpersonen"[8]. Was „wir" Zuschauer mit den Menschen des bürgerlichen Dramas der ersten Phase gemeinsam haben, ist in der typischen Theorie dieses Dramas also nicht so sehr die gesellschaftliche Schicht (Stand, Klasse) und deren spezielle soziale Probleme wie etwa Ständekonflikt, von Standes- oder Klassenbewusstsein ganz zu schweigen, sondern die vom Bereich des Geschichtlich-Öffentlichen abgegrenzte „sich fühlende" Mitmenschlichkeit, an der der Sache nach „das ganze menschliche Geschlecht" teilhat, wie es bei Sonnenfels[9] heißt. „Wir sollen nichts als den Menschen hören", der rein moralisch und seelisch definiert ist: in sittlicher Hinsicht repräsentiert er den vom aristotelischen „mittleren Charakter" nicht grundsätzlich verschiedenen Durchschnitt von unserem „Schrot und Korn"[10] (keine „aufgeblasenen Heldentugenden", keine „Ungeheuer"); in seelischer Hinsicht ist er durch seine Gefühlsbeziehungen zum Mitmenschen definiert, gebunden durch seine Verpflichtungen und Verantwortungen in einer betont unhöfischen, unpolitischen Gemeinschaft, die primär auf solcher seelischer Bindung beruht: der Mensch ist nur da ganz Mensch, wo er fühlt. Das bürgerliche Drama etabliert sich daher um die Jahrhundertmitte in der Theorie nicht so sehr als ständisches wie als empfindsames Drama. […]

Karl S. Guthke: Das bürgerliche Drama des 18. und 19. Jahrhunderts. Aus: Walter Hinck: Handbuch des deutschen Dramas. Düsseldorf: Bagel 1980, S. 77–80

8 Johann Gottlob Benjamin Pfeil: „Vom bürgerlichen Trauerspiele" (1755)
9 Joseph Freiherr von Sonnenfels: „Briefe über die Wienerische Schaubühne" (entstanden 1767–1769)
10 Gotthold Ephraim Lessing: „Hamburgische Dramaturgie", 75. Stück

ERWARTUNGSHORIZONT

Inhaltliche Leistung

Aufgabe 1

	Anforderungen Die Schülerin / Der Schüler	maximale Punktzahl (AFB)	erreichte Punktzahl
1	**formuliert eine aufgabenbezogene Einleitung** unter Angabe von Titel, Autor, Textsorte, Erscheinungsjahr.	3 (I)	
2	**erschließt das zentrale Thema des Textes,** etwa: Anfang, Zuschnitt und Ziel des bürgerlichen Dramas.	3 (I/II)	
3	**gibt einen Überblick über den Argumentationsaufbau und Gedankengang des Textes,** etwa: • Ausführungen zu Lessing und den Neuerungen des bürgerlichen Dramas • Lessing-Zitat soll zum einen den „ästhetisch-emotionalen Reiz" des Neuen und zum anderen den neuen dramentheoretischen Ansatz veranschaulichen • In Abgrenzung zum heroischen Drama legt Guthke den Nutzen des bürgerlichen Dramas unter Verweis auf verschiedene Quellen dar. • Erläuterung, wie der intendierte Nutzen durch den Dramatiker erreicht werden kann: durch Illusion zur Identifikation • Beschreibung der Wirklichkeitsillusion und Voraussetzungen der Identifikation mit den dramatis personae: „mittlerer Charakter", der fühlende Mensch • Guthke stellt die sich für ihn daraus konsequent ergebende Entwicklung des bürgerlichen Dramas als empfindsames Drama – im Gegensatz zum ständischen Drama – dar.	10 (II)	
4	**erschließt, worin der Autor den Nutzen des bürgerlichen Dramas sieht und wie dieser erreicht werden kann,** etwa: • Durch Rührung – genauer: Empathie (Mitleiden, Mitfreude) – soll sittliche Besserung erreicht werden. • Es erfolgt eine Abgrenzung vom Heldendrama, dessen Figuren dem Publikum fremd sind. • Durch Wirklichkeitsillusion soll sich das Publikum wiedererkennen und zur Teilhabe geführt werden, eine „Wir-Empfindung" wird angestrebt. • Schicht- und Standeszugehörigkeit der Figuren sind nicht so wichtig. Zentral ist die Teilhabe als Mensch und Privatperson durch Identifikation mit authentisch wirkenden Charakteren. Daher könnte ein bürgerliches Drama auch in adligen Kreisen spielen.	9 (II)	
5	**formuliert ein reflektiertes Fazit** zum „fühlenden", „mittleren" Charakter als Möglichkeit der sittlichen Besserung der Zuschauer/-innen durch Rührung.	5 (III)	
6	**erfüllt ein weiteres aufgabenbezogenes Kriterium.**	(4)	
	Summe Aufgabenteil 1	**30**	

Autorin: Angelika Thönneßen

Texte, Themen und Strukturen

ERWARTUNGSHORIZONT

Aufgabe 2

	Anforderungen Die Schülerin / Der Schüler	maximale Punktzahl (AFB)	erreichte Punktzahl
1	**formuliert eine aufgabenbezogene Überleitung** mit Bezug zum Sachtext und zum „Faust-Drama".	3 (I)	
2	**fasst einleitend Guthkes zentrale Thesen zusammen,** etwa: • Ablehnung übermenschlicher Helden und unmenschlicher Verbrecher, da diese nur Distanzierung beim Publikum bewirken (Bewunderung und Verachtung) • Dadurch kann keine sittliche Besserung erreicht werden → also: Mischung aus Tugendhaftigkeit und Fehlern/Lastern notwendig, damit können sich die Zuschauer/-innen identifizieren; Forderung nach gemischtem Charakter.	7 (I, II)	
3	**beschreibt knapp und aufgabenbezogen den Inhalt des Faustdramas,** ggf. unter Fokussierung auf einige relevante Bezugspunkte aus den drei Handlungslinien.	7 (I/II)	
4	**erörtert, inwieweit die Figur Faust als „mittlerer Charakter" bezeichnet werden kann,** denkbar etwa: • Der Prolog und die darin abgeschlossene „Wette" zwischen dem Herrn und Mephisto skizzieren Faust als Repräsentanten der Menschheit und bieten dem Publikum somit Identifikationsmöglichkeiten. • Faust ist Verführer und Verführter zugleich. • Faust ist allerdings eher eine Kunstfigur als ein Mensch aus „Fleisch und Blut", was wohl keine Rührung hervorrufen könnte, da er in seinem Erkenntnisstreben, seinem Lebenshunger, seiner Hybris und seiner Schuldhaftigkeit nicht den „Durchschnittsmenschen" abbildet, sondern Extreme menschlichen Daseins (s. Gelehrten- und Gretchentragödie). • Faust vereinigt positive und negative Wesensmerkmale in sich, die ein Mensch haben kann, und ist somit eher ein „Prototyp" des „gemischten Charakters".	10 (II, III)	
5	**erörtert, inwieweit die Figur Gretchen als „mittlerer Charakter" bezeichnet werden kann,** denkbar etwa: • Betrachtung Gretchens als zentrale Mitleidsfigur und als Gegenentwurf zu Faust • verführtes, frommes, bürgerliches, tugendhaftes, aber auch schnippisches Mädchen aus „Fleisch und Blut"? also Empathie nach Guthke möglich • Gretchen ist nicht frei von Sünde und Schuld; sie, leidet, büßt, stirbt und wird erlöst? Beantwortung der Frage, ob ihr Verhalten das Publikum tatsächlich rührt und ob sie Mitleid im Sinne Lessings verdient hat (vor dem Hintergrund unreflektierter Missachtung sittlicher Gebote der Zeit versus – stilisierter – Liebe und Treue über Ständeschranken hinweg).	10 (II, III)	
6	**formuliert eine reflektierte Schlussfolgerung vor dem Hintergrund ihrer/seiner Untersuchungsergebnisse.**	5 (III)	
7	**erfüllt ein weiteres aufgabenbezogenes Kriterium.**	(4)	
	Summe Aufgabenteil 2	**42**	

Autorin: Angelika Thönneßen

Texte, Themen und Strukturen

Darstellungsleistung

	Anforderungen Die Schülerin / Der Schüler	maximale Punktzahl	erreichte Punktzahl
1	strukturiert den Klausurtext kohärent, schlüssig, stringent und gedanklich klar.	6	
2	formuliert unter Beachtung der fachsprachlichen und fachmethodischen Anforderungen.	6	
3	belegt Aussagen durch angemessenes und korrektes Zitieren.	3	
4	drückt sich allgemeinsprachlich präzise, stilistisch sicher und begrifflich differenziert aus.	5	
5	formuliert lexikalisch und syntaktisch sicher, variabel und komplex (und zugleich klar).	5	
6	schreibt sprachlich richtig.	3	
	Summe Darstellungsleistung	28	
	Gesamtpunktzahl	100	
	Note: Datum:		

2 Heinrich von Kleist: „Die Marquise von O…"

Konzeption des Kapitels

Texte, Themen und Strukturen: Ausgabe Nordrhein-Westfalen, 978-3-464-68112-1 / 978-3-464-68111-4

Seite	Sequenz/ Materialien	Didaktisch-methodische Hinweise	Anknüpfung an „Texte, Themen und Strukturen"
S. 29	2.1 Vor der Lektüre	Der Einstieg ermöglicht einen subjektiven Zugang zur Exposition: Die Beweggründe der Marquise für die Anzeige werden in Bezug zu den individuellen Lösungsansätzen der Schüler/-innen gesetzt und auf dieser Grundlage erste Fragen an den Text formuliert.	
S. 30	2.2 Die Handlung	Die Handlungsstruktur der Novelle wird mit einer Übersichtsskizze erschlossen, wobei die begründete Wahl zwischen zwei Schemata u. a. eine Diskussion über die gegenläufigen Handlungsstränge eröffnet.	Zur Wiederholung der klassischen Dramenform siehe die Information „Die geschlossene Form" (S. 222).
S. 31 f.	2.3 Ort und Zeitgestaltung Information: Zeitgestaltung Information: Der Ort der Handlung Information: Hortus conclusus	Unterstützt durch einen Informationskasten zur Zeitgestaltung untersuchen die Schüler/-innen die Zeitstruktur der Novelle und ergänzen ihre Strukturschemata. Rilkes Charakterisierung der Novelle, die anhand eines Textauszugs überprüft wird, unterstützt die Untersuchung der inhaltlichen Funktion der Zeitgestaltung. Die Handlungsorte erhalten in Kleists Novelle jeweils symbolische Bedeutung. Ein Wortspeicher unterstützt die Schüler/-innen bei deren Erschließung, wobei sie exemplarisch anhand der Gartenszene die Schaffung symbolischer Bedeutungszusammenhänge untersuchen.	Siehe die Informationen „Ort und historische Zeit" (S. 167) und „Handlung und Zeitgestaltung" (S. 171). Mit Blick auf die Bedeutung des Gartenhauses siehe zum Vergleich den Anfang von *Theodor Fontanes „Effi Briest"* (S. 165): Schilderung eines idyllischen Landadelssitzes, symbolhafte Zeichen einer Bedrohung.
S. 33 f.	2.4 Die Hauptfiguren Information: Eine literarische Figur charakterisieren	Ausgehend von einer ersten Charakterisierung der Marquise vollziehen die Schüler/-innen die Figurenentwicklung anhand der Analyse einer zentralen Textstelle nach; dabei erfassen und beurteilen sie unterschiedliche Figurenbetrachtungen in der Literaturwissenschaft. Auf dieser Grundlage kann die ambivalente Gestaltung der Marquise erkannt werden.	Zur Wiederholung der direkten und indirekten Charakterisierung einer Figur kann der Informationskasten „Figuren und ihre Konstellation" (S. 169) herangezogen werden. Produktiv-gestaltende Verfahren werden im Methodenkasten auf Seite 36 thematisiert.

Seite	Sequenz/ Materialien	Didaktisch-methodische Hinweise	Anknüpfung an „Texte, Themen und Strukturen"
S. 35	**Die Ambivalenz der Figuren** Methode: Eine Figurenkonstellation erstellen	Alle Hauptfiguren der Novelle zeichnen sich durch ihren widersprüchlichen Charakter aus. Diese These sollen die Schüler/-innen arbeitsteilig am Text nachweisen. Darauf aufbauend wird die Figurenkonstellation erschlossen und visualisiert.	Siehe die Information „Deutungsthesen ausführen" (S. 209) zum Vorgehen bei der systematischen Analyse.
S. 36	**2.5 Thematische Aspekte** *Heinz Politzer:* „Der Fall der Frau Marquise" Information: Die drei psychischen Instanzen nach Freud	Die Schüler/-innen setzen sich anhand des Sachtextes mit einem psychoanalytischen Deutungsansatz zum Verhältnis von Vater und Tochter auseinander, der v. a. die Versöhnungsszene in den Blick nimmt. Die Triebnatur und Gewaltbereitschaft der männlichen Figuren finden u. a. in der sexuellen Metaphorik des Textes ihren Ausdruck, die ausgehend von Politzers Text untersucht wird.	Mit Blick auf das Vater-Tochter-Verhältnis siehe zum Vergleich *Birgit Vanderbeke:* „Das Muschelessen" (S. 170): Dort versucht ein Familientyrann sein Rollenverständnis in der Erziehung umzusetzen. Zur literarischen Erörterung siehe die Seiten 242 ff.
S. 37	**Das Modell der Familie im ausgehenden 18. Jahrhundert** *Gerhard Kaiser:* „Krise der Familie"	Das von Kaiser skizzierte Familienmodell der zweiten Hälfte des 18. Jahrhunderts wird zu dem in Kleists Novelle entworfenen Familienbild in Beziehung gesetzt. Kleists Kritik an zeitgenössischen Konventionen wird verdeutlicht.	
S. 38	**2.6 Erzählweise, Sprache und Stil** **Die Sprachlosigkeit der Figuren** *Eva Fricke:* Ambiguität durch ironische Brechung	Ausgehend von einem Deutungsansatz zur Sprachlosigkeit der Figuren untersuchen die Schüler/-innen Textstellen auf körpersprachliche Äußerungen hin und erörtern deren Funktion. Auf der Grundlage von Frickes Ausführungen machen sie sich bewusst, dass die Novelle von ironisch-doppeldeutigen Formulierungen durchzogen ist, und weisen diese anhand der Werbungsszene nach.	Zu Kleists Stil siehe auch Seite 439, Aufgabe 2.
S. 39	**Der Satzbau** Information: Den Satzbau untersuchen	Die Schüler/-innen veranschaulichen an einem exemplarischen Textauszug die Komplexität des Satzbaus in Kleists Novelle und erschließen seine Funktion. Weitere Textstellen werden in den Blick genommen.	

2 HEINRICH VON KLEIST: „DIE MARQUISE VON O…"

Seite	Sequenz/ Materialien	Didaktisch-methodische Hinweise	Anknüpfung an „Texte, Themen und Strukturen"
S. 40	**Die Erzählweise** Information: Erzählverhalten, -form und Darbietungsformen	Unterstützt durch einen Informationskasten werden zentrale Elemente des Erzählens am Text erarbeitet und Merkmale eines auktorialen Erzählers am Text nachgewiesen. Davon ausgehend werden Eva Frickes Deutungsansatz einer unzuverlässigen Erzählinstanz am Text überprüft und die Funktion dieser Erzählweise diskutiert.	Bei der Untersuchung erzählerischer Mittel helfen die umfassenden Informationskästen „Der Erzähler / die Erzählerin und seine/ihre Strategien" (S. 172) sowie „Die drei idealtypischen Erzählstrategien" (S. 172 f.).
S. 41	**Die verweigerte Eindeutigkeit in Kleists Novelle** *Eva Fricke:* „Resümee zu ‚Die Marquise von O…'"	Die Schüler/-innen erfassen die verweigerte Eindeutigkeit in Kleists Novelle exemplarisch durch eine Analyse des Erzählschlusses, machen sich die fehlende Eindeutigkeit auf mehreren Ebenen anhand eines Clusters bewusst und hinterfragen die Funktion dieser Ambiguität.	
S. 42	**2.7 Leben und Werk des Autors** Methode: Gruppenpuzzle	Die Methode des Gruppenpuzzles ermöglicht es, verschiedene Lebensbereiche des Autors in den Blick zu nehmen und ein differenziertes Bild seiner Biografie zu erarbeiten. Auf dieser Grundlage können Bezüge zwischen Leben und Werk hergestellt und die Problematik eines biografischen Deutungsansatzes diskutiert werden.	Das Kapitel „Recherchieren in Internet und Bibliothek" (S. 553 ff.) informiert u. a. zur Basisrecherche mit Wikipedia. Zur Vertiefung siehe das Kapitel „Gibt es die richtige Interpretation? – Literarische Kommunikation und Theorien des Verstehens" (S. 46 ff.).
S. 43	**Der Einfluss aufklärerischen Gedankenguts auf Leben und Werk Kleists** *Heinrich von Kleist:* „Brief an Wilhelmine von Zenge" (22.03.1801) Information: Die Epoche der Aufklärung	Kleists Brief an Wilhelmine von Zenge verdeutlicht den Einfluss aufklärerischen Gedankenguts auf sein Weltbild. Inwiefern sich die im Brief erkennbare pessimistische Weltsicht in der Novelle „Die Marquise von O…" widerspiegelt, soll anhand exemplarischer Textstellen erschlossen werden. Weiterführend kann die besondere Rolle Kleists thematisiert werden, der am Epochenumbruch von der Aufklärung zur Romantik stand und dessen Werke sich keiner Epoche eindeutig zuordnen lassen.	Hinsichtlich des aufklärerischen Gedankenguts kann vertiefend *Immanuel Kants* „Beantwortung der Frage: Was ist Aufklärung?" (S. 395) erarbeitet werden. Zu den Epochen siehe das Kapitel „Klassik und Romantik" (S. 420 ff.).

Literaturhinweise

Fricke, Eva: Heinrich von Kleist und die Auflösung der Ordnung. Poetologische Strategien im erzählerischen Werk. Tectum, Marburg 2010

Nobis, Helmut: Heinrich von Kleist. Das Erdbeben in Chili. Die Marquise von O… Die Verlobung in St. Domingo. Text und Kommentar. Suhrkamp, Frankfurt/M. 2009

Pickerodt-Uthleb, Erdmute / Pickerodt, Gerhart J.: Heinrich von Kleist. Die Marquise von O… und andere Prosa. Unterrichtskommentar. Cornelsen, Berlin 2010

Politzer, Heinz: Der Fall der Frau Marquise. Beobachtungen zu Kleists „Marquise von O…". In: Deutsche Vierteljahresschrift für Literaturwissenschaft und Geistesgeschichte, 51. Jg. 1977, S. 98–128

Schmidt, Jochen: Heinrich von Kleist. Die Dramen und Erzählungen in ihrer Epoche. Wissenschaftliche Buchgesellschaft, Darmstadt 2011

2.1 VOR DER LEKTÜRE   35

> **Seitenangaben zur Novelle** beziehen sich auf folgende Ausgaben:
> **C = Cornelsen Literathek** ISBN 978-3-06-200156-7 (Hieran orientiert sich die Schreibung bei Textauszügen.)
> **R = Reclam** (ISBN 978-3-15-008002-3 bzw. 978-3-15-019127-9)

2.1 Vor der Lektüre

1 Individuelle Lösungen ▶ S. 29

2 <u>Informationen zur Marquise</u>: verwitwet, adlig, ehrenhaft, Mutter mehrerer Kinder, gute Erziehung, selbstbewusst, Tochter eines Kommandanten, unwissentlich schwanger geworden, öffentliche Suche nach dem Vater des ungeborenen Kindes, den sie heiraten möchte
<u>Beweggründe</u>: Rücksichtnahme auf ihre Familie und auf gesellschaftliche Konventionen, Ehrverlust

3 Mögliche Vergleichspunkte: heutige Relevanz, Furcht vor sozialer Ächtung aufgrund der unehelichen Empfängnis, Diskretion, Rücksichtnahme auf die Familie, Einhaltung gesellschaftlicher Konventionen, Möglichkeit einer Abtreibung, Rolle der Frau (zeitgeschichtlicher Kontext)

4 Mögliche Fragen: Wieso weiß sie nicht, wer der Vater ihres Kindes ist? Ist so eine Annonce nicht peinlich? Gerät die Familie nicht gerade durch diese Anzeige in Verruf? Wie fühlt sich die Frau? Warum werden die Namen abgekürzt? Welche Rolle spielt die Familie der Marquise?

2.2 Die Handlung

1 ▶ S. 30

Handlungsschritte, <u>Handlungsorte</u>, <s>Hinweise zur Zeitstruktur</s>:
- Aufgabe einer Zeitungsanzeige durch die Marquise: Suche nach Vater ihres dritten Kindes
  → <u>Landhaus</u>: Vorgeschichte – <s>Tod des Ehemanns vor 3 Jahren</s> / <u>Zitadelle</u>
- Eroberung des Wohnsitzes der Familie, der <u>Zitadelle</u> des Kommandanten, durch russische Soldaten
- Angriff auf die Marquise und Rettung durch den Grafen
- Hinrichtung der Angreifer, Anerkennung für den Grafen, Abreise des Grafen
- Trauer über den angeblichen Tod des Grafen → <u>Elternhaus in der Stadt</u>
- Rückkehr des Grafen und stürmischer Heiratsantrag
- Bericht des Grafen von seinem Fiebertraum: Schwan wird mit Dreck beworfen
- Zusicherung einer potenziellen Hochzeit, Abreise des Grafen
- Unwohlsein der Marquise: Symptome einer Schwangerschaft – <s>mehrere Wochen nach der Zusicherung</s>
- Bestätigung der Schwangerschaft durch einen Arzt und eine Hebamme
- Verstoßung aus dem Elternhaus
- Rückzug der Marquise in ihr <u>Landhaus</u>, Selbstfindung
- Entschluss, den Vater des Kindes per Zeitungsannonce zu suchen
- Eindringen des Grafen in das Landhaus, Abweisung durch die Marquise
- Auseinandersetzung der Eltern
- öffentliche Reaktion eines Unbekannten auf die Anzeige, Bekanntgabe des Erscheinens:
  „am Dritten ... 11 Uhr morgens [...]"
- Bestätigung der Unschuld der Marquise durch die Mutter
- Rückkehr ins <u>Elternhaus</u> und Versöhnung
- Erscheinen des Grafen und Enthüllung der Vaterschaft, bestürzte Zurückweisung durch die Marquise
- Arrangement eines Ehevertrags durch den Vater, Hochzeit – <s>einen Tag nach der Enthüllung um 11 Uhr</s>
- erstaunliche Wende im Verlauf der Ehe: Geburt des Kindes (<s>9 Monate nach der Vergewaltigung</s>), zweite Hochzeit, Familienidylle im <u>Landhaus</u> (<s>mehrere Ehejahre</s>)

Dreieck: Hier kann auf die Verwandtschaft zum klassischen Aufbau des Dramas verwiesen werden (Aktivierung von Vorwissen). In der Forschung wird der Wendepunkt der Erzählung kontrovers diskutiert: Wiederholung der Annonce, Vertreibung aus dem Elternhaus, Geständnis des Grafen, Versöhnungsszene.

Flussdiagramm: Mögliche Varianten von Zweiteilungen der Erzählung: rückblickende/vorwärtsorientierte Erzählweise, Zeitungsanzeige als strukturbildendes Signal (Entwicklung der Marquise); Verstoßung aus der Familie / Rückkehr in die Familie (in die gesellschaftliche Ordnung), komplementäre Verstoßungs- und Versöhnungsszene

36 2 HEINRICH VON KLEIST: „DIE MARQUISE VON O…"

2 Individuelle Lösungen

3 Teil 1 (analytisch – Wie kommt es zur Annonce?): rückblickende Darstellung der Ereignisse bis zum Entschluss der Marquise, eine Zeitungsanzeige aufzugeben
Teil 2 (synthetisch – Welche Folgen hat die Zeitungsanzeige?): vorwärtsorientierte Darstellung der Ereignisse bis zum (vermeintlichen?) Eheglück
Eine andere Variante der formalen Zweiteilung stellt die Verstoßung der Marquise aus der Familie und ihre Rückkehr in die Familie bzw. in die gesellschaftliche Ordnung dar.

▶ S. 31 ## 2.3 Ort und Zeitgestaltung

1 a Siehe Hinweise zu Seite 30, Aufgabe 1.
  b <u>zeitraffend</u>: Anfang der Novelle – Vorgeschichte der Marquise (ca. 3 Jahre), Eroberung der Zitadelle, Schluss der Novelle – knappe Aufzählung zentraler Ereignisse (mehrere Jahre)
  <u>zeitdeckend</u>: Gespräche im internen Familienkreis, zwischen Familienmitgliedern und Graf
  c Beispielsweise werden die Auseinandersetzungen der Eltern rückblickend erzählt: „Inzwischen waren in dem Hause des Kommendanten die lebhaftesten Auftritte vorgefallen" (**C** S. 48, Z. 1 ff. / **R** S. 33, Z. 4 ff.). Der Plan der Mutter wird im Gespräch mit dem Vater vorausgreifend dargestellt: „Sie werde die Marquise […] in eine Lage zu versetzen wissen, in welcher sich ihre Seele verraten müsste" (**C** S. 50, Z. 31 ff. / **R** S. 35, Z. 30 ff.).

2 a Vgl. Lösungen zu Seite 30, Aufgabe 2 und 3: rückblickende Darstellung der Ereignisse bis zum Entschluss der Marquise, eine Zeitungsanzeige aufzugeben; vorwärtsorientierte Darstellung der Ereignisse bis zum vermeintlichen Eheglück.
  b Die <u>zeitdeckend</u> erzählten Gesprächsszenen lassen die Geschehnisse unmittelbar miterleben, sie ermöglichen einen Einblick in die Gefühlswelt der Protagonisten. Die <u>Zeitraffung</u> am Erzählanfang dient der Einführung; die Zeitraffung am Erzählschluss setzt relevante Ereignisse im Leben der Marquise in ihrer Bedeutung herab, das dargestellte Eheglück erscheint fragwürdig.
  c Erwartete Markierungen: Adjektive und Adverbien (ungesäumt, unaufhörlichen, eben, schon wieder), Verben (zurückkehren, umherschweifen, revidieren, zurückreißen u. a.). Das Erzähltempo ist durch Adjektive und Adverbien bestimmt, die keine beschreibende Funktion erfüllen, sondern als zeitliche Angaben die Ereignisse verklammern und die Erzählgeschwindigkeit erhöhen. Auch der Verbalstil trägt maßgeblich zur Beschleunigung der Ereignisse bei, da das Erzählinteresse vorwiegend auf der Handlung liegt. Der hypotaktische Satzbau hebt die Hast und Überstürzung der Geschehnisse hervor. Ungewöhnlich ist auch die Zeichensetzung, die den Eindruck eines abgehackten, atemlosen Erzählens unterstreicht, z. B.: „Er wollte noch hören, wie sich die Frau Marquise befinde?, als ihn die Rapporte […] zurückrissen" (**C** S. 20, Z. 20 ff. / **R** S. 6, Z. 24 ff.).

3 Die folgenden Textinformationen lassen eine ungefähre zeitliche und räumliche Einordnung der Ereignisse zu: „einer bedeutenden Stadt im oberen Italien" (Eingangssatz), „bis der … Krieg plötzlich die Gegend umher mit den Truppen fast aller Mächte und auch mit russischen erfüllte" (**C** S. 17, Z. 22 ff. / **R** S. 3, Z. 22. ff.). Diese Textstellen verweisen auf den zweiten Koalitionskrieg gegen Napoleon, als russische Soldaten im Jahr 1799 französische Truppen aus Italien vertrieben. Hier wird der Anspruch auf eine nachprüfbare Darstellung historischer Gegebenheiten erhoben – und zugleich wieder zurückgenommen, u. a. durch verschlüsselte Angaben zu Orts- und Personennamen (O…, bei V…). Dies erzeugt den Eindruck von Diskretion bei gleichzeitigem Anspruch auf Authentizität.

1 ▶ S. 32

Ort/Schauplatz	Textbeleg	(Symbolische) Bedeutung
Landsitz bei V…	„ihren Gemahl, […] dem sie auf das Innigste und Zärtlichste zugetan war" (**C** S. 17, Z. 12 ff. / **R** S. 3, Z. 15 ff.)	Familienidylle, zärtliche Liebe, Land, soziale Integration
Festung/ Zitadelle	„mit Erziehung und ihrer Eltern Pflege beschäftigt" (**C** S. 17, Z. 20 f. / **R** S. 3, Z. 23 f.); **C** S. 18 ff. / **R** S. 4 ff.	scheinbarer Schutz durch das Familienoberhaupt, soziale Integration, Eroberung der Zitadelle (→ Brüchigkeit)
Haus in der Stadt	„Man überlegte anfangs, […] Wohnung ein" (**C** S. 22, Z. 25 ff. / **R** S. 8, Z. 27 ff.).	Rückzug der Familie, Vaterwille: Stadt statt Land
Landsitz in V…, Gartenhaus	„Durch diese schöne Anstrengung […] Der Türsteher erhielt Befehl, keinen Menschen im Hause vorzulassen" (**C** S. 42, Z. 21 – S. 43, Z. 18 / **R** S. 27, Z. 33 – S. 28, Z. 29); „Er bestieg ein Pferd und sprengte nach V… hinaus." (**C** S. 45, Z. 6 / **R** S. 30, Z. 14).	soziale Isolation, Land als Paradies, Askese, Eindringen des Grafen, Verletzung der Intimsphäre, Parallelen zwischen Zitadelle und Gartenhaus (Eroberung einer Festung)
Haus in der Stadt	Versöhnungsszene (**C** S. 55 ff. / **R** S. 40 ff.)	Rückkehr/Wiederaufnahme in die Gesellschaft, erneuter Scheinschutz
bei Eltern/Graf in Wohnung in M…	„Er bezog eine Wohnung in M… […], ohne auch nur den Fuß in das Kommendanten Haus zu setzen […]" (**C** S. 62, Z. 13 ff. / **R** S. 46, Z. 34 ff.).	strenge Raumtrennung / Probezeit für den Grafen, Kontrolle des Vaters / gesellschaftliche Konventionen
gemeinsamer Wohnsitz in V…	„[E]ine zweite Hochzeit ward gefeiert […], nach deren Abschluss die ganze Familie nach V… hinauszog" (**C** S. 63, Z. 2 ff. / **R** S. 47, Z. 22 ff.).	Verona als Familiensitz, Vater → Ehemann, Wiederherstellung der Familienidylle?

2 a Beschreibung des Gartenhauses: Tor, Vorplatz, Mauer mit Pforte zum weitläufigen Garten hinter dem Haus, verschlungene Gänge im Garten, hintere Rampe zum Haus, zur Seite gelegene Laube mit Tischchen

b Das Gartenhaus stellt für die Marquise einen Rückzugsort dar, an dem sie – außerhalb gesellschaftlicher Konventionen – selbstbestimmt handeln kann. Umgeben von Mauern und Gärten mit verschlungenen Wegen erinnert das Gartenhaus an das Bild des „Hortus conclusus". Diese paradiesische Idylle wird zum Sinnbild für die Intimsphäre und für die Unschuld der Marquise.

c Der Graf verschafft sich gegen den Willen der Marquise Zugang zu diesem Rückzugsraum, was man als sinnbildliche Wiederholung der Vergewaltigung deuten kann.

3 a <u>Die Marquise</u> ist zunächst überrascht, errötet, wirkt unentschlossen, schüchtern und bleibt bewegungslos in den Armen des Grafen. Nach dessen Beteuerung wirkt sie selbstbestimmt, fordert den Grafen mehrfach auf, sie loszulassen, reißt sich letztlich gewaltsam aus seinen Armen, stößt ihn zurück und entflieht mit den Worten: „Ich *will nichts* wissen" (**C** S. 46, Z. 26 f. / **R** S. 31, Z. 32 f.). Das Verhalten der Marquise zeigt ihre Zerrissenheit zwischen Gefühl und Verstand, Unterbewusstsein und Bewusstsein; zu den möglichen Gründen für die Zurückweisung des Grafen siehe Aufgabe 3 b.
<u>Der Graf</u> überwältigt die Marquise zunächst „sanft", wird körperlich zudringlich („glühenden Kuss auf ihre Brust", **C** S. 46, Z. 13 / **R** S. 31, Z. 19 f.) und hält sie gewaltsam gegen ihren Willen fest („– und ließ sie nicht –", **C** S. 46, Z. 17 / **R** S. 31, Z. 23). Er versucht ihr bis ins Haus zu folgen und kapituliert vor der verschlossenen Tür. Das Verhalten des Grafen veranschaulicht seinen – ebenfalls – ambivalenten Charakter: Zärtlichkeit und Gewalt, ernsthaft-sittsames Auftreten und sexuelle Begierde, Empathie und Rücksichtslosigkeit zeigen sich in seinem Vorgehen.

b Die erneute Ablehnung des Heiratsantrags durch die Marquise wird in der Forschung unterschiedlich diskutiert: Einige Autoren sind der Ansicht, dass der unumstößliche Glaube des Grafen an ihre Unschuld der Marquise seine Täterschaft offenbare. Die verdrängte Vergewaltigung gelange in ihr Bewusstsein. Nach Heinz Politzer will die Marquise die Identität des Täters vor sich verheimlichen und stößt ihn daher von sich. Eva Fricke hingegen sieht als Motiv den Stolz der Marquise, die (ohne das Wissen um seine Schuld) eine erneute Heldentat des Grafen (die Anerkennung eines unehelichen Kindes) ablehnt.

▶ S. 33 ## 2.4 Die Hauptfiguren

1

Aspekt	Textbeleg	Deutung
Familie/ Herkunft	Marquise, Witwe, zwei Kinder, Landsitz, Stadthaus mit Eltern, Vater: Oberst (**C** S. 17 / **R** S. 3)	gehobener Status, Adlige; ruhige, geordnete Lebensverhältnisse
Tätigkeiten/ Beruf	Kunst, Lektüre, Kindererziehung, Pflege der Eltern, zurückgezogenes Leben (**C** S. 17 / **R** S. 3), Stricken (**C** S. 42 / **R** S. 28)	familiär, Lebensstil entspricht dem zeitgenössischen Frauenbild
Bildung	Kunst, Lektüre (**C** S. 17 / **R** S. 3), Sprachgebrauch	gebildet, interessiert
Sprache	Sprachrepertoire der Adelsgesellschaft	standesbewusst, integriert/angepasst
Beziehung zur Mutter	enge Verbundenheit, Vertrauensperson („Meine angebetete Mutter!", **C** S. 54, Z. 4 / **R** S. 38, Z. 35)	entspricht dem zeitgenössischen Bild der Familie als Gefühlsgemeinschaft
Beziehung zum Vater	erkennt ihn als Familienoberhaupt und Repräsentanten der Gesellschaft an (**C** S. 31 f. / **R** S. 17)	passt sich den gesellschaftlichen Konventionen an
Einstellung zu Liebe und Ehe	zärtliche Verbundenheit mit dem verstorbenen Ehemann (**C** S. 17 / **R** S. 3), Erbin des Gesamtvermögens des Grafen (**C** S. 62 / **R** S. 47)	klassisches Rollenverständnis, versteht Mann als Versorger, lebt zeitgenössisches Idealbild einer zärtlichen Liebe
Weiteres	Zerrissenheit: Gefühl/Verstand, Unterbewusstsein/ Bewusstsein („Er gefällt und missfällt mir", **C** S. 32, Z. 18 f. / **R** S. 18, Z. 8); „Möglichkeit einer unwissentlichen Empfängnis" (**C** S. 40, Z. 23 f. / **R** S. 26, Z. 1 f.)	ambivalenter Charakter; Tendenz zur religiösen Überhöhung

2 Zur Einordnung der Szene in den Handlungszusammenhang siehe Lösungen zu Seite 30, Aufgabe 1: Verstoßung aus dem Elternhaus, Rückzug der Marquise in ihr Landhaus, Selbstfindung.
- Zustand der Marquise bis zum Pistolenschuss des Vaters: am Boden zerstört, die Ungerechtigkeit beklagend, unsicherer Gang, schluchzend, jammernd und flehend, unterwürfig
- Zustand der Marquise nach dem Pistolenschuss: fester Gang, entschlusskräftig, eilfertig, selbstbestimmt, selbstzufrieden, stolz, rational

3 Erlebnisse im sozialen Umfeld: Der Verstoß aus dem Elternhaus wird durch ein Schreiben der Mutter im Auftrag des Vaters bekannt gegeben. Die „vortrefflichen Menschen" (**C** S. 41 / **R** S. 31 f.) zweifeln an (der Tugendhaftigkeit) ihrer Tochter, verweigern ein Gespräch, handeln gemäß den gesellschaftlichen Konventionen und lassen ihre Tochter in einer Lebenskrise in Stich. Dabei wendet der Vater ihr sichtbar den Rücken zu und greift entsprechend seiner Rolle als Kommandant zum radikalsten Mittel: Er vertreibt die eigene Tochter mit einem Pistolenschuss aus dem Haus.
Die Marquise verbleibt zunächst in ihrer Rolle als unterwürfige, angepasste Tochter. In ihrer weiblichen Ohnmacht gefangen ist sie handlungs- und entschlussunfähig. Der radikale Verstoß aus der Familie eröffnet ihr jedoch eine neue Form der Selbstbestimmtheit und Unabhängigkeit. Ihr Entschluss, ihre Kinder außerhalb der bürgerlichen Gesellschaft auf dem Land großzuziehen, kommt einem Emanzipationsprozess gleich, in welchem sich die Marquise selbst findet: „Sie sah die Unmöglichkeit ein, ihre Familie von ihrer Unschuld zu überzeugen, begriff, dass sie sich darüber trösten müsse, falls sie nicht untergehen wolle, und [...] der Schmerz [machte] dem heldenmütigen Vorsatz Platz [...], sich mit Stolz gegen die Anfälle der Welt zu rüsten" (**C** S. 42, Z. 31 ff. / **R** S. 28, Z. 6 ff.).

2.4 DIE HAUPTFIGUREN

4 Beschreibung des Schauplatzes: schönes, ein wenig verfallenes Landhaus mit Gartenlaube, mehrere Zimmer, Bücherei, Staffelei, Türsteher
Spiegelung des Erlebens der Marquise: Zur Renovierung ist die Initiative der Marquise gefordert, sie kann das Haus selbstbestimmt auch im Sinne der Kindererziehung einrichten, es stellt einen paradiesischen Rückzugsort dar und bietet Schutz „gegen die Anfälle der Welt" (Türsteher).

5 Individuelle Lösungen

6 a Emanzipiertes Handeln der Marquise: Ablehnung des Heiratsantrags des Grafen; Kampf um ihre Kinder; Entschluss, sich selbstbestimmt ein Leben mit ihren Kindern außerhalb der bürgerlichen Gesellschaft einzurichten; Vorsatz, gesellschaftlichen Herabsetzungen mit Stolz zu begegnen; Fähigkeit, auch mit scheinbar unversöhnlichen Widersprüchen zu leben (Gefühl – Verstand, Widersprüche im Verhalten ihrer Eltern, Erzählschluss: Akzeptieren der Ambivalenz des Grafen) ▶ S. 34
Lösen von gesellschaftlichen Zwängen: Ablehnung des Heiratsantrags; Gartenhaus als Rückzugsort und Möglichkeit, ein selbstbestimmtes Leben zu führen; öffentliche Bekanntgabe der Schwangerschaft entgegen gesellschaftlichen Konventionen und möglicher Häme

b **Deutungsthese: keine Wahrheit und Souveränität trotz rationaler Erwägungen**

Textbeleg	Deutung
C S. 42, Z. 29 ff. / **R** S. 28, Z. 4 ff. **C** S. 43, Z. 18 ff. / **R** S. 28, Z. 29 ff. **C** S. 61, Z. 21 ff. / **R** S. 46, Z. 6 ff.	▪ Anzeichen der Schwangerschaft, doch M. weiß sich unschuldig, hält irrationale Wirklichkeit für möglich (Bezug auf „unbefleckte Empfängnis") ▪ Annonce zeigt Orientierung an gesellschaftlichen Wertvorstellungen: M. will verhindern, dass dem unehelichen Kind ein „Schandfleck in der bürgerlichen Gesellschaft" anhaftet. ▪ begibt sich wieder in Abhängigkeit von patriarchalen Strukturen: Vater arrangiert Hochzeit und Heiratsvertrag.

Deutungsthese: Selbsttäuschung, Verdrängung

Textbeleg	Deutung
C S. 31, Z. 11 f. / **R** S. 17, Z. 2 ff. **C** S. 40, Z. 7 f. / **R** S. 25, Z. 22 f. **C** S. 45, Z. 28 ff. / **R** S. 30, Z. 36 ff. **C** S. 46, Z. 26 f. / **R** S. 31, Z. 32 f.	▪ ignoriert Indizien, die auf Grafen als Täter verweisen → verdrängt Identität des Kindsvaters ▪ Verdrängung ins Unterbewusste zeigt sich in Ohnmacht und Sprachlosigkeit.

Deutungsthese: Verleugnung aller Erotik

Textbeleg	Deutung
C S. 43, Z. 14 ff. / **R** S. 28, Z. 24 ff. Hortus conclusus: **C** S. 45, Z. 28 ff. / **R** S. 30, Z. 36 ff.	▪ verdrängt ihre Triebe (Leben in Askese) ▪ Körpersprache: evtl. Hinweis auf verdrängte sexuelle Begierde

c Beispiele für übertreibende Formulierungen:
- Brief der Mutter ist „von Tränen benetzt; und in einem Winkel stand ein verwischtes Wort: ‚diktiert.' Der Marquise stürzte der Schmerz aus den Augen" (**C** S. 41, Z. 13 ff. / **R** S. 26, Z. 27 ff.).
- „Der Graf sandte das Blatt, ganz von Tränen durchfeuchtet, mit seiner Unterschrift zurück" (**C** S. 61, Z. 28 ff. / **R** S. 46, Z. 13 ff.).

d Individuelle Lösungen

7 Individuelle Lösungen

▶ S. 35 Die Ambivalenz der Figuren

1 Zu den Figuren mit den jeweiligen Textbelegen und deren Deutung:

Graf als Engel:

Textbeleg	Deutung
„schön, wie ein junger Gott" (**C** S. 23, Z. 29 f. / **R** S. 9, Z. 30 f.) **C** S. 44, Z. 25 – S. 45, Z. 3 / **R** S. 29, Z. 34 – S. 30, Z. 11 **C** S. 27, Z. 33–36 / **R** S. 13, Z. 29–33 **C** S. 29, Z. 8–33 / **R** S. 15, Z. 2–26 **C** S. 61, Z. 21–30 / **R** S. 46, Z. 6–15 **C** S. 62, Z. 21–30 / **R** S. 47, Z.–14	- Wahrnehmung der Familie: göttliche Auferstehung des Totgeglaubten; religiöse Überhöhung - sittsam-ehrenhaftes Auftreten: möchte Marquise vor Ächtung schützen, übernimmt Verantwortung für sein Handeln - Depeschen nach Neapel: handelt nicht zum eigenen Vorteil, bereut seine Tat: riskiert Karriere (unehrenhafte Entlassung aus Militärdienst) - Heiratskontrakt: akzeptiert dessen Bedingungen, überschreibt Marquise sein gesamtes Vermögen

Graf als Teufel:

Textbeleg	Deutung
C S. 24, Z. 9 ff. / **R** S. 10, Z. 9 ff. **C** S. 20, Z. 35 – S. 21, Z. 23 / **R** S. 7, Z. 2–26 **C** S. 25, Z. 26–29 / **R** S. 11, Z. 25–28; **C** S. 26, Z. 20–25 / **R** S. 18–22 **C** S. 45, Z. 6 – S. 46, Z. 32 / **R** S. 30, Z. 14 – S. 32, Z. 1 **C** S. 33, Z. 35 – S. 34, Z. 3 / **R** S. 19, Z. 23–27; **C** S. 29, Z. 3 f. / **R** S. 14, Z. 34 f.	- Wissen um potenzielle Schwangerschaft - sieht Erschießung seiner Soldaten zu, ohne Verantwortung für eigenes Handeln zu übernehmen - versucht seine Täterschaft zu vertuschen - verschafft sich rücksichtslos Zugang zum Garten - handelt triebgesteuert, impulsiv: küsst Marquise trotz Widerstands auf die Brust, überrumpelt Gesprächspartner - ist gewohnt, „Damenherzen durch Anlauf, wie Festungen, zu erobern"

Vater als autoritäres Familienoberhaupt:

Textbeleg	Deutung
C S. 17, Z. 33–36 / **R** S. 4, Z. 2–5 **C** S. 48, Z. 28–33 / **R** S. 33, Z. 31–36 **C** S. 50, Z. 9–12 / **R** S. 35, Z. 9–12 **C** S. 30, Z. 15 ff. / **R** S. 16, Z. 7 ff. **C** S. 50, Z. 29–35 / **R** S. 35, Z. 29–35 **C** S. 33, Z. 22 ff. / **R** S. 35, Z. 9 ff. **C** S. 41, Z. 7 – S. 42, Z. 3 / **R** S. 26, Z. 21– S. 27, Z. 16 **C** S. 49, Z. 30 – S. 50, Z 4 / **R** S. 34, Z. 31 – S. 35, Z. 4 **C** S. 61, Z. 5–9 / **R** S. 45, Z. 27–31 **C** S. 61, Z. 21–28 / **R** S. 46, Z. 6–13	- Repräsentant der Gesellschaft: agiert in seiner Rolle als Kommandant, überlässt seine Familie den Kriegswirren - gibt in Familiengesprächen das Thema vor, befiehlt zu schweigen - wird als Familienoberhaupt wahrgenommen (u. a. wird seine Erlaubnis eingeholt) - ist eifersüchtig auf den Grafen - verstößt die vermeintlich untugendhafte Tochter aus seinem Haus, bezichtigt sie als Lügnerin - arrangiert die Hochzeit und verfasst den Heiratsvertrag

Vater als sentimentaler Hysteriker:

Textbeleg	Deutung
C S. 33, Z. 22 ff. / **R** S. 35, Z. 9 ff. **C** S. 41, Z. 35 – S. 42, Z. 3 / **R** S. 27, Z. 11–16 **C** S. 48, Z. 19–28 / **R** S. 33, Z. 22–31 **C** S. 57, Z. 4–34 / **R** S. 41, Z. 31 – S. 42, Z. 24	- tendiert zu emotionalen Ausbrüchen: Eifersucht, Pistolenschuss, Bezichtigung der Lüge - rührselige Versöhnungsszene (siehe auch Lösungen zu S. 36, Aufg. 2): wird von der Obristin bezeichnenderweise mit einem Kind verglichen, gibt sich vollständig seinen Gefühlen für seine Tochter hin

2.5 THEMATISCHE ASPEKTE

Obristin als Vermittlerin:

Textbeleg	Deutung
C S. 32, Z. 11–15 / R S. 17, Z. 37 – S. 18, Z. 5 C S. 40, Z. 8–15 / R S. 25, Z. 23–29 C S. 50, Z. 29–35 / R S. 35, Z. 29–35 C S. 53, Z. 21–24 / R S. 38, Z. 16–20 C S. 54, Z. 35 – S. 55, Z. 8 / R S. 39, Z. 29–37 C S. 55, Z. 15–24 / R S. 40, Z. 8–16	- vermittelt zwischen Interessen der Tochter und Wünschen des Grafen - erwartet von der Tochter Offenheit (Nennung des Kindsvaters) und ist bereit, unter dieser Voraussetzung zu verzeihen und zu vermitteln - entwickelt Plan, der die Unschuld der Tochter beweisen soll - entschuldigt sich rührselig bei ihrer Tochter - initiiert rührselige Versöhnung zwischen Vater und Tochter

Obristin als Sittenwächterin:

Textbeleg	Deutung
C S. 32, Z. 29–32 / R S. 18, Z. 18–21 C S. 37, Z. 36 – S. 38, Z. 1 / R S. 23, Z. 18 f. C S. 36, Z. 21 f. / R S. 22, Z. 4 f. C S. 58, Z. 1–12 / R S. 42, Z. 27 – S. 43, Z. 1	- verfolgt eigene Interessen: standesgemäße Hochzeit der Tochter - ist angesichts der widersprüchlichen Aussagen ihrer Tochter zur Schwangerschaft entrüstet und zweifelt an ihrer Tugendhaftigkeit - verweigert Unterstützung der Eltern bei einer Schwangerschaft - drängt auf Vermählung mit dem unbekannten Kindesvater, es sei denn, seine finanziellen Verhältnisse entsprächen denen der Marquise nicht

2 Individuelle Lösungen

2.5 Thematische Aspekte

1 Das „Es" ruft nach sofortiger Lustbefriedigung (durch den Eisverzehr). Hausaufgaben zahlen sich (wenn überhaupt) nicht sofort aus. Das „Über-Ich" diszipliniert und fordert zur Erstellung der Hausaufgaben auf, um den verinnerlichten Werten gerecht zu werden. Das „Ich" versucht, zwischen diesen Ansprüchen zu vermitteln und eine Entscheidung im Sinne des Selbstverständnisses der jeweiligen Person zu erzielen. ▶ S. 36

2 a Weitere erwartete Unterstreichungen: feuert eine Kugel in die Decke (A), ‚zerstörende Heftigkeit' löst sich in beserkerhafte Reue und Rührseligkeit auf (T), Schamlosigkeit der Szene ist für das gesellschaftliche Bewusstsein wie für die psychologische Typologie Kleists bezeichnend: dort Zensur ins Unsagbare, hier nackte Leidenschaftlichkeit (T), Detail an erotisches Detail (A), Über-Ich der Marquise gewährt ihr in den Armen des Vaters, was es ihr in der Umarmung des [Grafen] untersagt hatte (T)

b

Politzers Thesen	Textbelege in der Novelle
Die Marquise und ihr Vater handeln gemäß den gesellschaftlichen Konventionen.	- <u>Vater</u> (vgl. Lösungen zu S. 35, Aufg. 1: „Kommandant"): Eifersucht/Besitzanspruch, Verstoßung der Tochter wegen unehelicher Schwangerschaft, Agieren als Kommandant in Kriegssituation, Selbstverständnis und Wahrnehmung als Familienoberhaupt, Arrangement der Hochzeit - <u>Marquise</u> (vgl. Lösungen zu S. 34, Aufg. 6, S. 59, Aufg. 6b, S. 60, Aufg. 9): orientiert sich an Erwartungshaltung der Familie, die System gesellschaftlicher Konventionen repräsentiert: gibt ihren Entschluss auf, nicht mehr zu heiraten, kehrt in die Familie zurück, verzichtet auf selbstbestimmtes Leben außerhalb der Gesellschaft (vgl. Lösungen zu S. 34, Aufg. 6a)

Politzers Thesen	Textbelege in der Novelle
Die „zerstörende Heftigkeit" des Vaters bei der Verstoßung der Tochter mündet in ebenso „berserkerhafte Reue und Rührseligkeit" bei der Versöhnung.	• radikale Verstoßung: Verweigerung eines Gesprächs, Pistolenschuss • Leidenschaft des Vaters für die Tochter bricht bei der Versöhnung hervor, sprachliche Gestaltung lässt inzestuöses Verhalten assoziieren (vgl. **C** S. 57, Z. 13–16, Z. 23 ff. / **R** S. 42, Z. 3–6, Z. 13 ff.)
Die Schamlosigkeit der Versöhnungsszene im Kontrast zur bloßen Andeutung der Vergewaltigung durch den Grafen ist bezeichnend für das gesellschaftliche Bewusstsein und für die psychologische Typologie Kleists.	• sexuelle Begierde des Vaters / Sprache der Erotik: provokative Darstellung gesellschaftlicher Tabus (Parodie), Überzeichnung der Familie als Gefühlsgemeinschaft → Kritik an zeitgenössischen gesellschaftlichen Konventionen und Zwängen (vgl. Lösungen zu S. 37, Aufg. 1 und 2) • Ambivalenz der Figuren (vgl. Lösungen zu S. 35, Aufg. 1)
Das „Über-Ich" der Marquise erlaubt ihr in den Armen des Vaters, was es ihr in den Armen des Grafen untersagt: Hingabe, Bewusstsein und Genuss.	• (vgl. Lösungen zu S. 34, Aufgabe 6b) • außerehelicher Geschlechtsverkehr widerspricht den gängigen verinnerlichten Moralvorstellungen • Marquise reißt sich aus den Armen des Grafen (vgl. **C** S. 46, Z. 5–16 / **R** S. 31, Z. 12–24), verdrängt ihre Lust (Körpersprache: Ohnmacht) • kann sich dem Vater „hingeben" als Familienoberhaupt und Repräsentanten der gesellschaftlichen Ordnung • bleibt körperlich passiv: „[…] die Tochter still, mit zurückgebeugtem Nacken, die Augen fest geschlossen, in des Vaters Armen liegen […]" (**C** S. 57, Z. 11 ff. / **R** S. 42, Z. 1 ff.)

▶ S. 37 3 Vgl. Lösungen zu Seite 30, Aufgabe 2.
Die Szene hat axiale Bedeutung im Aufbau der Erzählung: komplementäre Stellung der Vergewaltigungs- und Versöhnungsszene. Weitere „axiale" Textpassagen: Wiederholung der Annonce, Verstoßung aus und Rückkehr in die Familie bzw. gesellschaftliche Ordnung, Verschweigen der Tat und Geständnis des Grafen

4 • Die sexuelle Metapher „den Schlauch in der Hand" (**C** S. 19, Z. 29 / **R** S. 5, Z. 34) veranschaulicht die triebgesteuerten Anteile der Persönlichkeit des Grafen, seine Ambivalenz als leistungsfähiger, ehrenhafter Anführer der russischen Truppe sowie als potenter Eindringling und Vergewaltiger.
• Eine Verbindung von kriegerischer und sexueller Aggressivität wird hergestellt in dem Bild, dass der Graf (aus Sicht der Familie) „Damenherzen durch Anlauf, wie Festungen, zu erobern" gewohnt sei (**C** S. 29, Z. 3 ff. / **R** S. 14, Z. 32 ff.).
• Das Bild des weißen Schwans, der übel beschmutzt wird, kann als Symbol für die (sexuelle) Reinheit und Unschuld der Marquise und die schändliche Tat des Grafen gelesen werden. Dass der Schwan in seiner Erinnerung „still untergetaucht und rein aus der Flut wieder emporgekommen" ist, passt zum Werben des Grafen um die – unschuldig gebliebene – Marquise (**C** S. 31, Z. 12–18 / **R** S. 17, Z. 2–17).
• Zur Symbolik des Gartenhauses vgl. die Lösungen zu Seite 32, Aufgabe 2.
• Der Pistolenschuss (vgl. **C** S. 41, Z. 35 – S. 42, Z. 3 / **R** S. 27, Z. 11–16) kann als Hinweis auf die gewaltbereite, triebgesteuerte Seite des Kommandanten gelesen werden.
• Die Frauen scherzen über „Leopardo, den Jäger" (**C** S. 53, Z. 4 / **R** S. 39, Z. 21), dessen Name mit einem Frauenhelden assoziiert werden kann und im Plan der Mutter als Name eines potenziellen Vergewaltigers genutzt wird.

Das Modell der Familie im ausgehenden 18. Jahrhundert

1 a Erwartete Stichworte zum Wandel der Vorstellung von Familie:
<u>17. Jh.</u>: Familie als kleinste Zelle der ständischen Gesellschaft mit entsprechenden Aufgaben: Zeugung, Aufzucht, Wirtschaften
<u>zweite Hälfte des 18. Jh.s</u>: Familie als ideale Liebesgemeinschaft; Abgrenzung von der Gesellschaft: außen → ökonomische, berufliche, gesellschaftliche Interessen und Zwänge, innen → Gefühle, Wärme, Geborgenheit. Widersprüchliche, konfliktreiche Doppelrolle des Vaters: Garant des familialen Freiraums der Liebe und Repräsentant der Gesellschaft → Verkörperung von Normen und Anforderungen, die im Intimraum der Familie restriktiv und unmenschlich wirken.
Resultat: Familie als kultivierter, aber spannungsreicher Binnenraum; Krise der Gesellschaft

2.5 THEMATISCHE ASPEKTE

b Die beschriebenen Entwicklungen kommen in Kleists Novelle im Verhalten und in der Ambivalenz der Figuren zum Ausdruck. Vergleiche hierzu die Aufgaben zum Selbstverständnis und Verhalten der Marquise (zwischen Einforderung ihres Rechts auf eigene Entscheidungen auch in Liebesdingen und der Rücksichtnahme auf die Erwartungen der Familie), zur Ambivalenz von Mutter und Vater (als liebende Eltern und gleichzeitig strategisch vorgehende, überredende oder fordernde Repräsentanten der Gesellschaft) usw.

c Vgl. Lösungen zu Seite 35, Aufgabe 1 (Ambivalenz der Figuren).
Gemeinsamkeiten
- Konfliktreiche Doppelrolle des <u>Vaters</u>: Er agiert in seiner Rolle als Kommandant und überlässt seine Familie den Kriegswirren (vgl. **C** S. 17, Z. 33–36 / **R** S. 4, Z. 2–5). Er unterbindet Gespräche im familiären Kreis (wirkt restriktiv, unmenschlich). Er agiert als Tugendwächter und verbannt die Tochter aus der Liebesgemeinschaft. Er arrangiert (wegen vorheriger Zusagen und damit Verpflichtungen) die Hochzeit und erstellt einen Heiratskontrakt trotz emotionalen Widerstands der Tochter. Die Doppelrolle wird vor allem in der Radikalität der Verstoßung der Tochter und in der überspannt-emotionalen Versöhnung offensichtlich.
- Vermittelnde Rolle der <u>Mutter</u>: Sie erwartet von ihrer Tochter im familiären Raum Offenheit und Ehrlichkeit (Nennung des Vaters) und ist unter diesen Voraussetzungen bereit, entgegen gesellschaftlichen Konventionen zu ihr zu stehen (vgl. **C** S. 40, Z. 8–15 / **R** S. 25, Z. 23–29). Sie inszeniert die Versöhnung.
- Die <u>Marquise</u> orientiert sich bei ihrer Entscheidung an den Gefühlen der anderen Familienmitglieder (vgl. **C** S. 32, Z. 18 ff. / **R** S. 18, Z. 8 f.), befürchtet aber auch gesellschaftliche Konsequenzen (vgl. **C** S. 33, Z. 13 f. / **R** S. 19, Z. 1).

Unterschiede
- Die Familie des Kommandanten bleibt ökonomischen und gesellschaftlichen Interessen/Zwängen verhaftet:
- Die <u>Mutter</u> wünscht sich eine standesgemäße, zweite Hochzeit der Tochter und setzt diese entsprechend unter Druck. Der <u>Vater</u> nimmt den Grafen als Rivalen wahr und reagiert eifersüchtig.
- Der <u>Bruder</u> gibt sich an den Gefühlen seiner Schwester interessiert, sorgt sich aber mehr um den gesellschaftlichen Rang des Grafen bei einer möglichen unehrenhaften Entlassung.
- Unabdingbare Voraussetzung für eine Hochzeit, eine ideale Liebesgemeinschaft, ist ein (auch finanziell) standesgemäßer Hintergrund des Grafen. Hingegen wird die rücksichtslose Verletzung von Gefühlen (Vergewaltigung!) verziehen – auch seitens der Marquise.

Widersprüche
- Die Darstellung der Liebesgemeinschaft wirkt parodistisch überzeichnet, v. a. die Versöhnungsszene zwischen Tochter und Vater.
- Die uneheliche Schwangerschaft als Verstoß gegen herrschende Moralvorstellungen wird zur Prüfung für die Familie als Gefühlsgemeinschaft. Vor allem das Verhalten des Vaters lässt große Zweifel an dem gelebten Ideal der Familie als Liebesgemeinschaft zu. Die radikale Verstoßung der Tochter steht ebenso wie die übergriffige Versöhnung im Widerspruch zum Bild der Familie als Ort der Geborgenheit und Menschlichkeit. Das Ideal der Liebesgemeinschaft, das im radikalsten Sinne alles Erotisch-Sexuelle negiert und mit klaren Moralvorstellungen einhergeht, wird durch die Übergriffigkeit des Vaters und die sexuelle Gewalt des Grafen ad absurdum geführt.
- Letztlich bleiben ökonomische Aspekte ausschlaggebend für eine Hochzeit, ein Skandal wird durch Vermögen und Ansehen beseitigt, (verletzte) Gefühle werden zur Nebensache bzw. wirken sogar inszeniert (vgl. Lösungen zu S. 34, Aufg. 6c). Die Doppelmoral wird auch im Gesprächsverhalten der Figuren offensichtlich: Viele Worte werden gewechselt, jedoch Wesentliches nicht offen kommuniziert (vgl. Lösungen zu S. 38, Aufg. 3).

2 Die parodistische Überzeichnung der Geschehnisse verdeutlicht die Oberflächlichkeit einer Gesellschaftsschicht, die sich dem Idealbild einer Liebesgemeinschaft verschreibt und zugleich Humanität und Zusammenhalt vermissen lässt bzw. Moralvorstellungen und die Orientierung an Gefühlen zu Gunsten von Vermögen und Ansehen über Bord wirft. Die parodistische Darstellung der Brüchigkeit des Familienideals und der Doppelmoral der Gesellschaft wurde zur Zeit Kleists als Provokation empfunden und kann als Kritik an den gesellschaftlichen Verhältnissen und Konventionen verstanden werden.

2 HEINRICH VON KLEIST: „DIE MARQUISE VON O…"

► S. 38 ### 2.6 Erzählweise, Sprache und Stil

Die Sprachlosigkeit der Figuren

1 a Erwartete Markierungen u. a.: „den Schlauch in der Hand" (**C** S. 19, Z. 29 / **R** S. 5, Z. 34), „wobei der Graf über das ganze Gesicht rot ward" (**C** S. 21, Z. 1 f. / **R** S. 7, Z. 4 f.), „Der Graf F… antwortete, in einer verwirrten Rede, dass er nicht imstande sei, ihre Namen anzugeben […]" (**C** S. 21, Z. 5–9 / **R** S. 7, Z. 8–12), „mit einem verlegenen Gesicht" (**C** S. 21, Z. 13 / **R** S. 7, Z. 16), „dass er sich der Frau Marquise, unter diesen Umständen, gehorsamst empfehlen müsse […]" (**C** S. 21, Z. 28 ff. / **R** S7, Z. 31 ff.), „‚Julietta! Diese Kugel rächt dich!'" (**C** S. 22, Z. 10 f. / **R** S. 8, Z. 12), „seine erste Frage war gleich, wie sie sich befinde?" (**C** S. 23, Z. 34 f. / **R** S. 9, Z. 35 f.), „ihn müsse alles trügen oder sie sei unpässlich und leide" (**C** S. 24, Z. 3 f. / **R** S. 10, Z. 3 f.), „Worauf er, mit einer aufflammenden Freude, erwiderte: Er auch nicht!" (**C** S. 24, Z. 9 ff. / **R** S. 10, Z. 9 ff.)

   b Verbale Hinweise, körpersprachliche Hinweise, sexuelle Metaphorik, mehrdeutige Begriffe, z. B. „unter diesen Umständen" („in anderen Umständen" sein: schwanger sein)

2 Individuelle Lösungen

3

Floskel	„Was die Figuren meinen"	„Worauf sie außerdem hinweist"
„eine so große Verbindlichkeit"	Verpflichtung zum Dank (für die Rettung der Marquise)	Anspielung auf die folgenschwere Tat des Grafen (Schwangerschaft der Marquise, lebenslange Verbindlichkeit dem Kind gegenüber)
„eine Abänderung erleide"	Marquise wird ihren Entschluss aus Dankbarkeit prüfen	Marquise muss Entschluss revidieren, um uneheliche Schwangerschaft zu verhindern
„unter anderen Umständen"	wäre Graf beruflich nicht so eingebunden	wäre die Marquise nicht schwanger
„beglücken"	Freude über das Ja-Wort	mit einem Kind beglückt werden
„die ganze Unschicklichkeit"	Unhöflichkeit des Drängens auf Hochzeit	Verwerflichkeit/Ungehörigkeit der Tat des Grafen
„dringende Verhältnisse"	des Grafen berufliche Verpflichtungen erfordern schnelle Entscheidung	mögliche Schwangerschaft erfordert schnelle Entscheidung

► S. 39 **Der Satzbau**

1 Individuelle Lösungen

2
Der Hauptsatz ist in der Tabelle bereits vorgegeben.
Einschübe sind folgende Textbestandteile: *durch die Umstände gezwungen, tödlich durch die Brust geschossen, nach seiner Wiederherstellung, an den Herrn Obristen und die Frau Marquise.*
Alle anderen Textbestandteile sind Nebensätze bzw. satzwertige Infinitivgruppen.

3
Das komplexe Satzgebilde korrespondiert inhaltlich mit dem Ziel des Grafen, seine Krankheitsgeschichte und die sie begleitenden Gefühle und Gedanken knapp darzulegen, um letztlich um die Hand der Marquise anzuhalten. Er berichtet in fünfzehn „dass"-Sätzen (Objektsätzen) von den Geschehnissen und Empfindungen im Krankheitsverlauf (in indirekter Rede). Weitere Nebensätze, Infinitivgruppen und Einschübe verdeutlichen die Begleitumstände (Warum? Wie? Wann? Mit welcher Folge? Trotz welcher Umstände?). Durch die syntaktische Gestaltung entsteht beim Lesen der Eindruck einer hastigen und dicht gedrängten Zusammenfassung der Geschehnisse. Die zentrale Aussage steht ganz am Schluss und wird mit dem Einschub „kurz" angekündigt: der Wunsch, die Marquise zu heiraten. Alles zuvor Gesagte erscheint damit unwesentlich.

4 Individuelle Lösungen

2.6 ERZÄHLWEISE, SPRACHE UND STIL

Die Erzählweise ▶ S. 40

1 Hier erfolgt eine eigenständige, individuelle Wiederholung von Lerninhalten.

2 Mögliche Markierungen und Benennungen siehe erste und zweite Spalte der Tabelle zu Aufgabe 3: auktorialer Erzähler, Er-/Sie-Erzählform, Erzählbericht, Kommentare und Reflexionen, erlebte Rede.

3

Aussage/Behauptung: auktorialer Erzähler, der …	Textbeleg	Deutung
die Gedanken und Überlegungen der Figuren kennt	„und sie, besinnungslos, wohin sie sich wenden solle"; „schien er ein Engel"	Wiedergabe der Gedanken der Marquise – Orientierungslosigkeit, Innensicht (erlebte Rede); relativierendes Verb „schien"
sich vom Geschehen distanziert	„Eben als die russischen Truppen […] von außen eindrangen, fing der linke Flügel des Kommendantenhauses Feuer […]."	<ul><li>Erzähler als Chronist</li><li>Haltung: Bestreben um Objektivität,</li><li>Darbietungsform: Erzählbericht, Beschreibung</li></ul>
das Geschehen kommentiert und teilweise bewertet	„Hier, unglücklicherweise, begegnete ihr […]"	<ul><li>Kommentar des Erzählers; Außensicht</li><li>Haltung: Mitgefühl</li></ul>

4 Erzählverhalten und Darbietungsformen in den Textstellen 1 und 2:
- auktoriales Erzählverhalten: Erzähler kennt Gedanken und Gefühle der Figuren und gibt sie wieder (z. B. Innensicht der Mutter in Textstelle 1, Beschreibung der heftigen Gefühle der Marquise in Textstelle 2) → ermöglicht Leser/-in die Einfühlung in die Figuren, v. a. die Marquise in ihrer Not
- Distanzierung als Chronist, der das Geschehen wiedergibt, z. B. distanzierend: „des Mannes, von dem sie sich beleidigt sah"
- viel direkte (v. a. in Textstelle 2 anfangs auch indirekte) Figurenrede (wörtliche Rede) → lässt Leser/-in unmittelbar am Geschehen bzw. Gespräch teilhaben

5 a
- Der Erzähler lässt Lücken im Bericht, das drastischste Beispiel: Gedankenstrich (Vergewaltigung).
- Er berichtet nicht zuverlässig, z. B.: „Hier – traf er, da bald darauf ihre erschrockenen Frauen erschienen, Anstalten, einen Arzt zu rufen […]" (**C** S. 19, Z. 5 f. / **R** S. 5, Z. 9 ff.). Die Konjunktion „da" deutet einen kausalen Zusammenhang an, die Adverbien „bald darauf" verweisen auf eine Verzögerung.
- Er lässt widersprüchliche oder auch scheinbare Behauptungen und Bewertungen einfließen, z. B. wenn er von „unbegreiflicher Verwunderung" beim Beschreiben einer Szene spricht oder von der „Anschuldigung der Eltern, dass [der Graf] ja tot sei" (**C** S. 23, Z. 31 ff. / **R** S. 9, Z. 32 ff.).

b
- <u>Rolle des Erzählers</u>: Der Erzähler ist keine verlässliche Instanz, sondern trägt zur Irritation der Leser bei, da er selbst von den Ereignissen gebannt scheint. Von ihm ist keine Sinnkonstruktion zu erwarten.
- <u>Wirkung der Figuren und der erzählten Welt</u>: orientierungslos, haltlos, unentschlossen, voller Widersprüche

Die verweigerte Eindeutigkeit in Kleists Novelle ▶ S. 41

1

Textbeleg	Deutung
Aspekte, die für ein „versöhnliches Ende" sprechen	
„eine zweite Hochzeit ward gefeiert, froher als die erste" (**C** S. 63, Z. 2 f. / **R** S. 47, Z. 22 f.)	Liebesheirat
gemeinsamer Wohnsitz (Landhaus bei V…)	Landleben entspricht dem Wunsch der Marquise (Wiederherstellung der Familienidylle)

2 HEINRICH VON KLEIST: „DIE MARQUISE VON O..."

Textbeleg	Deutung
„um der gebrechlichen Einrichtung der Welt willen" (**C** S. 62, Z. 34 f. / **R** S. 47, Z. 18 f.)	Fähigkeit, auch mit scheinbar unversöhnbaren Widersprüchen zu leben: Gefühl – Verstand, widersprüchliches Verhalten von Personen, Ambivalenz des Grafen
zahleiche Kinder: „Reihe von jungen Russen" (**C** S. 63, Z. 4 / **R** S. 47, Z. 24)	Liebesleben
„indem sie ihm um den Hals fiel"	Ausdruck der Verliebtheit der Marquise, körperliche Zuwendung
Teufel und Engel	Akzeptieren der Ambivalenz des Grafen (der realen Person statt des falschen Idealbildes)
„Störelemente"	
Ehevertrag; Testament und Schenkung: „Von diesem Tage an" (**C** S. 62, Z. 30 / **R** S. 47, Z. 14)	Unterwerfung unter gesellschaftliche Konventionen, neues Abhängigkeitsverhältnis; „Bestechlichkeit" / gesellschaftliche Stellung und Vermögen als Voraussetzung für eine Liebesheirat
„Reihe von jungen Russen"	von der Gesellschaft vorbestimmte Frauenrolle (v. a. Muttersein)
Zeitraffung	steht im Widerspruch zur Bedeutung der Ereignisse im Leben eines Menschen
(körperliche) Liebe nach Vergewaltigung	Konnektivität mit dem Vorangegangenen, irrealistisch verklärtes Ende

2 Individuelle Lösungen auf der Grundlage der Arbeitsergebnisse aus vorausgegangenen Aufgaben. Gegebenenfalls kann an dieser Stelle auf der Basis von Eva Frickes Resümee auch die Ebene der Gattungen (Rührstück, Komödie, moralische Erzählung) ergänzt und erarbeitet werden.

3 Ein „unerhörtes Ereignis" stellt in Kleists Novelle das gewohnte Leben der Figuren, ihre sicher geglaubte Weltordnung, vollständig in Frage. Die daraus resultierende Orientierungslosigkeit, innere Zerrissenheit und Suche nach der Wahrheit wird mittels der „verweigerten Eindeutigkeit auf mehreren Ebenen" der Novelle erfahrbar. Die Ambiguität in Kleists Novelle führt zu einer Irritation der Leserschaft, die auf diese Weise die undurchschaubare, unzuverlässige und widersprüchliche Einrichtung der Welt miterlebt.

▶ S. 42 ### 2.7 Leben und Werk des Autors

1/2 Individuelle Lösungen

3 Mögliche Bezüge:
Die innere Zerrissenheit der Figuren angesichts einer brüchig gewordenen Weltordnung kann als Ausdruck der persönlichen Krise Kleists, seines skeptisch-pessimistischen Weltbilds, gelesen werden (vgl. Lösungen zu S. 43, Aufg. 1 und 2). Die provokative Darstellung der Doppelmoral der Adelsgesellschaft ist für ihn eine Form der Auseinandersetzung mit zeitgenössischen Konventionen und Vorstellungen. Sein Wunsch nach Befreiung von ökonomischen und politischen Zwängen (u. a. von seiner Abhängigkeit im preußischen Militärdienst und seiner finanziellen Abhängigkeit von der Familie) spiegelt sich in den Figuren wider, die den gesellschaftlichen Interessen verhaftet bleiben. Kleists Suche nach einem erfüllten Leben abseits der gesellschaftlichen Ordnung, sein Bedürfnis nach Rückzug (z. B. Wunsch, ein Landhaus am Thuner See zu erwerben) werden im Gartenhaus als utopische Idylle deutlich. – Ein biografischer Ansatz birgt die Gefahr, das Werk ausschließlich als verschlüsselte Autobiografie zu lesen und somit die Deutung zu verengen.

▶ S. 43 **Der Einfluss aufklärerischen Gedankenguts auf Leben und Werk Kleists**
  1 a Erwartete Stichworte:
  <u>Kleists Weltbild vor der Kant-Lektüre:</u> Lebensziel: Wahrheit erlangen durch Bildung (Studium, Lektüre), Erwerb von Wahrheit/Wissen als unvergängliches „Eigentum", das das eigene Leben überdauert bzw. auch im Jenseits Relevanz hat

Kleists Weltbild nach der Kant-Lektüre: Wahrheit ist immer subjektiv, im Diesseits lässt sich keine objektive Wahrheit finden; Kleists „einziges, [s]ein höchstes" (Z. 24 f.) Lebensziel ist aussichtslos → Konsequenz: Abbruch aller Bemühungen, Wahrheit zu erlangen, Untätigkeit und Betäubung

b   Kleist schlussfolgert aus der Kant-Lektüre, dass wissenschaftliche Studien nicht zu einer objektiven Wahrheit führen bzw. dass es diese im Diesseits nicht gibt. Da die Suche nach der objektiven Wahrheit für ihn das höchste Lebensziel darstellte, resultieren aus der neuen Einsicht der Verlust eine tiefe Identitätskrise und Stillstand.

2

- „bis der ... Krieg plötzlich die Gegend umher mit Truppen […] erfüllte" (**C** S. 17, Z. 22 ff. / **R** S. 3, Z. 22 ff.): Krieg erscheint als handelndes Subjekt, die Menschen als folgsame Masse: Truppen
- Männer als triebhafte Vergewaltiger (**C** S. 18, Z. 19–29 / **R** S. 4, Z. 24–34)
- „Er warf […] zwei Papiere auf die Wiege desselben, deren eines […] eine Schenkung von 20 000 Rubel an den Knaben und das andere ein Testament war, in dem er die Mutter, falls er stürbe, zur Erbin seines ganzen Vermögens einsetzte" (**C** S. 62, Z. 24–30 / **R** S. 47, Z. 8–14): Macht ökonomischer Interessen
- das Gartenhaus erweist sich als utopische Idylle (**C** S. 45, Z. 6–18; S. 63, Z. 2 ff. / **R** S. 30, Z. 14–26; S. 47, Z. 22 ff.): Unmöglichkeit, sich gesellschaftlichen Zwängen zu entziehen
- Ambiguität auf mehreren Ebenen der Novelle (vgl. Lösungen zu S. 41, Aufg. 3), z. B. Unzuverlässigkeit der Erzählinstanz (**C** S. 19, Z. 5 f. / **R** S. 5, Z. 9 ff.): Irritation der Leserschaft, Fragwürdigkeit der Geschehnisse und daraus resultierende Orientierungslosigkeit veranschaulichen die Brüchigkeit der bestehenden Weltordnung

LERNERFOLGSKONTROLLE/KLAUSURVORSCHLAG

Analyse eines literarischen Textes (Aufgabenart I A)

Aufgabenstellung

1 Analysieren Sie den Textauszug aus Heinrich von Kleists Novelle „Die Marquise von O…", indem Sie ihn knapp in den Handlungsgang einordnen und das kommunikative Verhalten der Figuren mit Blick auf ihre jeweilige Rolle als Familienmitglied untersuchen. Berücksichtigen Sie dabei sprachliche und erzählerische Gestaltungsmittel. *(46 Punkte)*

2 In der Literaturwissenschaft wird die These vertreten, dass Kleist in seiner Novelle „Die Marquise von O…" zeitgenössische Familienbilder aufgreift und entsprechende Konventionen parodistisch überzeichnet. Überprüfen Sie diese Einschätzung auf der Grundlage Ihrer Textanalyse. *(26 Punkte)*

Heinrich von Kleist: Die Marquise von O… (1808)

Am nächsten Zeitungstage las die Obristin, da beide beim Frühstück saßen, in einem Intelligenzblatt, das eben ganz feucht von der Presse kam, folgende Antwort:

„Wenn die Frau Marquise von O… sich, am Dritten … 11 Uhr morgens, im Hause des Herrn von G…, ihres Vaters, einfinden will: so wird sich derjenige, den sie sucht, ihr daselbst zu Füßen werfen." –

Der Obristin verging, ehe sie noch auf die Hälfte dieses unerhörten Artikels gekommen war, die Sprache; sie überflog das Ende und reichte das Blatt dem Kommendanten dar. Der Obrist durchlas das Blatt dreimal, als ob er seinen eignen Augen nicht traute. „Nun sage mir, um des Himmels willen, Lorenzo", rief die Obristin, „was hältst du davon?" „O die Schändliche!", versetzte der Kommendant und stand auf; „o die verschmitzte Heuchlerin! Zehnmal die Schamlosigkeit einer Hündin, mit zehnfacher List des Fuchses gepaart, reichen noch an die ihrige nicht! Solch eine Miene! Zwei solche Augen! Ein Cherub hat sie nicht treuer!" – und jammerte und konnte sich nicht beruhigen. „Aber was in aller Welt", fragte die Obristin, „wenn es eine List ist, kann sie damit bezwecken?" – „Was sie damit bezweckt? Ihre nichtswürdige Betrügerei, mit Gewalt will sie sie durchsetzen", erwiderte der Obrist. „Auswendig gelernt ist sie schon, die Fabel, die sie uns beide, sie und er, am Dritten 11 Uhr morgens hier aufbürden wollen. ‚Mein liebes Töchterchen', soll ich sagen, ‚das wusste ich nicht, wer konnte das denken, vergib mir, nimm meinen Segen und sei wieder gut.' Aber die Kugel dem, der am Dritten morgens über meine Schwelle tritt! Es müsste denn schicklicher sein, ihn mir durch Bedienten aus dem Hause zu schaffen." – Frau von G… sagte, nach einer nochmaligen Überlesung des Zeitungsblattes, dass, wenn sie von zwei unbegreiflichen Dingen einem Glauben beimessen solle, sie lieber an ein unerhörtes Spiel des Schicksals als an diese Niederträchtigkeit ihrer sonst so vortrefflichen Tochter glauben wolle. Doch ehe sie noch vollendet hatte, rief der Kommendant schon: „Tu mir den Gefallen und schweig!" und verließ das Zimmer. „Es ist mir verhasst, wenn ich nur davon höre."

Wenige Tage nachher erhielt der Kommendant, in Beziehung auf diesen Zeitungsartikel, einen Brief von der Marquise, in welchem sie ihn, da ihr die Gnade versagt wäre, in seinem Hause erscheinen zu dürfen, auf eine ehrfurchtsvolle und rührende Art bat, denjenigen, der sich am Dritten morgens bei ihm zeigen würde, gefälligst zu ihr nach V… hinauszuschicken. Die Obristin war gerade gegenwärtig, als der Kommendant diesen Brief empfing; und da sie auf seinem Gesicht deutlich bemerkte, dass er in seiner Empfindung irre geworden war: denn welch ein Motiv jetzt, falls es eine Betrügerei war, sollte er ihr unterlegen, da sie auf seine Verzeihung gar keine Ansprüche zu machen schien?, so rückte sie, dadurch dreist gemacht, mit einem Plan hervor, den sie schon lange in ihrer von Zweifeln bewegten Brust mit sich herumgetragen hatte. Sie sagte, während der Obrist noch, mit einer nichtssagenden Miene, in das Papier hineinsah: sie habe einen Einfall. Ob er ihr erlauben wolle, auf einen oder zwei Tage nach V… hinauszufahren? Sie werde die Marquise, falls sie wirklich denjenigen, der ihr durch die Zeitungen als ein Unbekannter geantwortet, schon kenne, in eine Lage zu versetzen wissen, in welcher sich ihre Seele verraten müsste, und wenn sie die abgefeimteste Verräterin wäre. Der Kommendant erwiderte, indem er, mit einer plötzlich heftigen Bewegung, den Brief zerriss: sie wisse, dass er mit ihr nichts zu schaffen haben wolle, und er verbiete ihr, in irgendeine Gemeinschaft mit ihr zu treten. Er siegelte die zerrissenen Stücke ein, schrieb eine Adresse an die Marquise und gab sie dem Boten, als Antwort, zurück. Die Obristin, durch diesen hartnäckigen Eigensinn, der alle Möglichkeit der Aufklärung vernichtete, heimlich erbittert, beschloss, ihren Plan jetzt gegen seinen Willen auszuführen. Sie nahm einen von den Jägern des Kommendanten und fuhr am nächstfolgenden Morgen, da ihr Gemahl noch im Bette lag, mit demselben nach V… hinaus. Als sie am Tore des Landsitzes angekommen war, sagte ihr der Türsteher, dass niemand bei der Frau Marquise vorgelassen würde. Frau von G… antwortete, dass sie von dieser Maßregel unterrichtet wäre, dass er aber gleichwohl nur gehen und die Obristin von G… bei ihr

Autorin: Diana Sackmann

anmelden möchte. Worauf dieser versetzte, dass dies zu nichts helfen würde, indem die Frau Marquise keinen Menschen auf der Welt spräche. Frau von G... antwortete, dass sie von ihr gesprochen werden würde, indem sie ihre Mutter wäre, und dass er nur nicht länger säumen und sein Geschäft verrichten möchte. Kaum aber war noch der Türsteher zu diesem, wie er meinte, gleichwohl vergeblichen Versuche ins Haus gegangen, als man schon die Marquise daraus hervortreten, nach dem Tore eilen und sich auf Knien vor dem Wagen der Obristin niederstürzen sah. Frau von G... stieg, von ihrem Jäger unterstützt, aus und hob die Marquise, nicht ohne einige Bewegung, vom Boden auf. Die Marquise drückte sich, von Gefühlen überwältigt, tief auf ihre Hand hinab und führte sie, indem ihr die Tränen häufig flossen, ehrfurchtsvoll in die Zimmer ihres Hauses. „Meine teuerste Mutter!", rief sie, nachdem sie ihr den Diwan angewiesen hatte und noch vor ihr stehen blieb und sich die Augen trocknete: „Welch ein glücklicher Zufall ist es, dem ich Ihre mir unschätzbare Erscheinung verdanke?" Frau von G... sagte, indem sie ihre Tochter vertraulich fasste, sie müsse ihr nur sagen, dass sie komme, sie wegen der Härte, mit welcher sie aus dem väterlichen Hause verstoßen worden sei, um Verzeihung zu bitten. „Verzeihung!", fiel ihr die Marquise ins Wort und wollte ihre Hände küssen. Doch diese, indem sie den Handkuss vermied, fuhr fort: „Denn nicht nur, dass die in den letzten öffentlichen Blättern eingerückte Antwort auf die bewusste Bekanntmachung mir sowohl als dem Vater die Überzeugung von deiner Unschuld gegeben hat; so muss ich dir auch eröffnen, dass er sich selbst schon, zu unserm großen und freudigen Erstaunen, gestern im Hause gezeigt hat." „Wer hat sich –?", fragte die Marquise und setzte sich bei ihrer Mutter nieder; „– welcher er selbst hat sich gezeigt –?" und Erwartung spannte jede ihrer Mienen. „Er", erwiderte Frau von G..., „der Verfasser jener Antwort, er persönlich selbst, an welchen dein Aufruf gerichtet war." – „Nun denn", sagte die Marquise, mit unruhig arbeitender Brust: „Wer ist es?" Und noch einmal: „Wer ist es?" – „Das", erwiderte Frau von G..., „möchte ich dich erraten lassen. […] Doch erschrecken wirst du nicht, meine Tochter, wenn du erfährst, dass er von niedrigem Stande und von allen Forderungen, die man sonst an deinen Gemahl machen dürfte, entblößt ist." „Gleichviel, meine vortreffliche Mutter", sagte die Marquise, „er kann nicht ganz unwürdig sein, da er sich Ihnen früher als mir zu Füßen geworfen hat. Aber, wer? wer? Sagen Sie mir nur: wer?" „Nun denn", versetzte die Mutter, „es ist Leopardo, der Jäger, den sich der Vater jüngst aus Tirol verschrieb und den ich, wenn du ihn wahrnimmst, schon mitgebracht habe, um ihn dir als Bräutigam vorzustellen." „Leopardo, der Jäger!", rief die Marquise und drückte ihre Hand, mit dem Ausdruck der Verzweiflung, vor die Stirn. „Was erschreckt dich?", fragte die Obristin. „Hast du Gründe, daran zu zweifeln?" – „Wie? Wo? Wann?", fragte die Marquise verwirrt. „Das", antwortete jene, „will er nur dir anvertrauen. […]" – „Gott, mein Vater!", rief die Marquise; „ich war einst in der Mittagshitze eingeschlummert und sah ihn von meinem Diwan gehen, als ich erwachte!" – Und damit legte sie ihre kleinen Hände vor ihr in Scham erglühendes Gesicht. Bei diesen Worten sank die Mutter auf Knien vor ihr nieder. „O meine Tochter!", rief sie; „o du Vortreffliche!", und schlug die Arme um sie. „Und o ich Nichtswürdige!", und verbarg das Antlitz in ihren Schoß. Die Marquise fragte bestürzt: „Was ist Ihnen, meine Mutter?" „Denn begreife", fuhr diese fort, „o du Reinere als Engel sind, dass von allem, was ich dir sagte, nichts wahr ist; dass meine verderbte Seele an solche Unschuld nicht, als von der du umstrahlt bist, glauben konnte, und dass ich dieser schändlichen List erst bedurfte, um mich davon zu überzeugen." „Meine teuerste Mutter", rief die Marquise und neigte sich voll froher Rührung zu ihr herab und wollte sie aufheben. Jene versetzte darauf: „Nein, eher nicht von deinen Füßen weich ich, bis du mir sagst, ob du mir die Niedrigkeit meines Verhaltens, du Herrliche, Überirdische, verzeihen kannst." „Ich Ihnen verzeihen, meine Mutter! Stehen Sie auf", rief die Marquise, „ich beschwöre Sie –" „Du hörst, sagte Frau von G..., „ich will wissen, ob du mich noch lieben und so aufrichtig verehren kannst als sonst?" „Meine angebetete Mutter!", rief die Marquise und legte sich gleichfalls auf Knien vor ihr nieder; „Ehrfurcht und Liebe sind nie aus meinem Herzen gewichen. Wer konnte mir, unter so unerhörten Umständen, Vertrauen schenken? Wie glücklich bin ich, dass Sie von meiner Unsträflichkeit überzeugt sind!" „Nun denn", versetzte Frau von G..., indem sie, von ihrer Tochter unterstützt, aufstand: „so will ich dich auf Händen tragen, mein liebstes Kind. Du sollst bei mir dein Wochenlager halten; und wären die Verhältnisse so, dass ich einen jungen Fürsten von dir erwartete, mit größerer Zärtlichkeit nicht und Würdigkeit könnt ich dein pflegen. Die Tage meines Lebens nicht mehr von deiner Seite weich ich. Ich biete der ganzen Welt Trotz; ich will keine andre Ehre mehr, als deine Schande […]."

ERWARTUNGSHORIZONT

Inhaltliche Leistung

Aufgabe 1

	Anforderungen Die Schülerin / Der Schüler	maximale Punktzahl (AFB)	erreichte Punktzahl
1	**verfasst eine aufgabenbezogene Einleitung** unter Angabe von Autor, Titel, Textsorte, Entstehungszeit.	2 (I)	
2	**ordnet den Auszug knapp in den Handlungsgang der Novelle ein,** etwa: • russische Soldaten, Angriff auf die Marquise, Rettung durch den Grafen • Rückkehr und Heiratsantrag, Abreise des Grafen • Symptome einer Schwangerschaft der Marquise • Verstoßung aus dem Elternhaus, Zeitungsannonce • öffentliche Reaktion eines Unbekannten auf die Anzeige, Bekanntgabe seines Erscheinens	3 (I)	
3	**benennt Situation, Anlass und Thema der Gespräche,** etwa: • Frühstück im Haus des Kommandanten, Entdeckung der Zeitungsanzeige, Auseinandersetzung der Eltern über den richtigen Umgang mit der Ankündigung des Unbekannten • Ankunft des Briefs der Marquise wenige Tage später mit der Bitte, den Unbekannten zum Landhaus zu schicken; erneute Auseinandersetzung der Eltern: Unterbreitung und Ablehnung des Plans der Mutter • heimliche Fahrt der Mutter zum Landhaus der Marquise, Bestätigung der Unschuld der Marquise durch die List der Mutter	3 (I)	
4	**untersucht das kommunikative Verhalten der Figuren mit Blick auf ihre jeweilige Rolle als Familienmitglied,** etwa: Obristin: • erkennt ihren Mann nach außen hin als Familienoberhaupt an: bittet ihn um seine Einschätzung (vgl. Z. 14 f., 21 ff.), äußert ihre Einwände mit Zurückhaltung (vgl. Z. 34 ff.), fragt ihn um Erlaubnis (vgl. Z. 61 f.) • folgt dennoch ihrer eigenen Einschätzung: durchschaut ihren Mann (vgl. Z. 51 ff.), zweifelt an seinem Standpunkt, unterbreitet ihm „dreist" (Z. 56) ihren Plan, ist von seiner Sturheit erzürnt und hintergeht ihn (vgl. Z. 73 ff.) • inszeniert ihren Auftritt als Obristin und Mutter bei der Umsetzung ihres Plans: entschiedener Ton gegenüber dem Türsteher (vgl. Z. 87 ff.), Unterstützung durch den Jäger (vgl. Z. 95 f.), Förmlichkeit und Reserviertheit gegenüber der Tochter (vgl. Vermeidung des Kusses, Z. 111) • reagiert äußerst emotional und beschämt auf die Bestätigung der Unschuld ihrer Tochter, überhöht sie • bittet Tochter reumütig um Vergebung, vergewissert sich ihrer Liebe (vgl. Z. 162 ff.) • sichert ihrer Tochter vollständige Unterstützung gegen gesellschaftliche Konventionen zu (vgl. Z. 183 f.) Vater: • agiert in seiner Rolle als Familienoberhaupt: unterbricht seine Frau, verbietet ihr das Wort • fühlt sich in seinem Selbstverständnis als Familienoberhaupt angegriffen und hintergangen: bezichtigt Tochter der Lüge und Hinterlist (vgl. Z. 24), verbietet der Mutter Schlichtungsversuch (vgl. Z. 68 ff.) • wird laut und beleidigend, hält trotz Unvereinbarkeiten an seiner Perspektive fest (vgl. Z. 39 ff.), droht mit Gewalt (vgl. Z. 31 ff.), lässt seiner Tochter den zerrissenen Brief als Antwort auf ihre Nachfrage übermitteln	14 (II)	

Autorin: Diana Sackmann

Texte, Themen und Strukturen

ERWARTUNGSHORIZONT

	Marquise: • agiert in ihrer Rolle als Tochter: bittet Eltern demütig in einem Brief, den Unbekannten zum Landhaus zu schicken (vgl. Z. 43 f.); empfängt Mutter ehrerbietig/unterwürfig; bewertet Unbekannten gemäß gesellschaftlicher Konventionen (vgl. Z. 131 ff.) • widersetzt sich mit „froher Rührung" (Z. 161) dem unterwürfigen Verhalten der Mutter, durchbricht die von ihr inszenierte asymmetrische Gesprächssituation • zeigt Verständnis für das Verhalten ihrer Eltern und akzeptiert die gesellschaftlichen Normen und Regeln (vgl. Z. 172 f.)		
5	**untersucht Besonderheiten der Gesprächsgestaltung,** etwa: • Relevanz nonverbaler Signale: Inszenierung und Durchbrechung einer asymmetrischen Gesprächssituation (vgl. Z. 94 f., 149, 170 f.) • Offenbarung der tiefen Erschütterung der Figuren in ihrer Körpersprache (vgl. Z. 139 f., 147 f.)	4 (II)	
6	**untersucht erzählerische Gestaltungsmittel in ihrer Funktion,** etwa: • auktoriales Erzählen in der Er-/Sie-Form, z. T. Innenperspektive (z. B. Obristin, vgl. Z. 51 ff., 73 ff.) • Erzählbericht zur Darlegung der Ereignisse mit zwei Zeitsprüngen (zeitraffend) • zeitdeckend erzählte Gesprächsszenen mit direkter und indirekter Figurenrede ermöglichen Leserschaft, die Geschehnisse unmittelbar mitzuerleben und Einblick in die Gefühlswelt der Protagonisten zu erhalten (Erzählstandort: unmittelbare Nähe zum erzählten Geschehen) • Erzählhaltung: z. T. mitfühlende Kommentare (vgl. Z. 46 f., 147 f.)	8 (III)	
7	**untersucht sprachliche Gestaltungsmittel in ihrer Funktion,** etwa: • Reihung von Ausrufesätzen und bildhafte Sprache des Kommandanten als Ausdruck seiner Empörung • Interjektion „o" und kontrastierende Bezeichnungen bei der Obristin zur Unterstreichung der empfundenen Diskrepanz zwischen ihr und ihrer Tochter (vgl. Z. 150 ff.) • Überhöhung der Tochter durch die Obristin mittels religiöser Metaphorik (vgl. Z. 154 f.) • Auflistung der Obristin (Dass-Sätze) zur Unterstreichung der Verwerflichkeit des eigenen Verhaltens (vgl. Z. 155 ff.) • hypotaktischer Satzbau mit Einschüben und z. T. auffälliger Interpunktion u. a. zur Veranschaulichung der Umständlichkeit von Gedankengängen und der Vermeidung von Eindeutigkeit (vgl. Z. 49 ff.)	8 (III)	
8	**formuliert eine reflektierte Schlussfolgerung auf der Grundlage der Untersuchungsergebnisse.**	4 (III)	
9	**erfüllt ein weiteres aufgabenbezogenes Kriterium.**	(4)	
	Summe Aufgabenteil 1	**46**	

Aufgabe 2

	Anforderungen Die Schülerin / Der Schüler	maximale Punktzahl (AFB)	erreichte Punktzahl
1	**formuliert eine sinnvolle Überleitung.**	3 (I)	
2	**stellt wesentliche Merkmale des Familienbilds in der zweiten Hälfte des 18. Jahrhunderts dar,** etwa:	7 (I)	

Autorin: Diana Sackmann

Texte, Themen und Strukturen

ERWARTUNGSHORIZONT

	• Familie als ideale Liebesgemeinschaft: Abgrenzung von der Gesellschaft (außen: ökonomische, berufliche, gesellschaftliche Interessen und Zwänge; innen: Gefühle, Wärme, Geborgenheit) • widersprüchliche, konfliktreiche Doppelrolle des Vaters: Garant des familialen Freiraums der Liebe, Repräsentant der Gesellschaft → Verkörperung von Normen und Anforderungen, die im Intimraum der Familie restriktiv und unmenschlich wirken • Resultat: Familie als kultivierter, aber spannungsreicher Binnenraum	7 (I)	
3	**untersucht den Textauszug im Hinblick auf eine parodistische Überzeichnung des zeitgenössischen Familienbilds,** etwa: • Widerspruch zwischen Bild der Familie als Ort der Geborgenheit und radikaler Verstoßung der Tochter durch Vater, Androhung von Gewalt • Hintergehen des Vaters als Familienoberhaupt durch die Mutter	12 (II)	
	• parodistische Überzeichnung der Versöhnungsszene zwischen Mutter und Tochter • Bezugnahme auf gesellschaftliche Erwartungen selbst in absurden Zusammenhängen: Der unbekannte Vergewaltiger gewinnt in den Augen der Marquise an Ehre, da er sich an gesellschaftliche Regeln hält und zuerst bei den Eltern der Braut vorstellig wird. • überzogenes Bekenntnis der Mutter zu ihrer Tochter: Ihr Verzicht auf gesellschaftliches Ansehen wirkt angesichts des wiederholten Bezugs auf gängige Wertvorstellungen und mit Blick auf den Ausgang der Novelle unglaubwürdig (vgl. Z. 183 f.) • parodistische Überzeichnung auch im Gesprächsverhalten und Sprachgebrauch der Figuren Die parodistische Darstellung der Brüchigkeit des Idealbilds einer Familie und der Doppelmoral der Gesellschaft kann als Kritik an den zeitgenössischen Verhältnissen und Konventionen verstanden werden.		
4	**formuliert eine reflektierte Schlussfolgerung auf der Grundlage ihrer/seiner Untersuchungsergebnisse.**	4 (III)	
5	**entwickelt einen weiteren, eigenständigen Gedanken.**	(4)	
	Summe Aufgabenteil 2	**26**	

Darstellungsleistung

	Anforderungen Die Schülerin / Der Schüler	maximale Punktzahl	erreichte Punktzahl
1	strukturiert den Klausurtext kohärent, schlüssig, stringent und gedanklich klar.	6	
2	formuliert unter Beachtung der fachsprachlichen und fachmethodischen Anforderungen.	6	
3	belegt Aussagen durch angemessenes und korrektes Zitieren.	3	
4	drückt sich allgemeinsprachlich präzise, stilistisch sicher und begrifflich differenziert aus.	5	
5	formuliert lexikalisch und syntaktisch sicher, variabel und komplex (und zugleich klar).	5	
6	schreibt sprachlich richtig.	3	
	Summe Darstellungsleistung	**28**	
	Gesamtpunktzahl	**100**	

Note: Datum:

Autorin: Diana Sackmann

GK 3 Judith Hermann: „Sommerhaus, später"

Konzeption des Kapitels

GK: Arbeitsheft für den Grundkurs; **LK:** Arbeitsheft für den Leistungskurs;
Texte, Themen und Strukturen: Ausgabe Nordrhein-Westfalen, 978-3-464-68112-1 / 978-3-464-68111-4

Seite	Sequenz/ Materialien	Didaktisch-methodische Hinweise	Anknüpfung an „Texte, Themen und Strukturen"
GK 44	3.1 Vor der Lektüre *Stress & Trauma:* „Unentschlossen"	Der Songtext ermöglicht • einen ersten Zugang zur Thematik des Erzähltextes: die Unfähigkeit, Entscheidungen zu treffen und verbindliche Beziehungen einzugehen. • die Anbindung an die Lebens- und Erfahrungswelt der Lernenden.	Zu den Themen Kommunikations- und Bindungsunfähigkeit sowie abwartende Lebenshaltung können auch folgende Bilder und Texte herangezogen werden: *Edward Hopper:* „Nachtschwärmer" (S. 138), *Frida Kahlo:* „Die Zeit fliegt" (S. 528), *Kiwus:* „Fragile" (S. 528), *Wolf Wondratschek:* „Im Sommer" (S. 529).
GK 45	3.2 Handlung, Zeit, Ort und Fiktionalität Information: Fiktionsvertrag und Fiktionalitätssignale	Die Schüler/-innen vollziehen die Handlung und Zeitgestaltung der Erzählung mittels eines Zitatenpuzzles nach und erfassen fiktive Ortsangaben als inhaltsbezogene Fiktionalitätssignale.	Eine Vertiefungsmöglichkeit zu Fiktionalitätssignalen bietet das Kapitel „Zwischen Fiktion und Wirklichkeit – Modelle literarischer Kommunikation" (S. 175). Die Aufgaben können ergänzend an Textauszügen aus Hermanns Erzählung erarbeitet werden.
GK 46 f.	3.3 Die Figuren **Die Ich-Erzählerin und ihre Clique** Information: Die sprachliche Gestaltung von Erzähltexten Zitat aus einem Interview mit Judith Hermann	An drei Textauszügen werden Lebensgefühl und -einstellung der Freunde erarbeitet. Damit dies gelingen kann, sollten die Schüler-/innen zuvor unbekannte Begriffe und Namen recherchieren, z. B. Frank Castorf, Heiner Müller. Erzählerische und sprachliche Mittel werden in ihrer Funktion erschlossen, u. a. mit Hilfe des Informationskastens zu den wichtigsten sprachlichen Mitteln in Erzähltexten. Ein Deutungsansatz zur Gestaltung der Ich-Erzählerin wird am Text überprüft. Die Analyseergebnisse werden zur Erfahrungswelt und Lebenshaltung der Schüler/-innen in Beziehung gesetzt.	Das Kapitel „Recherchieren in Internet und Bibliothek" (S. 553) informiert u. a. zur Basisrecherche mit Wikipedia. Bei der Untersuchung erzählerischer und sprachlicher Mittel unterstützen die Informationskästen „Die drei idealtypischen Erzählstrategien" (S. 172) und „rhetorische Figuren" (S. 200). Die Information „Deutungsthesen ausführen" (S. 209) zeigt das Vorgehen bei einer systematischen Analyse. Mit Blick auf das Lebensgefühl und die Lebenseinstellung der Clique kann vergleichend der Auszug aus *Juli Zeh:* „Spieltrieb" (S. 539) herangezogen werden: Er thematisiert die Lebenshaltung einer Spielernatur und stellt die Frage nach der Stabilität der eigenen Identität. Zu Merkmalen zeitgenössischer Erzähltexte siehe *Thomas Krafts* „13 Thesen zur Gegenwartsliteratur" (S. 545 f.).

GK 3.5 JUDITH HERMANN: „SOMMERHAUS, SPÄTER"

Seite	Sequenz/ Materialien	Didaktisch-methodische Hinweise	Anknüpfung an „Texte, Themen und Strukturen"
GK 48	Die Figur Stein	Über einen subjektiven Zugang werden erste Charakteristika der Figur Stein erarbeitet und am Text vertiefend untersucht. Dabei wird die im Text angelegte Perspektivität der Figurenwahrnehmung verdeutlicht: Welches Bild machen sich die Ich-Erzählerin und ihre Clique von Stein und umgekehrt? Auf dieser Grundlage kann erörtert werden, warum Stein letztlich ein Außenseiter bleibt.	Bei der Erarbeitung der direkten und indirekten Charakterisierung der Figuren unterstützt der Informationskasten „Figuren und ihre Konstellation" (S. 169).
GK 49	Die Beziehung der beiden Hauptfiguren Zitat aus einem Interview mit Judith Hermann	Die Schüler/-innen entwickeln auf der Grundlage eines Textauszugs Deutungsansätze zur Beziehung der Hauptfiguren. Ein Wortspeicher unterstützt bei deren Formulierung. Sie deuten erzählerische Mittel im Hinblick auf die Haltung der Ich-Erzählerin zu den Ereignissen und analysieren das Selbstverständnis und Frauenbild der Ich-Erzählerin. Auf der Grundlage ihrer Ergebnisse nehmen sie Stellung zu einem Zitat Hermanns zu Menschen, „die man verpasst".	Bei der Untersuchung erzählerischer Mittel hilft der Informationskasten „Die drei idealtypischen Erzählstrategien" (S. 172). Bei der Beurteilung der Aussage Judith Hermanns kann prinzipiell nach den „Grundtypen einer Erörterung" (S. 122) vorgegangen werden.
GK 50	Das Symbol des Hauses Information: Symbole in literarischen Texten Methode: Dialoge analysieren Zitat aus einem Interview mit Judith Hermann	Ausgehend von ihren ersten Deutungsansätzen erschließen die Schüler/-innen in einer Dialoganalyse die symbolische Bedeutung des Sommerhauses mit Blick auf die Beziehung der Hauptfiguren. Angestoßen durch ein Zitat Hermanns formulieren die Schüler/-innen, was Stein nicht offen sagt (produktiver Deutungsansatz).	Zur Symbolik in Erzähltexten kann der Informationskasten „Novelle und Dingsymbol" (S. 480) genutzt werden. *Thomas Mann:* „Der Tod in Venedig" (S. 478 ff.) kann als Vergleichstext genutzt werden: Die Gondel weckt ambivalente Gefühle und dient als Symbol der letzten Lebensreise, erinnert also an die Vergänglichkeit.
GK 51	3.4 Den Schluss der Erzählung deuten Methode: Produktivgestaltendes Interpretieren	Die Schüler/-innen untersuchen den Erzählschluss mit Blick auf Steins Intention und die Bedeutung seiner Postkarten für die Ich-Erzählerin. Mittels eines produktiven Verfahrens entwerfen sie einen alternativen Schluss und gelangen so zu einem vertieften Verständnis der Figuren.	Weitere produktiv-gestaltende Verfahren werden im Methodenkasten auf Seite 36 aufgeführt.

GK 3.5 JUDITH HERMANN: „SOMMERHAUS, SPÄTER"

Seite	Sequenz/ Materialien	Didaktisch-methodische Hinweise	Anknüpfung an „Texte, Themen und Strukturen"
GK 52	**3.5 Judith Hermann und die zeitgenössische Kurzprosa** *Judith Hermann:* „Ich werde versuchen, eine Schriftstellerin zu sein" Information: Merkmale gegenwärtiger Kurzprosa	Auf der Grundlage eines Zitats von Hermann werden Merkmale gegenwärtiger Kurzprosa an der Erzählung „Sommerhaus, später" überprüft.	Ergänzend kann überprüft werden, inwiefern sich die Ausführungen in *Dieter Wellershoffs* Vorlesung „Das Schimmern der Schlangenhaut – Zufall, Mehrdeutigkeit, Transzendenz" (S. 544) auf Hermanns Erzählung übertragen lassen. Auch *Thomas Krafts* „13 Thesen zur Gegenwartsliteratur" (S. 545) können für eine Auseinandersetzung mit den Merkmalen zeitgenössischer Erzähltexte am Beispiel „Sommerhaus, später" herangezogen werden.
GK 53	*Ingo Schulze:* „Wo schöne Menschen lange warten" Methode: Zu einem Text erörternd Stellung nehmen	Die Schüler/-innen nehmen erörternd Stellung zu *Ingo Schulzes* Rezension zu „Sommerhaus, später", indem sie seinen Deutungsansatz schrittweise angeleitet an der Erzählung überprüfen und – unterstützt durch einen Methodenkasten – eine kritische Stellungnahme formulieren.	Orientierung beim Erstellen eines Schreibplans und beim Schreiben einer literarischen Erörterung bieten die Seiten 245 f.

Literaturhinweise

Illies, Florian: Die Traumwandlerin (Rezension). In: Frankfurter Allgemeine Zeitung, 17.10.1998

Lenz, Daniel / Pütz, Eric: LebensBeschreibungen. Zwanzig Gespräche mit Schriftstellern. Edition text + kritik, München 2000, S. 228–238 (darin: „Ich werde versuchen, eine Schriftstellerin zu sein." Gespräch mit Judith Hermann, 21.05.1999)

Prangel, Matthias: Eine andere Art von Rückblick. Gespräch mit Judith Hermann über „Sommerhaus, später". (Gespräch am 11.05.2001 in Leiden, zuerst veröffentlicht in: Deutsche Bücher – Forum für Literatur 31/2001, H. 4, S. 279–297)

Rehlein, Susann: Ein Gefühl der Irritation (Rezension). In: die tageszeitung, 12.11.1998

Schulze, Ingo: Wo schöne Menschen lange warten (Rezension). In: Die Welt, 24.12.1998

3.5 JUDITH HERMANN: „SOMMERHAUS, SPÄTER"

3.1 Vor der Lektüre

1 a Lebensgefühl: sich nicht festlegen bzw. binden wollen, innere Zerrissenheit, Angst vor Verletzung
b Individuelle Lösungen

2 Individuelle Lösungen. Mögliche Antwort: innere Zerrissenheit und Unentschlossenheit vergeuden Kraft, Entscheidung für einen Menschen oder Lebensweg setzt Kräfte frei und verhindert Stillstand.

3.2 Handlung, Zeit, Ort und Fiktionalität

1 Richtige Reihenfolge: 10, 2, 14, 9, 1, 3, 6, 11, 8, 12, 13, 5, 4, 7

2 Zeitraum: Dezember bis Mai; diskontinuierlich: Rückblende (dreiwöchige Beziehung zwei Jahre zuvor, Steins Zusammenleben mit der Künstlerclique); historisch verortet: Berliner Künstlerszene, Castorf als Intendant der Berliner Volksbühne (1992–2017), Alkoholexzesse Peter Wawerzineks 2002/03

3 a Ortsangaben: Frankfurter Allee Richtung Prenzlau, Angermünde, Canitz, Lunow, Templin, Schönwalde, Griebnitzsee
b Die angegebenen Orte sind real (Bundesland Brandenburg, Landkreis Uckermark). Dort existiert jedoch kein Dorf namens Canitz. Canitz ist der Name mehrerer Orte in Sachsen. (Mögliche Deutung: Steins Traum vom Haus auf dem Land entzieht sich der Realität, nachdem es anfangs greifbar nah erscheint.)

3.3 Die Figuren

Die Ich-Erzählerin und ihre Clique

1 Individuelle Lösungen

2 a Zur Einordnung siehe Seite 45, Aufgabe 1:
erster Textauszug: Zusammenleben Steins mit der Clique zwei Jahre zuvor (6),
zweiter und dritter Textauszug: Zusammenleben mit der Clique im Winter nach der Hausbesichtigung (11)
b Mögliche Antworten:
<u>Easy-Rider</u>: US-amerikanischer Kultfilm von 1969, der das Lebensgefühl der damaligen jungen Generation thematisierte; <u>echauffiert</u>: aufgeregt, exaltiert, überspannt; <u>Plaste und Elaste</u>: Werbeslogan der Buna-Werke in Schkopau (früher DDR), die u. a. Synthesekautschuk produzierten; <u>Frank Castorf</u> (*1951): von Regisseur und Intendant der Berliner Volksbühne von 1992 bis 2017; <u>Berliner Volksbühne</u>: Theater am Rosa-Luxemburg-Platz; <u>Heiner Müller</u> (1929–1995): deutscher Schriftsteller; <u>Peter Wawerzinek</u> (*1954): deutscher Schriftsteller (Absturz aufgrund von Alkoholexzessen); <u>LSD, Ecstasy</u>: chemisch hergestellte Drogen; <u>neurasthenisch</u>: nervenschwach; <u>Paolo Conte</u> (*1937): italienischer Liedermacher und Chansonsänger; <u>Bret Easton Ellis</u> (*1964): US-amerikanischer Schriftsteller; sein Roman „American Psycho" (1991) thematisiert das Leben eines 26-jährigen New Yorker Investmentbankers, der neben seiner Yuppie-Fassade ein zweites Leben führt und seine innere Leere durch Sexorgien, Drogen und Gewaltexzesse zu kompensieren versucht. Der Roman wurde 1995 in Deutschland durch die Bundesprüfstelle für jugendgefährdende Medien verboten und ist nach einer Klage seit 2001 wieder frei verkäuflich.
c <u>Derzeitige Lebenssituation</u>: Leben in der Großstadt Berlin, Künstlerdasein (Falk: Atelier; Anna: Konzerte; Heinze: Lesungen im Roten Salon, einem Club in der Berliner Volksbühne; Ich-Erzählerin: Tätigkeit bleibt offen), wechselhafte Beziehungen, Rausch-/Schwebezustände
<u>Interessen</u>: Theaterinszenierungen, Lesungen, Konzerte, Kunstausstellungen, Ausflüge ins Berliner Umland (Abgrenzung von den Landbewohnern), gemeinsames Sinnieren über Kunst, Feiern, Rauschzustände
<u>Einstellungen zum Leben und zu Beziehungen</u>: sich nicht festlegen, Ungebundenheit und Freiheit genießen, im Hier und Jetzt leben, sich an der eigenen Lebenslust und am Genuss orientieren, Freizügigkeit und Sinnlichkeit zelebrieren, das eigene Leben inszenieren, sich unkonventionell und künstlerisch-intellektuell geben.
Die recherchierten Informationen verdeutlichen einerseits den zeitlichen Kontext, andererseits die Lebenshaltung, jemand Besonderes zu sein (Attitüde der Anti-Bürgerlichkeit).

3.3 DIE FIGUREN

3 a Erwartete Randnotizen: Ich-Erzählerin/Innensicht, Erzählerkommentare/Reflexion, künstlerisch-exaltierte Wortwahl und sprachliche Bilder (echauffiert, neurasthenisch, abgefuckt, auf Speed), Parataxen („Es gelang ihm"), Personalpronomina (Wir – Er), Parallelismen („Wir nahmen LSD, Stein nahm es auch")

b Die erzählerische und sprachliche Gestaltung hebt zum einen das Lebensgefühl der Ich-Erzählerin hervor, das beispielsweise in ihrer künstlerisch-exaltierten Wortwahl und Eloquenz offensichtlich wird; die Sprache hebt die Zugehörigkeit zur Künstlerclique hervor. Zugleich unterstreicht die sprachliche Gestaltung, dass Stein außen vor bleibt (s. Personalpronomina: „wir" versus „er"). Zum anderen wird in der sprachlichen Gestaltung die Haltung der Ich-Erzählerin zu den Geschehnissen spürbar: Sie reflektiert die Ereignisse mit kritisch-bitterer Distanz, z. B.: Wir „guckten blöde auf Baumgruppen im Mückenschwarm" (Z. 10).

4 ▶ GK 47

Deutungsansatz: Ich-Erzählerin ist eine Figur …	Textbeleg	Erläuterung
des Abwartens, der Ziellosigkeit	„Ich sitze so rum und lese Zeitung" (S. 140), „Wir saßen […] da rum […]" (S. 143), „Ich beschloss auf das ‚Komm' zu warten […]" (S. 155)	„Herumsitzen" als Ausdruck von ziellosem Zeitvertreib, Unentschlossenheit, fehlender Initiative
der Unfähigkeit zur Planung auf weite Sicht	„Die Uhr auf dem Herd tickte. […] Ich dachte: ‚Später'" (S. 156)	Wichtige Lebensentscheidungen werden auf später verschoben, Lebenswege nicht durchdacht, Lebenschancen verpasst.
der Unfähigkeit zur Bindung	„[W]ir schauten uns an, wir atmeten heftig und fast im gleichen Rhythmus. Er legte seine Hand langsam an mein Gesicht, ich zuckte zurück […]" (S. 151)	emotionale Unsicherheit, innere Zerrissenheit
der Unfähigkeit zur Kommunikation	„[I]ch wünschte mir, dass mich Stein noch einmal so ansehen würde, wie er mich damals angesehen hatte, und ich hasste mich dafür" (S. 152) „[I]ch wartete auf irgendetwas, auf eine Berührung, auf eine Geste" (S. 153)	Erwartungen und Gefühle werden nicht kommuniziert, Sprachlosigkeit

5 Individuelle Lösungen. Mögliche Stichpunkte: verpasste Lebenschancen, Ziellosigkeit, Selbstverlust, emotionale Vereinsamung, fehlender Halt

6 Individuelle Lösungen

Die Figur Stein ▶ GK 48

1 Individuelle Lösungen. Mögliche Eindrücke bzw. Notizen zu den Fotos:
- Matthias Schweighöfer: wirkt natürlich, lebensfroh, jugendlich/jungenhaft → könnte die ungekünstelte, erwartungsvolle, neugierige Seite Steins gut verkörpern.
- Tom Beck: wirkt einerseits wild, anpackend, lebenserfahren, andererseits nachdenklich → könnte Steins anpackende, euphorische, aber auch seine zurückhaltende und wortkarge Seite darstellen.
- Wilson G. Ochsenknecht: wirkt nachdenklich, zurückhaltend, aber auch künstlerisch-exaltiert → könnte eventuell eher ein Mitglied der Künstlerclique verkörpern.

2 Blick der Clique auf Stein:
<u>Aussehen</u>: attraktiv, gut angezogen, nie verwahrlost; <u>Interessen</u>: Musik, handwerkliche Betätigung, Taekwondo, Taxi fahren; <u>Eigenschaften</u>: wortkarg, nicht redegewandt, höflich, zupackend, nicht künstlerisch-intellektuell, bemüht, impulsiv, begeisterungsfähig, weltfremd; <u>Verhaltensweisen</u>: engagiert sich, meistert den Alltag (räumt auf, unterstützt bei Lesungen und Konzerten), will dazugehören, verdient sein eigenes Geld, wechselt häufig Sexualpartnerinnen; <u>Lebenseinstellung</u>: unkonventionell (Vagabund), örtliche und sexuelle Ungebundenheit, sucht Zukunftsperspektive (Hauskauf), die von der Clique nicht ernst genommen wird

3.5 JUDITH HERMANN: „SOMMERHAUS, SPÄTER"

Blick Steins auf die Clique:

<u>Interessen</u>: Theater, Literatur, Musik, Drogen, Feste; <u>Eigenschaften</u>: intellektuell, künstlerisch-exaltiert, redegewandt, genusssüchtig, verantwortungslos, nur bedingt lebenstauglich; <u>Verhaltensweisen</u>: sind künstlerisch tätig, inszenieren sich selbst, geben sich antibürgerlich, zelebrieren den Genuss; <u>Lebenseinstellung</u>: künstlerisch-intellektuell, Ungebundenheit, Leben im Augenblick, sinnlicher Genuss, Ausbruch aus alltäglichen Belangen

3 Mögliche Stichpunkte zu den Unterschieden zwischen Stein und Clique:
exaltiertes Gehabe und Selbstinszenierung der Clique ↔ Steins Wortkargheit, fehlendes künstlerisch-intellektuelles Gehabe, aber unkonventioneller Lebensstil; alltagsferner Lebensstil der Clique, die profane Tätigkeiten meidet ↔ Steins anpackende, alltagstaugliche Verhaltensweisen; Unverbindlichkeit und Unentschlossenheit der Cliquenmitglieder ↔ Steins Wunsch nach Verbindlichkeit, ernsthafte Zukunftsgedanken

▶ GK 49 **Die Beziehung der beiden Hauptfiguren**

1

Verbindende Aspekte	Trennende Aspekte
▪ Steins Lebensenergie und Begeisterungsfähigkeit wirken ansteckend auf die Ich-Erzählerin: „Als der erste Schnee fiel, stieg Stein an jedem Rastplatz aus dem Auto, rannte auf den verschneiten Acker und vollführte […] Taekwon-do-Bewegungen […]" (S. 142). ▪ Steins Bemühen um eine Atmosphäre der Zweisamkeit ermöglicht eine Annäherung ohne den Einfluss der Clique: „Stein räumte Gläser, Aschenbecher, Flaschen und Stühle weg. <u>Es gelang ihm</u>. Bald erinnerte nichts mehr an die anderen" (S. 144).	▪ Die Ich-Erzählerin bleibt inaktiv und ist emotional hin- und hergerissen: „[B]is ich lachend und wütend schrie, er solle zurückkommen, ich wolle weiterfahren, mir sei kalt" (S. 142). ▪ Sie verdrängt die gemeinsame Zeit mit Stein, nimmt eine starre Haltung ein und reagiert nüchtern: „Ich nicht. Ich wiederholte nicht. Ich kann sagen – es war nicht meine Art. Ich konnte mich auch nicht erinnern, wie <u>das, wie also Sex mit Stein</u> gewesen war" (S. 143). ▪ Sie wird durch die Maßstäbe bzw. Sichtweisen der Clique beeinflusst: „Wenn Stein genug gearbeitet hatte, setzte er sich zu uns. <u>Zu sagen hatte er nichts</u>" (S. 143). ▪ Die Sprach- und Mutlosigkeit der Figuren sowie die abwartende Haltung der Ich-Erzählerin verhindern einen Neuanfang: „‚Willst du Wein?', fragte er, ich sagte: ‚Ja', wir tranken, rauchten, schweigend, er lächelte jedes Mal, wenn wir uns ansahen. <u>Und das war's</u>" (S. 144).

2 a Textstellen, in denen die Erzählerin kommentiert und reflektiert: siehe Unterstreichungen Tabelle Aufgabe 1.
  b Haltung der Ich-Erzählerin: nüchtern, starr, verdrängend, abwartend, passiv

3 Die Ich-Erzählerin entspricht geradezu dem Klischeebild einer passiven Frau: Sie nimmt eine passive Haltung ein und erwartet, dass Stein die Initiative ergreift. Seine dezenten Annäherungsversuche und Angebote reichen ihr nicht aus, um ihre Empfindungen und Erwartungen zu kommunizieren und einen Neuanfang mit Stein zu riskieren. Vielmehr zieht sie sich auf eine nüchterne, distanzierte Haltung zurück, mutmaßlich, um nicht verletzt zu werden. Die Gedankengänge und Kommentare der Ich-Erzählerin verdeutlichen ihre Enttäuschung angesichts der fehlenden Offensive Steins: „Und das war's" (S. 144). Sie will erobert werden, ist sich ihrer Gefühle zu Stein aber selbst nicht sicher.

4 Individuelle Lösungen. Mögliche Diskussionspunkte: Illusion des „idealen Partners", Steins Angebot als verpasste Lebenschance, Bewusstsein der Ich-Erzählerin für diese verpasste Möglichkeit: „Ich zuckte nicht mit den Schultern, aber ich schwieg" (S. 155), Sehnsucht nach emotionaler Gewissheit bzw. emotionale Gewissheit als Wunschbild/Utopie

▶ GK 50 **Das Symbol des Hauses**

1 Mögliche symbolische Bedeutungen eines Hauses: Heimat, Geborgenheit, Sicherheit, Rückzugsort, Angekommensein, Sesshaftsein, Konstanz

3.3 DIE FIGUREN

2 a Textinformationen: baufällige Ruine, sehr alt, schön, groß, zahlreiche Zimmer, zweistöckiges Gutshaus aus rotem Ziegelstein, skelettiertes Giebeldach mit zwei hölzernen Pferdeköpfen zu beiden Seiten, dichtes Efeu, Mauerwerk mit daumendicken Rissen, brüchiges Eingangstor und brüchige Hintertür in den Garten, Fensterläden, fehlende Scheiben und Türen, Tapeten fallen von den Wänden, keine Elektrizität, dunkel, voll Schrott und Mülltüten, staubiger Putz, Dreck auf den Fliesen, windschiefe Veranda mit Treppe zum großen Garten, Kastanien auf dem Hof, See, märkisch, Blick auf die hinter dem Kirchturm untergehende Sonne; Markierung Jugendlicher: „Geh zu ihr, und lass deinen Drachen steigen. Ich war hier. Mattis. No risk, no fun" (S. 150).
Ergänzender Hinweis: „Geh zu ihr" ist ein Song der Ost-Berliner Band Puhdys aus dem Jahr 1973. Der Liedtext stammt von Ulrich Plenzdorf und wurde als Filmmusik zu „Die Legende von Paul und Paula" bekannt. Im Songtext wird ein Mann aufgefordert, auf eine Frau zuzugehen. Entsprechend kann auch das Zitat der Ich-Erzählerin als Aufforderung an Stein gedeutet werden.

b Stein möchte der Ich-Erzählerin sein Traumhaus zeigen und ihr ein gemeinsames Leben in diesem Haus anbieten. In seiner Euphorie zeigt er ein Verhalten, das die Ich-Erzählerin überfordert. Sie fühlt sich von Stein nicht mehr wahrgenommen, es scheint ihr, als rede er mit sich selbst: „[I]ch klammerte mich die ganze Zeit über an ihn und war doch nicht mehr vorhanden" (S. 150). Im Gesprächsverlauf steigert Stein sein Angebot zu einer aggressiven Offerte an die gesamte Künstlerclique, deren Lebensstil er verachtet: „[I]hr könnt euer gottverdammtes Gras hier anbauen und Pilze und Hanf und Scheiße" (S. 150). Die Gedankengänge der Ich-Erzählerin verdeutlichen, dass Steins Gesprächsverhalten für sie zunehmend unberechenbar wird und sie verängstigt: „[I]ch hatte ihn noch nie so unverschämt erlebt" (S. 150). Auf ihre Bitte hin beendet er seinen aggressiven Ausbruch, sucht ihre körperliche Nähe und entschuldigt sich für sein Verhalten. Letztlich wird ihm die Aussichtslosigkeit seiner Bemühungen um die Ich-Erzählerin bewusst, er wirkt beinahe resigniert: „[E]r sah müde aus, er schaute auf die leere, schneeweiße, kalte Straße" (S. 151 f.). Dieses Bild veranschaulicht Steins Bewusstsein für den aussichtslosen Kampf um einen gemeinsamen Lebensweg. Es wird von der Ich-Erzählerin mit der Erinnerung an ihre Gefühle für Stein in Heinzes sommerlichem Garten kontrastiert. Sie fordert von Stein eine Erklärung für sein Verhalten, woraufhin er ihr deutlich macht, dass das Haus eine Möglichkeit für sie beide darstellt – ohne seine Gefühle für sie zu verbalisieren. Nachdem die Ich-Erzählerin nicht ernsthaft auf sein Angebot eingeht, reagiert er kühl und unzugänglich.
Die Körpersprache der Ich-Erzählerin sowie ihre Gedanken und Gefühle offenbaren ihre emotionale Unsicherheit und innere Zerrissenheit. Sie sucht Steins körperliche Nähe, möchte seine Begeisterung für das Haus teilen. Zugleich lähmt Steins Euphorie ihr Denken: „Ich stand still. Ich verstand nichts. Sehr fern verstand ich doch etwas, aber es war noch viel zu weit weg" (S. 151). Aufgrund ihrer Unentschlossenheit weist sie Stein von sich, erwartet jedoch im gleichen Augenblick, dass er sein Angebot offensiv wiederholt. Spürbar bleibt ihre Enttäuschung und Wut über den verpassten Augenblick: „Er hielt mir die Wagentür auf, ich blieb vor ihm stehen, ich wartete auf irgendetwas, auf eine Berührung, auf eine Geste. Ich dachte: ‚Du wolltest doch immer mit uns sein'" (S. 153).

c Das von Stein im Winter gekaufte Sommerhaus steht für seine Wünsche und Hoffnungen: eine feste Bleibe, Nähe zur Natur und Fluchtmöglichkeit aus der Großstadt; ein Ort, der Raum bietet für zwei Menschen in einer Liebesbeziehung oder auch Anlaufpunkt für viele Menschen ist (die Clique). Letztlich erfüllen sich die Hoffnungen nicht und Stein gibt das Haus auf. Auch die Beziehung zwischen Ich-Erzählerin und Stein ist eine Möglichkeit, die nicht wahrgenommen wird, bzw. eine Hoffnung, die sich nicht erfüllt. Stein erkennt, dass seine Bemühungen nicht auf fruchtbaren Boden fallen, dass die junge Frau unentschlossen und passiv bleibt und alle Aktivität vom Gegenüber erwartet. Das Motiv des Hauses durchzieht die Erzählung ebenso wie das Hin und Her zwischen Annäherung (v. a. von Stein ausgehend) und Zurückweichen (Ich-Erzählerin).

3 Judith Hermann fährt im Interview mit Matthias Prangel so fort:
„Nutze die Möglichkeit für dich und für mich. Es ist eigentlich eine Liebeserklärung, die er da auf eine sicherlich sehr umständliche und verquere Art und Weise macht. Aber ich hätte mir doch gewünscht, dass deutlich wird, dass es für ihn im Moment, in dem er das sagt, nur eine Möglichkeit gibt, dass die Ich-Erzählerin nämlich mit ihm in diesem Haus bleibt. Er bietet ihr zwar zur Entscheidung an, dass man bleiben oder gehen könne, machen könne, was man will. Was er nicht sagt, aber wohl fühlt, ist, dass er diese eine Möglichkeit gerne hätte, dass sie sich auch für diese Möglichkeit entscheiden würde. Doch er ist nicht in der Lage, das zu sagen."

4 Das Haus wird zum Symbol für die Ambivalenz der Beziehung der beiden Hauptfiguren. Ihre emotionale Verbundenheit zeigt sich in der Schönheit und dem besonderen Charme des Hauses, das für Stein eine gemeinsame Zukunftsperspektive darstellt. Der Wunsch nach Vertrautheit und Geborgenheit verbindet die beiden Figuren. Als ein „gestrandetes, stolzes Schiff" (S. 148) kann ihre Beziehung dem Bild eines zuverlässigen Halts in stürmischen Zeiten jedoch nicht gerecht werden. Die Baufälligkeit des Sommerhauses macht dies offensichtlich: Das Liebesverhältnis ist brüchig und nur Stein ist bereit, Kraft zu investieren und daran zu arbeiten.

3.4 Den Schluss der Erzählung deuten

1 a Mögliche Deutung:
Stein wiederholt mit seinen Postkarten sein Angebot mehrfach, möchte mit dem Bild der Kirche an den Reiz seines Traumhauses erinnern und verdeutlicht der Ich-Erzählerin, dass er auf sie wartet. Die Ich-Erzählerin erwartet Steins Postkarten sehnsüchtig. Sie stellen für sie eine Option dar, auf die sie sich – entsprechend der Lebenshaltung ihrer Clique – noch nicht festlegen möchte. Sie verschiebt eine Entscheidung auf „später" und erwartet eine noch deutlichere Aufforderung von Stein.

b Die Zeitungsanzeige offenbart der Ich-Erzählerin, dass Stein sein Angebot zurückzieht. Seine radikale Entscheidung, das Haus zu zerstören, macht die Endgültigkeit seines Entschlusses deutlich. Diese Entscheidung ermöglicht ihm, neue Wege zu gehen.

2 Mögliche Deutung:
Wie in Trance nimmt die Ich-Erzählerin Steins Nachricht entgegen. Wie so vieles wird auch das Nachdenken über die versäumte Lebenschance routiniert auf „später" verschoben. So verbleibt der Eindruck, dass auch dieser radikale Bruch bei der Ich-Erzählerin keinen Reflexionsprozess und eine Veränderung der Lebenshaltung bewirken wird. Darauf verweist auch der Titel der Erzählung.

3 Individuelle Lösungen

3.5 Judith Hermann und die zeitgenössische Kurzprosa

1/2

Judith Hermanns Anforderungen an ihre Texte	Merkmale gegenwärtiger Kurzprosa
Leerstellen; etwas durchscheinen lassen, ohne es explizit auszusprechen	bewusstes Weglassen von Informationen, Erzeugung von Leerstellen
nicht psychologisierend	Erzählung des äußeren Hergangs, keine Psychologisierung des Geschehens
nicht spektakulär	Alltagsnähe
„Geschichten, die irgendwo anfangen, ein Stück gehen und dann wieder aufhören"	offenes Ende
stringent	

Besondere Relevanz scheinen für Judith Hermann die Erzeugung von Leerstellen und die Vermeidung von Spektakulärem zu haben.

3 Folgende Aspekte können angeführt werden:
- Leerstellen: unter anderem Erzählschluss, erzählendes Ich (Ambivalenz, berufliche Tätigkeit, im Text bleibt letztlich auch das Geschlecht offen; Judith Hermann spricht im Interview mit Matthias Prangel allerdings von einer Ich-Erzählerin), das Kind aus Angermünde (S. 153)
- Vermeidung von Spektakulärem: Die erzählerische und sprachliche Gestaltung lässt die Erlebnisse der Clique alltäglich und unspektakulär erscheinen, z. B. die parataktische Aufzählung bzw. der Parallelismus: „Falk küsste Anna, und Anna küsste mich, und ich küsste Christiane" (S. 153). Die innere Zerrissenheit der Hauptfigur wird entsprechend ihrer Lebenshaltung (Verweigerung einer Auseinandersetzung mit Lebensoptionen) nicht psychologisierend oder spektakulär dargestellt (S. 154 f. und Erzählschluss).

4 ▶ GK 53

Deutungsansatz	Textbeleg (Erzählung)	Erläuterung
Handlung könnte ebenso gut in New York spielen (Z. 1 f.)	pro: Schilderung von Szenen und Orten in der Großstadt (Autofahrten, Künstleratelier, Theater usw., S. 142) kontra: spezifische Orte in Berlin und Umland (S. 147)	einerseits: Beliebigkeit, Leben in der Großstadt andererseits: spezifische Hinweise auf die Künstlerszene Berlins
Figuren sind unspektakulär (Z. 9)	Zeitvertreib wird geschildert: Theater, Konzerte, Lesungen, Ausflüge ins Berliner Umland, Sinnieren über kulturelle Ereignisse (S. 142 f.)	(un-)typisch für junge Großstädter (unterschiedliche Ansichten möglich): Tummeln in der Künstlerszene, Abhängen in den Gärten des Berliner Umlands
Figuren gehen keine langfristigen, verlässlichen Liebesbeziehungen ein (Z. 9 ff.)	„Falk küsste Anna, und Anna küsste mich, und ich küsste Christiane" (S. 153).	Beliebigkeit, Austauschbarkeit der Sexualpartner
Figuren sind hilflos	„gestrandetes, stolzes Schiff" (S. 148); „Danach kamen regelmäßig Karten, ich wartete, wenn sie einen Tag ausblieben, war ich enttäuscht" (S. 155).	Die Hauptfiguren sehnen sich nach Geborgenheit, ihre Beziehung ist jedoch kein zuverlässiger Halt in stürmischen Zeiten. Die Ich-Erzählerin verliert sich selbst in ihrer abwartenden Haltung und Unentschlossenheit.
Figuren grenzen sich bewusst von der Landbevölkerung ab	Die Cliquenmitglieder treten provokant auf, gehen den Landbewohnern aus dem Weg (vgl. S. 143).	künstlerisch-elitäres Gehabe, antibürgerlich
Stein gehört nicht zur Clique	Vgl. Lösungen zu Seite 48, Aufgabe 3.	Vgl. Lösungen zu Seite 48, Aufgabe 3.
Das Zögern der beiden Hauptfiguren lässt die Geschichte eskalieren.	„[I]ch wünschte mir, dass mich Stein noch einmal so ansehen würde […], und ich hasste mich dafür" (S. 152); „Spielt keine Rolle" (S. 152); „Ich ging in die Küche und stand zehn Minuten lang stumpfsinnig vor dem Herd herum. Die Uhr über dem Herd tickte" (S. 156).	einerseits: Unentschlossenheit und abwartende Haltung der Ich-Erzählerin als Hauptursache andererseits: Sprachlosigkeit Steins pro: radikaler Entschluss Steins kontra: keine Eskalation, fehlende Dramatik (Hausbrand als Zeitungsbericht, Vertagen des Reflexionsprozesses auf „später")

5 Individuelle Lösungen. Die Hinweise in der dritten Tabellenspalte können zur Orientierung genutzt werden.

LK 3 E. T. A. Hoffmann: „Der Sandmann"

Konzeption des Kapitels

GK: Arbeitsheft für den Grundkurs; **LK:** Arbeitsheft für den Leistungskurs;
Texte, Themen und Strukturen: Ausgabe Nordrhein-Westfalen, 978-3-464-68112-1 / 978-3-464-68111-4

Seite	Sequenz/ Materialien	Didaktisch-methodische Hinweise	Anknüpfung an „Texte, Themen und Strukturen"
LK 44	3.1 Vor und während der Lektüre	Erste Schülerassoziationen zum Titel werden in Beziehung zum Bild des Sandmanns gesetzt, das in der Erzählung entworfen wird. Dies erfolgt zunächst anhand zweier Textauszüge. Im Verlauf der Lektüre erstellen die Schüler/-innen eine Übersicht der Handlungsschritte und prüfen, wo das Sandmann-Motiv und das Thema „Realität und Wahn" eine Rolle spielen. Auf dieser Grundlage können sie weitere Untersuchungsaspekte formulieren.	
LK 45	3.2 Figuren und thematische Aspekte Nathanael – Einen ambivalenten Charakter untersuchen	Ausgehend von einer exemplarischen Überprüfung der Ambivalenz Nathanaels an einem vorgegebenen Textauszug kann das lebenslange Pendeln der Figur zwischen einem ausgeglichenen und einem instabilen Gemütszustand erarbeitet, visualisiert und diskutiert werden.	
LK 46	Clara und Olimpia – Das romantische Liebeskonzept kennen lernen *Wulf Segebrecht:* „Künstler und Bürger" *Jochen Schmidt:* „Der Sandmann': Die Krise der romantisch absolut gesetzten Subjektivität"	In diesem Teilkapitel werden widersprüchliche Figurenbetrachtungen in der Literaturwissenschaft erfasst und beurteilt. Ausgehend von ihrem ersten Textverständnis weisen die Schüler/-innen die von ihnen favorisierte Deutungsthese zur Figur Clara am Text nach und diskutieren auf dieser Grundlage die widersprüchlichen Charakterisierungen. Anhand von drei Textauszügen können sich die Schüler/-innen dabei der Multiperspektivität bewusst werden, die eine eindeutige Charakterisierung dieser Figur verhindert. Die Arbeitsergebnisse ermöglichen eine Diskussion der Wirkung und Funktion dieser Figurendarstellung.	Zur Wiederholung der direkten und indirekten Charakterisierung von Figuren kann der Informationskasten „Figuren und ihre Konstellation" (S. 169) herangezogen werden.

Seite	Sequenz/ Materialien	Didaktisch-methodische Hinweise	Anknüpfung an „Texte, Themen und Strukturen"
LK 47	Information: Die sprachliche Gestaltung von Erzähltexten	Die beiden komplementären Textauszüge eignen sich für einen Vergleich der beiden Frauenfiguren und für eine Analyse der Reaktion Nathanaels auf ihre gegensätzlichen Eigenschaften und ihr Verhalten. Nathanaels Beziehung zu Clara wird mit Blick auf das romantische Liebeskonzept untersucht; ausgewählte Textstellen werden auch unter Berücksichtigung sprachlicher Gestaltungsmittel analysiert.	Bei der Untersuchung sprachlicher Mittel kann der umfassende Informationskasten „Rhetorische Figuren" (S. 200 ff.) helfen.
LK 48	Information: Merkmale der Romantik	Nathanaels Selbstliebe wird in seinem Verhältnis zu Olimpia offensichtlich; sie führt letztlich zur gesellschaftlichen Isolation. Diese Schlussfolgerungen können die Schüler/-innen aus einer genauen Analyse der Ballszene ziehen. Inwiefern sich in der Figur Nathanael Merkmale der literarischen Frühromantik widerspiegeln, kann auf dieser Grundlage und mit Hilfe des Informationskastens überprüft werden.	Bei der Untersuchung erzählerischer Mittel unterstützen die Informationskästen „Der Erzähler / Die Erzählerin und seine/ihre Strategien" (S. 172) und „Die drei idealtypischen Erzählstrategien" (S. 172 f.). Einen umfassenderen Überblick über die Epoche der Romantik bietet der Informationskasten auf Seite 441 f. Als Vergleichstext bietet sich der Auszug aus *Goethes* „Die Leiden des jungen Werthers" (S. 413 ff.) an: Werthers Liebesleidenschaft wird hier mit Lottes „edlem Gefühl" konfrontiert, sein Abschiedsbrief ist ein Aufbegehren im Namen des eigenen gefeierten Hochgefühls, geliebt zu sein.
LK 49	**Coppelius und Coppola – Wahn oder Wirklichkeit?** *Jochen Schmidt:* „Die Schlusspartie der Sandmann-Erzählung"	Die Doppelgängerfiguren Coppelius und Coppola fordern zur Auseinandersetzung mit der Frage „Was ist Wahn, was Wirklichkeit?" heraus. Auch hier soll von der Multiperspektivität des Textes und den spontanen Verstehensansätzen der Schüler/-innen ausgegangen werden, um diese am Text und im anschließenden Austausch zu überprüfen. Auf diese Weise wird die Vieldeutigkeit des Textes erkennbar. Schmidts Deutungsansatz akzentuiert die Unzuverlässigkeit der Erzählinstanz, die maßgeblich zur verweigerten Eindeutigkeit der Erzählung beiträgt.	

Seite	Sequenz/ Materialien	Didaktisch-methodische Hinweise	Anknüpfung an „Texte, Themen und Strukturen"
LK 50	**3.3 Motive untersuchen und vergleichen**	Drei relevante Motive der Erzählung werden exemplarisch am Text erarbeitet und in Form eines Galeriegangs präsentiert. Angeleitet durch Arbeitskarten mit Arbeitsschwerpunkten setzen sich die Schüler/-innen auch mit dem literaturgeschichtlichen Kontext auseinander und stellen Bezüge zu Werken der Gegenwart her.	Das Kapitel „Recherchieren in Internet und Bibliothek" (S. 553 ff.) informiert u. a. zur Basisrecherche mit Wikipedia. Unterstützend kann auch das Kapitel „Referate und Kurzvorträge erarbeiten und präsentieren" (S. 556 ff.) herangezogen werden.

Literaturhinweise

Hoffmann, E. T. A.: Der Sandmann. Text und Kommentar. Mit einem Kommentar von Peter Braun. Suhrkamp BasisBibliothek, Frankfurt/M. 2003

Kaiser, Gerhard: Literarische Romantik. Vandenhoeck & Ruprecht, Göttingen 2010

Lieb, Claudia: Der Sandmann. In: Detlef Kremer: E. T. A. Hoffmann. Leben – Werk – Wirkung. De Gruyter, Berlin/Boston, 2. erw. Aufl. 2012

Safranski, Rüdiger: E. T. A. Hoffmann. Das Leben eines skeptischen Phantasten. Fischer Taschenbuchverlag, München/Wien 2015

Schmidt, Jochen: Die Geschichte des Genie-Gedankens in der deutschen Literatur, Philosophie und Politik 1750–1945. Band 2. Von der Romantik bis zum Ende des Dritten Reichs. Universitätsverlag Winter, Heidelberg, 3. verb. Aufl. 2004

Schrey, Dieter: „Sköne Oke". Die Überwältigung der Einbildungskraft durch die „ungeheure" Wirklichkeit". 2006. Online unter http://home.bn-ulm.de/~ulschrey/literatur/hoffmann/sandmann-interpretation.html (Zugriff: 15.06.2017)

3.1 Vor und während der Lektüre

1 Mit Hilfe des Clusters lassen sich Assoziationen der Schülerinnen und Schüler abrufen. Denkbar sind Äußerungen zur deutschen TV-Figur „Das Sandmännchen" und zu Schlafliedern für Kinder. Der heute bekannte Schlaf- und Träumebringer lässt sich u. a. auf den Märchendichter Hans Christian Andersen (1805–1875) und seine in Dänemark bekannte Figur Ole Lukøje (Ole Augenschließer) zurückführen. Auch verschiedene Songtexte greifen die Figur des Sandmanns auf, beispielsweise „Enter Sandman" der Band Metallica (1991) und „Sandmann" von Oomph! (2008).
Hier bietet sich ein anschließender Vergleich der Darstellung des Sandmanns in den verschiedenen Medien an. Dabei werden vor allem zwei Versionen der Figur deutlich: die eines grausamen Scheusals, das Augen ausreißt und Albträume verursacht, und die eines Träumebringers, der Kindern schöne Geschichten erzählt und sie in fantastische Welten entführt.

▶ LK 44

2 a Die Kinderfrau entwirft das Bild eines Dämons, der unartigen Menschenkindern die Augen ausreißt und sie seinen Kindern zum Fraß vorwirft. Sie erzeugt mit der Sandmann-Geschichte bewusst Ängste, um die ihr anvertrauten Kinder zum Gehorsam und zur Einhaltung der Nachtruhe zu erziehen.
  b Nathanael wird hier als ein Kind charakterisiert, das von spannenden Geschichten und gruseligen Figuren fasziniert ist, gerne in fantastische Welten eintaucht und eine künstlerische Ader hat. Auf Letztere verweist bereits der Name Nathanael („der Herr hat es gegeben"). Die Beschreibung des Sandmanns hinterlässt bei ihm tiefen Eindruck und er verarbeitet seine Vorstellungen der „seltsamsten, abscheulichsten Gestalten" künstlerisch.

3 a–c Darstellung der einzelnen Handlungsschritte, z. B.:
- Brief Nathanaels an Lothar: Vorfall mit Wetterglashändler, Kindheitserinnerungen: Erscheinen des „Sandmanns", Experimente des Vaters und des Advokaten Coppelius, Entdeckung Nathanaels und erster Fieberschub, Coppelius' letzter Besuch im Elternhaus, Tod des Vaters, Studium, erstes Erscheinen des Wetterglashändlers → *Realität – Wahn*
- Brief Claras an Nathanael: Beruhigung und Versuch einer rationalen Erklärung der Ereignisse
- Brief Nathanaels an Lothar: Verschwinden Coppolas, Bericht von Spalanzanis Tochter Olimpia
→ *Realität*: „Übrigens ist es wohl gewiss, dass der Wetterglashändler Giuseppe Coppola keineswegs der alte Advokat Coppelius ist" (**C** S. 29, Z. 14 ff. / **R** S. 16, Z. 18 ff.).
→ *Wahn*: „Ganz beruhigt bin ich nicht. […] [N]icht los kann ich den Eindruck werden, den Coppelius' verfluchtes Gesicht auf mich macht" (**C** S. 29, Z. 23 / **R** S. 16, Z. 27).
- Erzähler-Einschub (Kommentar / Reflexion auf „Metaebene"), Beschreibung Claras
- Nathanaels Besuch in der Heimat, düstere Träume und Ahnungen → *Wahn*
- Nathanaels Drang, Clara in seine düsteren Geheimnisse einzuweihen: Vorlesen von mystischen Büchern und seiner Dichtung → *Schwanken zwischen Wahn und Realität*
- Konflikt zwischen Lothar und Nathanael (Duell) und anschließende Versöhnung → *Realität*: „als sei eine schwere Last, die ihn zu Boden gedrückt, von ihm abgewälzt" (**C** S. 39, Z. 16 f. / **R** S. 26, Z. 7 f.)
- Rückkehr Nathanaels nach G., Umzug nach Hausbrand
- zweiter Besuch des Wetterglashändlers Coppola → *Schwanken zwischen Wahn und Realität*, Olimpia-Handlung
- Beobachtung Olimpias durch Coppolas Perspektiv
- Ballszene und Liebeserklärung
- Gespräch von Siegmund und Nathanael über Olimpia
- Nathanael liest Olimpia vor → *Realität*: „in hellen, nüchternen Augenblicken" (**C** S. 49, Z. 24 / **R** S. 36, Z. 12)
- Zerstörung Olimpias durch Spalanzani und den Wetterglashändler
- Ausbruch der Krankheit (Irrenhaus) → *Wahn*: „wurde er nach dem Tollhause gebracht" (**C** S. 52, Z. 2 / **R** S. 38, Z. 23)
- Kriminaluntersuchung „Automaten-Betrug"
- Nathanaels Rückkehr in die Familie, Hochzeitspläne → *Realität*: „Jede Spur des Wahnsinns war verschwunden" (**C** S. 53, Z. 29 f. / **R** S. 40, Z. 13)
- Turmszene, Nathanaels Tod → *Wahn*
- Claras Familienidylle

4 Mögliche Antworten: (Dichter-)Fantasie und Lebensrealität, Kindheitsängste, Vorstellungen von Liebe und Freundschaft, Geschichte einer Krankheit, Automaten-Menschen

3.2 Figuren und thematische Aspekte

▶ LK 45 **Nathanael – Einen ambivalenten Charakter untersuchen**

1 a Zur Einordnung des Textauszugs in den Handlungsverlauf siehe LK Seite 44, Aufgabe 3: Nathanaels Besuch in der Heimat.

b

Nathanaels helle Seite	Nathanaels dunkle Seite
- poetisch veranlagt, fantasievoll - innere Ruhe während des Schaffensprozesses: „ruhig und besonnen" (**C** S. 37, Z. 10 f. / **R** S. 24, Z. 3 f.) - rational/überlegt, empathisch: „wozu es denn nun eigentlich führen solle, [Clara] mit den grauenvollen Bildern zu ängstigen" (**C** S. 37, Z. 20 ff. / **R** S. 24, Z. 13 ff.) - fröhlich, lebendig, humorvoll (vgl. **C** S. 37, Z. 27 f. / **R** S. 24, Z. 20 f.)	- zwanghaft: „[D]a er sich dem metrischen Zwange unterworfen, ruhte er nicht, bis alles rein und wohlklingend sich fügte" (**C** S. 37, Z. 11 ff. / **R** S. 24, Z. 3 ff.). - ängstlich, verstört; Wahnvorstellungen: „da fasste ihn Grausen und wildes Entsetzen und er schrie auf. ‚Wessen grauenvolle Stimme ist das?'" (**C** S. 37, Z. 15 f. / **R** S. 24, Z. 8 f.) - extreme Gefühlsschwankungen, u. a.: „Bald schien ihm jedoch das Ganze wieder nur eine sehr gelungene Dichtung" (**C** S. 37, Z. 16 ff. / **R** S. 24, Z. 9 ff.) - emotional, Übersteigerung: „Den riss seine Dichtung unaufhaltsam fort, hochrot färbte seine Wangen die innere Glut, Tränen quollen ihm aus den Augen" (**C** S. 38, Z. 2 ff. / **R** S. 24, Z. 31 ff.). - todunglücklich: „aufgelöst in trostlosem Jammer" (**C** S. 38, Z. 6 / **R** S. 24, Z. 35) - wankelmütiges Verhalten gegenüber Clara: „er fasste Claras Hand" (**C** S. 38, Z. 5 / **R** S. 24, Z. 34) versus „Clara von sich stoßend" (**C** S. 38, Z.11 / **R** S. 25, Z. 3) - Realitätsverkennung: „Du lebloses, verdammtes Automat!" (ebd.)

2 a **C** S. 40, Z. 20 – S. 41, Z. 27 / **R** S. 27, Z. 14 – S. 28, Z. 19:
Bei Coppolas zweitem Besuch reagiert Nathanael zunächst rational. Ausgelöst durch Coppolas Ausruf „sköne Oke!" (**C** S. 40, Z. 35 / **R** S. 27, Z. 27) wird er erneut von seinen Wahnvorstellungen überwältigt. Es gelingt ihm, diese unter Kontrolle zu bringen und Coppola als „höchst ehrliche[n] Mechanikus" (**C** S. 41, Z. 25 f. / **R** S. 28, Z. 17 f.) wahrzunehmen.
C S. 42, Z. 19 – S. 43, Z. 2 / **R** S. 29, Z. 11–30:
Das erneute Erscheinen des Wetterglashändlers hat einen nachhaltigen Eindruck auf Nathanaels Psyche hinterlassen, Todesvisionen ergreifen ihn. Von dämonischen Mächten getrieben blickt er durch Coppolas Fernrohr und verfällt dem Anblick Olimpias.
C S. 51, Z. 5 – S. 52, Z. 2 / **R** S. 37, Z. 28 – S. 38, Z. 23:
Nathanael wird Zeuge der Zerstörung Olimpias und erkennt, dass sie ein lebloser Automat ist. Dies resultiert in einem psychischen Zusammenbruch und Nathanaels Einlieferung in eine Irrenanstalt.
C S. 53, Z. 18 – S. 55, Z. 33 / **R** S. 40, Z. 1 – S. 42, Z. 15:
Nach seiner Rückkehr ins Elternhaus scheint Nathanael zu genesen. Als er mit Clara einen Turm besteigt, bewirkt jedoch bereits ein kleiner Auslöser, Claras Anmerkung zu einem seltsamen Busch, dass Nathanael erneut sein Fernrohr ergreift und vollständig seinen Wahnvorstellungen erliegt. Getrieben vom vermeintlichen Anblick des Wetterglashändlers stürzt sich Nathanael in den Tod.

3 Mögliche Diskussionspunkte: Nathanaels Persönlichkeitsstruktur, seine Dichternatur, die Erziehung im Elternhaus (Faszination des Vaters für alchemistische Experimente, Einfluss der Geschichten der Kinderfrau, fehlendes Gesprächsangebot der Mutter)
Jochen Schmidt (→ Literaturhinweise) hat die periodischen Schwankungen zwischen dem unaufhaltsamen Hinabgleiten in den Wahnsinn und den Stabilisierungsversuchen als Duktus der gesamten Erzählung beschrieben. Nathanael gelingt es mehrfach, seine psychische Verfassung zu erkennen und einen ausgeglichenen Zustand zu erreichen, doch erreicht er insgesamt keine stabile Verbindung zur Lebenswirklichkeit. Schmidt verweist in diesem Zusammenhang auch auf Nathanaels visionäres Gedicht: „Nathanael blickt in Claras Augen, aber es ist der Tod, der mit Claras Augen ihn freundlich anschaut" (**C** S. 37, Z. 7 ff. / **R** S. 23, Z. 37 ff.). Ein glückliches Leben mit Clara sei möglich, aber die Dichternatur Nathanael finde keinen Zugang zu dieser realen Welt, so Schmidt.

3.2 FIGUREN UND THEMATISCHE ASPEKTE

Clara und Olimpia – Das romantische Liebeskonzept kennen lernen ▶ LK 46

1 Individuelle Lösungen

2 a

Deutungsthese	Textbeleg	Erläuterung
Wulf Segebrecht: Clara hat kein Verständnis für das Dämonische und für die Dichtungen Nathanaels.	„Denn, wenn ich, wie du es willst, alles stehen und liegen lassen und dir, indem du liesest, in die Augen schauen soll [...]" (**C** S. 35, Z. 32 ff. / **R** S. 22, Z. 27 ff.).	Clara verkennt Nathanaels tiefe Verunsicherung und zeigt wenig Einfühlungsvermögen.
Sie versucht vergeblich Nathanael von seinen Wahnvorstellungen abzubringen.	„Clara drückte ihn sanft an ihren Busen und sagte leise, aber sehr langsam und ernst: ‚[...] wirf das tolle – unsinnige – wahnsinnige Märchen ins Feuer'" (**C** S. 38, Z. 7 ff. / **R** S. 24, Z. 36 ff.).	Sie reagiert mütterlich, sucht nicht das Gespräch, sondern fordert Nathanael auf, sich von seinen Wahnvorstellungen zu lösen.
Sie hat ausschließlich einen praktischen Sinn fürs Reale, ist einseitig und gewöhnlich.	„[...] so läuft mir der Kaffee ins Feuer und ihr bekommt alle kein Frühstück!" (**C** S. 35, Z. 34 ff. / **R** S. 22, Z. 29 f.); „Clara, etwas Langweiliges wie gewöhnlich vermutend und sich darein ergebend, fing an, ruhig zu stricken" (**C** S. 37, Z. 33 ff. / **R** S. 24, Z. 26 ff.).	Clara teilt Nathanaels Leidenschaften nicht. Sie interessiert sich nur für weltliche Dinge wie den Haushalt. Nathanaels Dichtungen langweilen sie, sie erduldet ihre Rolle als passive Zuhörerin.

Deutungsthese	Textbeleg	Erläuterung
Jochen Schmidt: Clara verkörpert ein ganzheitliches Menschsein, zu dem neben Verstand und Realitätssinn auch Fantasie und Gefühl gehören.	„Der fatale Wetterglashändler [...] verfolgte mich auf Schritt und Tritt und beinahe schäme ich mich es zu gestehen, dass er selbst meinen gesunden, sonst so ruhigen Schlaf in allerlei wunderlichen Traumgebilden zerstören konnte" (**C** S. 25, Z. 26 ff. / **R** S. 13, Z. 13 ff.). „Du merkst [...], dass wir, ich und Bruder Lothar, uns recht über die Materie von dunklen Mächten und Gewalten ausgesprochen haben [...]" (**C** S. 27, Z. 34 ff. / **R** S. 15, Z. 16 ff.).	Auch Clara ist empfänglich für Fantasiefiguren, die sich in ihre Träume schleichen. Sie kann Nathanaels Gemütslage nachempfinden und hat sich eingehend mit ihrem Bruder darüber ausgetauscht. Sie zeigt Mitgefühl und Verständnis.
	„Solange du an ihn glaubst, ist er auch und wirkt, nur dein Glaube ist seine Macht" (**C** S. 35, Z. 16 f. / **R** S. 22, Z. 10 ff.).	Clara versucht, Nathanaels Wahnvorstellungen rational zu begegnen und ihm zu helfen, seine inneren Dämonen fernzuhalten.

b Auf der Grundlage der beiden Deutungsthesen sollen unterschiedliche Wahrnehmungen der Figur Clara textbasiert diskutiert werden, individuelle Lösungen sind möglich (→ Aufg. 2 c und 3).

c Clara wird aus unterschiedlichen Perspektiven charakterisiert (Multiperspektivität): Claras Selbsteinschätzung, Nathanaels Wahrnehmung, Charakterisierung seitens des Erzählers, Perspektive weiterer zitierter Figuren. Dabei stellt der Erzähler seine Charakterisierung bewusst als seinen persönlichen Blick auf Clara dar, er selbst wird Teil der Erzählung: „[I]n dem Augenblick steht Claras Bild so lebendig mir vor Augen, dass ich nicht wegschauen kann, so wie es immer geschah, wenn sie mich hold lächelnd anblickte" (**C** S. 33, Z. 10 ff. / **R** S. 20, Z. 5 ff.). Er entzieht sich damit dem Leserbedürfnis nach einer verlässlichen Erzählinstanz.

3 Die Multiperspektivität lässt kein eindeutiges Bild der Figur Clara zu, sondern erzeugt den Eindruck einer ambivalenten Persönlichkeit zwischen einem schlichten, emotionslosen Bürgermädchen und einer tiefgründigen, gefühlsbetonten Frau. Diese Figurendarstellung schafft Irritation und Uneindeutigkeit und zwingt die Leser/-innen, sich selbst ein Bild zu machen.

▶ LK 47 **4** Clara hat eigene Interessen und geht ihren Beschäftigungen nach. Sie entwickelt eine eigene Haltung, lehnt Nathanaels Hingabe an dunkle Fantasien ab und entzieht sich seinen Belehrungsversuchen. Olimpia hingegen folgt scheinbar gebannt Nathanaels stundenlangen Vorlesungen, fordert und widerspricht nicht, zeigt aber auch keine angemessenen Reaktionen auf Nathanaels Worte und körperliche Zuwendung.

5 Claras Widerstand und noch mehr ihre Gleichgültigkeit gegenüber seinen Belehrungen erzürnen Nathanael. Dem regungslosen Automatenmädchen Olimpia dagegen kann er seine Fantasien und literarischen Exkurse ohne jedes Maß mitteilen, er liest „der Olimpia stundenlang hintereinander vor, ohne zu ermüden" (**C** S. 48, Z. 36 f. / **R** S. 35, Z. 25 f.). Nathanael meint, in Olimpia die bedingungslos Liebende zu finden, die seine Interessen teilt und seine Ausführungen widerspruchslos annimmt. Dass Olimpia ein Gegenüber ohne eigene Vorstellungen ist, mit denen er sich auseinandersetzen müsste, bewirkt bei Nathanael das Gefühl, ganz verstanden zu werden.

6 a Beziehung Clara – Nathanael:
- Gegenwärtige Beziehung: tiefe Zuneigung, jedoch Konflikt infolge von Nathanaels zunehmender Realitätsverkennung und Abgleiten in dunkle Fantasien sowie Claras rationalen Umgang mit der Situation
- Gemeinsame Jugendzeit: Kennenlernen in Kindheit bzw. früher Jugend, erste Jugendliebe
- Gemeinsame Zukunftspläne: finanzielle Sicherheit, eigenes Heim, Heirat, Leben im Familienverband
- Die romantische Liebe idealisiert die Verbindung zweier Liebender, die auf der Intensität der Gefühle und auf der Ähnlichkeit der Interessen beruht und ein Mittel zur Selbstverwirklichung ist, wobei wirtschaftliche Notwendigkeiten eine untergeordnete Rolle spielen. So tendiert Nathanael dazu, Clara zu idealisieren und ins Religiöse zu überhöhen. Claras Widerstand und Eigensinn – sie teilt seine mystischen Schwärmereien nicht – stehen seinem Idealbild entgegen. Darüber hinaus spielen bei der Beziehung zwischen Clara und Nathanael auch freundschaftliche, familiäre und wirtschaftliche Aspekte eine entscheidende Rolle. Damit entspricht ihre Beziehung nicht dem Idealbild der romantischen Liebe, sondern eher den üblichen zeitgenössischen Vorstellungen eines Paars mit Heiratsabsichten.

b Mögliche Antworten:
Wortwahl:
- Nathanaels pathetischer Sprachstil hebt seine Tendenz zur Übersteigerung von Gefühlen hervor: „du meine einzige, meine herzgeliebte Clara!" (**C** S. 39, Z. 9 f. / **R** S. 26, Z. 1 f.).
- Nathanaels verzerrte Wahrnehmung seiner Umwelt und sein instabiler Gemütszustand werden in der Wortwahl deutlich, z. B.: „der hohe Ratsturm warf seinen Riesenschatten" (**C** S. 54, Z. 15 / **R** S. 40, Z. 35).

Satzbau:
- hypotaktischer Stil, v. a. bei der Wiedergabe von Nathanaels Ahnungen (**C** S. 34, Z. 30 ff. / **R** S. 21, Z. 25 ff.) spiegelt Nathanaels Verflechtung in das Spiel schicksalhafter Mächte.

Rhetorische Figuren:
- Steigerung der sprachlichen Bilder wie „Wolkenschatten" (**C** S. 34, Z. 14 f. / **R** S. 21, Z. 9), „düstre Träumereien" (**C** S. 34, Z. 28 / **R** S. 21, Z. 23) und „dunklen Mächten" (**C** S. 34, Z. 32 / **R** S. 21, Z. 27) veranschaulicht Nathanaels Abgleiten in Wahnvorstellungen.
- Kontrastive Wiederholung syntaktischer Fügungen verdeutlicht den Konflikt zwischen den Liebenden: „Der verständigen Clara war diese mystische Schwärmerei im höchsten Grad zuwider" (**C** S. 35, Z. 5 f. / **R** S. 21, Z. 36 f.).
- Mittels metaphorischer Wortwahl wird Nathanaels Liebe für Clara mit einer welken Blume gleichgesetzt, welche er voller Wehmut in seinem Inneren wieder erblühen lässt (**C** S. 39, Z. 4 ff. / **R** S. 25, Z. 34 ff.).
- Wiederholung gleicher syntaktische Fügungen verdeutlicht die enge Verknüpfung von Liebe und Freundschaft (**C** S. 39, Z. 9 ff. / **R** S. 25, Z. 37 ff.).
- Nathanaels religiöse Metaphorik verdeutlicht seine Überhöhung und Idealisierung Claras: „Ich war auf schlimmem Wege, aber zu rechten Zeit leitete mich ein Engel auf den lichten Pfad!" (**C** S. 54, Z. 7 ff. / **R** S. 40, Z. 27 ff.).

3.2 FIGUREN UND THEMATISCHE ASPEKTE 69

7 a/b Zur Einordnung siehe Seite 44, Aufgabe 3: Olimpia-Handlung, Ballszene und Liebeserklärung. ▶ LK 48

Begegnung der beiden Figuren als Aufeinandertreffen von Gegensätzen:
- Nathanael ist schüchtern: Er steht zunächst ganz hinten und er kann seine Aufforderung zum Tanz nur „stammeln" (**C** S. 45, Z. 3 / **R** S. 31, Z. 30). Er wird von dämonischen Kräften getrieben: Der Blick durch Coppolas Perspektiv lässt ihn Olimpias Liebesblick fantasieren, er wird „wie von glühenden Armen" (**C** S. 44, Z. 27 / **R** S. 31, Z. 17 f.) erfasst und steht vor Olimpia, ohne zu wissen, „wie es geschah" (**C** S. 44, Z. 36 / **R** S. 31, Z. 27). Berauscht von Wein und Verlangen nimmt er sein Umfeld nicht mehr wahr, verliert seine Schüchternheit und Selbstkontrolle und auch seinen Realitätssinn: Olimpias Kälte bewirkt zwar ein „innere[s] Grausen" (**C** S. 46, Z. 15 / **R** S. 33, Z. 5), Nathanaels Hitze lässt Olimpia jedoch für ihn lebendig werden (vgl. **C** S. 46, Z. 17 f. / **R** S. 33, Z. 8).
- Olimpia wird durchgehend als kalt, emotions- und bewegungslos beschrieben. Lebendig wird sie nur durch Nathanael, der sie bezeichnenderweise mehrfach zum Tanz „aufzieht" (vgl. **C** S. 45, Z. 20 / **R** S. 32, Z. 10). Auch ihre sich wiederholenden Äußerungen („Ach – Ach!") offenbaren ihre Leblosigkeit.

Augen-Motiv und auffällige sprachliche Gestaltungsmittel:
- Häufiger Gebrauch der gegensätzlichen Wortfelder „Kälte – Hitze" bzw. „Tod – Leben" zur Charakterisierung Nathanaels bzw. Olimpias
- Nathanaels pathetischer, der Alltagssprache entrückter Sprachstil zur Beschreibung Olimpias (religiöse Metaphorik): „Du Strahl aus dem verheißenen Jenseits der Liebe" (**C** S. 45, Z. 35 f. / **R** S. 32, Z. 26 f.) verweist auf seinen Liebeswahn.
- „Als-ob-Formulierungen" unterstreichen den fantastischen Charakter der Ereignisse: „schienen dem Nathanael" (**C** S. 44, Z. 23 f. / **R** S. 31, Z. 14), „war es auch, als [mit folgendem Konjunktiv]" (**C** S. 45, Z. 6 f. / **R** S. 31, Z. 34).
- Zentrales Motiv der Augen: Der Blick durch Coppolas „Augen" verändert Nathanaels Sicht auf Olimpia und bewirkt Realitätsverlust (vgl. **C** S. 44, Z. 18 ff. / **R** S. 31, Z. 9 ff.). Gemeint sind Nathanaels „innere Augen", seine Einbildungskraft, die Olimpia zur idealen Partnerin stilisieren. Der Blick in Olimpias Augen lässt Nathanael das Grausen des Todesfrosts vergessen und in Liebeslust entflammen (vgl. **C** S. 45, Z. 3 ff. / **R** S. 31, Z. 30 ff.). Nach Claudia Lieb (→ Literaturhinweise) wird hier das Motiv der Augensprache zwischen Liebenden ad absurdum geführt.

Erzählweise:
- Erzählbericht (unterbrochen durch einige Ausrufe und Fragen Nathanaels und wenige Äußerungen Olimpias)
- weitgehend personales Erzählverhalten, das Nathanaels Wahrnehmung, Gedanken und Empfindungen z. B. in Form der erlebten Rede wiedergibt: „aber wie sich erheben zu dem Mut, sie, die Königin des Festes, aufzufordern?" (**C** S. 44, Z. 34 f. / **R** S. 31, Z. 25 f.)
- Durchbrechung dieser Erzählstrategie durch ironische Kommentierung des Geschehens durch den Erzähler: „[Er] sprach hochentflammt und begeistert von seiner Liebe in Worten, die keiner verstand, weder er noch Olimpia" (**C** S. 45, Z. 30 ff. / **R** S. 32, Z. 21 ff.).

8 Nach dem Mythos verliebt sich Narziss beim Blick in eine Wasserquelle unsterblich in sein Spiegelbild und verzehrt sich bis zu seinem Tod nach seinem Ebenbild. Die narzisstische Überhöhung des eigenen Ichs ist auch bei Nathanael zu erkennen: Er nutzt Olimpia als perfekte Projektionsfläche für seine Empfindungen und Fantasien, zu denen sein Selbstbild als großer Poet gehört. Nathanaels „Liebe" ist reine Selbstliebe.

9 Die Ballgesellschaft zeigt sich irritiert und belustigt, doch Nathanael nimmt diese Reaktionen nicht wahr bzw. begegnet ihnen mit Gleichgültigkeit. Die fehlende Auseinandersetzung mit einem realen Gegenüber birgt die Gefahr der Vereinsamung und zunehmenden gesellschaftlichen Isolation sowie des Abgleitens in irrationale Träume und Ängste.

10 **Betonung des Gefühls:** Nathanael lässt sich als Gefühlsmensch kaum auf Claras rationale Sichtweise ein und tendiert zur emotionalen Übersteigerung. Er benutzt die gefühllose Olimpia als Projektionsfläche für seinen Gefühlsüberschwang und meint, in ihr das gesuchte tiefe Gemüt – sein Ebenbild – zu erkennen.
Liebesvorstellung Nathanaels: Nathanael vertritt das romantische Liebeskonzept, idealisiert sowohl Clara als auch Olimpia und tendiert zu deren religiösen Überhöhung. Er sehnt sich nach einer Partnerin, die seine Interessen teilt und vollständig in der Zweisamkeit aufgeht. Sein visionäres Gedicht (vgl. **C** S. 36, Z. 19 – S. 37, Z. 9 / **R** S. 23, Z. 13 ff.) verweist darauf, dass ein bürgerliches Dasein als Claras Ehemann keine Zukunftsperspektive für die Künstlernatur Nathanael darstellt, was sich letztlich auch bewahrheitet.

Aufwertung von Kunst und Subjektivität: Nathanael tendiert dazu, in gewöhnlichen Ereignissen das Geheimnisvolle zu sehen (vgl. Alchemistenszene, Erscheinen des Wetterglashändlers) und diese Erfahrungen in der Kunst zu verarbeiten: „[E]s kostetet ihn oft Mühe, [Coppelius] in seinen Dichtungen, wo er als grauser Schicksalspopanz auftrat, lebendig zu kolorieren" (**C** S. 36, Z. 17 ff. / **R** S. 23, Z. 11 ff.). Er gibt sich dabei ganz dem Schöpfungsprozess hin (→ LK S. 45, Aufg. 1) und läuft Gefahr, sich von seinem Umfeld zu entfremden (vgl. Auseinandersetzung mit Clara, Reaktion der Ballgesellschaft, Gespräch mit Siegmund).

▶ **LK 49 Coppelius und Coppola – Wahn oder Wirklichkeit?**

1 a Clara und Lothar gehen davon aus, dass Nathanaels Verknüpfung von Coppelius und Coppola eine Folge seiner frühkindlichen Traumatisierung und seiner regen Fantasie ist. Nathanael hingegen ist sich sicher, dass die beiden Männer identisch sind.

b Individuelle Lösungen

2 a Deutungsthese: Nathanaels Weltsicht trifft zu – Coppelius und Coppola sind ein und derselbe

Textbeleg	Erläuterung
▪ äußeres Erscheinungsbild: stechend hervorfunkelnde Augen, widerliches Gesicht mit weitem bzw. schiefem Maul, Rock als Kleidungsstück, heiserer Tonfall; teuflisches, widerwärtiges Lachen ▪ alchemistische Experimente mit Nathanaels Vater, Automaten-Experimente mit Spalanzani ▪ „ich, ich hab die Augen gemacht – ich das Räderwerk" (**C** S. 50, Z. 18 f. / **R** S. 37, Z. 5 f.) ▪ „Es waren Spalanzanis und des grässlichen Coppelius Stimmen […]" (**C** S. 50, Z. 22 f. / **R** S. 37, Z. 9 f.) ▪ „Coppelius, mein bestes Automat hat er mir geraubt" (**C** S. 51, Z. 13 / **R** S. 37, Z. 36). ▪ „Man wollte herauf, um sich des Rasenden zu bemächtigen, da lachte Coppelius sprechend: ‚Ha, ha – wartet nur, der kommt schon herunter von selbst'" (**C** S. 55, Z. 26 ff. / **R** S. 42, Z. 8 ff.).	▪ Coppelius und Coppola ähneln sich in Erscheinungsbild, Kleidung und Stimme erheblich. ▪ Beide Figuren sind an wissenschaftlichen Versuchen interessiert. ▪ Coppola spricht in der Zerstörungsszene deutsch. ▪ Nathanael nimmt Coppelius' Stimme in Spalanzanis Wohnung wahr. ▪ Spalanzani bezeichnet Coppola als Coppelius. ▪ Coppelius wendet sich mit seiner Aussage an die anderen Zuschauer.

Deutungsthese: Die Sichtweise von Clara und Lothar trifft zu – Nathanael leidet unter Wahnvorstellungen

Textbeleg	Erläuterung
▪ „Übrigens ist es wohl gewiss, dass der Wetterglashändler Giuseppe Coppola keineswegs der alte Advokat Coppelius ist" (**C** S. 29, Z. 14 ff. / **R** S. 16, Z. 18 ff.); Coppola ist Italiener, Coppelius Deutscher (vgl. **C** S. 29, Z. 19 ff. / **R** S. 16, Z. 23 ff.). ▪ „Nathanael fasste mechanisch nach der Seitentasche" (**C** S. 54, Z. 27 / **R** S. 41, Z. 10) ▪ „unter ihnen ragte riesengroß der Advokat Coppelius hervor" (**C** S. 55, Z. 23 f. / **R** S. 42, Z. 5 f.); „wurde den Coppelius gewahr und mit dem gellenden Schrei: ‚Ha! Sköne Oke – Sköne Oke', sprang er über das Geländer" (**C** S. 55, Z. 31 ff. / **R** S. 42, Z. 13 ff.). ▪ „Als Nathanael mit zerschmettertem Kopf auf dem Steinpflaster lag, war Coppelius im Gewühl verschwunden" (**C** S. 55, Z. 34 f. / **R** S. 42, Z. 16 ff.).	▪ Spalanzani kennt den Italiener Coppola seit Jahren; Coppolas Aussprache unterscheidet sich deutlich von der Coppelius'. ▪ Der automatisierte Griff nach Coppolas Perspektiv zeigt Nathanaels Besessenheit. ▪ Die verzerrte Wahrnehmung lässt Coppelius' Auftauchen unrealistisch erscheinen; Nathanael selbst verbindet Coppelius mit Coppolas Ruf „Sköne Oke". ▪ Mit Nathanaels Tod verschwindet auch Coppelius; er existierte ausschließlich in Nathanaels Fantasie.

b Eine eindeutige Klärung der Identität von Coppola und Coppelius ist auf der Grundlage der Erzählung nicht möglich. Im Vergleich zur Druckfassung weist das Sandmann-Manuskript weitere Textstellen auf, die die Identität der beiden Figuren nahelegen. Hoffmanns Kürzungen bewirkten unter anderem eine Verstärkung des Unheimlichen, da die Ambivalenz der Figuren zur Mehrdeutigkeit der Erzählung und damit zur Irritation der Leser/-innen beiträgt.

3 **Alchemisten-Szene** (**C** S. 21, Z. 1 – S. 22, Z. 16 / **R** S. 8, Z. 36 – S. 10, Z. 13): Bei der Schilderung der alchemistischen Experimente aus der Perspektive des Kindes Nathanael vermischen sich für die Leser/-innen Wirklichkeit und Fantasie. Wird die Verzerrung des väterlichen Gesichts zur widerwärtigen Teufelsfratze noch durch das Verb „schien" (**C** S. 21, Z. 17 / **R** S. 9, Z. 15) als irreal gekennzeichnet, wird die Misshandlung Nathanaels durch Coppelius als reale Erfahrung geschildert: „So flüsterte Coppelius und griff mit den Fäusten glutrote Körner aus der Flamme, die er mir in die Augen streuen wollte" (**C** S. 21, Z. 31 ff. / **R** S. 9, Z. 29 ff.). Irreale Ereignisse wie das Abschrauben von Händen und Füßen werden nicht sprachlich als Wahnvorstellungen Nathanaels gekennzeichnet. Die Erzählweise und sprachliche Gestaltung versetzen somit die Leser/-innen in die erlebende Hauptfigur, für die Wahn und Wirklichkeit verschmelzen.

Schluss der Sandmann-Erzählung (**C** S. 54, Z. 12 ff. / **R** S. 40, Z. 31 ff.): Nathanael steigert sich in seine Wahnvorstellungen hinein und sieht – nach einem Blick durch Coppolas Perspektiv – auch in Clara den Automaten, der seine Lebensträume zerstören wird. Bei der Schilderung der Ereignisse auf dem Turm fehlen sprachliche und erzählerische Hinweise auf das Irreale des Geschehens, wie sie an anderen Textstellen vielfach zu finden sind (z. B. Verwendung des Konjunktivs, relativierende Als-ob-Formulierungen). Am Ende der Turmszene ist eine klare Trennung von Nathanaels Wahrnehmung und realen Ereignissen nicht möglich. Der Erzähler selbst scheint „vom inneren Geschehen" hingerissen und ist keine verlässliche Erzählinstanz.

3.3 Motive untersuchen und vergleichen

1 Individuelle Lösungen ► LK 50

Einen literarischen Text analysieren (Aufgabenart I A)

Aufgabenstellung

1 Ordnen Sie den Textauszug knapp in den Handlungsgang der Novelle „Die Marquise von O…" ein und analysieren Sie ihn unter besonderer Berücksichtigung der Figur der Marquise und ihres Selbstverständnisses als Frau. *(42 Punkte)*

2 Stellen Sie das Selbstverständnis Claras in E. T. A. Hoffmanns Erzählung „Der Sandmann" dar. Zeigen Sie im Vergleich der beiden Frauenfiguren, wie Kleist die Rolle der Frau innerhalb des Systems gesellschaftlicher Konventionen gestaltet. *(30 Punkte)*

Heinrich von Kleist: **Die Marquise von O…** (1808)

[…] „Der Graf F…!", riefen beide zugleich, von einer Art der Bestürzung in die andre geworfen. Die Marquise rief: „Verschließt die Türen! Wir sind für ihn nicht zu Hause"; stand auf, das Zimmer gleich selbst zu verriegeln, und wollte eben den Jäger, der ihr im Wege stand, hinausdrängen, als der Graf schon, in genau demselben Kriegsrock, mit Orden und Waffen, wie er sie bei der Eroberung des Forts getragen hatte, zu ihr eintrat. Die Marquise glaubte vor Verwirrung in die Erde zu sinken; sie griff nach einem Tuch, das sie auf dem Stuhl hatte liegen lassen, und wollte eben in ein Seitenzimmer entfliehn; doch Frau von G…, indem sie die Hand derselben ergriff, rief: „Julietta –!", und wie erstickt von Gedanken, ging ihr die Sprache aus. Sie heftete die Augen fest auf den Grafen und wiederholte: „Ich bitte dich, Julietta!", indem sie sie nach sich zog: „Wen erwarten wir denn –?" Die Marquise rief, indem sie sich plötzlich wandte: „Nun? doch ihn nicht –?" und schlug mit einem Blick funkelnd, wie ein Wetterstrahl, auf ihn ein, indessen Blässe des Todes ihr Antlitz überflog. Der Graf hatte ein Knie vor ihr gesenkt; die rechte Hand lag auf seinem Herzen, das Haupt sanft auf seine Brust gebeugt, lag er und blickte hochglühend vor sich nieder und schwieg. „Wen sonst", rief die Obristin mit beklemmter Stimme, „wen sonst, wir Sinnberaubten, als ihn –?" Die Marquise stand starr über ihm und sagte: „Ich werde wahnsinnig werden, meine Mutter!" „Du Törin", erwiderte die Mutter, zog sie zu sich und flüsterte ihr etwas in das Ohr. Die Marquise wandte sich und stürzte, beide Hände vor das Gesicht, auf den Sofa nieder. Die Mutter rief: „Unglückliche! Was fehlt dir? Was ist geschehn, worauf du nicht vorbereitet warst?" – Der Graf wich nicht von der Seite der Obristin; er fasste, immer noch auf seinen Knien liegend, den äußersten Saum ihres Kleides und küsste ihn. „Liebe! Gnädige! Verehrungswürdigste!", flüsterte er: eine Träne rollte ihm die Wangen herab. Die Obristin sagte: „Stehn Sie auf, Herr Graf, stehn Sie auf! Trösten Sie jene; so sind wir alle versöhnt, so ist alles vergeben und vergessen." Der Graf erhob sich weinend. Er ließ sich von Neuem vor der Marquise nieder, er fasste leise ihre Hand, als ob sie von Gold wäre und der Duft der seinigen sie trüben könnte. Doch diese –:

„Gehn Sie! gehn Sie! gehn Sie!", rief sie, indem sie aufstand; „auf einen Lasterhaften war ich gefasst, aber auf keinen – – – Teufel!", öffnete, indem sie ihm dabei, gleich einem Pestvergifteten, auswich, die Tür des Zimmers und sagte: „Ruft den Obristen!" „Julietta!", rief die Obristin mit Erstaunen. Die Marquise blickte, mit tötender Wildheit, bald auf den Grafen, bald auf die Mutter ein; ihre Brust flog, ihr Antlitz loderte; eine Furie blickt nicht schrecklicher. Der Obrist und der Forstmeister kamen. „Diesem Mann, Vater", sprach sie, als jene noch unter dem Eingang waren, „kann ich mich nicht vermählen!", griff in ein Gefäß mit Weihwasser, das an der hinteren Tür befestigt war, besprengte, in einem großen Wurf, Vater und Mutter und Bruder damit und verschwand.

Der Kommandant, von dieser seltsamen Erscheinung betroffen, fragte, was vorgefallen sei; und erblasste, da er, in diesem entscheidenden Augenblick, den Grafen F… im Zimmer erblickte. Die Mutter nahm den Grafen bei der Hand und sagte: „Frage nicht; dieser junge Mann bereut von Herzen alles, was geschehen ist; gib deinen Segen, gib, gib: so wird sich alles noch glücklich endigen." Der Graf stand wie vernichtet. Der Kommandant legte seine Hand auf ihn; seine Augenwimpern zuckten, seine Lippen waren weiß wie Kreide. „Möge der Fluch des Himmels von diesen Scheiteln weichen!", rief er: „Wann gedenken Sie zu heiraten?" – „Morgen", antwortete die Mutter für ihn, denn er konnte kein Wort hervorbringen, „morgen oder heute, wie du willst; dem Herrn Grafen, der so viel schöne Beeiferung gezeigt hat, sein Vergehen wieder gutzumachen, wird immer die nächste Stunde die liebste sein." „So habe ich das Vergnügen, Sie morgen um 11 Uhr in der Augustinerkirche zu finden!", sagte der Kommandant; verneigte sich gegen ihn, rief Frau und Sohn ab, um sich in das Zimmer der Marquise zu verfügen, und ließ ihn stehen. Man bemühte sich vergebens, von der Marquise den Grund ihres sonderbaren Betragens zu erfahren; sie lag im heftigsten Fieber, wollte durchaus von Vermählung nichts wissen und bat, sie allein zu lassen. Auf die Frage: warum sie denn ihren Entschluss plötzlich geändert habe? und was ihr den Grafen gehässiger mache als einen andern? sah sie den Vater mit großen

Autorin: Diana Sackmann

Texte, Themen und Strukturen

Augen zerstreut an und antwortete nichts. Die Obristin sprach: ob sie vergessen habe, dass sie Mutter sei? worauf sie erwiderte, dass sie, in diesem Falle, mehr an sich als ihr Kind denken müsse, und nochmals, indem sie alle Engel und Heiligen zu Zeugen anrief, versicherte, dass sie nicht heiraten würde. Der Vater, der sie offenbar in einem überreizten Gemütszustande sah, erklärte, dass sie ihr Wort halten müsse; verließ sie, und ordnete alles, nach gehöriger schriftlicher Rücksprache mit dem Grafen, zur Vermählung an. Er legte demselben einen Heiratskontrakt vor, in welchem dieser auf alle Rechte eines Gemahls Verzicht tat, dagegen sich zu allen Pflichten, die man von ihm fordern würde, verstehen sollte. Der Graf sandte das Blatt, ganz von Tränen durchfeuchtet, mit seiner Unterschrift zurück. Als der Kommendant am andern Morgen der Marquise dieses Papier überreichte, hatten sich ihre Geister ein wenig beruhigt. Sie durchlas es, noch im Bette sitzend, mehrere Male, legte es sinnend zusammen, öffnete es und durchlas es wieder; und erklärte hierauf, dass sie sich um 11 Uhr in der Augustinerkirche einfinden würde. Sie stand auf, zog sich, ohne ein Wort zu sprechen, an, stieg, als die Glocke schlug, mit allen Ihrigen in den Wagen und fuhr dahin ab.

Erst an dem Portal der Kirche war es dem Grafen erlaubt, sich an die Familie anzuschließen. Die Marquise sah während der Feierlichkeit starr auf das Altarbild; nicht ein flüchtiger Blick ward dem Manne zuteil, mit welchem sie die Ringe wechselte. Der Graf bot ihr, als die Trauung vorüber war, den Arm; doch sobald sie wieder aus der Kirche heraus waren, verneigte sich die Gräfin vor ihm: der Kommendant fragte, ob er die Ehre haben würde, ihn zuweilen in den Gemächern seiner Tochter zu sehen, worauf der Graf etwas stammelte, das niemand verstand, den Hut vor der Gesellschaft abnahm und verschwand. Er bezog eine Wohnung in M..., in welcher er mehrere Monate zubrachte, ohne auch nur den Fuß in des Kommendanten Haus zu setzen, bei welchem die Gräfin zurückgeblieben war. Nur seinem zarten, würdigen und völlig musterhaften Betragen überall, wo er mit der Familie in irgendeine Berührung kam, hatte er es zu verdanken, dass er, nach der nunmehr erfolgten Entbindung der Gräfin von einem jungen Sohne, zur Taufe desselben eingeladen ward. Die Gräfin, die, mit Teppichen bedeckt, auf dem Wochenbette saß, sah ihn nur auf einen Augenblick, da er unter die Tür trat und sie von Weitem ehrfurchtsvoll grüßte. Er warf unter den Geschenken, womit die Gäste den Neugebornen bewillkommten, zwei Papiere auf die Wiege desselben, deren eines, wie sich nach seiner Entfernung auswies, eine Schenkung von 20 000 Rubel an den Knaben und das andere ein Testament war, in dem er die Mutter, falls er stürbe, zur Erbin seines ganzen Vermögens einsetzte. Von diesem Tage an ward er, auf Veranstaltung der Frau von G..., öfter eingeladen; das Haus stand seinem Eintritt offen, es verging bald kein Abend, da er sich nicht darin gezeigt hätte. Er fing, da sein Gefühl ihm sagte, dass ihm von allen Seiten, um der gebrechlichen Einrichtung der Welt willen, verziehen sei, seine Bewerbung um die Gräfin, seine Gemahlin, von Neuem an, erhielt, nach Verlauf eines Jahres, ein zweites Jawort von ihr, und auch eine zweite Hochzeit ward gefeiert, froher, als die erste, nach deren Abschluss die ganze Familie nach V... hinauszog. Eine ganze Reihe von jungen Russen folgte jetzt noch dem ersten; und da der Graf, in einer glücklichen Stunde, seine Frau einst fragte, warum sie, an jenem fürchterlichen Dritten, da sie auf jeden Lasterhaften gefasst schien, vor ihm, gleich einem Teufel, geflohen wäre, antwortete sie, indem sie ihm um den Hals fiel: er würde ihr damals nicht wie ein Teufel erschienen sein, wenn er ihr nicht, bei seiner ersten Erscheinung, wie ein Engel vorgekommen wäre.

Heinrich von Kleist: Die Marquise von O...
In: Ders.: Die Marquise von O... / Das Erdbeben in Chili.
Bearb. v. Alexander Joist. Hrsg. v. Florian Radvan u. Anne Steiner.
Cornelsen Verlag, Berlin 2017, S. 59–63

ERWARTUNGSHORIZONT

Inhaltliche Leistung

Aufgabe 1

	Anforderungen Die Schülerin / Der Schüler	maximale Punktzahl (AFB)	erreichte Punktzahl
1	**verfasst eine aufgabenbezogene Einleitung** unter Angabe von Autor, Titel, Textsorte, Entstehungszeit.	2 (I)	
2	**ordnet den Textauszug knapp in den Handlungsgang der Novelle ein,** etwa: • Eroberung des Wohnsitzes der Familie, der Zitadelle des Kommandanten, durch russische Soldaten, Angriff auf die Marquise, Rettung durch den Grafen, überstürzte Abreise • Rückkehr und Heiratsantrag, Zusicherung einer potenziellen Hochzeit, Abreise des Grafen • Symptome einer Schwangerschaft der Marquise, Bestätigung durch Arzt und Hebamme • Verstoßung aus dem Elternhaus, Rückzug der Marquise in ihr Landhaus • Zeitungsannonce: öffentliche Suche nach dem Vater des ungeborenen Kindes zwecks Heirat • Eindringen des Grafen in das Landhaus, Abweisung durch die Marquise • öffentliche Reaktion eines Unbekannten auf die Anzeige, Bekanntgabe seines Erscheinens • Bestätigung der Unschuld der Marquise durch eine List der Mutter, Rückkehr ins Elternhaus • Erscheinen des Grafen, Enthüllung der Vaterschaft	3 (I)	
3	**benennt Situation, Anlass und Thema des Gesprächs,** etwa: • Erscheinen des Grafen, Enthüllung der Vaterschaft • Ringen um das Heiratsversprechen der Marquise	3 (I)	
4	**erschließt Verlauf und Struktur des Gesprächs und den weiteren Handlungsverlauf,** etwa: Ausgangssituation Warten der Marquise und ihrer Mutter auf den Unbekannten, Entsetzen aufgrund der unerwarteten Ankündigung des Grafen durch den Jäger Gesprächsverlauf • heftige Verweigerung des Zusammentreffens mit dem Grafen, Verwirrung und Fluchtversuch der Marquise beim Erscheinen des Grafen • Erkenntnisprozess und gezielte Einflussnahme der Obristin (vgl. Z. 13 ff.) • empörte Zurückweisung der Sichtweise der Obristin, Wortgefecht zwischen Mutter und Tochter • Verweigerung jeglicher verbalen Kommunikation mit dem Grafen, vernichtende nonverbale Signale der Marquise (vgl. Z. 19, 26) • Sprachlosigkeit des Grafen; Versuch, mittels nonverbaler, unterwürfiger Signale sein Ziel zu erreichen (vgl. Z. 21 ff.) und sich die Unterstützung der Obristin zu sichern (vgl. Z. 33 ff.) • gezielte Beeinflussung des Gesprächsverlaufs durch die Obristin in ihrem Sinne (vgl. Z. 38 ff.) • Beharren der Marquise auf ihrer Haltung, Herbeirufen des Familienoberhaupts (Vater) und Mitteilung ihres Entschlusses an ihn • Gestaltung des weiteren Gesprächsverlaufs durch die Obristin: wiederholtes Intervenieren und Beeinflussung des Kommandanten (vgl. Z. 64 ff.)	8 (II/III)	

Autorin: Diana Sackmann

Anforderungen Die Schülerin / Der Schüler	maximale Punktzahl (AFB)	erreichte Punktzahl
• Anordnung der Vermählung gemäß der Order der Obristin und abrupte Beendigung des Gesprächs (vgl. Z. 77 ff.) Weiterer Handlungsverlauf • Aufsetzen eines Heiratskontrakts durch Vater • Heirat und langsame Annäherung bis zur Versöhnung mit der Marquise, die durch zweite Hochzeit besiegelt wird		
5 **untersucht Besonderheiten der Gesprächsgestaltung,** etwa: • ungleiche Redeanteile der Figuren: die Frauen dominieren das Gespräch • Relevanz nonverbaler Signale: Verweigerung jeglicher verbalen Kommunikation mit dem Grafen und vernichtende nonverbale Signale seitens der Marquise, unterwürfige nonverbale Signale des Grafen, Geste des Mitgefühls seitens des Vaters • asymmetrische Kommunikation: Sprachlosigkeit und sanfte, unterwürfige Haltung des Grafen (vgl. Z. 22 f.) versus lautstarke Reaktion und starre, überlegene Haltung der Marquise (vgl. Z. 26) • Sprachlosigkeit der Figuren (vgl. Z. 13 f., 71, 90) • Offenbarung der tiefen Erschütterung der Figuren in ihrer Körpersprache (vgl. Z. 20, 23, 87)	6 (II/III)	
6 **untersucht sprachliche und erzählerische Gestaltungsmittel in ihrer Funktion,** etwa: • Ausrufe der Marquise • Wiederholungen der Obristin • parodistische Überzeichnung	3 (II/III)	
7 **deutet die Gestaltung der Figur der Marquise im vorliegenden Textauszug,** etwa: • heftige Verweigerung des Zusammentreffens mit dem Grafen: Ausdruck emotionaler Überforderung oder aber einer bewussten Inszenierung seitens der Marquise • vollständige Verwirrung und Fluchtversuch beim Erscheinen des Grafen in gleicher Uniform wie bei der Eroberung der Zitadelle: möglicher Hinweis auf Durchbruch des Unterbewusstseins: „Die Marquise glaubte vor Verwirrung in die Erde zu sinken" (Z. 9 f.). • Ablehnung des Erkenntnisprozesses der Mutter • Vermeidung jeglicher Berührung mit dem (vgl. Z. 47) • Entwicklung zu einer „Furie", die v. a. in sprachlichen Bildern geschildert wird (vgl. Z. 19, 50 ff.) • Verteufelung bzw. Verfluchung des Grafen und Tendenz zur Überhöhung der eigenen Familie und Person, die auch in der Verwendung religiöser Symbole zum Ausdruck kommen (vgl. Z. 55 f., 90 f.) • Verweigerung der Kommunikation, Fieberschub: Ausdruck eines emotionalen Zusammenbruchs bzw. eines beginnenden Reflexionsprozesses (vgl. Z. 81 ff.) • schnelle Genesung, Prüfung des Heiratskontrakts und Einwilligung: möglicher Hinweis auf bloße Inszenierung seitens der Marquise und/oder Ausdruck ihrer erneuten Unterwerfung unter gesellschaftliche Konventionen • Ignorieren bzw. Verschmähen des Bräutigams bis zur Annahme der Schenkung und des Testaments: Ausdruck ihres Verhaftet-Seins in herkömmlichen Denkmustern: gesellschaftliche Stellung und Vermögen als Voraussetzung für Liebesheirat (vgl. Z. 142)	8 (II/III)	

Autorin: Diana Sackmann

Texte, Themen und Strukturen

	Anforderungen Die Schülerin / Der Schüler	maximale Punktzahl (AFB)	erreichte Punktzahl
	<ul><li>Annehmen/Akzeptieren einer zweiten Hochzeit und eines gemeinsamen Familien- und Liebeslebens: möglicherweise Ausdruck ihrer Fähigkeit, auch mit scheinbar unversöhnbaren Widersprüchen zu leben: Gefühl versus Verstand, widersprüchliches Verhalten von Menschen, Akzeptieren der Ambivalenz des Grafen</li><li>aber: Erzähltechnische Gestaltungsmittel und die Konnektivität mit dem Vorangegangenen verweisen auf die Brüchigkeit der dargestellten Familienidylle, die Zeitraffung steht im Widerspruch zur Bedeutung der dargestellten Ereignisse im Leben eines Menschen, die (körperliche) Liebe nach einer Vergewaltigung erscheint unrealistisch. (Aufg. 2)</li></ul>	8 (II/III)	
8	**deutet die Gestaltung der Marquise unter besonderer Berücksichtigung ihres Selbstverständnisses als Frau,** etwa:<ul><li>Entschlossenheit und Durchsetzungswille als Frau (vgl. Z. 44–48)</li><li>Orientierung an ihren Gefühlen als Frau: Verweigerung jeglichen Kontakts zum Grafen als Ausdruck tiefer Verletzung, spätere körperliche Zuwendung als Ausdruck echter Verliebtheit (vgl. Z. 158 f.)</li><li>aber: letztlich Ausrichtung an den Wünschen der Eltern und Normen der Gesellschaft: lässt sich von Mutter an einer Flucht hindern (vgl. Z. 11–18), akzeptiert den vom Vater gegen ihren Willen aufgesetzten Heiratsvertrag</li><li>finanzielle Absicherung und gesellschaftliche Stellung als Voraussetzung für eine Liebesheirat</li><li>Rollenkonformität und Akzeptanz eines neuen Abhängigkeitsverhältnisses: nimmt die von der Gesellschaft erwartete Frauenrolle als liebende Mutter ein (vgl. Z. 153)</li></ul>	5	
9	**formuliert eine reflektierte Schlussfolgerung auf der Grundlage der Untersuchungsergebnisse,** etwa im Hinblick auf die innere Zerrissenheit bzw. Ambivalenz der Figur.	4 (III)	
10	**erfüllt ein weiteres aufgabenbezogenes Kriterium.**	(4)	
	Summe Aufgabenteil 1	**42**	

Autorin: Diana Sackmann

Texte, Themen und Strukturen
Lernerfolgskontrolle 4, S. 5

Aufgabe 2

	Anforderungen Die Schülerin / Der Schüler	maximale Punktzahl (AFB)	erreichte Punktzahl
1	formuliert eine sinnvolle Überleitung.	3 (I)	
2	**stellt das Selbstverständnis der Figur Clara dar,** etwa: • Wahrnehmung als selbstbestimmte Person mit eigenen Interessen und Anschauungen: Auflehnung gegen Belehrungsversuche und gegen eine passive Rolle als bloße Zuhörerin • Bereitschaft zu Empathie und Tiefgründigkeit (Gespräche mit Lothar, Brief an Nathanael) • rationales Handeln und Ablehnung der Hingabe Nathanaels an dunkle Fantasien • Akzeptanz der ambivalenten Persönlichkeit Nathanaels (Verzeihen, Unterstützung) • Festhalten an herkömmlichen Vorstellungen von Liebe und Familie: Jugendliebe, klare Rollenverteilung, finanzielle Sicherheit, eigenes Heim, Heirat, Leben im Familienverband	8 (I)	
3	**vergleicht die Gestaltung der Frauenfiguren im Hinblick auf Ähnlichkeiten,** etwa: • Entschlossenheit und Durchsetzungswille als Frau: Kampf der Marquise um die eigenen Rechte entgegen gesellschaftlichen Konventionen (Ablehnung des Heiratsantrags, nimmt ihre Kinder gegen den Willen ihres Vaters mit sich, Zeitungsannonce), Auflehnung Claras gegen die Belehrungsversuche Nathanaels und gegen ihre Rolle als passive Zuhörerin • Fähigkeit, zu verzeihen und mit der Ambivalenz ihrer Partner umzugehen • Verhaftetsein in einem traditionellen Familien- und Frauenbild • überzeichnete Familienidylle am Ende der Erzählungen verweist auf die Fragwürdigkeit des Ehe- und Familienideals	8 (II)	
4	**vergleicht die Gestaltung der Frauenfiguren im Hinblick auf Unterschiede,** etwa: • Unfähigkeit der Marquise zur Kommunikation • Akzeptanz des Vaters und Ehemanns als Familienoberhaupt und Repräsentant der Gesellschaft, Aufgabe der Selbstbestimmtheit – Widerstand Claras gegen Belehrungsversuche • Tendenz der Marquise zur Überhöhung der eigenen Familie und Person • bewusstes Agieren der Marquise im Sinne herkömmlicher Familienbilder: finanzielle Absicherung und gesellschaftliche Stellung als Voraussetzung für eine Liebesheirat • Doppelmoral bzw. Gefangensein in gesellschaftlichen Konventionen bei der Marquise: (Verletzte) Gefühle werden in der Gefühlsgemeinschaft zur Nebensache bzw. wirken sogar inszeniert.	8 (II)	
5	**formuliert eine reflektierte Schlussfolgerung auf der Grundlage der Untersuchungsergebnisse.**	3 (III)	
6	erfüllt ein weiteres aufgabenbezogenes Kriterium.	(4)	
	Summe Aufgabenteil 2	**30**	

Autorin: Diana Sackmann

ERWARTUNGSHORIZONT

Darstellungsleistung

	Anforderungen Die Schülerin / Der Schüler	maximale Punktzahl	erreichte Punktzahl
1	strukturiert den Klausurtext kohärent, schlüssig, stringent und gedanklich klar.	6	
2	formuliert unter Beachtung der fachsprachlichen und fachmethodischen Anforderungen.	6	
3	belegt Aussagen durch angemessenes und korrektes Zitieren.	3	
4	drückt sich allgemeinsprachlich präzise, stilistisch sicher und begrifflich differenziert aus.	5	
5	formuliert lexikalisch und syntaktisch sicher, variabel und komplex (und zugleich klar).	5	
6	schreibt sprachlich richtig.	3	
	Summe Darstellungsleistung	28	
	Gesamtpunktzahl	100	

Note: Datum:

Autorin: Diana Sackmann

Texte, Themen und Strukturen

GK 4 Erzähltexte vergleichen: „Sommerhaus, später" und „Die Marquise von O…"

Konzeption des Kapitels

GK: Arbeitsheft für den Grundkurs; **LK:** Arbeitsheft für den Leistungskurs;
Texte, Themen und Strukturen: Ausgabe Nordrhein-Westfalen, 978-3-464-68112-1 / 978-3-464-68111-4

Seite	Sequenz/ Materialien	Didaktisch-methodische Hinweise	Anknüpfung an „Texte, Themen und Strukturen"
GK 54	**4.1 Die Raumsymbolik**	Auf der Grundlage der Ergebnisse aus Kapitel 2 und 3 wird zu einem Vergleich der Erzähltexte unter den Aspekten Raumsymbolik und Sprachlosigkeit der Figuren angeleitet. Die Schüler/-innen analysieren zunächst einen Auszug aus „Die Marquise von O…" mit Blick auf die Sprachlosigkeit der Figuren. In einem weiteren Schritt erfolgt ein Vergleich mit „Sommerhaus, später", der durch eine vorbereitende Aufgabe zu Illies' Rezension „Die Traumwandlerin" entlastet wurde.	
GK 54 f.	**4.2 Die Sprachlosigkeit der Figuren** *Florian Illies:* „Die Traumwandlerin"		
GK 56 ff.	**4.3 Klausurtraining: Einen Erzähltext analysieren** *Heinrich von Kleist:* „Die Marquise von O…" Information: Aspektorientierte Aufgabenstellungen Information: Sprechhandlungen Methode: Gestalterische Besonderheiten in Beziehung zum Inhalt setzen Formulierungsbausteine: Inhalt, Sprache und Form zueinander in Beziehung setzen (Erzähltexte) Checkliste: Einen Erzählausschnitt analysieren	In Orientierung an den gängigen Abituraufgaben werden die Schüler/-innen in fünf Schritten gezielt zur schriftlichen Analyse eines Auszugs aus Kleists Novelle „Die Marquise von O…" mit Blick auf das Selbstverständnis der Marquise als Frau angeleitet. Ein weiterführender Schreibauftrag fordert den Vergleich mit der Ich-Erzählerin aus Hermanns „Sommerhaus, später". Einen weiteren Klausurvorschlag (mit Erwartungshorizont) bietet diese Handreichung (→ S. 84 ff.).	Die fünf Schritte entsprechen dem Vorgehen des Klausurtrainings in „Texte, Themen und Strukturen". Unterstützen kann auch das Kapitel „Texte planen, schreiben und überarbeiten – Die Schreibkompetenz verbessern" (S. 580 ff.). Umfassende Hinweise zum Aufbau bietet der Informationskasten „Gliederung der Analyse eines literarischen Textes" auf Seite 183.

4.1 Die Raumsymbolik

▶ GK 54 **1 b** Gemeinsamkeiten: Land, schön; Unterschiede: gestrandetes Schiff (Hermann), Mauer (Kleist)

c Marquise: Rückzugsraum, (utopische) Familienidylle, gesellschaftliche Isolation, Selbstbestimmtheit, Gefährdung durch äußere Einflüsse
Stein: Zukunftsperspektive, (gescheiterter) gemeinsamer Lebensweg, idyllischer Rückzugsort, Sesshaftigkeit, Geborgenheit, Halt

d Marquise: Gartenhaus als Metapher (Hortus conclusus) für die Intimsphäre der Frau, für ihre Selbstbestimmtheit; Graf verschafft sich gegen ihren Willen Zugang zu diesem Rückzugsraum, was sinnbildlich an die Vergewaltigung erinnert
Ende der Novelle: (utopische) Familienidylle, Rückkehr in die von der Gesellschaft vorgegebene Rolle
Stein: Sommerhaus als Metapher für einen gemeinsamen Lebensweg (Schiff), Symbol für die ambivalente Beziehung der beiden Hauptfiguren: emotionale Verbundenheit, aber auch Brüchigkeit des Liebesverhältnisses aufgrund einer abwartenden Lebenshaltung und der Sprachlosigkeit der Figuren
Ende der Novelle: aktive Zerstörung einer Wunschvorstellung, Endgültigkeit des Entschlusses: Stein nimmt das Angebot eines gemeinsamen Lebenswegs zurück, ist offen für einen neuen Lebensentwurf; Ich-Erzählerin verschiebt das Nachdenken über diesen radikalen Bruch routiniert auf „später", keine Veränderung der Lebenshaltung

4.2 Die Sprachlosigkeit der Figuren

1 a/b

Deutungsansatz	Textbeleg	Erläuterung
Leben im Hier und Jetzt, Ziellosigkeit	„Was für'n Spaß wir haben können, was für'n Heidenspaß, ich fass es nicht!' [...] [D]ann knackte es, und Toddi verschwand" (S. 154).	Rauschzustände/Betäubung, Zeitvertreib ohne Plan, Lebensuntauglichkeit / fehlende Orientierung an der Lebensrealität
Unmöglichkeit von Kommunikation	„[U]nd auf einmal – ohne dass ich das wirklich gewollt hätte – verstand ich Stein, seine Begeisterung, seine Vorfreude, seine Fiebrigkeit. Ich sagte: ‚Es ist schön, dass wir da zusammen hinfahren, Stein', und er weigerte sich, mich anzusehen [...]" (S. 147). „Er war weg, und als Henriette blöde unauffällig fragte, wo er sei, zuckten sie mit den Schultern. Ich zuckte nicht mit den Schultern, aber ich schwieg" (S. 154 f.).	• mutige Selbstoffenbarung der Ich-Erzählerin trotz emotionaler Unsicherheit; Steins Unvermögen, adäquat und offen zu reagieren • Probleme werden in der Clique nur „unauffällig" angedeutet, nicht thematisiert; Ich-Erzählerin teilt sich nicht mit, schweigt aus Angst, von den anderen nicht verstanden zu werden (sprachliche und erzählerische Mittel: Personalpronomina Er, Sie, Ich, Kommentar „blöde unauffällig")
abwartende Lebenshaltung	„Ich sitze so rum und lese Zeitung" (S. 140). „Danach kamen regelmäßig Karten, ich wartete, wenn sie einen Tag ausblieben, war ich enttäuscht" (S. 155). „Ich ging in die Küche und stand zehn Minuten lang stumpfsinnig vor dem Herd herum. Die Uhr über dem Herd tickte" (S. 156).	abwartende Haltung der Ich-Erzählerin, Unfähigkeit eine Entscheidung zu treffen, die Initiative zu übernehmen; fehlende Zielgerichtetheit, Stillstand

▶ GK 55 **2 a** Zur Einordnung in den Handlungszusammenhang siehe Lösung zu Seite 30, Aufgabe 1.

b Erwartete Randnotizen:
deutlicher Appell des Vaters → Rolle des Familienoberhaupts (Erziehung), Vermeidungsstrategie der Marquise (Vortäuschung einer Beschäftigung), zurückhaltende Neugierde der Mutter, schüchterner Widerspruch und Vorwurf der Tochter (Ablehnung des Antrags), aufbrausende Reaktion des Vaters, dezenter Widerwille der Tochter, Erwartungshaltung der Familie hinsichtlich des Gesprächsthemas, Vermeidungsstrategie des Grafen, Fiebertraum/Kindheitserinnerung, verschleiernde Darstellung der Tat / bildhafte Sprache (Allegorie), Namensgebung als konkreter Hinweis auf die Tat, Liebesgeständnis, Sprachlosigkeit

Wie wird die Sprachlosigkeit der Figuren gestaltet?
Es werden zahlreiche Worte gewechselt, gleichzeitig werden gerade die wesentlichen Dinge nicht ausgesprochen. Zentrale Aussagen werden in sprachliche Bilder verpackt.
Welche Beweggründe haben die Figuren, nicht offen zu kommunizieren?
Der Vater verbietet als Familienoberhaupt das Gesprächsthema und reagiert aufbrausend emotional gegenüber den zurückhaltenden Einwänden seiner Tochter. In ihrer Rolle als Tochter traut sich die Marquise ihrem Widerwillen nur dezent Ausdruck zu verleihen, indem sie ihrem Vater schüchtern Vorwürfe für dessen Verhalten macht und versucht, sich dem Gespräch und damit den Anforderungen an sie zu entziehen. Auch die Mutter versucht ihre Neugierde nur vorsichtig zu stillen und die Haltung ihrer Tochter zu den Geschehnissen in Erfahrung zu bringen. Entsprechend den gesellschaftlichen Konventionen führen die Familienmitglieder eine oberflächliche Konversation mit dem Grafen, ohne ihr zentrales Gesprächsanliegen direkt anzusprechen. Der Graf vermeidet den gewünschten Gesprächsgegenstand gezielt. Er rechtfertigt seinen Entschluss letztlich mit verschleiernden Worten, indem er seine Tat in Form einer Allegorie schildert und der Marquise seine außerordentliche Liebe offenbart.

3 Sommerhaus, später: kaum wörtliche Rede, kaum Austausch zwischen Ich-Erzählerin und Stein, fehlendes Aufeinander-Eingehen, emotionale Unsicherheit, fehlendes Vertrauen, Angst vor Missverstehen
Marquise von O…: Austausch vieler Worte, klares Rollenverständnis, Worthülsen als Vermeidungsstrategie, verschleiernde Darstellung des Unaussprechlichen

4.3 Klausurtraining: Einen Erzähltext analysieren

▶ GK 56

Erster Schritt: Die Aufgabenstellung verstehen

1 Untersuchungsaspekte:

▶ GK 57

Teilaufgabe 1: kommunikatives Verhalten der Figuren, Gesprächsentwicklung, erzählerische und sprachliche Mittel, Frauenbild und Selbstverständnis der Marquise; Teilaufgabe 2: Selbstverständnis und Frauenbild der Ich-Erzählerin (in Judith Hermanns Erzählung), Rolle der Frau innerhalb des Systems gesellschaftlicher Konventionen (in Kleists Text)
Operatoren:
Teilaufgabe 1: Analysieren
Teilaufgabe 2: Darstellen, Vergleichen (im Vergleich zeigen)

2 a Richtige Antworten:
   Teilaufgabe 1: b, c, d, f
   Teilaufgabe 2: a, d, e

Zweiter Schritt: Erstes Textverständnis und Ideen formulieren

3/4 Vgl. Lösungen zu Seite 59, Aufgabe 6 und Seite 60, Aufgabe 7.

▶ GK 58

5 Marquise: entschlossen, hat einen eigenen Willen (vgl. Z. 6 ff.), trifft bewusste Entscheidungen, lehnt eine „Eroberung" durch den Grafen verbal ab, verhält sich letztlich aber gemäß dem zeitgenössischen Frauenbild
Ich-Erzählerin aus „Sommerhaus, später": unentschlossen, legt sich nicht fest, übernimmt keine Initiative, will erobert werden (klares Rollenverständnis)
Gemeinsamkeiten: Ausrichtung an den Wünschen und Regeln des Kollektivs, Passivität/Rollenkonformität, innere Zerrissenheit, emotionale Unsicherheit, Verdrängung von Gefühlen

Dritter Schritt: Den Text analysieren

6 a Marquise: rechtfertigt ihren Entschluss, zurückhaltendes Gesprächsverhalten, orientiert sich an den Wünschen und Vorstellungen der anderen Familienmitglieder (zeitgemäß), ihr widersprüchliches verbales und nonverbales Verhalten verdeutlichen ihre innere Zerrissenheit, setzt sich letztlich nicht durch (immer geringerer Gesprächsanteil), ihr Auflehnen gegen den offensiven Antrag des Grafen verpufft

▶ GK 59

Mutter: verfolgt eigene Ziele (vgl. ihre Gedanken und den Erzählerkommentar): zweite Hochzeit, gesellschaftliche Anerkennung; bedrängt die Marquise mit Fragen und indirekten Vorwürfen (vgl. Z. 2 f.); malt die Vorzüge des Grafen aus; macht sich indirekt über die Haltung der Marquise lustig (vgl. Z. 40 ff.); ihr nonverbales Verhalten verdeutlicht ihre (Vor-)Freude und „Geschäftigkeit"; dominiert das Gespräch (sehr hoher Redeanteil); weiß ihren Willen in der Familie durchzusetzen

Vater: zunächst Gesprächsbeobachter; durchschaut die Mutter; agiert gemäß der Männerrolle (u. a. Eifersucht); wird laut, geringer Redeanteil, aber „letzte Instanz" (Familienoberhaupt, Befehle), kommt gegenüber dem Grafen nicht zu Wort und gibt entsprechend mit Gesten (nonverbal) sein Einverständnis

Bruder: übernimmt als Mann die Führung; Ziel: Bewahrung der gesellschaftlichen Stellung des Grafen; drängt zum Handeln: fordert die Marquise zu einer Erklärung auf; erkundigt sich aber nach ihren Gefühlen

Graf: reißt das Gespräch an sich, lässt kein Familienmitglied zu Wort kommen; vereinnahmt die Marquise; deutet alles und handelt in seinem Sinne

b

Deutungsthesen	Erläuterung am Text
1. Die Marquise versteht sich als eine emanzipierte Frau, die eine eigene Haltung entwickelt und Entscheidungen fällt.	• rechtfertigt ihren Entschluss: „[E]s war mein Entschluss, mich nicht wieder zu vermählen" (Z. 6 f.). • kennt die gesellschaftliche Erwartungshaltung, widersetzt sich ihr aber: „dass meine Dankbarkeit auf eine so harte Probe gestellt wird" (Z. 5 f.)
2. Die Marquise möchte ihre Wünsche und Bedürfnisse berücksichtigt wissen.	• weicht trotz emotionaler Verunsicherung nicht von ihrer Haltung ab: „Die Marquise, obschon von diesem Auftritt bewegt, sagte doch […]" (Z. 79 f.) • widersetzt sich dem offensiven Vorgehen des Grafen: „[Sie] fragte, ob er von Sinnen sei" (Z. 107 f.)
3. Die Marquise orientiert sich an den Wertvorstellungen der Gesellschaft, übernimmt als Frau eine passive Rolle und überlässt Entscheidungen den männlichen Familienmitgliedern.	• hat die gesellschaftlichen Normen verinnerlicht: „um der Verbindlichkeit willen, die ich ihm schuldig bin" (Z. 30 f.) • denkt und handelt als weibliches Familienmitglied / in ihrer gesellschaftlichen Rolle: „[…] und uns verwickeln wird" (Z. 52)
4. Die Marquise stellt eigene Interessen hinter den Bedürfnissen und Wünschen anderer zurück.	• orientiert sich an Bedürfnissen der anderen Familienmitglieder, erkennt Familie als Gefühlsgemeinschaft an: „[…] berief sich auf das Gefühl der anderen" (Z. 20 f.) • ist empathisch: „obschon von diesem Auftritt bewegt" (Z. 79 f.)

c Individuelle Lösungen; Orientierung bieten die Hinweise in der Tabelle.

▶ GK 60 **7** a/b

Gestaltungsmittel	Textstelle	Erläuterung der Funktion bzw. Wirkung
erzählerische: • auktorialer Erzähler • großer Anteil an (in-)direkter Figurenrede • Erzähler-Kommentar	Z. 79 f.: „Die Marquise […] bewegt" Z. 39 ff.: „Die Mutter war derselben Meinung […] entsprechen sollte." Z. 28 f.: „sie stockte, und ihre Augen glänzten, indem sie dies sagte" Z. 31 ff.: „Die Mutter […] hatte Mühe, ihre Freude über diese Erklärung zu verbergen"	• Erzähler kann jederzeit in die Köpfe und Herzen aller Figuren schauen • viele Worte → Verschleierung der Erwartungen an die Marquise bzw. des gesellschaftlichen Zwangs • Körpersprache und Erzählerkommentare offenbaren tatsächlich Beweggründe und Gefühle der Figuren (v. a. Marquise und Mutter)
sprachliche: • Wortwahl/ • Stilebene • Hypotaxen	Z. 68 f.: „falls er […] zu verfügen" Z. 39 ff.: „Die Mutter war derselben Meinung […] entsprechen sollte."	• Sprachrepertoire charakterisiert Figuren als Adlige (Oberflächlichkeit) → Überzeichnung, Parodie (Gesellschaftskritik) • Umständlichkeit, verschleiernde Phrasen → Verschleierung von Anforderungen/ Zwang

8 Siehe Lösungen zu Seite 58, Aufgabe 5.

9 Zur „Marquise": Das System gesellschaftlicher Konventionen wird im kleinen Raum der Familie gelebt. Die Familie versteht sich als Gefühlsgemeinschaft, wobei der Vater als Familienoberhaupt und Repräsentant der Gesellschaft fungiert. Die Erwartungshaltung der Familienmitglieder entspricht den gesellschaftlichen Normen und nötigt die Marquise, ihren persönlichen Entschluss und ihre Selbstbestimmtheit aufzugeben. Kleist parodiert und überzeichnet beim Gesprächsverhalten der adligen Figuren und kritisiert damit diese Gesellschaftsschicht: Gerade im Wortreichtum der Figuren wird ihre Sprachlosigkeit deutlich. Mit wohlgewählten Worten bzw. Phrasen werden sowohl Gefühle als auch gesellschaftliche Zwänge übertüncht.
Zur Ich-Erzählerin in „Sommerhaus, später" vergleiche die Lösungen zu Seite 49, Aufgabe 3.
Im Vergleich zeigt sich, dass beide Protagonistinnen keine selbstbestimmten Frauenfiguren sind und teilweise in ihrem Verhalten einem geschlechtstypischen Rollenverhalten entsprechen: Beide überlassen dem jeweiligen männlichen Gegenüber streckenweise den aktiven Part und reagieren eher, als aktiv oder gar gegen Widerstände ihr Leben zu bestimmen und zu gestalten. Allerdings stellt sich Kleists Marquise vor dem historischen Hintergrund doch recht widerständig dar: In einer Gesellschaft, in der eine uneheliche Schwangerschaft gesellschaftliche Ächtung bedeutete, eine Mutter ggf. um ihre Rechte kämpfen musste (vgl. Marquise: setzt durch, dass sie ihre Kinder mit zu sich nehmen kann) und die soziale Schicht (Marquise: Adel) wie auch die Vorstellungen von Familie mit starken Zwängen verbunden waren, nimmt sie ihr Leben unter Abwägung ihrer Möglichkeiten aktiv in die Hand (Aufsehen erregende Zeitungsanzeige usw.). Die Ich-Erzählerin bei Hermann hat dagegen alle Freiheiten einer ungebundenen jungen Frau in der modernen westlichen Gesellschaft, erscheint aber im Vergleich zur Marquise unreif, unentschlossen und ziellos.

Vierter Schritt: Den Schreibplan erstellen und den Text schreiben
10 Sinnvolle Reihenfolge: 4, 5, 2, 8, 3, 6, 1, 7 ▶ GK 61

11 Individuelle Lösungen

Fünfter Schritt: Den eigenen Text überarbeiten
12 Individuelle Lösungen

Einen literarischen Text analysieren (Aufgabenart I A)

Aufgabenstellung

1. Ordnen Sie den Textauszug aus Judith Hermanns Erzählung „Sommerhaus, später" knapp in den Handlungsgang ein und analysieren Sie die Figurengestaltung und die dargestellte Kommunikationssituation. Berücksichtigen Sie dabei erzählerische und sprachliche Gestaltungsmittel. *(42 Punkte)*

2. Stellen Sie dar, wie die Sprachlosigkeit der Marquise in Heinrich von Kleists Novelle „Die Marquise von O…" gestaltet wird und worin sie begründet liegt. Zeigen Sie im Vergleich der beiden Frauenfiguren, wie Judith Hermann die Unmöglichkeit zur Kommunikation im sozialhistorischen Kontext gestaltet. *(30 Punkte)*

Judith Hermann: Sommerhaus, später (1998)

[…] Ich dachte: „Und das war's", als ich jetzt neben Stein im Taxi saß, Frankfurter Allee Richtung Prenzlau, Nachmittagsverkehr. Der Tag war diesig und kalt, Staub in der Luft, glotzende, blöde, fingerreckende, müde Autofahrer neben uns. Ich rauchte eine Zigarette und fragte mich, warum gerade ich jetzt neben Stein sitzen musste, warum er gerade mich angerufen hatte – weil ich ein Anfang gewesen war, für ihn? Weil er Anna oder Christiane oder Toddi nicht erreicht hatte? Weil keiner von denen mit ihm rausgefahren wäre? Und warum fuhr ich mit ihm raus? Ich kam an keine Antwort heran. Ich warf die Zigarettenkippe aus dem Fenster, ignorierte den Kommentar des Autofahrers neben uns; im Taxi war es scheußlich kalt. „Stimmt was mit der Heizung nicht, Stein?" Stein antwortete nicht. Es war das erste Mal, dass wir wieder zusammen in seinem Auto saßen, seit damals, ich sagte nachsichtig: „Stein, was ist das für ein Haus. Was hast du dafür bezahlt." Stein schaute unkonzentriert in den Rückspiegel, fuhr über rote Ampeln, wechselte unentwegt die Spur, zog die Glut seiner Zigarette bis an die Lippen herunter. „80 000", sagte er. „Ich hab 80 000 Mark dafür bezahlt. Es ist schön. Ich hab's gesehen und hab gewusst – das ist es." Er hatte rote Flecken im Gesicht und hämmerte mit der flachen Hand auf die Hupe, während er einem Bus die Vorfahrt nahm. Ich sagte: „Woher hast du 80 000 Mark?", er warf mir einen kurzen Blick zu und antwortete: „Du stellst die falschen Fragen." Ich beschloss, nichts mehr zu sagen.

Wir verließen Berlin, Stein fuhr von der Autobahn hinunter auf die Landstraße, es begann zu schneien. Ich wurde müde, wie immer beim Autofahren. Ich starrte auf die Scheibenwischer, in den wirbelnden Schnee, der uns in konzentrischen Kreisen entgegenkam, ich dachte an das Autofahren mit Stein vor zwei Jahren, an die seltsame Euphorie, an die Gleichgültigkeit, an die Fremdheit. Stein fuhr ruhiger, sah ab und an flüchtig zu mir hin. Ich fragte: „Funktioniert der Kassettenrekorder nicht mehr?" Er lächelte, sagte: „Doch. Ich wusste nicht … wenn du's noch magst." Ich verdrehte die Augen – „Natürlich mag ich's noch." –, schob die Callaskassette[1] in den Rekorder, auf der Stein eine Donizettiarie[2] zwanzigmal hintereinander montiert hatte. Er lachte. „Du weißt das noch." Die Callas sang, sie ging hoch und runter, Stein beschleunigte und verlangsamte, ich musste auch lachen und berührte mit der Hand kurz seine Wange. Die Haut war ungewohnt stachelig. Ich dachte: „Was ist gewohnt", Stein sagte: „Siehste", und ich sah, dass er es sofort bereute.

Hinter Angermünde bog er von der Landstraße ab und bremste vor der Einfahrt zu einem Sechziger-Jahre-Flachbau so heftig, dass ich mit dem Kopf gegen die Windschutzscheibe flog. Ich fragte enttäuscht und beunruhigt: „Ist es das?", und Stein freute sich darüber und schlitterte auf dem vereisten Beton mit übertriebenen Bewegungen auf die Frau im Küchenkittel zu, die aus der Haustür getreten war. An ihren Kittel krallte sich ein blasses, kümmerliches Kind. Ich kurbelte die Scheibe herunter, hörte, wie er mit jovialer Herzlichkeit „Frau Andersson!" rief – ich hatte seine Art, mit Leuten dieses Schlags umzugehen, schon immer gehasst –, sah, wie er ihr die Hand entgegenstreckte und wie sie sie nicht nahm, sondern ein riesiges Schlüsselbund hineinfallen ließ. „Wasser gibt's nicht bei Frost", sagte sie. „Zuleitung is kaputt. Aber Strom wollnse nächste Woche anstelln." Das Kind an ihrem Kittel fing an zu heulen. „Macht nix", sagte Stein, schlitterte zum Auto zurück, blieb vor meiner heruntergekurbelten Scheibe stehen und bewegte sein Becken elegant und obszön im Kreis. Er sagte: „Come on baby, let the good times roll." Ich sagte: „Stein. Lass das", ich spürte, wie ich rot wurde, das Kind ließ den Kittel der Frau los und ging einen erstaunten Schritt auf uns zu.

„Die haben drin gewohnt", sagte Stein, als er den Motor wieder anließ; er setzte rückwärts auf die Landstraße, der Schnee fiel jetzt dichter, ich drehte mich um und sah die Frau und das Kind im erleuchteten Rechteck der Tür stehen, bis das Haus hinter einer Kurve verschwand. „Sie sind sauer, weil sie vor einem Jahr rausmussten.

Autorin: Diana Sackmann

Aber nicht ich hab sie rausgesetzt, sondern der Eigentümer aus Dortmund. Ich hab's bloß gekauft. Von mir aus hätten sie drinbleiben können." Ich sagte verständnislos: „Die sind doch ekelhaft", und Stein sagte: „Was ist ekelhaft", und warf mir das Schlüsselbund in den Schoß. Ich zählte die Schlüssel, es waren dreiundzwanzig Stück, ganz kleine und sehr große, alle alt und mit schön geschwungenem Griff, ich sang halblaut vor mich hin: „Der Schlüssel zum Stall, der Schlüssel zum Boden, der fürs Tor, für die Scheune, fürs gute Zimmer, für Melkkammer, Briefkasten, Keller und Gartentor", und auf einmal – ohne, dass ich das wirklich gewollt hätte – verstand ich Stein, seine Begeisterung, seine Vorfreude, seine Fiebrigkeit. Ich sagte: „Es ist schön, dass wir da zusammen hinfahren, Stein", und er weigerte sich, mich anzusehen, und sagte: „Jedenfalls kann man von der Veranda aus die Sonne hinterm Kirchturm untergehen sehen. Und wir sind gleich da. Hinter Angermünde kommt Canitz, und in Canitz steht das Haus."

Canitz war schlimmer als Lunow, schlimmer als Templin, schlimmer als Schönwalde. Graue, geduckte Häuser auf beiden Seiten der gekrümmten Landstraße, Bretterverschläge vor vielen Fenstern, kein Laden, kein Bäcker, kein Gasthaus. Das Schneegestöber nahm zu. „Viel Schnee hier, Stein", sagte ich, und er sagte: „Klar", als hätte er den Schnee zusammen mit dem Haus gekauft. Als auf der linken Seite der Straße die Dorfkirche auftauchte, dann doch schön und rot mit einem runden Glockenturm, fing Stein an, ein summendes, seltsames Geräusch zu machen, wie eine Fliege, die im Sommer gegen die geschlossenen Fenster stößt. Er lenkte das Auto auf einen kleinen Querweg, bremste ab, nahm im selben Moment mit einer emphatischen Geste die Hände vom Lenkrad und sagte: „Das ist es."

1 Maria Callas (1923–1977): griechisch-amerikanische Opernsängerin
2 Gaetano Donizetti (1797–1848): italienischer Opernkomponist

Judith Hermann: Sommerhaus, später. In: Dies.: Sommerhaus, später. Fischer Taschenbuch Verlag, Frankfurt/M. 2000
© *S. Fischer, Frankfurt/M. 1998), S. 144–148*

ERWARTUNGSHORIZONT

Inhaltliche Leistung

Aufgabe 1

	Anforderungen Die Schülerin / Der Schüler	maximale Punktzahl (AFB)	erreichte Punktzahl
1	**verfasst eine aufgabenbezogene Einleitung.**	3 (I)	
2	**ordnet den Textauszug knapp in den Handlungsgang ein,** z. B.: Steins unerwartetes Erscheinen bei der Ich-Erzählerin, Erinnerung der Ich-Erzählerin an die gemeinsame Beziehung, Autofahrt zu Steins Traumhaus	3 (I)	
3	**benennt Gesprächssituation, Anlass und Thema des Gesprächs,** z. B.: nachmittägliche Fahrt in Steins Taxi durch das winterliche Berlin nach Canitz, Abholen des Schlüssels bei den Vorbesitzern, Ankunft am Haus / Steins Wunsch, der Ich-Erzählerin das Sommerhaus zu zeigen, Überbrückung der Fahrzeit	3 (I)	
4	**erschließt die dargestellte Kommunikationssituation,** etwa: das kommunikative Verhalten der Figuren: geringe Redeanteile auf beiden Seiten, kaum Austausch, fehlendes Aufeinander-Eingehen, Wechsel zwischen emotionaler Nähe und Distanz die Gesprächsentwicklung: • schnippische Fragen der Erzählerin (vgl. Z. 14 f.) • ihr vergeblicher Versuch, ein Gespräch über das Haus zu initiieren • Steins Aufregung und Ungeduld bei gleichzeitiger Wortkargheit und Zurückweisung • daraus resultierender Entschluss der Ich-Erzählerin, zu schweigen • Erinnerung an die gemeinsame Vergangenheit (Autofahrten mit Musik), kurze Phase der Vertrautheit und nonverbale Signale der Annäherung • sofortige Verunsicherung und Distanzierung (vgl. Z. 47 f.) • Enttäuschung der Ich-Erzählerin, gedankliche Abwertung Steins, Rückzug auf nüchterne, distanzierte Haltung (vgl. Z. 60 ff., 71 f.) • Steins Rücksichtslosigkeit, übertriebenes Gehabe und laszive Selbstdarstellung (vgl. 70 f.) • Schlüsselbund als Auslöser erneuter Euphorie bei der Ich-Erzählerin, mutige Selbstoffenbarung (vgl. Z. 94 f.), Steins erneut distanzierte Haltung, Ernüchterung der Ich-Erzählerin und wiederholte gedankliche Abwertung Steins (vgl. Z. 105 ff.) → sich wiederholendes Muster, das bereits vorher existierte (vgl. Z. 34 ff.) → Verunsicherung, Angst vor Missverstehen → Enttäuschung, Distanzierung, Abwertung des Gegenübers → gestörte Kommunikation: Angst vor Enttäuschung, fehlende Offenheit	12 (II)	

Autorin: Diana Sackmann

	Anforderungen Die Schülerin / Der Schüler	maximale Punktzahl (AFB)	erreichte Punktzahl
5	**untersucht die Figurengestaltung,** etwa: Ich-Erzählerin: - Verunsicherung, Angst vor Verletzungen - Gefühl, in ihrer Befindlichkeit nicht wahrgenommen zu werden (Vorwurf an Stein: Kälte, fehlende Musik, Windschutzscheibe) - Schutzmechanismen: schnippische Äußerungen, exaltiertes Gehabe (vgl. Z. 40 f.), Rückzug auf nüchterne und distanzierte Haltung, Abwertung des Gegenübers - aber auch emotionales Sich-Einlassen auf Stein (vgl. Z. 46) - Zerrissenheit: fühlt sich zu Stein hingezogen und zugleich von ihm abgestoßen (vgl. Z. 91 f.) - Passivität; Unfähigkeit, Entscheidungen zu treffen und die Initiative zu ergreifen Stein - aufgeregtes und ungestümes Verhalten - Sehnsucht nach emotionaler Nähe, aber Unsicherheit - Unvermögen, adäquat auf Gefühlsäußerungen zu reagieren und eigene Gefühle offen zu artikulieren (vgl. Z. 95) - Ausweichmechanismen: Wortkargheit, Distanz, überzogenes Gehabe	9 (II)	
6	**untersucht erzählerische und sprachliche Gestaltungsmittel in ihrer Funktion,** z. B.: - Ich-Erzählerin, Innensicht - kaum wörtliche Rede, kaum Austausch zwischen Ich-Erzählerin und Stein: Ausdruck des fehlenden Aufeinander-Eingehens und der Angst vor Missverständnissen - Kommentare und Reflexionen verdeutlichen Haltung der Ich-Erzählerin zu den Geschehnissen, u. a. Zerrissenheit zwischen teils kritisch-bitterer Distanz und Euphorie (vgl. Z. 49, 108 f.) - Reihung von Fragen in Form von Kausalsätzen (vgl. Z. 6 ff.): Ausdruck der Verunsicherung der Ich-Erzählerin - Parataxen („Er lachte", Z. 44; „Das Schneegestöber nahm zu", Z. 104) und parataktische Aufzählung u. a. zur Veranschaulichung von Steins ungeduldigem, aufgeregtem Fahrstil (vgl. Z. 19 ff.) - Aufzählungen und Wiederholungen syntaktischer Strukturen zur Verdeutlichung des Empfindens und der Wahrnehmung der Ich-Erzählerin („Canitz war schlimmer als Lunow, schlimmer als Templin, schlimmer als Schönwalde", Z. 100 ff.; „kein Laden, kein Bäcker, kein Gasthaus", Z. 103 f.) - exaltierte Wortwahl und sprachliche Bilder vermitteln Lebensgefühl der Ich-Erzählerin (vgl. Z. 4 f.)	9 (III)	
7	**fasst die Ergebnisse der Analyse in einer Schlussfolgerung zusammen.**	3 (III)	
8	**erfüllt ein weiteres aufgabenbezogenes Kriterium.**	(6)	
	Summe Aufgabenteil 1	**42**	

Autorin: Diana Sackmann

ERWARTUNGSHORIZONT

Aufgabe 2

	Anforderungen Die Schülerin / Der Schüler	maximale Punktzahl (AFB)	erreichte Punktzahl
1	verfasst eine aufgabenbezogene Überleitung.	3 (I)	
2	**stellt dar, wie die Sprachlosigkeit der Marquise gestaltet wird**, etwa: • Trotz vieler Worte bleibt Wesentliches unausgesprochen. • Zentrale Aussagen werden in sprachliche Bilder verpackt. • Widerspruch wird nur mit Zurückhaltung geäußert. • Vermeidungsstrategien werden genutzt (u. a. Worthülsen, Rückzug). • Körpersprachliche Signale geben Aufschluss über innere Vorgänge.	6 (I)	
3	**stellt Gründe für die Sprachlosigkeit der Marquise dar**, etwa: • klares Rollenverständnis, traditionelles Familienbild • oberflächliche Konversation gemäß gesellschaftlichen Konventionen	4 (I)	
4	**vergleicht die beiden Frauenfiguren mit Blick auf Gemeinsamkeiten hinsichtlich der Unfähigkeit zur Kommunikation**, etwa: • richten sich nach gesellschaftlichen Konventionen (Familie, Freunde) • kommunizieren gemäß geschlechtstypischem Rollenverständnis (passiv)	7 (II)	
5	**vergleicht die beiden Frauenfiguren mit Blick auf Unterschiede hinsichtlich der Unfähigkeit zur Kommunikation**, etwa: • Kleists Marquise zeigt vor dem sozialhistorischen Hintergrund Durchsetzungswillen und verfolgt in Gesprächen eigene Ziele. • Die Ich-Erzählerin bei Hermann hat dagegen alle Freiheiten einer ungebundenen jungen Frau in der modernen westlichen Gesellschaft. Dennoch gelingt es ihr nicht, ihre Gedanken und Wünsche offen zu kommunizieren und ein konstruktives Gespräch darüber zu führen.	7 (II)	
6	**fasst die Ergebnisse in einer Schlussfolgerung zusammen.**	3 (III)	
7	**erfüllt ein weiteres aufgabenbezogenes Kriterium.**	(4)	
	Summe Aufgabenteil 2	30	

Darstellungsleistung

	Anforderungen Die Schülerin / Der Schüler	maximale Punktzahl	erreichte Punktzahl
1	strukturiert den Klausurtext kohärent, schlüssig, stringent und gedanklich klar.	6	
2	formuliert unter Beachtung der fachsprachlichen und fachmethodischen Anforderungen.	6	
3	belegt Aussagen durch angemessenes und korrektes Zitieren.	3	
4	drückt sich allgemeinsprachlich präzise, stilistisch sicher und begrifflich differenziert aus.	5	
5	formuliert lexikalisch und syntaktisch sicher, variabel und komplex (und zugleich klar).	5	
6	schreibt sprachlich richtig.	3	
	Summe Darstellungsleistung	28	
	Gesamtpunktzahl	100	

Note: Datum:

Autorin: Diana Sackmann

LK 4 Hartmut Lange: „Das Haus in der Dorotheenstraße"

Konzeption des Kapitels

GK: Arbeitsheft für den Grundkurs; **LK:** Arbeitsheft für den Leistungskurs;
Texte, Themen und Strukturen: Ausgabe Nordrhein-Westfalen, 978-3-464-68112-1 / 978-3-464-68111-4

Seite	Sequenz/ Materialien	Didaktisch-methodische Hinweise	Anknüpfung an „Texte, Themen und Strukturen"
LK 51 ff.	4.1 Handlung und Figuren	Die Schüler/-innen entwickeln erste Ideen zum Inhalt der Erzählung und eine Übersicht zur Handlungsstruktur. Die in einem Wortspeicher angeführten Begriffe benennen bereits zentrale Aspekte zur Hauptfigur Gottfried Klausen. Ihre Zuordnung zu den Handlungsschritten eröffnet einen ersten Einblick in Klausens psychische Entwicklung.	
LK 52		Anhand zweier komplementärer Textstellen wird Klausens Entwicklung genauer in den Blick genommen, die sich u. a. in der Veränderung seiner Arbeitsweise zeigt. Sprachliche und erzählerische Gestaltungsmittel werden in ihrer Funktion analysiert.	Bei der Untersuchung erzählerischer und sprachlicher Mittel unterstützen die umfassenden Informationskästen „Die drei idealtypischen Erzählstrategien" (S. 172 f.) und „rhetorische Figuren" (S. 200 ff.).
LK 53	Information: Othello Information: Intertextualität	Die Auseinandersetzung mit der Frage nach Xenias (Un-)Treue zielt auf ein Bewusstsein für die Mehrdeutigkeit der Erzählung. Dass die Verweigerung von Eindeutigkeit am Erzählende ihren Höhepunkt erreicht, soll anhand einer genauen Analyse des Schlusses offensichtlich werden. Deutlich werden soll auch, dass der Bezug auf Shakespeares Drama „Othello" das Spiel mit der Ungewissheit für eine „wissende" Leserschaft durchschaubarer macht.	Hier ist auch der Einsatz eines produktiv-gestaltenden Verfahrens denkbar (s. Methodenkasten S. 36). Vertiefend kann auf die Theorien des Verstehens (S. 48 f.) eingegangen und anhand von Langes Novelle veranschaulicht werden, dass aktuelle Literatur sich häufig dem hermeneutischen Verständnisprozess entzieht und mit Intertextualität spielt.
LK 54 ff. LK 54	4.2 Thematische Aspekte im Vergleich Misslingende Kommunikation E. T. A. Hoffmann: „Der Sandmann" Methode: Kommunikation analysieren	Unter dem Aspekt „Misslingende Kommunikation" werden jeweils ein Dialog zwischen Gottfried und Xenia bzw. Nathanael und Clara eingehend untersucht, unterstützt durch einen Methodenkasten zur Kommunikationsanalyse. Die Ergebnisse ermöglichen einen Vergleich der beiden Erzähltexte im Hinblick auf den gewählten Untersuchungsaspekt.	Hilfreich zur Analyse der gestörten Kommunikation zwischen den Paaren können auch die Kategorien *Schulz von Thuns* (S. 127 f.) sein. Hier kann der Auszug aus *Daniel Kehlmanns* „Ich und Kaminski" (S. 135 f.) als weiterer Vergleichstext herangezogen werden.

4 HARTMUT LANGE: „DAS HAUS IN DER DOROTHEENSTRASSE"

Seite	Sequenz/ Materialien	Didaktisch-methodische Hinweise	Anknüpfung an „Texte, Themen und Strukturen"
LK 55	**Das Unheimliche** *Thomas Hardtke:* „Begegnungen mit dem Unheimlichen" Information: Merkmale einer Novelle	Hardtkes Deutungsansatz zum Unheimlichen in Langes Erzählung wird am Text nachgewiesen, wobei die Schüler/-innen mittels einer Tabelle zur systematischen Analyse in Form eines Dreischritts angeleitet werden: Deutungsthese, Textbeleg, kommentierende Erläuterung. Exemplarisch werden erzählerische und sprachliche Mittel des Erzählschlusses mit Blick auf ihren Beitrag zur unheimlichen und irritierenden Wirkung des Textes untersucht. Ein Textvergleich zielt auf das Erfassen der Erzählinstanz, die sowohl bei Lange als auch bei Hoffmann maßgeblich für die Irritation der Leserschaft verantwortlich ist. Sowohl das Getriebensein von unheimlichen Mächten als auch die Unfähigkeit zur Kommunikation zeichnen vielfach die Protagonisten einer Novelle aus. Weitere typische Merkmale einer Novelle werden an den abiturrelevanten Erzähltexten nachgewiesen.	Der Informationskasten „Deutungsthesen ausführen" (S. 209) veranschaulicht das Vorgehen bei einer systematischen Analyse: die Absicherung einer These durch Textbelege und deren deutende Kommentierung. Ergänzend kann geprüft werden, inwiefern sich die Metaphorik in *Dieter Wellershoffs* Vorlesung „Das Schimmern der Schlangenhaut – Zufall, Mehrdeutigkeit, Transzendenz" (S. 544 f.) auf Langes Erzählung übertragen lässt. Auch *Thomas Krafts* „13 Thesen zur Gegenwartsliteratur" (S. 545 f.) bieten sich für eine Auseinandersetzung mit den Merkmalen zeitgenössischer Erzähltexte am Beispiel „Das Haus in der Dorotheenstraße" an.
LK 56	**Ort und Fiktionalität** Information: Fiktionsvertrag und Fiktionalitätssignale	Ausgehend von einer Überprüfung der Ortsangaben auf ihre Fiktionalität hin sammeln die Schüler/-innen alle Informationen zum Haus in der Dorotheenstraße in einem Cluster und untersuchen die symbolische Bedeutung des Hauses mit Blick auf die Beziehung des Ehepaars. Auf dieser Grundlage erfolgt ein Vergleich mit der symbolischen Bedeutung des Gartenhauses in Kleists Novelle.	Zur Vertiefung siehe Kapitel „Zwischen Fiktion und Wirklichkeit – Modelle literarischer Kommunikation" (S. 175 ff.). Die Aufgaben können ergänzend an Textauszügen aus Langes Novelle erarbeitet werden. Zur Symbolik in Erzähltexten kann ergänzend der Informationskasten „Novelle und Dingsymbol" (S. 480) genutzt werden.
LK 57 ff.	**4.3 Klausurtraining: Einen Erzähltext analysieren** *E. T. A. Hoffmann:* „Der Sandmann" Checkliste: Einen Erzählausschnitt analysieren	Im Klausurtraining wird das schrittweise Vorgehen bei der Analyse eines literarischen Textes mit weiterführendem Schreibauftrag geübt. Einen weiteren Klausurvorschlag (mit Erwartungshorizont) bietet diese Handreichung (→ S. 98 ff.).	Die fünf Schritte entsprechen dem Vorgehen des Klausurtrainings in „Texte, Themen und Strukturen". Umfassendere Informationen u. a. zur Verknüpfung von Inhalt, Sprache und Form bieten die Seiten 181–184.

Literaturhinweise

Hardtke, Thomas: Begegnungen mit dem Unheimlichen. Sich mit Hartmut Langes Novellen auseinandersetzen. In: Praxis Deutsch 255/2016, S. 50–53

Hinck, Walter: Hartmut Lange: Das Haus in der Dorotheenstraße. Wer der Krähe folgt, ist halb schon verloren. FAZ, 28.05.2013. Online unter http://www.faz.net/aktuell/feuilleton/buecher/rezensionen/belletristik/hartmut-lange-das-haus-in-der-dorotheenstrasse-wer-der-kraehe-folgt-ist-halb-schon-verloren-12198342.html (Zugriff: 15.06.2017)

4.1 Handlung und Figuren

1–3 Die Begriffe aus dem Wortspeicher in Aufgabe 2 sind im Folgenden unterstrichen: ▶ LK 51

1) - Handlungsort: Haus in der Dorotheenstraße (Gefühl der Geborgenheit/<u>Sicherheit</u>, aber brüchige Fassade)
   - Trennung: Korrespondent Klausen entscheidet sich für Angebot in London (<u>Vorgeschichte</u>)
2) - Handlungsort: London – Zweizimmerwohnung, Büro, Themsebrücke, Theater
   - Unzufriedenheit, Telefonate mit Xenia, Zweifel an der Richtigkeit der Entscheidung, gewissenhafte Arbeit (<u>Kontrolle</u>), <u>Theater</u>besuch „Othello" mit Wahrnehmung der Inszenierung als <u>Willkür</u> und Schein, vergeblicher Anruf bei Xenia nach dem Theaterbesuch, unruhiger Schlaf / <u>Traum</u>
3) - Handlungsort: London – Zweizimmerwohnung, Flughafen Heathrow
   - Telefonat mit Xenia am nächsten Morgen, Verabredung zur Wohnungsbesichtigung (<u>Wünsche</u>), vergebliches Warten am Flughafen, <u>Orientierungslosigkeit</u>, Männerstimme am Telefon, Entgegenkommen: Plan eines Flugs nach Berlin, Sehnsucht nach Nathanbrücke
4) - Handlungsort: Büro, Wohnung, Flughafen
   - rasche Erledigung der Arbeit in den nächsten Wochen, Ausbruch des Vulkans Grimsvötn am Vorabend des Abflugtags → gestrichener Flug, <u>Stillstand</u>; Männerstimme am Telefon, Xenias Lachen
5) - Handlungsort: Büro, Theater
   - Rückkehr vom Flughafen, Grübeln und Zweifel an Xenias Treue, erneuter Besuch des <u>Theater</u>stücks „Othello", vorzeitiges Verlassen des Theaters, Beschäftigung mit Thema <u>Untreue</u>
6) - Handlungsort: Büro, Haus in der Dorotheenstraße
   - Sinnieren über das Theaterstück, <u>Veränderung</u>: schlampige Arbeitsweise, Orientierungslosigkeit wird Thema von Gottfrieds Berichterstattung, Telefonat mit Chefredakteur, <u>Selbsterkenntnis</u>, Wunsch, London zu verlassen (mögliches Ziel: Island, Berichterstattung über den Grimsvötn),
   - Reflexion des Erzählers über künftige, potenzielle Ereignisse im Haus an der Dorotheenstraße (<u>Mord?</u>)

4
- Was für ein Typ ist Gottfried Klausen? Siehe auch Lösungen zu Seite 52, Aufgabe 4: rationale Weltsicht, Orientierung an Fakten, Zuverlässigkeit, Pünktlichkeit, Kontrollbedürfnis, Vermeidungsstrategien.
- Zur Entwicklung siehe auch Lösungen zu Seite 52, Aufgabe 5: Gottfried verliert zusehends die Kontrolle über sein Leben, schicksalhafte Ereignisse gewinnen die Überhand. Er wirkt zunehmend orientierungslos und zweifelt an den bisherigen Konstanten in seinem Leben (Treue Xenias, Faktenberichte).

5 Charakterisierung Gottfried Klausens: gewissenhaft, akribisch, an Fakten orientiert, angepasst, nüchtern ▶ LK 52

6 a Klausen fehlt die notwendige Konzentration für seine Arbeit, er wird nachlässig und beginnt private Themen mit seiner Arbeit zu verstricken. Die Ereignisse erscheinen ihm zunehmend rätselhaft, es mangelt ihm an Klarheit und Sicherheit. Er erkennt jedoch auch, dass der Ortswechsel ihn auf sich selbst zurückgeworfen hat (Selbsterkenntnis), und gewinnt an Entschlossenheit.

b

Aspekt	Erzählbeginn	Entwicklung im Erzählverlauf
Arbeitsweise	gründlich, gewissenhaft	fahrig; schlampige Recherche
Geschriebenes	klar, nachvollziehbar, von allgemeinem Interesse, Faktenberichte	verworren, persönliche Belange, Thematisierung von Gefühlen (Orientierungslosigkeit, Affären)
Weltsicht	Sicherheit, Klarheit, rational	Ungewissheit, Rätselhaftigkeit von Ereignissen, emotional
Ortswechsel	fremdbestimmt, Klausens Einverständnis und Hoffnung, Gefallen an London zu finden	eigener Entschluss, Selbsterkenntnis

      c
- Die Verwendung der unpersönlichen Man-Form unterstreicht einerseits Klausens Nüchternheit der Berichterstattung, andererseits die von ihm wahrgenommene Unbestimmtheit der Ereignisse.
- Die Verwendung des Konjunktivs in der Berichterstattung verdeutlicht, dass es sich hier um Gedankenkonstrukte Klausens handelt, sie zeigt die Verworrenheit seiner Gedanken und seine Orientierungslosigkeit.
- Die Wiederholung des Satzanfangs „Er begann" kennzeichnet Klausens Veränderungsprozess.
- Die Wiederholung des Satzanfangs „Ob man" zeigt, dass hier keine Fakten, sondern Fragen formuliert werden. Sie verweist darauf, dass Gottfried die Rätselhaftigkeit der Ereignisse und der Mangel an Gewissheit zu schaffen machen.

7 Mögliche Antworten: Ortswechsel, fehlgeschlagene Telefonanrufe, Traum, Zweifel an Xenias Treue, Eindruck der Theaterinszenierung, schicksalhafte Ereignisse (Vulkanausbruch)

▶ LK 53   8 Die scheinbar Vertraute wird für Klausen zunehmend zur Fremden. Er beginnt an Xenias Treue zu zweifeln und stellt die gemeinsamen Jahre in Frage: „Und war Klausens Ehe mit <u>dieser Frau</u> vielleicht schon seit Jahren derart verlogen, dass er ihre Untreue nicht bemerkt hatte?" (S. 88).

9 **Belege (bzw. Indizien) für Xenias Untreue:** Xenia möchte nicht mit nach London (vgl. S. 75), sie nennt keine Gründe für den verpassten Telefonanruf (vgl. S. 80); sie willigt nur zögerlich ein, eine Mietwohnung in London zu besichtigen (vgl. S. 80 f.), sie sitzt nicht im Flieger nach London (S. 82); Gottfried hört zweimal eine Männerstimme am anderen Ende der Leitung (vgl. S. 82, 86) und hört beim zweiten Telefonat Xenias Gelächter im Hintergrund (vgl. S. 86); Xenia meldet sich nach diesem Telefonat nicht mehr (vgl. S. 86).
Belege (bzw. Indizien) für Xenias Treue: Xenia hängt an ihrem Mann (lange Umarmung beim Abschied); Gottfried bildet sich die Männerstimme am Telefon ein („wie er glaubte", S. 82); möglicherweise handelte es sich um eine „falsche Verbindung" (S. 82); nach ihrem verpassten Flug versucht Xenia ihren Mann mehrfach telefonisch zu erreichen (vgl. S. 82); Xenia nennt Gründe für das Versäumen des Flugs (vgl. S. 83).

10 a
- Parallelen zwischen den Hauptfiguren: rationales Vorgehen im Beruf, Entwicklung einer wahnhaften Eifersucht auf die vermeintlich untreue Ehefrau, Orientierungslosigkeit, „Put out the light!" als (möglicher) Hinweis auf einen Plan zur Ermordung der Ehefrau
- Wirkung der Inszenierung des Theaterstücks auf Klausen: Aufgrund seiner rationalen Weltsicht und Orientierung an Fakten beschreibt Klausen die Inszenierung als „Willkür, [als] Unzuverlässigkeit des schönen Scheins" (S. 77). Es ist für ihn undenkbar, dass ein Ehemann die vermeintliche Untreue seiner geliebten Frau nicht rational hinterfragt. Dennoch hinterlässt die Inszenierung einen tiefen Eindruck bei ihm. Dies offenbart das Erwachen aus seinem Traum, bei dem er kurzzeitig die Fremdheit zweier Welten spürt, die eigentlich zusammengehören. Bereits hier verliert Klausen seine Orientierung: „Wo bin ich", dachte Gottfried Klausen […]" (S. 79). Beim zweiten Besuch der Inszenierung „Othello" stellt Klausen selbst einen Bezug zu seinen Zweifeln an Xenias Treue her. Der Theaterbesuch ist Teil seiner zunehmend wahnhaften Wahrnehmung und seines Reflexionsprozesses: „Wollte er, nur weil er ein Problem mit seiner Frau hatte, der Ermordung einer Wehrlosen zusehen […]?" (S. 88). Als ihm „klar wurde, wie geschmacklos es gewesen wäre, sitzen zu bleiben" (S. 88), verlässt er das Theater vorzeitig, um in einem Pub seine Situation zu überdenken. Seine Gefühlswelt schafft sich immer mehr Raum gegenüber seiner rationalen Weltsicht. Dies zeigt sich v. a. darin, dass ihm die Aufforderung „Put out the light" nicht mehr aus dem Kopf geht (vgl. S. 90).

     b
- Siehe auch Seite 53, Aufgabe 11: Auch wenn er Othellos Handeln rational verurteilt und zunächst nicht nachvollziehen kann, ist Klausen von der Welt der Gefühle und von der Handlung des Stücks merklich beeindruckt. Dies ist ein „Alarmzeichen": Wird auch Gottfried seine Frau ermorden?
- Weitere „Unheilsboten": Erwachen aus dem Traum, Veilchenstrauß (Treuesymbol) findet keinen Adressaten, Vulkanausbruch

11 Erwartete Markierungen: Fragen, Konjunktiv, Zitat „Put out the light!"

12 Der intertextuelle Bezug zu „Othello" (→ Information, S. 53) deutet an, dass Gottfried, ebenso wie die Titelfigur des Dramas, die Ermordung seiner Ehefrau plant.

4.2 Thematische Aspekte im Vergleich

▶ LK 54

Misslingende Kommunikation

1 a Zur Einordnung des Textauszugs in den Handlungsverlauf siehe Seite 51, Aufgabe 1.
Standpunkte und Argumente der Figuren: Gottfried möchte Xenia bei sich haben, fühlt sich einsam und fremd in London, findet rationale Erklärungen für Xenias Fernbleiben und sucht die Schuld bei sich: Das Haus in der Dorotheenstraße ist unbeaufsichtigt, die Wohnung in London zu teuer, Gottfried könnte wieder versetzt werden. Er nimmt seine Forderung, Xenia solle nach London ziehen, zurück und beschließt, selbst nach Berlin zu fliegen. Xenia nennt keine Gründe für den verpassten Telefonanruf und lässt sich nur zögerlich auf Gottfrieds Wunsch ein, eine Mietwohnung zu besichtigen. Sie entschuldigt sich für ihr Fernbleiben und versucht ihr Verhalten zu erklären, ihre Beweggründe bleiben gleichwohl im Unklaren.
Kommunikatives Verhalten: Die Redeanteile wirken ungleich verteilt, da wörtliche Rede nur auf Seiten von Gottfried vertreten ist; dieser setzt sich nicht mit Xenia auseinander, sondern verarbeitet die Ereignisse für sich (vgl. Gedankengänge S. 82 f.).
Gesprächsentwicklung: Am Kapitelanfang spricht Gottfried pragmatisch über die zu besichtigende Wohnung. Xenia reagiert zurückhaltend, woraufhin Gottfried ihr seine Einsamkeit in der fremden Stadt zu verdeutlichen versucht. Die beiden verabreden einen Besichtigungstermin, den Xenia nicht einhält. Gottfried versucht sich ihr Fernbleiben rational zu erklären. Auch nach dem missglückten Telefonat verdrängt er seine Ängste und seinen „Anflug von Gekränktheit" (S. 82) – er klappt das Handy schnell zu und ignoriert weitere Anrufe – und sucht nach sachlichen Erklärungen und Lösungen. Nur zwischen den Zeilen werden seine Gefühle erkennbar: „endlich', dachte er" (S. 83). Gottfried verarbeitet die Ereignisse, ohne sich mit seiner Frau auseinanderzusetzen. Er hat bereits alles für sich geklärt, als Xenia ihre Entschuldigung äußert. Ihre Erläuterungen sind für ihn „unerheblich" (S. 83) und bleiben auch für die Leserin / den Leser im Dunkeln.

b Mögliche Antworten:
- Mangel an Offenheit: Xenia erklärt nicht, warum sie am Abend nicht angerufen hat.
- Mangel an Gespür bzw. Verständnis füreinander: Gottfried fokussiert sich auf seine Arbeit und seinen Wunsch, Xenia bei sich in London zu haben.
- Gottfrieds Feigheit und Vermeidungsstrategie: Er klappt das Handy schnell zu, ignoriert weitere Anrufe.
- Gottrieds Routine und Ausrichtung an Fakten: Er sucht auch für Xenias Fernbleiben rationale Erklärungen.
- Gottfrieds Festhalten an Bewährtem, seine Scheu vor Veränderung: das Haus in der Dorotheenstraße, die Nathansbrücke als utopische Idylle und Sehnsuchtsort.

2 a Clara interpretiert Nathanaels Fröhlichkeit als Zeichen für die Bewältigung seiner Wahnvorstellungen, doch sein Gedichtvortrag verdeutlicht ihr, dass sie falsch liegt. Dies zeigt sich in ihrem nonverbalen Verhalten; auch sprachliche Bilder unterstreichen ihre Befürchtungen (vgl. Z. 12 ff.). Sie fordert Nathanael eindringlich dazu auf, das Gedicht – Ausdruck seines Wahnsinns – zu zerstören. Ihre Gesten drücken mütterliche Sorge und Mitleid aus (vgl. Z. 21 ff.). Nathanaels harte, abweisende Reaktion stürzt sie in tiefe Zweifel hinsichtlich seiner Liebe zu ihr. Sie klagt Lothar ihr Leid.
Nathanael möchte Clara an seinen poetischen Ausführungen teilhaben lassen. Er wird von seinem eigenen Vortrag emotional hingerissen (vgl. Feuermetaphorik in Z. 16 f.) und wünscht sich Claras Mitempfinden und körperliche Nähe. Claras Aufforderung, das Gedicht zu vernichten, löst seine übersteigerte Reaktion aus: Er wirft Clara Gefühlskälte vor und stößt sie von sich.
Lothar lehnt Nathanaels fantastische Träumereien schon lange ab, sodass Claras Anklage „wie ein Funke" seinen Unmut gegen Nathanael „entzündete zum wilden Zorn" (Feuermetaphorik, Z. 30, 32). Es kommt zum Streit, in dem sich die beiden Männer ihren vergeistigten Wahnsinn bzw. ihre Durchschnittlichkeit vorwerfen. Ein Duell scheint unumgänglich.

b Nathanaels Brief an Lothar wird fälschlicherweise an Clara adressiert (vgl. **C** S. 25 / **R** S. 12); Nathanaels Versuch, an Clara zu schreiben, wird von Coppolas Besuch unterbrochen (vgl. **C** S. 40, Z. 20 ff. / **R** S. 27, Z. 12 ff.). Die Kommunikation zwischen den Figuren wird durch undurchschaubare Mächte erschwert.

3 Auch die Kommunikation zwischen Xenia und Gottfried wird immer wieder von unbeeinflussbaren, schicksalhaften Ereignissen unterbunden (Telefonverbindung, Vulkanausbruch). Bei beiden Figurenpaaren gelingt es den Partnern nicht, auf die Bedürfnisse des jeweils anderen adäquat zu reagieren. Gottfrieds vernunftgesteuerte Kommunikationsweise verhindert einen zielführenden Austausch mit Xenia, unerklärliche Ereignisse erschüttern seinen routinierten Lebensalltag. Auch Claras rationaler Umgang mit Nathanaels mystischen Fantasien führt letztlich nicht zu einer gelingenden Kommunikation. Nach mehreren Phasen der Stabilisierung stürzt sich Nathanael, getrieben von seinem Wahnsinn, in den Tod. Ob Gottfrieds zunehmend wahnhafte Wahrnehmung ihn zum Mord an seiner Frau treibt, bleibt offen.

▶ LK 55 **Das Unheimliche**

1

Deutungsthese	Textbeleg	Erläuterung
Unheimlich ist für Klausen, dass er die bislang als rational erklärbar erlebte Welt auf einmal als willkürlich erfährt.	• ab Kap. 3: rationale Erklärungsversuche: Xenia wartet auf Koffer, falsche Verbindung, Haus ist unbeaufsichtigt, Wohnung in London zu teuer, Klausen könnte erneut versetzt werden • willkürliche Ereignisse: Vulkanausbruch, fehlgeschlagene Telefonverbindung	• Klausen sucht nach sachlichen Erklärungen für Xenias Fernbleiben, sein Kontrollbedürfnis wird jedoch von schicksalhaften Ereignissen erschüttert.
Für die Leser bleiben die Motive der Figuren und die tatsächlichen Geschehnisse unklar.	• Für Klausen war „die Entschuldigung, die sie vorbrachte, um ihr Verhalten zu erklären, schon unerheblich" (S. 83). • „Genauer: Da war jemand, der wissen wollte, wer er war, und […] im Hintergrund ein unterdrücktes Lachen, und es war, daran bestand kein Zweifel, Xenia […]" (S. 86). • Erzählschluss	• Xenias Erklärung wird nicht im Text wiedergegeben; Gottfried hat sich seine Sicht der Dinge bereits zurechtgelegt. • Sprache und Erzählweise lassen keine klare Trennung zwischen Gottfrieds wahnhafter Wahrnehmung und der Darstellung realer Geschehnisse zu. • Vgl. Lösungen zu Seite 55, Aufgabe 2.

2 a Erwartete Stichworte:
- Erzählerische Mittel: Wir-Form (direkte Leseransprache), Instabilität der Erzählinstanz; Visionen Gottfrieds (personaler Erzähler) oder Reflexion des Erzählers?
- Sprachliche Mittel (vgl. S. 53, Aufg. 10): Fragen, Konjunktiv, Wechsel der Zeitform, Zitat, Kontrast hell – dunkel und Tag – Nacht

b Die Leserin / Der Leser selbst wird Teil eines Reflexionsprozesses, wobei unklar bleibt, inwiefern es sich hier um Gottfrieds Gedankengänge oder um eine Reflexion des Erzählers handelt. Der Erzähler scheint Teil der Erzählung zu werden: „Wer sich darin auskannte, der wusste, dass im oberen Stockwerk das Schlafzimmer […] und ein Bad lagen" (S. 93). Oder beobachtet und kommentiert Gottfried selbst die Vorgänge in der Dorotheenstraße, während er „auf der Nathanbrücke" steht (S. 92 f.)? Die sprachlichen Gestaltungsmittel verstärken diese Irritation, z. B. das Spiel mit Shakespeares Zitat im Schlusssatz: „Das Haus lag in völliger Dunkelheit." So spitzt sich die unheimliche Wirkung am Ende der Erzählung zu.

3 Auch in der Erzählung „Der Sandmann" wird die Leserin / der Leser direkt angesprochen (vgl. Z. 1). Der Erzähler selbst ist in die Vorgänge emotional involviert und wirkt daher instabil und unzuverlässig.

4.2 THEMATISCHE ASPEKTE IM VERGLEICH

4 a/b

Textmerkmale	Das Haus in der Dorotheenstraße	Die Marquise von O…	Der Sandmann
straffe, lineare Zeitgestaltung	vgl. Arbeitsheft S. 51, Aufg. 1: straff, linear	vgl. Arbeitsheft S. 31, Aufg. 1: straff, Rückblick	vgl. Arbeitsheft S. 44, Aufg. 3 a: straff, Rückblick (Brief)
geschlossene Form (Drama)	Zuspitzung, offenes Ende	vgl. Arbeitsheft S. 41, Aufg. 1 und 2: vermeintliche Familienidylle	Zuspitzung/Katastrophe, vermeintliches Familienglück
unerwartetes Ereignis	(vermeintliche) Untreue	Schwangerschaft	Erscheinen Copollas
Betonung des Realitätsgehalts	Orte, Vulkanausbruch	Ortsangaben, Namen	Erzähler (**C** S. 31 f. / **R** S. 17 f.)
Symbole und Leitmotive	Haus, Brücke, Veilchen	Haus, religiöse Symbolik u. a.	Augen, Automaten u. a.
existenzielle Probleme: soziale Isolation, Kommunikationsunfähigkeit	Ortswechsel, Einsamkeit, Untreue, misslingende Kommunikation (vgl. Arbeitsheft S. 54)	gesellschaftliche Isolation wegen Schwangerschaft, gesellschaftliche Floskeln, Unaussprechlichkeit des Unerhörten (Körpersprache)	Pendeln zwischen Wahn und Wirklichkeit, Isolation infolge von Narzissmus, misslingende Kommunikation
irrationale, unheimliche Mächte	unbeeinflussbare Ereignisse, wahnhafte Wahrnehmung	unerwartete / nicht bewusste Schwangerschaft, religiöse Überhöhung durch Marquise	Doppelgängerfigur, Coppolas Perspektiv, Wahnvorstellungen

c Die folgenden Aspekte könnten u. a. angeführt werden:
- **das „Unerhörte":** In allen drei Erzählungen gerät ein scheinbar geordneter Lebensalltag aus dem Gleichgewicht (aufgrund eines vermeintlichen Treuebruchs, einer unwissentlichen Vergewaltigung und Schwangerschaft, entsetzlicher Kindheitserinnerungen).
- **das „Unheimliche":** Erzählerische und sprachliche Gestaltungsmittel tragen in allen drei Erzählungen entscheidend zur Irritation des Lesers und zur Verstärkung des Unheimlichen bei.
- **Abweichungen vom typischen Aufbau** einer Novelle zeigen sich v. a. hinsichtlich des Erzählschlusses: das vermeintliche Familienglück der Marquise und Claras, der offene Ausgang von Langes Erzählung.

Ort und Fiktionalität ▶ LK 56

1 Die Orte und Himmelsrichtungen sind real, sodass die Leser/-innen das fiktive Geschehen in einen räumlichen Rahmen einordnen können. Diesem vermittelten Realitätsgehalt steht die zunehmende Unklarheit im Textverlauf gegenüber, was Realität und was Wahnvorstellung ist.

2 a idyllisch, abgelegen, versteckt, ohne Zugang; ruhig; verwilderter Garten mit Bäumen; Villa, brüchige, hässliche Fassade, elegante Vorderfront: Musterbeispiel aus dem Art déco
  b Beziehung der Hauptfiguren: Schulfreundschaft bzw. Jugendliebe, Vertrautheit, Sehnsucht nach Geborgenheit und Sicherheit, Hauskauf als Vernunftentscheidung
  c Der fehlende Zugang zum Haus steht für die enge Vertrautheit der beiden Figuren und ihre Tendenz zum Rückzug aus der Gesellschaft. Der verwilderte Garten verweist darauf, dass auch die Liebesbeziehung vernachlässigt wird. Die beschädigte Fassade entspricht der Brüchigkeit des Liebesverhältnisses, wobei die elegante Vorderfront den gewahrten Schein signalisiert. Art déco spricht hier für die Stilisierung und Künstlichkeit der Beziehung: ein scheinbares Musterbeispiel einer Paarbeziehung.

3 **Haus in der Dorotheenstraße:** abgelegen, ruhig, „versteckt", verwildert, brüchig; das Haus gibt dem Paar das „Gefühl von Geborgenheit" und die Möglichkeit des Rückzugs in die Zweisamkeit. Zugleich steht es für die Zerbrechlichkeit der Beziehung. Offen bleibt, ob Gottfried sich nach dem vermeintlichen Ehebruch Zugang zum Haus, dem Sinnbild des Paarlebens, verschafft und seine Frau ermordet.

Gartenhaus (Marquise): schön, abgelegen auf dem Land, verwildert, von Mauer umgeben; Rückzugsort für die Marquise (gesellschaftliche Isolation wegen Schwangerschaft). Der Graf verschafft sich gegen den Willen der Marquise Zugang zu diesem Rückzugsraum, was als sinnbildliche Wiederholung der Vergewaltigung gesehen werden kann. Letztlich wird das Gartenhaus jedoch Zeichen ihrer vermeintlichen Familienidylle.

4.3 Klausurtraining: Einen Erzähltext analysieren

▶ LK 58 **Erster Schritt: Die Aufgabenstellung verstehen**

1 Erwartete Markierungen:
Zu 1. Untersuchungsaspekte: Nathanaels Wahrnehmung der Situation, Auswirkungen auf seine psychische Entwicklung, erzählerische und sprachliche Gestaltungsmittel; Operatoren: analysieren
Zu 2. Untersuchungsaspekte: wahnhafte Wahrnehmung (Klausen), Lebenseinstellungen, innere Verfassung, Entwicklung im Handlungsverlauf; Operatoren: darstellen, vergleichen

Zweiter Schritt: Erstes Textverständnis und Ideen formulieren

2/3 Siehe Lösungen zu Seite 58, Aufgabe 5 und zu Seite 59, Aufgabe 6.

4 **Nathanael:** Künstlernatur, „mystische Schwärmereien", romantisches Liebeskonzept, Traumatisierung durch Kindheitserlebnisse, lebenslanges Pendeln zwischen Wahn und Wirklichkeit, Momente der Selbsterkenntnis, Abgleiten in den Wahnsinn
Gottfried: rationale Weltsicht, Kontrollbedürfnis, Orientierung an Fakten, Festhalten an bürgerlichen Werten (Treue, Zuverlässigkeit, Sparsamkeit), Theater als Scheinwelt, Vermeidungsstrategien, Irritation: vermeintlicher Ehebruch, schicksalhafte Ereignisse / Kontrollverlust, Lebensentwurf gerät ins Wanken, Orientierungslosigkeit, Selbsterkenntnis, Mordfantasien?
Gemeinsamkeiten: Wahnvorstellungen, Auslöser von außen („Hebel"), Beeinflussung durch die Literatur (Sandmann-Erzählung, Drama „Othello"), innere Zerrissenheit

Dritter Schritt: Den Text analysieren

5

Ereignisse	Sprachliche und erzählerische Mittel	Wahn oder Wirklichkeit?
allgemein: für N. nicht ganz nachvollziehbare Handlungen	alles in Ich-Form aus Sicht des Kindes erzählt	Kindersicht → Glaubwürdigkeit als Erzählinstanz vermindert (Lesererwartung: kindliche Fantasie ist mit im Spiel)
Nathanael fühlt sich „festgezaubert" (Z. 1).	metaphorische Wortwahl (Märchen)	N. wird von der eigenen Neugier festgehalten, sieht rückblickend aber übernatürliche Kräfte am Werk.
Hinter der Flügeltür verbirgt sich ein Herd.	„was ich so lange dafür gehalten" (Z. 11 f.)	Relativierung der eigenen Wahrnehmung (Wirklichkeit)
Eine Flamme erscheint bei Coppelius' Hinzutreten.	Verknüpfung der beiden Abläufe durch die Konjunktion „und"	Verknüpfung der beiden Ereignisse in der kindlichen Fantasie (Wahn)
Das Gesicht des Vaters wird zur Teufelsfratze.	Als-ob-Formulierung („schien")	kindliche Wahrnehmung (Wahn)
Coppelius hämmert glühendes Material.	Adjektivgebrauch (u. a. Wortfeld Feuer: „glutrot", „hellblinkend")	Veranschaulichung der übersteigerten Eindrücke Nathanaels (Wirklichkeit)
Menschengesichter ohne Augen erscheinen.	Konjunktiv, Als-ob-Formulierung (vgl. Z. 22)	als wahnhafte Wahrnehmung gekennzeichnet
Coppelius verlangt nach den „Augen".	wörtliche Rede, Indikativ, Adjektivgebrauch/Alliteration (vgl. Z. 24 ff.)	Realitätsverkennung des Kindes: Coppelius verlangt nach einer Linse.

Ereignisse	Sprachliche und erzählerische Mittel	Wahn oder Wirklichkeit?
Coppelius ergreift N. und zerrt ihn auf den Herd, um ihm Glut in die Augen zu streuen.	wörtliche Rede, Indikativ, anschaulicher Adjektiv- und Adverbgebrauch, Verben des Wortfelds „sagen" im Zusammenhang mit Coppelius: meckern, flüstern, zischen	Ereignisse werden nicht als irreal gekennzeichnet: fehlende Trennung zwischen Wahn und Wirklichkeit → Eintauchen der Leser/-innen in die kindliche Wahrnehmungswelt.
Coppelius schraubt N. Hände und Füße ab.		
N. erkrankt schwer, Coppelius verschwindet für längere Zeit.	Indikativ, Konjunktiv: „es hieß, er habe die Stadt verlassen"	Wirklichkeit, Wiedergabe des Berichts anderer Personen
Die fröhliche Stimmung der Eltern verändert sich schlagartig, als Coppelius nach einem Jahr erneut erscheint.	wörtliche Rede, Indikativ, anschaulicher Adjektiv- und Adverbgebrauch: „erblassend" (Z. 78), „mit matter, gebrochener Stimme" (Z. 79 f.)	Ereignisse werden nicht als irreal gekennzeichnet – kindliche Wahrnehmung oder Realität?
Nathanael fühlt sich versteinert, bewegungslos.	Konjunktiv, Als-ob-Formulierungen (Z. 85 f.)	kindliche Ängste, Traumatisierung (Wahn)
Schlaflos in seinem Bett vernimmt N. einen entsetzlichen Schlag. Der Vater stirbt bei einer Explosion während seiner alchemistischen Versuche mit Coppelius.	Vergleich: „wie wenn ein Geschütz losgefeuert würde" (vgl. Z. 96 f.); Zeitangabe „es mochte wohl schon Mitternacht sein" (Z. 95 f.); Alliteration/Wortmalerei: es rasselte und rauschte bei meiner Türe vorüber" (Z. 98 f.)	Unfall beim Experimentieren (Wirklichkeit); kindliche Wahrnehmung: Geisterstunde (Wahn)
Bei seiner Beerdigung haben sich die Gesichtszüge des Vaters wieder normalisiert.	Konjunktiv: „dass sein Bund […] ihn nicht ins ewige Verderben gestürzt haben könne" (Z. 114 f.)	kindliche Fantasie: Der Vater ist dem Teufelsbund entkommen (Wahn).

6
- Wahrnehmung einer Misshandlung, wochenlanges Fieber – schwere Erschütterung des kindlichen Gemüts
  - Angststarre, Schlaflosigkeit, Wahnvorstellungen bei erneuter Begegnung (vgl. Z. 85 ff.) – (Nach-)Verstärkung
  - Teufelsvision: „Coppelius, verruchter Satan" (Assoziation mit einer Teufelsfratze)
  - Todesvision: „Wolkenschleier über mein Leben […], den ich vielleicht nur sterbend zerreiße." (Z. 67 f.)
  - → Prozess der sukzessiven Verstärkung der kindlichen Wahnvorstellungen

▶ LK 59

7
- Nathanael gelingt es nicht, die realen Ereignisse und seine kindlichen Fantasien zu trennen.
  - Er neigt zu einer religiös-spirituellen Überzeichnung der realen Geschehnisse.
  - Die äußeren Ereignisse (wiederholtes Erscheinen des Advokaten, Tod des Vaters) traumatisieren das Kind und verstärken seine wahnhafte Wahrnehmung.
  - Die schweren Erschütterungen der kindlichen Psyche werden von Phasen der Stabilisierung unterbrochen.
  - Nathanael schwankt ein Leben lang zwischen den Licht- und Schattenseiten seiner Künstlernatur.

8 Siehe Lösungen zu Seite 58, Aufgabe 4.

Vierter Schritt: Den Schreibplan erstellen und den Text schreiben

9 Sinnvolle Nummerierung: 7, 4, 2, 5, 1, 6, 3

10 Individuelle Lösungen

Fünfter Schritt: Den eigenen Text überarbeiten

11 Individuelle Lösungen

Einen literarischen Text analysieren (Aufgabenart I A)

Aufgabenstellung

1 Analysieren Sie den Auszug aus Daniel Kehlmanns Erzählung „Du hättest gehen sollen" mit Blick auf die Eifersucht und wahnhafte Wahrnehmung des Ich-Erzählers sowie sein Kommunikationsverhalten. Berücksichtigen Sie dabei erzählerische und sprachliche Gestaltungsmittel. *(42 Punkte)*

2 Stellen Sie dar, wie die Figur Gottfried Klausen aus Hartmut Langes Erzählung „Das Haus in der Dorotheenstraße" angelegt ist. Vergleichen Sie die Figurengestaltung in den beiden Texten unter besonderer Berücksichtigung ihrer Eifersucht und ihres Umgangs mit einem möglichen Treuebruch ihrer Frauen. *(30 Punkte)*

Daniel Kehlmann: Du hättest gehen sollen (2016)

Der Ich-Erzähler verbringt mit seiner Frau Susanna und seiner vierjährigen Tochter Esther einige Tage in einem idyllisch abgelegenen Ferienhaus in den Bergen. Als Drehbuchautor möchte er die Tage nutzen, um Ideen für eine Soap zu entwickeln, die er in ein Notizbuch schreibt. Die familiäre Situation ist angespannt: Berufliche Stillstände und Misserfolge, Mangel an Zeit und Aufmerksamkeit, Erziehungsfragen und Geldsorgen führen zu gegenseitigen Vorwürfen und Sticheleien. Der Ich-Erzähler beginnt, seine Ehe mittels Notizen in seinem Buch aufzuarbeiten. Scheinbar unerklärliche Geschehnisse im Haus lassen ihn die Orientierung in Raum und Zeit verlieren, Wahnvorstellungen machen ihm zu schaffen. Gemeinsam mit Susanna beschließt er, das Ferienhaus frühzeitig zu verlassen und den Vermieter, Herrn Steller, entsprechend zu informieren. Kurz vor der Abfahrt macht ihm eine SMS deutlich, dass seine Frau eine Affäre hat. Anzeichen dafür hatte er verkannt bzw. nicht bewusst wahrgenommen.

[…] Jetzt ist sie oben und packt. Und ich schreibe zum letzten Mal an diesem Tisch, vor dieser Scheibe, vor meinem Spiegelbild, das ich kaum anzusehen wage aus Sorge, es könnte wieder verschwinden.

5 Im Grunde ist ja kaum etwas passiert: Einbildungen, schlechte Träume, ein paar wunderliche Reflexionen. Aber es ist entschieden: Wir fahren ab.

Esther hockt neben mir auf dem Boden, steckt Legosteine zusammen und sagt immer wieder: Schau 10 mal, Papa, schau, und ich sage: O ja, toll, ohne dass ich eine Ahnung hätte, was sie meint. Leider haben wir im Voraus bezahlt, und es gibt keine Mängel, deretwegen wir eine Rückzahlung verlangen könnten. Im Gegenteil, das Haus ist in bestem Zustand.

15 Ich werde diesen Steller trotzdem gleich mal anrufen. Ich möchte doch wissen, wer die Frau auf

Jetzt habe ich
Ich muss das abschreiben.
Aber schnell, bevor

20 Ich habe ihr Telefon, es lag neben mir auf dem Tisch, und da wollte ich, weil sie die Nummer von Steller, ich glaube jedenfalls, dass sie gesagt hat, sie hat seine Nummer in ihrem, also genau, als ich es
Genau, als ich es genommen habe, eine Nachricht.
25 Aufleuchtend auf dem Schirm. Ich konnte gar nicht anders als

Ich will dich wieder anfassen.

Und ich denke noch, was man ja immer denkt, das hat wohl eine ganz harmlose, ist vielleicht ein Scherz oder aus dem Zusammenhang oder falsch verschickt, ein Irrläufer, und ich nehme das Telefon und höre Susanna im Stockwerk über mir herumgehen, und Esther zieht an meinem Hosenbein, und ich rufe: Nicht jetzt!, und sehe, dass die Nachricht von einem David kommt, ohne Nachnamen, da steht nur David, und ich kenne keinen David und öffne also das Nachrichten- programm und sehe nach, ob

Ich
Schreibe das ab. Die Nachrichten von ihr
und von ihm. Sie soll ja nicht wissen

Wie lange bist du noch weg? Es kommt mir ewig vor
bis ich dich in meinem
Ich will in dir
Und du? Denkst du an mich und daran wie wir

Ich kann das nicht
Ich kann sie nicht abschreiben.
Ich

Du fehlst mir so.
Du fehlst mir es ist zum Verrücktwerden ich will
spüren wie
Ich kann jetzt nicht. Du weißt, das Kind
Ich will dich wie

Nein, ich kann nicht
Es genügt auch. Es gibt keine harmlose

Autorin: Diana Sackmann

Ich zittere wie
Ich kann das nicht abschreiben.
Aber ich darf mir nichts anmerken lassen, will ja herausfinden

Ich weiß nicht, wie spät es ist. Ich muss mich sammeln, muss mich sammeln. Schreiben hilft. Ich muss mich sammeln, Susanna ist fort. Esther schläft oben. Was mache ich morgen, wenn sie aufwacht, was tue ich, was sage ich ihr?

Ich habe es nicht geschafft. Ich wollte es für mich behalten und sie beobachten und herausfinden, wie tief ihre Verstellung geht. Ich wollte ihr dabei zusehen, wie sie mich anlügt, und währenddessen nachdenken und versuchen zu verstehen. Ich wollte mich zusammennehmen. Zunächst ging das auch gut.

Aber nur für drei Minuten.

Sie kam die Treppe herunter, schälte einen Apfel für Esther und sagte: Trag bitte das Gepäck raus, dann können wir los. Ich sammle noch die Spielsachen hier ein.

Mache ich sofort, sagte ich.

Und sie: Was ist mit dir los?

Ich sagte, nichts sei los, wieso?

Worauf sie sagte, sie könne doch sehen, dass etwas los sei.

Und ich: Unsinn!

Und sie: Sag schon!

Da begann ich zu schreien. Ich meinte jedenfalls, dass ich schrie, aber nach und nach kam mir der Verdacht, dass meine Stimme bloß ein Krächzen war. Sofort nachdem ich angefangen hatte, nahm sie mit einer schnellen Bewegung ihr Telefon vom Tisch. Das könne sie auch da liegen lassen, rief oder krächzte ich, während Esther starr an mir emporsah, ich hätte die Nachrichten schon abgeschrieben, hier ins Notizbuch. Wer sei bitte dieser David? Und obwohl ich meine ganze Kraft zusammennahm, um den Gedanken wegzuschieben, dachte ich, dass mir das alles vorkam, als wäre ich in einen meiner Filme geraten. Aber das machte es nicht besser. Im Film ist es witzig, wenn ein Leben zerbricht, weil die Leute dabei schlaue Sätze sagen, aber in Wirklichkeit ist es nur trist und widerlich. Ob sie es leugnen wolle, rief ich, und erst als sie mich ernst und ruhig ansah und sagte, dass sie das keineswegs wolle, wurde mir klar, wie sehr ich gehofft hatte, sie würde leugnen.

Nimm dich zusammen, sagte sie. Denk an deine Tochter. Dann hob sie Esther vom Boden auf und sagte: Zeit fürs Bett!

Die Kleine fing an zu lamentieren: Es sei noch hell, gar nicht spät, sie wolle nicht, aber Susanna gab ihr einen Kuss und trug sie aus dem Zimmer.

Ich saß reglos. Ich konnte nicht denken, ich fühlte keine Kraft in mir. Ich hörte Susanna oben auf und ab gehen, hörte sie ruhig und mütterlich mit Esther sprechen.

Ich schlug das Notizbuch auf. Ich las die Nachrichten, die Bruchstücke von Nachrichten, die furchtbaren Sätze, die ich abgeschrieben hatte, und drehte dabei irgendetwas, das auf dem Tisch gelegen hatte, zwischen meinen Fingern; es war das Geodreieck aus dem Dorfgeschäft. Von oben hörte ich Susanna ein Schlaflied singen. Weil die Untätigkeit nicht zu ertragen war, blätterte ich die Seite um und zog eine Gerade. Ich drehte das Lineal und zog sorgfältig eine zweite, im rechten Winkel. Ich legte das Lineal so an, dass ich den rechten Winkel halbierte, und zog eine dritte Gerade.

Das Ergebnis sah eigenartig aus.

Ich maß nach. Der Winkel unter dem halbierenden Strich kam auf vierzig, der darüber auf zweiundvierzig Grad. Wie war das möglich? Ich maß noch einmal den rechten Winkel: neunzig natürlich. Ich maß die beiden Winkel, die ihn zusammensetzten: Der untere kam auf vierzig, der obere auf zweiundvierzig, es hätten also einige Grade fehlen müssen, aber sie fehlten nicht, der rechte Winkel war ein rechter Winkel. Ich maß noch einmal: neunzig Grad.

Es musste wohl an meiner Verwirrung liegen, daran, dass die Welt gerade unterging. Und doch ergab es keinen Sinn. Ich konstruierte langsam und sorgfältig einen anderen rechten Winkel und maß nach: neunzig Grad. Mit zwei weiteren rechten Winkeln vervollständigte ich ihn zum Rechteck. Ich zog eine Diagonale. Zwei Winkel im Rechteck waren nun perfekt halbiert. Aber etwas stimmte nicht. Sie waren nicht direkt schief, eher undeutliche, meine Augen vermochten sie nicht ganz scharf zu stellen. Ich legte das Lineal an die Linie, die den rechten Winkel teilte, und maß den Winkel darunter: neunundvierzig. Ich legte ihn an den Winkel darüber: einundfünfzig.

$$\begin{array}{r} 49 \\ + \ 51 \\ \hline 100 \end{array}$$

Ich starrte die Zeichnung an. Etwas war irritierend; wenn man seinen Blick zwang, auf ihnen zu verharren, glitt er wie von selbst darüber hinweg. […]

Aus: Daniel Kehlmann: Du hättest gehen sollen. Erzählung. Reinbek bei Hamburg: Rowohlt Verlag 2016, S. 49–54

ERWARTUNGSHORIZONT

Inhaltliche Leistung

Aufgabe 1

	Anforderungen Die Schülerin / Der Schüler	maximale Punktzahl (AFB)	erreichte Punktzahl
1	**verfasst eine aufgabenbezogene Einleitung** unter Angabe von Titel, Autor, Textsorte und Entstehungsjahr.	3 (I)	
2	**skizziert die dargestellte Situation des Ich-Erzählers und den Aufbau des Textes,** etwa: • Ich-Erzähler sitzt am Tisch und versucht zu schreiben, Susanna packt die Koffer für die vorzeitige Abreise, er entdeckt auf ihrem Handy eine SMS ihres Geliebten. • Abend/Nacht (Zeitsprung): Erzähler setzt sich schreibend mit den vergangenen Ereignissen auseinander, Susanna ist abgereist, Esther schläft oben. • Rückblick auf vorangegangene Ereignisse: Erzähler konfrontiert seine Frau mit der SMS, es kommt zu einer Auseinandersetzung; Esther wird von Susanna zu Bett gebracht; er versucht, einen rechten Winkel mit einem Lineal zu zeichnen, um sich abzulenken, seinem Gefühlschaos zu entkommen.	5 (I)	
3	**untersucht die Eifersucht und wahnhafte Wahrnehmung des Ich-Erzählers,** etwa: • Befürchtung, unerklärliche Ereignisse könnten sich wiederholen (vgl. Z. 3 f.) • Beruhigungs- und Verharmlosungsversuche (vgl. Z. 5 f.) • Gefangensein in der eigenen Gedankenwelt und in seinen Ängsten: fehlende Aufmerksamkeit für seine Tochter (vgl. Z. 8 – 11), Bedürfnis nach einer rationalen Erklärung der mysteriösen Ereignisse im Ferienhaus (Anruf bei dem Vermieter Steller, vgl. Z. 15 f.) • Entdeckung der SMS als Auslöser seiner Eifersucht • Rechtfertigungsversuche für den Blick in Susannes Handy (Möglichkeit: Suchen nach Stellers Telefonnummer als Vorwand, Verdrängung früherer Hinweise auf eine Affäre ins Unbewusste?) • Einträge in das Notizbuch: fehlendes Vertrauen in das eigene Erinnerungsvermögen bzw. in die eigene Wahrnehmung, Beweismittel • Wunsch nach einer harmlosen Erklärung für die SMS: Scherz, Missverständnis, falsche Verbindung (vgl. Z. 30 ff.) • innerer Konflikt: Unfähigkeit, den eigenen rationalen Überlegungen und Verhaltensanforderungen zu entsprechen • Assoziationen zum Drehbuch seiner Filme (vgl. Z. 92 ff.) • Suche nach Orientierung: Ergreifen einer rein rationalen Tätigkeit (Konstruktion eines rechten Winkels), um dem Gefühlschaos zu entkommen • zunehmender Kontrollverlust: körperliche Reaktionen (vgl. Z. 55), Verlust der eigenen Körperwahrnehmung (vgl. Z. 82 ff.), Stillstand (vgl. Z. 107 f.), Verlust der Körperkontrolle („[M]eine Augen vermochten sie nicht ganz scharf zu stellen", Z. 140 f.) • vollständige Orientierungslosigkeit und Abgleiten in den Wahnsinn, Verlust jeglicher Raum- und Zeitvorstellung: „Ich weiß nicht, wie spät es ist" (Z. 65), „[W]enn man seinen Blick zwang, auf ihnen zu verharren, glitt er wie von selbst darüber hinweg" (Z. 149 f.) • Schreiben als Reflexionsprozess: Versuche, mittels Schreiben zu Verstand zu kommen, sich zu konzentrieren und entscheidungsfähig zu werden („Schreiben hilft", Z. 60)	8 (II)	

Autorin: Diana Sackmann

Texte, Themen und Strukturen

ERWARTUNGSHORIZONT

	Anforderungen Die Schülerin / Der Schüler	maximale Punktzahl (AFB)	erreichte Punktzahl
4	**untersucht das Kommunikationsverhalten des Ich-Erzählers**, etwa: • zunächst für Susanna leicht durchschaubares Ausweichverhalten und Abwehrhaltung, dann Gefühlsausbruch und Kontrollverlust: fehlende Körperwahrnehmung, überwiegender Redeanteil, Vorwürfe, Rechtfertigungszwang • Unfähigkeit zu einer konstruktiven Auseinandersetzung • Kapitulation angesichts Susannas ruhigem und reflektiertem Kommunikationsverhalten • Eingeständnis: Wunsch, Susanne verneine die Affäre	8 (II)	
5	**untersucht die erzählerische Gestaltung des Textauszugs in ihrer Funktion**, etwa: Erzählform und Erzählperspektive: personales Erzählen in der Ich-Form, Innenperspektive Erzählstandort: zunächst unmittelbare Nähe zum erzählten Geschehen, Gedankengänge und Gefühle des Ich-Erzählers werden im Handlungsmoment der Entdeckung der Affäre detailgenau geschildert; dann Distanz zum erzählten Geschehen mittels Zeitsprung (diskontinuierliche Erzähltechnik) und Tempuswechsel ins Präteritum: Reflexion der vorangegangenen Ereignisse (Schreibprozess: Notizbuch) → unmittelbares Miterleben und Desorientierung des Lesers, Einschränkung des Überblicks durch einseitige Perspektive Darbietungsformen: • Erzählbericht zur Darlegung der Ereignisse • Bewusstseinsstrom zur Veranschaulichung der inneren Vorgänge: Wiedergabe der Wahrnehmungen, Gedanken, Gefühle und Reflexionen des Ich-Erzählers so, wie sie in sein Bewusstsein fließen (vgl. Auflösung syntaktischer Strukturen) • (Selbst-)Reflexionen und Selbstbeobachtungen veranschaulichen das Bemühen um Orientierung: „Und ich denke noch […], und ich nehme […] und ich rufe […]" (Z. 28 ff.). • (in)direkte Redewiedergabe zur Veranschaulichung des Wortgefechts des Paares	7 (II/III)	
6	**untersucht die sprachlich-formale Gestaltung des Textauszugs in ihrer Funktion**, etwa: • Abbruch von Gedankengängen, Reihung von Gedankenfetzen, z. T. Auflösung syntaktischer Strukturen, eigenwillige Zeichensetzung und Zeilenumbrüche, Ellipsen, Satzergänzungen (z. B.: „Die Nachrichten von ihr und von ihm", (Z. 39 f.) als Ausdruck der emotionalen Erschütterung und Verwirrung, des unstrukturierten und unvollständigen Erfassens der Kurznachrichten auf Susannas Handy • häufiger Gebrauch des Personalpronomens „ich" am Satzanfang (z. T. anaphorische Verbindungen, u. a. Z. 45 ff.) verdeutlicht das Kreisen der Gedanken um die eigenen Befindlichkeiten, die eigenen Phobien; die Unmöglichkeit, der Gedankenwelt zu entkommen. • parataktischer Satzbau und Wiederholungen als Ausdruck der Unfähigkeit zu komplexen Gedankengängen, des Bemühens um Fassung: „Ich muss mich sammeln, muss mich sammeln. Schreiben hilft. Ich muss mich sammeln, Susanna ist fort" (Z. 59 ff.). • vorangestellte, ellipsenhafte Redebegleitsätze zur Veranschaulichung des Wortgefechts zwischen den beiden Figuren: „Und ich: Unsinn! Und sie: Sag schon!" (Z. 80 f.).	7 (II/II)	

Autorin: Diana Sackmann

Texte, Themen und Strukturen
Lernerfolgskontrolle 6, S. 4

ERWARTUNGSHORIZONT

7	**formuliert eine reflektierte Schlussfolgerung auf der Grundlage der Untersuchungsergebnisse.**	4 (III)	
8	**erfüllt ein weiteres aufgabenbezogenes Kriterium.**	(4)	
	Summe Aufgabenteil 1	**42**	

Aufgabe 2

	Anforderungen Die Schülerin / Der Schüler	maximale Punktzahl (AFB)	erreichte Punktzahl
1	**formuliert eine sinnvolle Überleitung,** z. B. mit Verweis auf die vergleichbare Problematik der beiden Männerfiguren.	3 (I)	
2	**stellt dar, wie die Figur Gottfried Klausen angelegt ist,** etwa: • rationale Weltsicht, Kontrollbedürfnis, Faktenorientierung, Akribie im Beruf, sieht Theater als Scheinwelt • Festhalten an bürgerlichen Werten: Treue, Zuverlässigkeit, Sparsamkeit • Unfähigkeit zur Kommunikation, Vermeidungsstrategien • Irritation: vermeintlicher Ehebruch, schicksalhafte Ereignisse • Lebensentwurf gerät ins Wanken, Zerrissenheit (Gefühl – Verstand), Theaterinszenierung hinterlässt Spuren? Nachlässigkeit im Beruf, Vermischung von Beruflichem und Privatem • Kontrollverlust, Orientierungslosigkeit, Wahnvorstellungen • Selbsterkenntnis; Mordfantasien?	8 (I)	
3	**vergleicht die Gestaltung der Männerfiguren im Hinblick auf Ähnlichkeiten im Umgang mit einem möglichen Treuebruch ihrer Frauen,** etwa: • Verkennung erster Anzeichen, Telefonat bzw. SMS als Auslöser • Hoffnung auf eine harmlose Erklärung: Missverständnis, falsche Verbindung • Unfähigkeit zur Kommunikation • Gefühlswelt nimmt immer mehr Raum gegenüber rationaler Weltsicht ein: Orientierungslosigkeit, Kontrollverlust, Wahnvorstellungen, Vermischung Berufliches – Privates. • „künstlerische" Verarbeitung der Situation: Drehbuch, Theater	8 (II)	

4	**vergleicht die Gestaltung der Männerfiguren im Hinblick auf Unterschiede im Umgang mit einem möglichen Treuebruch ihrer Frauen,** etwa
	• Treuebruch wird seitens Susannas eingestanden, vermeintlicher Treuebruch Xenias
	• Unfähigkeit zur Kommunikation der beiden männlichen Hauptfiguren äußert sich in unterschiedlicher Weise:
	  – Unfähigkeit, rationalen Überlegungen zu folgen, Konfrontation Susannas mit der SMS und Gefühlsausbruch des Ich-Erzählers in Langes Erzählung
	  – Vermeidungsstrategie, Reflexion und Selbsterkenntnis Gottfried Klausens (Umsetzung eines Mordplans?)
		8 (II)	

5	**formuliert eine reflektierte Schlussfolgerung auf Grundlage der Untersuchungsergebnisse.**	3 (III)	
6	**erfüllt ein weiteres aufgabenbezogenes Kriterium.**	(4)	
	Summe Aufgabenteil 2	**30**	

Autorin: Diana Sackmann

Texte, Themen und Strukturen

Darstellungsleistung

	Anforderungen Die Schülerin / Der Schüler	maximale Punktzahl	erreichte Punktzahl
1	strukturiert den Klausurtext kohärent, schlüssig, stringent und gedanklich klar.	6	
2	formuliert unter Beachtung der fachsprachlichen und fachmethodischen Anforderungen.	6	
3	belegt Aussagen durch angemessenes und korrektes Zitieren.	3	
4	drückt sich allgemeinsprachlich präzise, stilistisch sicher und begrifflich differenziert aus.	5	
5	formuliert lexikalisch und syntaktisch sicher, variabel und komplex (und zugleich klar).	5	
6	schreibt sprachlich richtig.	3	
	Summe Darstellungsleistung	**28**	
	Gesamtpunktzahl	**100**	
	Note: **Datum:**		

Autorin: Diana Sackmann

| GK | 5 "UNTERWEGS SEIN" – LYRIK VON DER ROMANTIK BIS ZUR GEGENWART |
| LK | 5 "UNTERWEGS SEIN" – LYRIK VOM BAROCK BIS ZUR GEGENWART |

GK 5 „unterwegs sein" – Lyrik von der Romantik bis zur Gegenwart
LK 5 „unterwegs sein" – Lyrik vom Barock bis zur Gegenwart

Konzeption des Kapitels

GK: Arbeitsheft für den Grundkurs; **LK:** Arbeitsheft für den Leistungskurs;
Texte, Themen und Strukturen: Ausgabe Nordrhein-Westfalen, 978-3-464-68112-1 / 978-3-464-68111-4

Seite	Sequenz/ Materialien	Didaktisch-methodische Hinweise	Anknüpfung an „Texte, Themen und Strukturen"
GK 62 ff. LK 60 ff.	5.1 Annäherung an ein Thema der Lyrik *Joseph von Eichendorff:* „Frische Fahrt" *Kurt Tucholsky:* „Luftveränderung" *Sarah Kirsch:* „Fluchtpunkt" *Norbert Göttler:* „Brücken von Venedig" Information: Literarisches Motiv Unterwegssein und Reisen in der Literatur	Mittels eines Wortspeichers wird eine Auffächerung des Begriffs „Unterwegssein" vorgenommen: Thematisch beschränkt sich das Kapitel nicht auf „Reiselyrik", sondern umfasst auch Texte, in denen Unterwegssein metaphorisch als Bild der Veränderung dient. Die präsentierten Gedichte bieten eine erste Möglichkeit, die Facetten des Unterwegsseins in der Literaturgeschichte an Beispielen zu veranschaulichen (z. B. Ich-Findung, Horizonterweiterung).	Literaturhistorische Einordnung: Synopse im Buchdeckel sowie „Literarische Epochen und Strömungen im Überblick" (S. 374 f.)
LK 63	LK 5.2 Leben und Vergehen – „Unterwegssein" in der Lyrik des Barock *Andreas Gryphius:* „Betrachtung der Zeit" *Martin Opitz:* „Ach Liebste, lass uns eilen" Information: Lyrik des Barock	Die beiden Gedichte exemplifizieren typische barocke Sichtweisen auf das Unterwegssein, nämlich: Ewigkeit als Gegenpol zu menschlichem Zeitenlauf (Gryphius), Carpe-diem-Aufforderung angesichts der Vergänglichkeit alles Seins (Opitz).	Die zentralen Motive des Barock lassen sich vertiefend an weiteren Gedichten nachweisen (S. 387 ff.); der „Epochenüberblick – Barock" (S. 391 f.) gibt zusätzliche Informationen.
LK 64 ff.	*Andreas Gryphius:* „An die Welt" Information: Sonett und Alexandriner Sprachliche Mittel	An einem typischen Barock-Sonett werden die Gedichtanalyse geübt und die Besonderheit dieser Gedichtform erarbeitet.	Es kann ein Gedichtvergleich zu „Es ist alles eitel" (S. 389) angeregt werden.
LK 66	LK 5.3 Veränderung und Beständigkeit – Von der Aufklärung zur Weimarer Klassik *Johann Peter Uz:* „Versuch über die Kunst, stets fröhlich zu sein"	Das Lehrgedicht von Uz erlaubt es, die Glücksutopie der Aufklärung zu veranschaulichen, die hier an das Unterwegssein geknüpft ist.	Zur Ergänzung dienen der „Epochenüberblick – Aufklärung" (S. 404), aufklärerische Sachtexte, z. B. *Kant:* „Beantwortung der Frage: Was ist Aufklärung?" (S. 395 f.), sowie Fabeln und Parabeln, z. B. *Lessing:* „Die Wasserschlange" (S. 399).

| GK | 5 „UNTERWEGS SEIN" – LYRIK VON DER ROMANTIK BIS ZUR GEGENWART |
| LK | 5 „UNTERWEGS SEIN" – LYRIK VOM BAROCK BIS ZUR GEGENWART |

Seite	Sequenz/ Materialien	Didaktisch-methodische Hinweise	Anknüpfung an „Texte, Themen und Strukturen"
LK 67	*Johann Wolfgang Goethe:* „Pilgers Morgenlied"	Das Gedicht verdeutlicht, wie im Sturm und Drang das Innenleben des lyrischen Sprechers in den Vordergrund tritt. Nicht das Erlebte, sondern das Erleben wird thematisiert. Unterwegssein erscheint als Weg, der an der Heimat der Geliebten vorbeiführt und die Liebe wachruft.	Die im Gedicht dargestellte Liebeserfahrung lässt sich mit einem Auszug aus *Goethe:* „Die Leiden des jungen Werther" (S. 413 f.) oder mit seinem Gedicht „Neue Liebe, neues Leben" (S. 55) vergleichen.
LK 68	*Johann Wolfgang Goethe:* „Dauer im Wechsel"	Das Gedicht spiegelt die klassische Idee von der Kunst als Gegenpol zu einer vergänglichen, im Wandel befindlichen Welt. Die Schüler/-innen wiederholen zudem die Bestimmung von Reim und Metrum und üben sich im Formulieren von Deutungsthesen.	Eine Präzisierung bieten die Information „Das Kunst- und Literaturprogramm der Klassik" (S. 430) und die theoretischen Schriften von *Goethe:* „Italienische Reise" (S. 421) und „Natur und Kunst" (S. 423) sowie von *Schiller:* „Idealisierung als Aufgabe des Dichters" (S. 423).
LK 69	*Friedrich Schiller:* „Der Pilgrim"	Schillers balladenhafter Text zeigt die Illusion, im Reisen sich selbst oder transzendentes Glück finden zu können. Gerade an einem Pilger, einem Wanderer, wird der Irrtum aufgezeigt.	Der Eingangsmonolog aus *Goethe:* „Faust" (S. 429) bietet sich als Vergleichstext an.
LK 70	Information: Lyrik des 18. Jahrhunderts: Aufklärung – Sturm und Drang – Weimarer Klassik	Vor dem Hintergrund der literarischen Strömungen werden epochenspezifische Merkmale der Gattung Lyrik vermittelt. Anhand zeitgenössischer Zitate wird die jeweilige Zuordnung vertiefend geübt.	Historische Hintergründe sowie weitere Vertreter und Gattungsbesonderheiten liefern die Epochenüberblicke „Aufklärung" (S. 404), „Sturm und Drang" (S. 419;) „Weimarer Klassik" (S. 430 f.).
GK 65 f. LK 71 f. GK 65 GK 66, LK 72	**5.2 bzw. 5.4 Weltflucht und Heimkehr – Von der Romantik zum Realismus** *Joseph von Eichendorff:* „Der frohe Wandersmann" Information: Klangfiguren Reim und Metrum Lyrik des 19. Jahrhunderts: Romantik	An Eichendorffs Gedicht lässt sich die romantische Vorstellung eines Unterwegsseins als Selbstzweck erschließen. Das abgebildete Gemälde verdeutlicht die genreübergreifende Beschäftigung mit dem Thema „Reisen" in der Romantik, zeigt aber auch Unterschiede in der Darstellung und im Verständnis. Darüber hinaus werden Kenntnisse zur formalen Gedichtanalyse (Strophe, Reim, Metrum) wiederholt und angewendet.	Mit *Eichendorffs* „Sehnsucht" und dem Gemälde „Frau am Fenster" (S. 435) kann das Fenster als typisch romantisches Motiv für den Aufbruch zum „Unterwegssein" erarbeitet werden. Zur Vertiefung dienen programmatische Texte zum Poesiekonzept der Romantik, z. B. *Novalis:* „Romantisieren – Fragmente zur Poetik", *Friedrich Schlegel:* „116. Athenäum-Fragment" (S. 440). Ergänzungen zu formalen Aspekten bietet der Informationskasten „Reim, Metrum, Strophen- und Gedichtformen" (S. 197 f.).

GK 5 „UNTERWEGS SEIN" – LYRIK VON DER ROMANTIK BIS ZUR GEGENWART
LK 5 „UNTERWEGS SEIN" – LYRIK VOM BAROCK BIS ZUR GEGENWART

Seite	Sequenz/ Materialien	Didaktisch-methodische Hinweise	Anknüpfung an „Texte, Themen und Strukturen"
GK 67 LK 73	*Wilhelm Müller:* „Der Wegweiser" *Paul Celan:* „Der unbegangene Weg" (Übersetzung von *Robert Frost:* "The Road not taken") Information: Volksliedhafte Lyrik	Der Kontrast des romantischen Gedichts von Müller mit Celans Übersetzung aus dem 20. Jahrhundert kann typisch romantische Grundgefühle als zeitlos ausweisen. Zusätzlich lässt sich an Müller die Volksliedhaftigkeit romantischer Lyrik nachweisen.	Weitere Informationen und Vertreter bietet der „Epochenüberblick – Romantik" (S. 441 f.).
GK 68 LK 74	*Heinrich Heine:* „Jetzt wohin?" *Theodor Fontane:* „Unterwegs und wieder daheim" Information: Lyrik des 19. Jahrhunderts: Realistische Strömungen	Die Epoche des Realismus wird über diese beiden Gedichte prominenter Vertreter vorgestellt, in denen Heimatlosigkeit und Heimatverbundenheit kontrastiv gegenüberstehen.	Der Auszug aus *Heine:* „Deutschland. Ein Wintermärchen" (S. 450) kann einbezogen werden, um die politische Dimension des Frührealismus zu vertiefen. Der Realismus-Begriff lässt sich über den Aufsatz von *Fontane:* „Was verstehen wir unter Realismus?" (S. 459) erschließen.
GK 69	*August von Platen:* „[Es sehnt sich ewig dieser Geist]" Information: Sonett	An diesem spätromantischen Gedicht wird eine präzise Analyse unter Berücksichtigung der Sonderform des Sonetts geübt.	Im Kapitel „Arbeitstechniken und Methoden" findet sich eine weitere Übung zur Vorbereitung auf die mündliche Abiturprüfung (S. 572 ff.).
GK 70 LK 75	**5.3 bzw. 5.5 Eine Welt im Umbruch – Lyrik der Moderne** *Rainer Maria Rilke:* „Das Karussell" Information: Lyrik der Jahrhundertwende um 1900	Rilkes Gedicht ist ein Beispiel für das Unterwegssein als Wandel, aber auch als Wiederkehr von Lebenssituationen oder -phasen.	Um weiterführend zu prüfen, inwieweit Rilkes Gedicht der modernen Lyrikrichtung des „Symbolismus" oder „Ästhetizismus" zuzuordnen ist, bietet sich *Hermann Bahr:* „Symbolisten" (S. 475 f.) an.
GK 71 f. LK 76 f.	*Gottfried Benn:* „D-Zug" Information: Lyrik des Expressionismus	Benns Gedicht thematisiert das Reisen mit einem Massentransportmittel und stellt so einen Vergleich mit der Verdinglichung und Entindividualisierung des Menschen her. Eine Analyse der sprachlichen Mittel zeigt die epochentypische Expressivität der entworfenen Bilder.	Die Informationen aus dem „Epochenüberblick – Expressionismus" (S. 491) können zum Gedichtverständnis beitragen. Als Vergleichstext hinsichtlich der teils grotesken Bildhaftigkeit bietet sich *Georg Heym:* „Die Irren" (S. 486) an.
GK 73 f. LK 78	*Paul Boldt:* „In der Welt" (nur GK) *Else Lasker-Schüler:* „Weltflucht" Information: Sprachliche Mittel	Boldts Gedicht zeigt eine andere Dimension des Unterwegsseins im Expressionismus: die Aufspaltung der Identität und die Reise als Gedankenspiel. Letzteres findet sich auch bei Lasker-Schüler, bei der jedoch das Ziel der Reise (zu sich selbst kommen) klar umrissen ist.	Die Ich-Dissoziation, von der Boldts Gedicht handelt, lässt sich vergleichen mit der in *Alfred Lichtenstein:* „Punkt" (S. 486).

GK	5 „UNTERWEGS SEIN" – LYRIK VON DER ROMANTIK BIS ZUR GEGENWART
LK	5 „UNTERWEGS SEIN" – LYRIK VOM BAROCK BIS ZUR GEGENWART

Seite	Sequenz/ Materialien	Didaktisch-methodische Hinweise	Anknüpfung an „Texte, Themen und Strukturen"
GK 75 f. LK 79 f.	**5.4 bzw. 5.6 Brüchigkeit der Heimat – Lyrik des 20. und 21. Jahrhunderts** *Max Hermann-Neiße:* „Heimatlos" *Issam Al-Najm:* „Die Grenze der Angst" Information: Lyrik in der Exilliteratur Der lyrische Sprecher und das lyrische Ich	Eingeleitet wird die Beschäftigung mit Lyrik des 20. und 21. Jahrhunderts mit zwei Gedichten zum Thema „Migration" – einmal von einem Autor aus der Zeit der Exilliteratur (1933–1945), einmal aus der Gegenwart von einem syrischen Flüchtling. Rückblickend kann mit Heine: „Jetzt wohin?" (→ S. 118 f.) auch ein thematisch ähnlich gelagertes Gedicht aus dem 19. Jahrhunderts einbezogen werden.	Exilerfahrungen thematisieren auch folgende Gedichte: *Hilde Domin:* „Hier" (S. 500), *Mascha Kaléko:* „Der kleine Unterschied" (S. 501). Hintergrundwissen bietet der „Epochenüberblick – Exilliteratur" (S. 504).
GK 77 LK 81	*Hermann Hesse:* „Stufen"	In Bezug auf das Entstehungsdatum lässt sich dieses Gedicht im biografischen Kontext betrachten: Reise als Unterwegssein im eigenen Leben. Dies wird anhand von Deutungsthesen geprüft.	
GK 78 f. LK 82 f.	*Bertolt Brecht:* „Der Radwechsel" *Jan Wagner:* „Hamburg–Berlin" Information: Lyrik von 1945 bis zur Jahrhundertwende	Beide Gedichte thematisieren eine Reiseunterbrechung. Die vergleichende Gedichtanalyse zielt auf die unterschiedliche Reaktion des lyrischen Sprechers auf den unfreiwilligen Stopp.	Die Zerrissenheit des lyrischen Sprechers im Hinblick auf eine Situation des „Dazwischen" findet sich auch in *Thomas Brasch:* „Lied" (S. 60). Literaturhistorische Informationen bieten der „Epochenüberblick – Nachkriegszeit" (S. 518 ff.) und „Tendenzen der Gegenwartsliteratur" (S. 547 f.).
GK 80 LK 84	*Annerose Kirchner:* „Zwischen den Ufern" *Hans Magnus Enzensberger:* „Aufbruchsstimmung"	Das Unterwegssein von ganzen Gesellschaften ist Thema dieser beiden Gedichte zur deutschen Wende, geschrieben aus einer Ost- bzw. Westperspektive. Während Kirchner auf den Zustand eines Übergangs fokussiert, stellt Enzensberger die Facetten eines gesellschaftlichen Aufbruchs dar.	Zur Vertiefung können weitere Gedichte zur „Wende" herangezogen werden, z. B. *Durs Grünbein:* „Novembertage I. 1989" (S. 534), *Volker Braun:* „Das Eigentum" (S. 534), *Sarah Kirsch:* „Aus dem Haiku-Gebiet" (S. 535).
GK 81 LK 85	**5.5 bzw. 5.7 Selbstreflexion als Reise – Lyrik des 21. Jahrhunderts** *Matthias Politycki:* „Rote Berge, weiße Wüste, egal"	Das Gedicht spiegelt die Beliebigkeit von Reisezielen in der heutigen Zeit wider. Abenteuerlust und der Reiz der Gefahr sind gepaart mit einer Unfähigkeit zur Selbstwahrnehmung. Die Schüler/-innen werden zudem aufgefordert, ein eigenes Reisegedicht zu schreiben.	Methodische Hinweise zum eigenen Schreiben von Gedichten bieten die „Lyrik-Schreibanregungen" (S. 62).

GK 5 „UNTERWEGS SEIN" – LYRIK VON DER ROMANTIK BIS ZUR GEGENWART
LK 5 „UNTERWEGS SEIN" – LYRIK VOM BAROCK BIS ZUR GEGENWART

Seite	Sequenz/ Materialien	Didaktisch-methodische Hinweise	Anknüpfung an „Texte, Themen und Strukturen"
GK 82 f. LK 86 f.	Durs Grünbein: „Unbekümmert, anderntags, Verse" Cro: „Einmal um die Welt"	Sowohl in Grünbeins Gedicht als auch im Songtext des Rappers Cro wird eine Liebebeziehung mit dem Motiv der Reise verbunden – einmal als gemeinsame Reise zweier Körper, einmal als Einladung zu einer Weltreise. Cro ist mit seinen Verweisen auf die Warenwelt ein Beispiel der Popliteratur.	Ergänzend können die „13 Thesen zur Gegenwartsliteratur" (S. 545 f.) des Literaturkritikers *Thomas Kraft* vollständig einbezogen werden.
GK 84 LK 88	5.6 bzw. 5.8 Klausurtraining: Zwei Gedichte analysieren und vergleichen Clemens Brentano: „In der Fremde" Hilde Domin: „Mit leichtem Gepäck"	Im Klausurtraining wird das schrittweise Vorgehen beim Analysieren und Vergleichen von Gedichten geübt. Die wichtigsten Deutungsaspekte sind in Form eines Erwartungshorizontes ausgeführt. Zwei weitere Klausurvorschläge (mit Erwartungshorizonten) bietet diese Handreichung (→ S. 134 ff.).	Die fünf Schritte entsprechen dem Vorgehen im Klausurtraining in „Texte, Themen und Strukturen". Auf den Seiten 206 ff. wird das Vorgehen am Vergleich von *Joseph von Eichendorff*: „Lied" mit *August Stramm*: „Untreu" geübt. Als einfachere Übung kann die Analyse von *Gottfried Benn*: „Reisen" (S. 64 ff.) einbezogen werden. Zu Teilkompetenzen der Gedichtanalyse siehe auch die Informationskästen „Richtiges Zitieren" (S. 184), „Checkliste: Zu vermeidende Fehler beim Zitieren" (S. 596), „Operatoren" (S. 207), „Aspekte einer Gedichtanalyse" (S. 208), „Deutungsthesen ausführen" (S. 209), „Formulierungsbausteine" (S. 210), „Checkliste: Ein Gedicht analysieren" (S. 211), „Analyseaufsatz – Grundlegende Probleme lösen" (S. 211). Unterstützen kann auch das Kapitel „Texte planen, schreiben und überarbeiten – Die Schreibkompetenz verbessern" (S. 580 ff.).

Literaturhinweise:

Augustin, Michael / Leitner, Anton G. (Hg.): „Das Gedicht". Zeitschrift für Lyrik, Essay und Kritik. Bd. 21: Pegasus & Rosinante. Wenn Poeten reisen. Anton G. Leitner Verlag, Weßling b. München, 2013

Babel, Rainer / Paravicini Werner (Hg.): Grand Tour. Adeliges Reisen und europäische Kultur vom 14. bis zum 18. Jahrhundert. Thorbecke, Ostfildern 2005

Conrady, Karl Otto (Hg.): Von einem Land und vom andern. Gedichte zur deutschen Wende. Suhrkamp, Frankfurt/M. 1993

Leitner, Anton G. und Gabriele Trinkler: Gedichte für Reisende. dtv, München 2015

Meid, Volker: Barock-Themen. Eine Einführung in die Literatur des 17. Jahrhunderts. Reclam, Stuttgart 2015

Nickel, Artur (Hg.): Von Fluchten und Wiederfluchten. Eine Anthologie. Geest, Vechta 2017

Richter, Sandra: Eine Weltgeschichte der deutschsprachigen Literatur. Bertelsmann, München 2017

Stagl, Justin: Eine Geschichte der Neugier. Die Kunst des Reisens von 1550–1800. Böhlau, Wien 2003

Wermke, Jutta (Hg.): Wege durch Europa. Reisen und Reiseliteratur im fächerübergreifenden Unterricht. Schneider, Hohengehren 2002

5.1 Annäherung an ein Thema der Lyrik

1 Individuelle Lösungen

▶ GK 62
LK 60

2 Mögliche Zuordnungen:

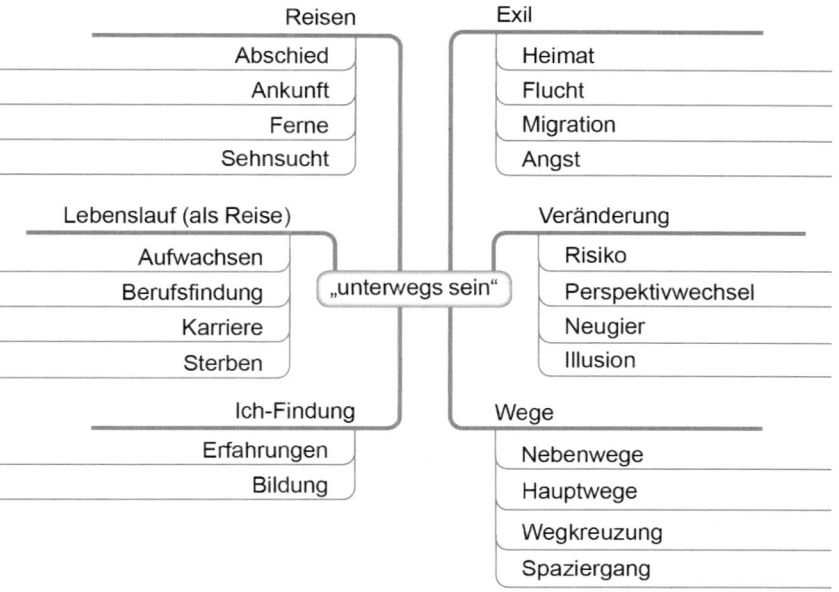

3 Mögliche Zuordnungen:
A: Reisen
B: Veränderung, Risiko (GK); Lebenslauf als Reise (LK)
C: Erfahrungen
D: Exil
E: Perspektivwechsel
F: Sehnsucht
G: Illusion

Die Arbeit an diesen drei Aufgaben kann mit einem Partnervergleich enden, bei dem die Schülerinnen und Schüler gebeten werden, eine Gemeinsamkeit und einen Unterschied in ihren Lösungen herauszufiltern, die sie anschließend in der Klasse vorstellen.

Vom Unterwegssein – Facetten des Themas „Reisen" in der Literatur beleuchten

Joseph von Eichendorff: Frische Fahrt (1815) – Auszug
Kurt Tucholsky: Luftveränderung (1924) – Auszug
Sarah Kirsch: Fluchtpunkt (1982)
Norbert Göttler: Brücken von Venedig (2013)

▶ GK 63
LK 61

1 Individuelle Lösungen

2 Wind, wehen: als Antrieb bei Eichendorff (V. 2), als Ausdruck von Schnelligkeit bei Tucholsky („wehen deine Haare", V. 4)
Strom, Wasser: Reiseweg bei Eichendorff (V. 3) und Tucholsky („Wasserkahn", V. 3); bei Göttler sind es die Brücken, die zwei Ufer miteinander verbinden, die Reisenden bleiben an einem Ort
Ferne, Fremde: bei Eichendorf Entfernung von den Daheimgebliebenen („weit von euch", V. 2), bei Tucholsky die ganze Welt (V. 13) und Fremdheit der Orte, Menschen und der Kultur („fremde Städte", „fremde Gassen", „fremde Menschen", „fremde Tassen", V. 5–8)
Reisender: gibt sich bei Eichendorf den Verlockungen hin („selig blind", V. 4; „Tausend Stimmen lockend schlagen", V. 5), fragt nicht nach dem Ziel (V. 7 f.); rast bei Tucholsky durch die Welt, nimmt alle Eindrücke mit (V. 5–8, 10–12) und bleibt doch er selbst (V. 15 f.); ist bei Kirsch ein Getriebener, dem keine Zeit bleibt, die Reiseorte kennen zu lernen

GK 5 „UNTERWEGS SEIN" – LYRIK VON DER ROMANTIK BIS ZUR GEGENWART
LK 5 „UNTERWEGS SEIN" – LYRIK VOM BAROCK BIS ZUR GEGENWART

Tempo, Schnelligkeit: bei Eichendorff treibt das lyrische Ich die Fahrt voran („Fahre zu!", V. 7); ähnlich bei Tucholsky („fahre, Junge, fahre!", V. 2; „durchflitzt / ohne Rast und Ruh", V. 13 f.); bei Kirsch im Vergleich/Kontrast zum Reisetempo zu Heines Zeiten („vertrödeln", V. 2; „zwei Wochen", V. 3) braucht es nur noch einen Tag für die gleiche Strecke (V. 4), Reisen wird zu „weiterrasen" (V. 9)

Reisemittel: Schiff bei Eichendorff, Wasserkahn und Eisenbahn bei Tucholsky, bei Kirsch Auto, Maschinen, die für den Menschen einen Zwang darstellen (V. 8)

Brücke: bei Göttler zum einen typisches Kennzeichen der Stadt Venedig, zum anderen Ort der Verbindung zweier Ufer, der hier für Stillstand und Unentschlossenheit steht

▶ GK 64
LK 62

3

Aspekt	Gedicht	Ausprägung
Reise als Selbstzweck Sehnsucht nach Ferne	Eichendorff: Frische Fahrt	begeistertes Reisen ohne Ziel Abgrenzung von den Daheimgebliebenen (V. 2)
Reise als Flucht Hoffnung auf Veränderung	Tucholsky: Luftveränderung	Reisender flieht vor dem Alltag (V. 9) Vergeblichkeit dieser Hoffnung (V. 13–16)
Veränderung in der Art des Reisens (gestern und heute) ▪ Schnelligkeit ▪ Oberflächlichkeit	Kirsch: Fluchtpunkt	moderne Transportmittel führen zu einer Unaufhaltsamkeit des Reisens (V. 5–7) keine Wahrnehmung, Erforschung von Einzelheiten, keine Zeit für Begegnungen mit Menschen
Tourismus Metapher für Lebensentscheidungen	Göttler: Brücken von Venedig	konkreter Bezug zu Venedig (Titel) Unentschlossenheit, sich für eine Uferseite zu entscheiden; Brücke als Ort des Stillstands

▶ LK 63

(Nur im Arbeitsheft Leistungskurs:)

5.2 Leben und Vergehen – „Unterwegssein" in der Lyrik des Barock

Andreas Gryphius: Betrachtung der Zeit (1643)
Martin Opitz: Lied (1624)

1 a Individuelle Lösungen. Mögliche Eindrücke: den Augenblick zu leben ist auch heute typisches Lebensgefühl; Angst vor Zeitverlust, davor, etwas zu verpassen; Angst vor dem Altern; Jenseitsorientierung vermutlich kaum aktuell

  b Überlegungen zur (Lebens-)Zeit; Credo, den Augenblick zu nutzen; dieser steht symbolisch für Höheres

2 In beiden Gedichten zeigen sich die Schlüsselmotive des Barock:

Motive	Gryphius: „Betrachtung der Zeit"	Opitz: „Lied"
„memento mori"	Bewusstsein des Vergehens der Zeit, die die Jahre „nimmt" (V. 1); Gott als Herrscher über die Sterblichkeit	Erkenntnis, dass man den schnell vergehenden Jahren folgen muss (V. 10)
„vanitas"	alles Irdische ist nichtig, es gehört einem nicht („Mein sind die Jahre nicht", V. 1, 2)	Bewusstsein, dass Schönheit vergeht und der menschliche Körper alt wird (z. B. V. 3 f.)
„carpe diem"	dem Menschen gehört nur der Augenblick, den er achtet und nutzt (V. 3);	Aufforderung, das Jetzt und die Jugend zu genießen (V. 9)

Auch formal weisen beide Gedichte typische Merkmal der Barocklyrik auf: Gryphius umkreist streng die Idee der Zeit, Opitz stellt antithetische Gegensatzpaare auf: z. B. „lass uns eilen / Wir haben Zeit" (V. 1), „Dass alles, was wir haben / Verschwinden muss" (V. 4).

3 Mögliche Formulierungen:
zu Gryphius: Dir gehört weder die Vergangenheit noch die Zukunft. Nutze den Augenblick, so bist du bei Gott.
zu Opitz: Nutze die Jugend und liebe, bevor das Leben und die Schönheit der Geliebten vergehen.

Leben als Schifffahrt – Ein barockes Sonett analysieren

Andreas Gryphius: An die Welt (1650) ▶ LK 64

1/2 a/b Individuelle Lösungen

2 c Mögliche Übertragung:
Mein oft von Stürmen erfasstes Schiff wurde zum Spielball heftiger Winde
und Wellen – fast hätte es die Flut gespalten.
Es ist über Klippen auf Sand gelaufen –
Nun kommt es vorzeitig in den Hafen, den meine Seele sucht.

Oft, wenn uns mittags die schwarze Nacht überfiel,
Hat der schnelle Blitz unsere Segel fast verbrannt!
Wie oft hab ich mich in dem Wind und den Himmelsrichtungen getäuscht!
Wie schadhaft sind Spriet, Masten, Steuer, Ruder, Schwert und Kiel.

Steig aus, du müder Geist, steig aus! wir sind an Land!
Warum hast du Angst vor dem Hafen, da du jetzt alle Fesseln
Der Angst und herben Pein und schwerer Schmerzen los sein wirst.

Ade, verfluchte Welt: du See voll rauer Stürme!
Glück finde ich in meinem Vaterland, das mich stets mit Ruhe,
Schutz und Frieden beschirmt – du ewiges Schloss!

3 a–c

Aufbau	Inhalt	Aussage/Deutung
1. Strophe (Quartett 1)	Ein Schiff, das viele Stürme überstanden hat, fährt vorzeitig in den Hafen.	Leben als bewegende Schifffahrt mit Hindernissen, Gefahren, Nicht-weiter-Kommen (Auflaufen auf Sand); Mensch als Spielball der Natur / des Schicksals; Hafen (Heim) als Ziel, Sehnsuchtsort der Seele = Ankunft bei Gott
2. Strophe (Quartett 2)	Das lyrische Ich erinnert sich an konkrete Bedrohungen durch Naturereignisse, Navigationsfehler und Schäden am Schiff.	schwarze Nacht am Mittag, einschlagende Blitze = schweres Unwetter, Unglück aus heiterem Himmel; Verkennung von Orientierung im Leben; für Schäden anfälliges Schiff steht auch für Unmöglichkeit, sich auf etwas verlassen zu können
3. Strophe (1. Terzett)	Lyrisches Ich fordert sich selbst auf heimzukehren, da das Ziel erreicht ist und die Erschwernisse des Lebens vorbei sind.	nach Rückblick auf Vergangenheit nun Gegenwart; Verlassen des Schiffes und an Land gehen = Ankommen an einem neuen Ort (Jenseits); statt Gefahren Befreiung von Sorgen (Fesseln); Zögern verkörpert Angst vor dem Ziel der Reise (Tod)
4. Strophe (2. Terzett)	Lyrisches Ich nimmt Abschied vom Unterwegssein in der Welt und freut sich auf das Vaterland bzw. Reich Gottes.	Gegenüberstellungen: Ade – Glück = Abschied und Willkommen; „See voll rauer Stürme" – „Schutz und Frieden"; Ankunft im ewigen Reich; Jenseits erscheint als Heil, das den Menschen beschirmt; Tod damit nicht als Lebensende, sondern als Hoffnung und Vertrauen auf ein besseres Leben

4 Es zeigen sich sonetttypisch verschiedene Kontrastierungen:
- Vergangenheit (Rückblick) in den Quartetten – Gegenwart (Ankunft) in den Terzetten
- Gefahren durch äußere Faktoren (1. Quartett) – Gefahr durch den Schiffer selbst und die Anfälligkeiten des vom Menschen erbauten Schiffes (2. Quartett)
- Furcht vor der Ankunft (1. Terzett) – Freudige Begrüßung des Ankommens (2. Terzett)

Insbesondere das letzte Terzett erscheint als Conclusio für die in den Quartetten dargestellten Gefahren des Lebens (Thesis).

Der **Alexandriner** wird als Kontrastmittel genutzt (etwa V. 10), aber auch als Additum (V. 8) oder Explikation (V. 12).

▶ LK 65 **5 a**

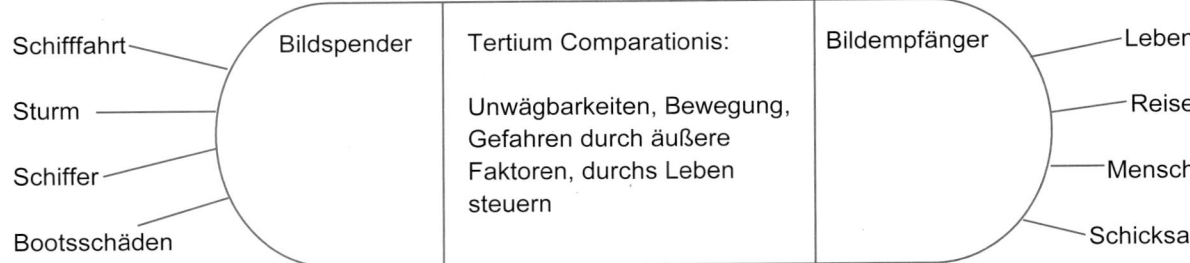

b Mit dem Bildfeld der Schifffahrt wird im Sonett verdeutlicht, dass der Mensch in seinem Leben äußeren Umständen hilflos ausgeliefert ist, zum einen, weil er selbst nicht genügt und Fehler macht, zum anderen, weil das von ihm Erschaffene (Schiff) sich als untauglich zur Sturm- bzw. Lebensbewältigung erweist. Gleichzeitig verkörpert die Schifffahrt das Auf und Ab des Lebens. Der Aspekt der Lebensreise zeigt sich darin, dass es ein Auslaufen und Einfahren in den Hafen, also ein Anfang und ein Ende gibt.

c Bildfeld: Hafen
Bildspender: Ort für Schiffe, ankern, an Land gehen, auslaufen
Tertium Comparationis: Sicherheit, Gegensatz zum offenen Meer, Ankommen
Bildempfänger: Heimat, Schutz, Sehnsuchtsort, Jenseits (Tod)
Das Bild des Hafens steht für die Ankunft nach einer langen Reise bzw. einem langen Leben an dem Ort, der für jeden Menschen bestimmt ist und der Schutz und Frieden verspricht (bei Gott).

6 a Akkumulation: V. 3, 8, 10 f., 13 f.
Alliteration: V. 3 (*Klip auff Klip; Schaum und Sandt*), V. 6, 11, 12–14 (*s*)
Assonanz: V 1 (*i*), V. 8 (*ei*), V. 14 (*i*)
Parallelismus: V 1 f., 2 f., V. 7 f. (Anapher)

b Vor allem über Klangfiguren werden im Gedicht Verbindungen erzeugt und Wortgruppen zusammengefügt. Das Unglück erscheint insofern als zusammengehörig; die Akkumulationen wirken einerseits bedrohlich (V. 3, 10 f.), am Ende zeigen sie in der Rettung das vollkommene Glück (V. 13 f.).

7 Inhalt:
- Heilsordnung: Der irdischen Not stellt das Gedicht ein überirdisches Heil gegenüber (antithetische Darstellung der Welt, die sich auch in der äußeren Form zeigt: Sonett mit typischem Kontrast zwischen Unglück und Rettung; Alexandriner in Kontrast- und Erläuterungsfunktion).
- Schifffahrt: Auszug, Kampf und Rückkehr stehen einerseits für Reise des Lebens, andererseits kann die stürmische See auch als Hinweis auf lang anhaltende Kriegskämpfe gedeutet werden.
- Einkehr in den Hafen: Tod und Ankunft bei Gott markieren das Ziel der Reise (*Vaterland, ewig-lichtes Schloss*).

Motive:
- Schlüsselmotive des Barock wie „memento mori" und „vanitas" sind im Bild der stürmischen See zu erkennen; den Kräften der Natur (Gottes Schöpfung) ist der Mensch mit seinen irdischen Fehlern ausgeliefert, der Tod allgegenwärtig (*überfallen, schneller Blitz*)
- Diesseits als stürmische See; Nacht; Jenseits als Schutzschirm, helles Schloss
- Tod als Hafen
- Seefahrt als Lebensweg

5.3 Veränderung und Beständigkeit – Von der Aufklärung zur Weimarer Klassik

(Nur im Arbeitsheft Leistungskurs:)

▶ LK 66

Unterwegssein und Glück – Ein aufklärerisches Lehrgedicht erschließen
Johann Peter Uz: Versuch über die Kunst, stets fröhlich zu sein (1749)

1 Mögliche Antwort: Die Kunst, fröhlich zu sein, besteht darin, aufmerksam zu sein für die kleinen Momente des Glücks, die alltägliche Situationen bereithalten. Gezeigt wird dies an einem Spaziergänger, der unachtsam mit seiner Umwelt umgeht und sich darüber beschwert, dass er Schaden nimmt.

2 a

Die Welt	Sicht des Menschen auf die Welt
lustig Tal, Garten Gottes, silberne Bäche, balsamischer Geruch, Lilje, süße Feige, bunte Schlange	Sand, schnöder Kies, stechende Rosendornen, beißende Schlange, Aufenthalt der Qual

  b Der Mensch ist achtlos in der Welt unterwegs, ihn interessiert nicht die Schönheit der Natur, sondern nur, wie er sie begierig ausnutzen kann (Kies, Rosen). Seine Suche nach dem Glück scheitert daran, dass er nicht den Augenblick und das, was er hat bzw. was ihm gegeben wird (Lilje, Feige), genießt, sondern mehr will und sogar mutwillig die Natur (zer-)stört.

  c Etwa: Suche das Glück in der Schönheit der Natur und versuche nicht, sie zu beherrschen. Oder: Nimm das Glück an, wenn es vor deinen Augen liegt.

3
- Gedanke, das Glück im Hier und Jetzt zu suchen und das Gegebene zu genießen
- dargestellte Person wird keiner Schicht zugeordnet, er ist einfach nur ein Mensch, für den die Gesetze der Natur gelten
- Blick auf die Natur
- Vorstellung, dass das Individuum für sein eigenes Glück zuständig ist
- Lehrhaftigkeit (insbesondere direkte Ansprache in den Schlussversen)
- Einschätzung des Unterwegsseins als Bildungs- und Glückswert

Liebend unterwegs – Interpretationsthesen zu einem Sturm-und-Drang-Gedicht prüfen
Johann Wolfgang Goethe: Pilgers Morgenlied (1772)

▶ LK 67

1/2 Individuelle Lösungen. Mögliche Antworten: Liebeserleben des lyrischen Ichs steht im Mittelpunkt; Erlebnis der Liebe wird dargestellt; Naturbilder, mit denen sich das lyrische Ich (ein Pilger) identifiziert

3 Siehe Lösung zu Aufgabe 4 b.

4 a

These	Begründung
Die Verse stehen auf dem Papier wie der Turm, der als Symbol der Liebesorientierung dient.	kurze Verse und fehlende Strophenaufteilung ergeben Bild eines Turms; Liebessymbol: V. 9 ff.
Das Metrum ist Ausdruck der Jugend.	freie Rhythmen, ohne Reim, ohne festes Metrum; Goethe schrieb das Gedicht als 22-Jähriger
Die Liebe ist eine Ausprägung des Göttlichen im Inneren.	religiös anmutende Begriffe (selig, heilig, ew'ge, Seel, allgegenwärtig, durchglühen, V. 7, 8, 16 f., 26 f.)
Die dargestellte Natur meint nicht sich selbst, sondern ist Teil eines inneren Ringens.	Morgennebel (V. 1) hindert am Abschied; Nord(wind) (V. 18) und Wetter (V. 28) stellen sich in den Weg, Angebetete ist von Sonne geschieden (V. 24 f.)

| GK | 5 „UNTERWEGS SEIN" – LYRIK VON DER ROMANTIK BIS ZUR GEGENWART |
| LK | 5 „UNTERWEGS SEIN" – LYRIK VOM BAROCK BIS ZUR GEGENWART |

4 b Individuelle Lösungen. Musterlösung:
Goethes Gedicht „Pilgers Morgenlied" beinhaltet vordergründig den Monolog eines Pilgers an eine ehemalige Geliebte, indem beim Anblick des Turmes, in dem er die Frau einst traf, das vergangene Liebeserlebnis („Wonne", V. 10) beschworen wird. Die Geliebte und das Liebeserlebnis werden jedoch nicht konkret beschrieben, sondern sind nur Anlass, um die nachhaltige Wirkung der Liebeserfahrung auf das lyrische Ich zu beleuchten. Dementsprechend wird am Ende des Gedichts nicht mehr die Geliebte angesprochen (wie in V. 1), sondern die Liebe selbst personifiziert und angerufen (V. 26). Das Zusammensein mit der angesprochenen Frau Lila entflammte ein Liebesgefühl (V. 16 f.), das dem lyrischen Ich nun wichtiger ist als die Geliebte selbst, denn dieses Gefühl vermag ihn nachhaltig zu schützen (V. 28 f.). Die Vorstellung eines Schutzes spiegelt sich im sprachlichen Bild des Sturmes (V. 18–20), der das Haupt des lyrischen Ichs nicht zu beugen vermag (V. 21, V. 28), weil er zwar die Sonne verdunkeln (V. 24 f.), aber das Glühen der Liebe im Inneren nicht verhindern könne (V. 26 f.). Äußere Gefahren scheinen also gebannt, wenn im Inneren die Erfahrung von Liebe präsent ist. Die Stürme lassen sich aber nicht nur als äußere Bedrohungen im Leben verstehen, sondern auch als ein inneres Erleben, eine Sinnsuche oder sogar ein Irren des lyrischen Ichs, bei dem die Orientierung der Sonne verloren zu gehen droht, aber durch die Ausrichtung am starken Gefühl der Liebe ersetzt werden kann.
Typisch für den Sturm und Drang wird somit das Liebeserlebnis als ein Moment aufgefasst, das dem Menschen fast Göttliches beschert, an dem er sich – gleichsam ewig (V. 16) – aus sich selbst heraus orientieren kann. Die tiefe Empfindungsfähigkeit wird als Basis dafür gesehen, fortan wie ein Genie aus sich selbst Mut und Lebensfreude schöpfen zu können (V. 33 f.). Diese Verbindung zwischen Liebe und Göttlichem wird durch eine Alliteration unterstrichen: „Herz" und „Heilig" werden durch die Anlaute formal verbunden. Ausgelöst wird die Auseinandersetzung mit dem inneren Gefühl durch das Wiedererblicken des Turmes, in dem das lyrische Ich einst die Geliebte traf (V. 1–10). Das Gedicht spiegelt diesen Turm formal, indem es keine Unterteilung in Strophen gibt und die Verse so kurz sind, dass die äußere Form einem Turm gleicht. Im Verlauf wirken die Verse immer kurzatmiger: In der Anrufung der Liebe werden Satzfetzen mit Ausrufungszeichen aneinandergereiht (V 26 – 29), um zu verdeutlichen, wie aufgewühlt das lyrische Ich durch seine Erkenntnis ist, durch die Liebeserfahrung Lebensmut und Orientierung zu bekommen (V. 33 f.). Die freien Rhythmen, die zuvor die innere Aufwühlung spiegelten, münden am Ende in Verse, die dann doch eine gewisse Ruhe ausstrahlen (V. 33 f.). Die Wanderung des lyrischen Ichs, das Unterwegssein, hat somit eine zunächst aufwühlende, schließlich doch beruhigende Wirkung: Der Pilger sieht zwar die Geliebte nicht, wichtiger ist ihm aber die Erkenntnis, dass die Nachwirkung des Liebeserlebnisses und die Erinnerung daran in seinem Inneren einen Gegenpol zu Suchbewegungen und Unruhen bilden kann. Das Liebeserlebnis mag vergangen sein, aber die Erfahrung, so intensiv lieben zu können, bleibt ewig (V. 16) als Quelle von Lebensmut erhalten.

Wandel und Beständigkeit – Inhalt und Metrum eines klassischen Gedichts untersuchen

▶ LK 68 **Johann Wolfgang von Goethe: Dauer im Wechsel** (1803)

1 a Dauer: Strophe 5; Wechsel: Strophen 1–4
b Wechsel: Jahreszeiten, Fruchtzyklus eines Baumes, Strom/Fluss, geistige und körperliche Entwicklung des Menschen (Änderung des Blicks, Altern), Individuum, Gesellschaftsordnung
Dauer: Musen (Kunst), Gunst der Musen (Schöpferkraft), Wirkung der Kunst auf Herz (Gehalt) und Verstand (Form)
c das Grüne (Frühling); Sommerblüten, Schatten, reifende Früchte; Sturm und falbe Blätter zeigen Herbst an
d „Dauer im Wechsel" kann dahingehend gedeutet werden, dass innerhalb bestimmter Zeiträume zwar immer wieder Wechsel stattfinden (Jahres- oder Generationenwechsel), aber die Natur und die Menschheit erhalten bleiben.
e Für die These der Vergänglichkeit spricht, dass bei der Darstellung der Jahreszeiten kein Kreis geschlossen wird, der wieder im Frühling mündet. Eine Wiederkehr wird ausgeschlossen, wenn es heißt, man schwimme nicht zweimal im gleichen Fluss. Auch ist von der Vergänglichkeit des Körpers und des Namens, also der Individualität die Rede. Auch kann das „gegliederte Gebilde" (V. 27) als Staats- bzw. Regierungsform gedeutet werden, das ebenfalls ein anderes werden kann. Wiederkehr gibt es nur in der Kunst, die Menschen immer wieder berührt und beschäftigt.

2 Reimform: Kreuzreim; Metrum: Trochäen; Wirkung: Das Gedicht erzeugt durch die Gleichförmigkeit eine Dauer trotz der inhaltlich dargestellten Wechsel.

[LK] 5.3 VERÄNDERUNG UND BESTÄNDIGKEIT – VON DER AUFKLÄRUNG ZUR WEIMARER KLASSIK

3 In dem Gedicht wird ein Kontrast dargestellt: Während die Realität von Vergänglichkeit geprägt ist (vgl. V. 1–32), erfasst die Kunst das Unvergängliche (V. 38). Die Vergänglichkeit wird an den Jahreszeiten, am Zyklus der Pflanzen (Früchte) und am Leben des Menschen gezeigt. Er vergeht nicht nur körperlich, selbst die Hoffnung, mit seiner Individualität oder mit dem, was er geschaffen, gebildet hat, etwas Bleibendes zu repräsentieren, erscheint als Illusion (V. 31 f.). Die Dauer wird nur in der Schöpferkraft der Kunst gesehen, deren Wirkung auf den Menschen unvergänglich bleibt. Trotz des Kontrasts gibt der Titel des Gedichts den Hinweis darauf, dass es aufs Ganze gesehen auch um Vergängliches im Unvergänglichen geht, um einen dauerhaften Wechsel.

Formal gespiegelt wird dies durch ein gleichmäßiges Metrum, den Trochäus. Das Gedicht in seiner Gesamtheit zeigt also die Beständigkeit der Kunst, selbst dort, wo sie Wandlungen beschreibt.

Das Ziel, der „Wellen Spiel" – Inhalt und Reim eines klassischen Gedichts aufeinander beziehen

Friedrich Schiller: **Der Pilgrim** (1803)   ▶ LK 69

1 a

Aufbruch	Reise	Ankunft/Ausblick
V. 1–6: Abschied vom Vaterhaus und von den Belanglosigkeiten der Jugend; Verzicht auf Erbe	V. 9–30: Pilgern, um einen Idealzustand zu erreichen; Hoffen auf goldene Pforten, das Himmelreich auf Erden; rastloses Durchwandern der großen Welt (Ströme, Berge hin zum Ozean)	V. 31–36: endlose Leere, fernes Ziel; Einsicht in Scheitern der Reise; Himmel und Erde kommen nicht zusammen und die Heimat ist verloren

  b Das lyrische Ich erkennt, dass sich seine erhofften Ideale bzw. die Heilsversprechungen nicht erfüllt haben und dass das, wonach er strebt, unerreichbar ist. Sein (Gott-)Vertrauen wird enttäuscht, der Mensch bleibt Spielball des Schicksals bzw. muss seinen Weg selbst finden (es führt kein Steg dorthin).

2 a Kreuzreim
  b Habe – Pilgerstabe (V. 5, 7): Kontrast dessen, was verlassen wird, und dessen, was an diese Stelle tritt; der Verzicht auf die Habe (Erbteil) wird nicht belohnt, am Ende scheitert auch das Pilgern
Hoffen – offen (V. 9, 11): Kennzeichnung des Wesens der Pilgerhoffnung: undefiniertes Ziel; am Ende wird die Hoffnung enttäuscht; das Offene entpuppt sich als endlose Leere
Meere – Leere (V. 29, 31): beides ist unendlich, unfassbar und damit auch unerreichbar, so wie das Ziel des Pilgrim
Spiel – Ziel (V. 30, 32): statt das Ziel zu erreichen, ist der Pilgrim nur Spielball höherer Mächte
mir – hier (V. 34, 36): Hinweis auf die eigentliche Perspektive: Achte auf dein Ich im Hier.

3 Typisch ist es, in der Figur des Pilgers Allgemeinmenschliches zu verdeutlichen: Menschliche Ziele sollten nicht in einer undefinierten Ferne liegen, denn diese sind nicht erreichbar, sondern sie sollten sich auf das Hier und Jetzt beziehen.

4   ▶ LK 70

	Typisch für:	Begründung:
Die Neugier eines ehrlichen Mannes steht da gern stille, wo Wahrheitsliebe sie nicht weitertreibt. *(Lessing: Anti-Goeze, 1778)*	Aufklärung	Wahrheitshunger als Lebensmotiv
Ich bin nun ganz eingeschifft auf der Woge der Welt – voll entschlossen: zu entdecken, gewinnen, streiten, scheitern oder mich mit aller Ladung in die Luft zu sprengen. *(Goethe an Lavater, 6.3.1776)*	Sturm und Drang	Lebenshunger als Möglichkeit, Emotion zu beteiligen
Der Langsamste, der sein Ziel nur nicht aus den Augen verliert, geht immer noch geschwinder als der, der ohne Ziel herumirrt. *(Lessing: Hamburgische Dramaturgie, 1769)*	Aufklärung	rationale Suche nach Lösungen
Immer strebe zum Ganzen, und kannst du selber kein Ganzes / Werden, als dienendes Glied schließ an ein Ganzes dich an. *(Schiller: Pflicht für jeden, 1796)*	Klassik	Individuelles geht im Universellen auf

GK 5 „UNTERWEGS SEIN" – LYRIK VON DER ROMANTIK BIS ZUR GEGENWART
LK 5 „UNTERWEGS SEIN" – LYRIK VOM BAROCK BIS ZUR GEGENWART

5.2 bzw. 5.4 Weltflucht und Heimkehr – Von der Romantik zum Realismus

▶ GK 65
LK 71

Fernweh als Programm – Das Aufbruchsmotiv der Romantik erschließen

Joseph von Eichendorff: Der frohe Wandersmann (1823)

1 a Individuelle Lösungen, etwa: Fernweh ist heute noch aktuell, kann aber auch virtuell erlebt werden; Aufbruch ist unverändert Thema vor allem der jungen Generation; Dynamik des heutigen Lebens macht Aufbrechen zum Dauerzustand

b Hier könnte darauf hingewiesen werden, dass das Wandern im 19. Jahrhundert und auch zuvor fast nur für Männer möglich war. Frauen war eine feste Rolle im Haushalt zugewiesen, die bei Eichendorff in der 2. Strophe gespiegelt wird.

2

	Reisende	**Daheimgebliebene**
Bezeichnung:	froher Wandersmann, ich	die „Trägen" (V. 5)
Zugeordnete Begriffe:	in der Gunst Gottes (V. 1), „weite Welt" (V. 2), „Wunder" (V. 3), erquickendes „Morgenrot" (V. 6), „singen aus voller Kehl' und frische Brust" (V. 11 f.), „mein' Sach'" (= das Wandern, V. 16)	„zu Hause liegen" (V. 5) „Kinderwiegen" (V. 7) „Sorgen, Last und Not" (V. 8)

3 a/b
Alliteration:
- Titel, V. 1–4; wirkt einprägsam, viele der Wörter werden positiv mit dem Reisen verbunden
- „Bächlein", „Bergen" (V. 9): Verbindung zweier Elemente der Natur, die nicht als Hindernis wahrgenommen werden, dies macht zudem die Verkleinerungsform des Baches deutlich
- „Lerchen", „Lust" (V. 10): positive Verbindung der Natur mit Lust

Assonanz:
- V. 8: Gleichklang des Vokals *o*, verweist auf semantische Verbindung zwischen Sorgen und Not (als Kontrast zum Wandersmann)
- V. 11: Häufung des Vokals *i*, dadurch entsteht Eindruck des Singens

Anapher:
- V. 2/3 (unrein): Aufzählung (in Form von Attributsätzen) wirkt verstärkend
- V. 9/10: Aufzählung zur Schönheit der Natur

Weitere sprachliche Mittel, die eine Aufbruchsstimmung unterstreichen, sind:
- Aufzählungen von Landschaftsbezeichnungen: V 4
- Verben der Bewegung: „springen" (V. 9), „schwirren" (V.10)
- Rhetorische Frage: V. 11 f.

▶ GK 66
LK 72

4 a Reim: durchgängig Kreuzreim
Metrum: durchgängig vierhebige Jamben

b Die metrisch einheitliche Gestaltung (durchgängig vierhebige Jamben) spiegelt die Schönheit und Einheitlichkeit der Natur, erzeugt aber auch einen freudigen Grundton, der der Wahrnehmung der Natur durch den lyrischen Sprecher entspricht. Zudem nimmt der gleichmäßige Rhythmus die Bewegung des Wanderns auf.

5 a Typisch romantische Motive: Wandersmann, Morgenrot, Lerche,

b Typisch romantische Reisevorstellung: Reise als Selbstzweck, Aufbruch in die weite Welt, ziellose Wanderung, das Lebensgefühl des Unterwegsseins (in der Natur) ist entscheidend, Abgrenzung von den Daheimgebliebenen, die einerseits träge sind, andererseits sich mit den Banalitäten des Alltags herumplagen müssen

6 Das Gemälde „Auf dem Segler" von Caspar David Friedrich zeigt einen Mann und eine Frau auf einem Bug eines Segelbootes sitzend, das auf ein Ziel in der Ferne zusteuert. Die beiden Reisenden sind von hinten bzw. im Profil zu sehen, der Blick des Betrachters folgt ihrem Blick auf das Ziel, das nur verschwommen zu sehen ist, aber eine Stadt darstellen soll.

Die Figuren heben sich durch die Farbe ihrer Kleidung (blau und rot) von der ansonsten braun-grauen Umgebung ab. Dadurch werden sie als Reisende betont und stehen im Fokus der Betrachtung. Das Ziel ist im Nebel, unscharf, aber vor einem hellen Horizont, sodass das Ziel zwar nicht klar definiert ist, aber erstrebenswert erscheint.

Die Figuren sind als Reisende gekennzeichnet, die nicht zur Besatzung des Bootes gehören, Da nur sie abgebildet sind, wird der Eindruck erweckt, dass sie vom Wind getrieben werden, beide erscheinen unbeschwert und auf das Ziel fokussiert. Sie sind einander nicht zugewandt, halten sich aber an den Händen. Im Unterschied zum Gedicht reist hier eine Frau mit.

7 Die These, dass im Gedicht „Der frohe Wandersmann" von Joseph Eichendorff der Reisende als ein von Gott begünstigter Mensch dargestellt wird, lässt sich anhand einiger Textstellen belegen. Zunächst wird bereits im Titel darauf verwiesen, dass es sich um einen „frohen" Wandersmann handelt. Gleich in den ersten beiden Versen stellt Eichendorff selbst diese These auf und spricht im Folgenden von den Wundern der Welt (vgl. V. 1–4). Der Reisende bei Eichendorff kennt nicht die Sorgen des Alltags (V. 8), statt träge liegen zu bleiben erquickt ihn das „Morgenrot" (V. 6). Im weiteren Verlauf des Gedichts wird die Schönheit der Natur beschrieben, an der der Reisende teilhaben kann: Wie das Bächlein kann auch er die Berge bezwingen und mit den Lerchen singen (vgl. V. 9–11). Der Reisende ist sich zudem sicher, dass auf Gott Verlass ist. So wie er sich um alles in der Natur kümmert, sorgt er auch für den Reisenden (V. 16).

Lebensentscheidung als Weggabelung – Gedichte aus zwei Jahrhunderten vergleichen

Wilhelm Müller: Der Wegweiser (1823) ▶ GK 67
Robert Frost: The road not taken (1916) / Übersetzung von **Paul Celan: Der unbegangene Weg** (1963) LK 73

1 Textaussage „Der Wegweiser": Es gibt viele Wege, die man gehen könnte, aber am Ende muss man dem Wegweiser folgen, der zum Tod führt.
Textaussage „Der unbegangene Weg": Man steht im Leben vor Entscheidungen, die man nur einmal treffen kann. Auch ein unerprobter Lebensweg sagt nichts über die Qualität der Entscheidung aus.

2

	Wege, die gegangen werden	Wege, die nicht gegangen werden
„Der Wegweiser"	sind versteckt, führen durch „verschneite Felsenhöhn" (V. 4) und in „Wüstenein" (V. 8), zur Straße, die noch niemand zurückging (V. 16) = ins Jenseits	werden von anderen Wanderern genutzt, führen in die Städte
„Der unbegangene Weg"	gleich schön wie der andere, der aber vielleicht „höher galt" (V. 7), weil er unbegangen schien („grasig", V. 8; „voll Laubes", V. 12), sind weniger begangen (V. 19): Widerspruch zu V. 10 ff.	verliert sich im Unterholz; ebenso begangen wie der andere Weg

3 a Typische Motive der Romantik: Ziellosigkeit, Rastlosigkeit; Stilisierung des Abweichenden, Versteckten, außerhalb des Normalen Liegenden (Wüstenei); Wegweiser bieten keine Orientierung; vor dem inneren Auge steht nur der Wegweiser, der auf die letzte Straße des Lebens verweist; Weg ohne Rückkehr = Eskapismus und Todessehnsucht
Volksliedhafte Züge: vier Strophen mit je vier Versen, durchgängig regelmäßiges Metrum (Trochäus); Darstellung menschlicher Empfindungen
  b Ähnlich wie bei Müller grenzt sich das lyrische Ich auch bei Frost von dem Weg ab, den alle gehen; ebenso ist ein melancholischer Grundton zu finden, eine gewisse Ziellosigkeit und Unentschlossenheit; auch bei Frost ist bestimmend, sich von den anderen abzuheben

4 Mögliche Deutungen:
„Der Wegweiser":
- individueller Lebensweg (Vermeidung von Wegen, die andere Wanderer gehen)
- „beschneite Felsenhöhn": hoch gesteckte Ziele, die schwer zu erreichen sind
- „Wüstenein": Einsamkeit des Lebens
- Städte: Symbol für gewöhnliches Leben
- Straße, die keiner zurückgeht: Lebensweg, der sich nicht umkehren lässt; Straße ins Jenseits

GK 5 „UNTERWEGS SEIN" – LYRIK VON DER ROMANTIK BIS ZUR GEGENWART
LK 5 „UNTERWEGS SEIN" – LYRIK VOM BAROCK BIS ZUR GEGENWART

„Der unbegangene Weg":
- Straße, die auseinanderläuft: Weggabelung, Moment der Entscheidung für einen Lebensweg
- zwei Wege: mehrere Möglichkeiten der Lebensgestaltung
- Unterholz: Verlauf des Weges/Lebens ist nur bis zu einem bestimmten Punkt sichtbar; evtl. Weg, der zu einem gebückten Leben führt
- Weg, der „höher galt": Wahl des schwierigeren Weges
- unbetretenes Laub: Wagnis, da man keinen Spuren folgen kann
- weniger begangener Weg: Abgrenzung von der Masse
- „wie Weg zu Weg führt": eine Entscheidung zieht andere nach sich, eine Rückkehr ist nicht möglich
- „nach Jahr und Jahr und Jahr": am Ende macht der Weg keinen Unterschied, da man nur ein Leben leben kann

Unterwegs und daheim – Gedichte des Realismus erschließen

▶ GK 68 **Heinrich Heine: Jetzt wohin?** (1830)
LK 74 **Theodor Fontane: Unterwegs und wieder daheim** (1898) – Vierte Strophe

1 a Etwa: Heines Gedicht zeigt die Heimatlosigkeit eines Exilanten, dem das Heimatland verschlossen bleibt und der auch keinen anderen Platz zum Leben finden kann.

b Deutschland: Gefahr durch Kriegsgerichte, die dem lyrischen Ich wegen seiner früheren Schriften gefährlich werden können (Wortspiel: „Erschießliches", V. 8, statt „Ersprießliches")
England: „Kohlendämpfe" (V. 14) stehen zum einen für ein industrielles Land mit viel Bergbau, aber wenig Musischem, zum anderen auch wieder Wortspiel (Kohldampf = Hunger), das auf ein armes Land hinweist
Amerika: ist zwar ein Land großer Freiheit, allerdings hält das lyrische Ich die Menschen dort für unhöflich, wenig kultiviert („Gleichheitsflegel", V. 20) und ohne Geschichtsbewusstsein
Russland: anziehend, aber sowohl klimatisch schwierig als auch gefährlich („Knute", V. 28)

2 a **Gemeinsamkeiten:** Suche in der Ferne ohne Erfolg; Einsamkeit
Unterschiede: Bei Heine handelt es sich um einen erzwungenen Auszug aus der (kritisch gesehenen) Heimat, eine Rückkehr ist ausgeschlossen (Lebensgefahr). Bei Fontane ist das Unterwegssein verbunden mit der Suche nach Glück; als sich diese Hoffnung nicht erfüllt, kann das lyrische Ich zurück in die Heimat und der Beschränktheit der Welt etwas Positives abgewinnen.

b Heine ist dem Frührealismus und dem politischen Vormärz zuzuordnen. Er übt deutliche Kritik an den Herrschaftsverhältnissen in Deutschland, in denen kritische Autoren mit dem Tod bedroht werden. Fontanes Gedicht stammt aus dem bürgerlichen Realismus, hier wird keine politische Kritik geäußert, sondern eine „wahre" Erfahrung und Einsicht des lyrischen Ichs präsentiert.

3 Individuelle Lösungen. Erwartet werden folgende zentrale Aspekte:
Heine: Reisen als unfreiwillige Suche nach einem Ort, an dem man bleiben kann – ohne Erfolg; am Ende Gefühl, sich verirrt zu haben
Fontane: Reisen ist zwecklos, man findet nur Einsamkeit; die Fremde wärmt nicht (vgl. V. 6 f.); Erkenntnis: das Glück liegt im bürgerlichen Heim
Eichendorff: Reisen als Selbstzweck und Grundlage für ein positives Lebensgefühl, das sich von der Alltäglichkeit und Banalität des Lebens in der Heimat abgrenzt

▶ GK 69 **(Nur im Arbeitsheft Grundkurs:)**

Zwischen Romantik und Realismus – Ein Sonett analysieren

August von Platen: [Es sehnt sich ewig dieser Geist] (1826)

1 Am ehesten: Das Gedicht thematisiert die prinzipielle Heimatlosigkeit eines unruhigen Geistes, der in jedem Land Hass zu fürchten hat.
Begründung: Der unruhige Geist ist in einer steten Dynamik, unabhängig vom konkreten Ort (V. 1 f.), auch wenn der noch so paradiesisch ist (vgl. V. 4). Das lyrische Ich verlässt lieber seine Heimat, als dort die Unterdrückung (seines Geistes) zu ertragen. Hinzu kommt, dass das „Schlechte" nicht nur im eigenen Land anzutreffen ist und dass es überall Menschen gibt, die das Schlechte verehren und den freien Geist hassen („Pöbelhass", V. 14).

2 a/b

	Lyrisches Ich	Heimat	Sprachliche Mittel
Strophe 1 (1. Quartett)	Geist mit Sehnsucht nach Weite, kein Bleiben selbst im Paradies	Scholle, Eden	Wiederholung (V. 2): Aufwertung des Strebens „kleben" (V. 3): Abwertung des Bleibens
Strophe 2 (2. Quartett)	Geist im Zwiespalt, hat schon Erfahrungen gemacht, dass es leicht ist, die Heimat aufzugeben, aber schwer, eine neue zu finden	wird leicht aufgegeben, ist schwer wiederzufinden	„bewegt" (V. 5): Lob des Geistes
Strophe 3 (1. Terzett)	wird vom Schlechten verjagt	das „Schlechte" wird auch in der Heimat von einem „Volk der Knechte" verehrt	„hasst" (V. 9): ausdrucksstarkes Verb, extremes Gefühlt, betont Ablehnung „Volk der Knechte" (V. 11): Übertreibung (Hyperbel), die die ganze Heimatbevölkerung abwertet; das Schlechte wird „verehrt" (V. 11): paradoxes Wertesystem in der Heimat
Strophe 4 (2. Terzett)	hält es für klug, lieber der Heimat zu entsagen, als unter der Unterdrückung zu leiden	Vaterland wird von unreifen Menschen regiert	„kindisch" (V. 13): Abwertung „Joch des blinden Pöbelhasses" (V. 14): Ziellosigkeit der Ablehnung

3 a Allgemeiner Kontrast:
Quartette: vorrangig Darstellung des Ichs – Terzette: vorrangig Darstellung der Heimat
1. Quartett: Sehnsucht nach Weite – 2. Quartett: Charakterisierung des Geistes (Präsizierung des 1. Quartetts)
1. Terzett: Charakterisierung des Heimatvolkes – 2. Terzett: Charakterisierung der Ablehnung durch das Volk (Präsizierung des 1. Terzetts)
  b In der Sonettform ist die Kontrastierung des beweglichen Geistes des lyrischen Ichs (offenbar eines Dichters) und der Ablehnung durch ein dumpfes Volk besonders gut darstellbar.

4

Typische Elemente der Romantik	Typische Elemente des Realismus
Sehnsucht (V. 1), lyrischer Sprecher als Außenseiter, Betonung des inneren Gefühls (V. 5 ff.), Ablehnung des gewöhnlichen Volkes	Gesellschaftskritik (V. 9–11), Betonung des kritischen Geistes, Darstellung der Ablehnung von Andersdenkenden durch das Volk

Eher untypisch für die Romantik ist die aktive Ausgrenzung des lyrischen Ichs durch die Gemeinschaft und die eher ambivalente Haltung zum Reisen. Eher untypisch für den Realismus ist die vage Beschreibung der kritischen Inhalte, worin z. B. genau das „Schlechte" besteht.

5.3 bzw. 5.5 Eine Welt im Umbruch – Lyrik der Moderne und des Expressionismus

Unterwegssein als Symbol – Ein Dinggedicht deuten

Rainer Maria Rilke: Das Karussell (1907) ▶ GK 70 LK 75

1 Individuelle Lösungen. Etwa: Karussell als Erlebnis auf einer Reise, als Symbol einer nie endenden Reise, als Möglichkeit eines 360-Grad-Blickes, als Bild der Sinnlosigkeit von Unterwegssein, weil man sich immer nur im Kreis dreht

120 GK 5 „UNTERWEGS SEIN" – LYRIK VON DER ROMANTIK BIS ZUR GEGENWART
LK 5 „UNTERWEGS SEIN" – LYRIK VOM BAROCK BIS ZUR GEGENWART

2 a Wiederholungen: refrainartige Wiederholung „und dann und wann ein weißer Elefant" (V. 8, 15, 20): Spiegelung des Kreisens des Karussells; „weiß" (Refrain, V. 12), Mädchen (V. 11, 17)
Anapher: sehr häufige Verwendung der Konjunktion „und" am Vers- bzw. Strophenanfang (Refrain, V. 12, 16, 21, 22, 25)
Wortfelder: Tiere, Farben, Spiel, Kreisen
Enjambements: nahezu durchgängig als Bild des sich endlos drehenden Karussells
Alliterationen: V. 6, 14
Akkumulationen: „Ein Rot, ein Grün, ein Grau" (V. 23)
Binnenreime: „und dann und wann" (V. 8, 15, 20), „blendet und verschwendet" (V. 26)

b Der sich wiederholende Vers „und dann und wann ein weißer Elefant" (V. 8, 15, 20) ist Ausdruck der Wiederkehr der Karussellfiguren. Als Refrain erzeugt er Ruhe und spiegelt den gleichmäßigen Rhythmus des Karussellfahrens. Zugleich verdeutlicht er aber auch die Beschleunigung, denn der Vers kommt in immer kürzeren Abständen wieder vor. Das korrespondiert mit der Atemlosigkeit, die den Kindern auf dem Karussell zugeschrieben wird („Pferdesprunge", V. 17; „Schwunge", V. 18). Enjambements unterstützen das unaufhaltsame Kreisen formal, denn es gibt bei vielen Versen wie beim Kreis keinen Anfang und kein Ende.

3 Das Karussell kann als Symbol für die Unaufhaltsamkeit des Lebens verstanden werden. Die Kindheit wird durch die Mädchen und Jungen verkörpert, die das Leben wie ein „blindes Spiel" in einer von fantastischen Situationen (hier Tiere) geprägten Atmosphäre betrachten. Der Betrachter (V. 19) im Pariser Jardin du Luxembourg wäre dann der Erwachsene, der auf diese unbeschwert erscheinende Kindheit und ihr Vergehen mit einer gewissen Schwermut zurückblickt, denn er sieht, wie einige Mädchen dem Karussellfahren schon fast entwachsen sind. Auch weiß er, dass das Leben irgendwann in immer schnelleren Bahnen verläuft und man es nicht anhalten kann („atemlos", V. 27).

4 Hier liegt ein Dinggedicht vor, das sich dem Symbolismus zuordnen lässt. In dem Symbol des sich drehenden Karussells wird vor allem die Lebensphase der Kindheit gespiegelt. Zur symbolistischen Darstellung passen auch die subjektiven Betrachtungen des Beobachters, seine optischen Eindrücke.

5 Individuelle Lösungen. Etwa: Wird das Karussell als Symbol für ein Unterwegssein gedeutet, bei dem man z. B. zufrieden mit der ziellosen Bewegung ist, dann passt das Gedicht. Auch bei einer Deutung des Karussells als Metapher für das Unterwegssein im Leben würde es passen.

▶ GK 71 **Wahrnehmung einer Zugfahrt – Ein expressionistisches Gedicht über Inhalt und Form erschließen**
▶ LK 76 **Das Ich auf Reisen – Expressionistische Gedichte in ihrer Bildhaftigkeit erschließen**

Gottfried Benn: D-Zug (1912)

1 a-c Individuelle Lösungen

2 **Grundsituation:**
- Beobachtungen aus einem offenbar voll besetzten Zug, der Ende September (V. 7) von der Ostsee nach Berlin unterwegs ist
- es werden zum einen Eindrücke von der vorbeiziehenden herbstlichen Landschaft geschildert: „Braun wie Laub. Rotbraun." (V. 1) verweist auf Herbstlaub, „Stoppel" (V. 8) auf abgeerntete Felder
- zum anderen werden Mitreisende (Paare, V. 11, V. 20) in ihrer sexuellen Anziehungskraft beschrieben, was den lyrischen Sprecher zu Kommentaren über die Frau veranlasst
- es gibt mindestens einen lyrischer Sprecher, es ist aber auch von „uns" die Rede (V. 8, 10); die Schlussstrophe mit der direkten Ansprache („Halte mich! Du, ich falle!", V. 212) lässt vermuten, dass das lyrische Ich in Begleitung ist
- alternative Deutung: ab V. 12 spricht ein männliches lyrisches Ich („Männerbraun"), ab V. 21 ein weibliches („Frauenhellbraun"), jeweils nach dem Doppelpunkt

Atmosphäre:
- sexuell aufgeladene Stimmung (V. 3, 11, 20), wobei die Menschen teils nur als Objekt wahrgenommen werden („Fleisch, das nackt ging.", V. 3)
- Gefühl der Verlorenheit: „Dies Getriebenwerden!" (V. 15)
- Exotik wird vor allem über Farben und Gerüche vermittelt

Bildlichkeit:
- Farbvergleiche stellen Bezüge zu Urlaub (gebräunte Menschen), zu Alkohol (Kognak), Herbst (rotbraunes Laub), aber auch zur Exotik her („Malaiengelb", V. 1)
- Wahrnehmung menschlicher Körper, ausgedrückt durch Metaphern und Personifizierungen („Fleisch, das nackt ging.", V. 3)
- Beschreibung von verlockenden Gerüchen und Düften – sowohl von Pflanzen als auch von Frauen (V. 10, 16 f., 23 f.)
- Stürzen und Taumeln (V. 11, 20) stehen für die unsichere Fortbewegung im fahrenden Zug

Wirklichkeitspräsentation:
- montagehaft: konkrete Beobachtungen werden mit Assoziationen und Kommentaren verknüpft
- impressionistisch: viele Sinneswahrnehmungen

3

	Kitsch/ Klischee	Ich-Auflösung	Frivolität	Parodie	Frauen-verachtung	Glücks-sehnsucht
Textbeleg	V. 5 f., V. 12 f., V. 18 f.	V. 3 f.	V. 11, V. 16–19, V. 21	V. 14 f.	V. 12 f., V. 19	V. 23 f.

4 **Neologismen:** „Malaiengelb" (V. 1): vergleichende Sinneswahrnehmung, vermittelt Exotik; „Männerbraun", „Frauenbraun", „Frauenhellbraun", „Männerdunkelbraun" (V. 11, 20): Mensch wird auf Farbe/Bräunungsgrad reduziert

▶ GK 72
LK 77

Personifikation/Verdinglichung: „Fleisch, das nackt ging." (V. 3): Menschen erscheinen nicht als individuelle Personen, gleichzeitig wird der Körper zu bloßem Fleisch abgewertet; „An jedem Abhang lehnt ein Glück" (V. 19): Glück kann gleichzeitig als Metapher für eine Frau aufgefasst werden

Synekdoche: „Fleisch", „Männerbraun" etc. (V. 3, 11, 20): Körper, Haut steht für Menschen; diese werden auf ihre Körperlichkeit und sexuelle Anziehungskraft reduziert

Chiffren: „Bis in den Mund gebräunt vom Meer" (V. 4): paradoxe Umschreibung für nahtlose Bräune (FKK); „Malaiengelb" (V. 1): hat keinerlei Bezug zur Wirklichkeit, es geht allein um atmosphärische Spiegelung

Bildfelder: Farben und Gerüche, durch die ein Sinnespanoptikum entsteht

Aufbrechen grammatischer Strukturen: V. 5: wirkt assoziativ

Ellipsen: z. B. V. 6 f: wirkt wie Gesprächsfetzen

Reihungsstil: z. B. V. 1: die Welt wird nicht als geordnet präsentiert, sondern als Sammelsurium von Eindrücken

Akkumulationen: V. 9, V 18: verstärken den Eindruck von schnellen Beobachtungen und Kommentaren

5

These	Beleg	Deutung
Das Gedicht zeigt atmosphärisch eine exotische Szenerie, in der Gerüche und Farben als Sinnesreize, vor allem sexueller Art, gesetzt sind.	Ohne konkrete Zuordnung zu einem Menschen oder einer Sache wird der Neologismus „Malaiengelb" (V. 1) verwendet.	Durch die Verbindung von Farbadjektiv und fernem Ort entsteht in der Fantasie eine Exotik, die nicht so recht zu einem D-Zug zu passen scheint.
Das Bild von Männern und Frauen ist geprägt durch eine Reduzierung auf reine Körperlichkeit.	Menschen werden als „Männerbraun" und „Frauenbraun" bezeichnet (V. 11). Jeder Kontakt zwischen den Geschlechtern ist mit körperlicher Annäherung verbunden (V. 11, 20, 21).	Beide Geschlechter werden auf Fleisch und Hautfarbe reduziert und damit gleichermaßen verdinglicht und entindividualisiert. Der Mensch erscheint als ein geistloser Körper, der nur über Sinneswahrnehmungen und sexualisierte Reize gekennzeichnet ist, geistiger Austausch findet nicht statt.

[GK] 5 „UNTERWEGS SEIN" – LYRIK VON DER ROMANTIK BIS ZUR GEGENWART
[LK] 5 „UNTERWEGS SEIN" – LYRIK VOM BAROCK BIS ZUR GEGENWART

These	Beleg	Deutung
Unterwegssein hat hier weder einen bereichernden Sinn noch einen Selbstzweck, es ist nur Hintergrund für ein Leben, das sich auf frivole Weise auf sinnliches Begehren beschränkt.	Der Zug spielt als Ort eine untergeordnete Rolle, obwohl er den Titel des Gedichts stellt und eine konkrete Strecke genannt wird. Indirekt verweisen auf den Zug: Stürzen und Taumeln (V. 11, 20), vorüberziehende Landschaft, Verweis auf reisende Urlauber.	Trotz der Bezüge überwiegt der Eindruck, dass die Menschen nicht als Reisende gesehen werden. Vielmehr werden die gebräunten Urlauber wie Dinge von einem schnellen Fortbewegungsmittel transportiert.

6   Inhaltlich: Darstellung eines Massenfortbewegungsmittels (D-Zug), Entindividualisierung des Menschen, Reduktion des Menschen, Verdinglichung der Menschen
Formal: verzerrte Wahrnehmung der Reisenden, Spiegelung der Eindrücke zuweilen ohne grammatische Struktur, mit Neologismen, fetzenhaft im Reihungsstil, in radikaler Metaphorik

An die Bearbeitung des Gedichts lässt sich eine Diskussion zur Frage, inwieweit das folgende Zitat auf Benns Gedicht zutrifft, anschließen:
„Wir wollen die Bürger nicht unterhalten. Wir wollen ihnen ihr bequemes, ernst-erhabenes Weltbild tückisch demolieren." (Rudolf Kurtz in der ersten Ausgabe der expressionistischen Zeitschrift „Der Sturm", 1910)

Das Ich auf Reisen – Motive und Bildlichkeit in expressionistischen Gedichten erschließen

▶ GK 73
LK 78

Paul Boldt: In der Welt (1913)

1 a   1. Strophe:
- Blick des lyrischen Sprechers auf den Sternenhimmel
- Wahrnehmung einer Sternenbewegung, die dem Blick zugeschrieben wird
- Eindruck, dass Umgebung (Wälder) in einer Wanderbewegung zum Himmel ist

2. Strophe:
- Ich-Verlust
- Differenzierung zwischen Ich und Körper-Ich
- Vergänglichkeit der Lebenszeit
- Reduktion des Körpers auf Nerven, die nur Leid produzieren

b   Die Welt und das Leben in ihr wird als brüchig und verletzlich dargestellt. Daraus resultiert eine Ich-Spaltung: Das körperlose Ich kann dem Weltlichen entfliehen, der Körper ist vergänglich und an das Irdische gebunden. Der Titel erscheint als ironische Brechung.

[GK] 2

[LK] 2 a   Das Ich wird auf verschiedene Weise dargestellt: Ein wahrnehmendes Ich wirft sich in die Welt (V. 1) und verändert sie dadurch (V. 2). Es wird zwischen dem Körper-Ich und dem körperlosen Ich unterschieden, Letzteres wird als Reisender dargestellt (V. 6), der sich vom eigentlichen Ich abspaltet. Dadurch erleidet das Ich einen Verlust, es fühlt sich auf den vergänglichen und nur aus leidenden Nerven bestehenden Körper reduziert, was ihm Angst macht (V. 8).
Das körperlose oder auch innere Ich befindet sich auf einer Sternenreise. Dabei könnten die Sterne als Bild für das Reich der Poesie verstanden werden. Das Ich wäre danach bei sich selbst, wenn es dichtet. Leidend wäre es im Alltag.

5.3/5.5 EINE WELT IM UMBRUCH – LYRIK DER MODERNE UND DES EXPRESSIONISMUS

GK 3

LK 2 b

Untersuchungs-aspekt	Beschreibung	Funktion/Wirkung
Verben:	Verben der Bewegung: hinken, wandern (V. 2, 3) Zustandsverben: sein (V. 5, 6), weinen (V. 8) negativ konnotierte Verben: hinken (V. 2), sterben (V. 7), weinen (V. 8), positiv konnotierte Verben: winken (V. 4)	▪ spiegeln die Umwelt als aktiv ▪ durch Verben der Statik Charakterisierung des Ichs als leidend ohne Aussicht auf Veränderung ▪ das Ich erlebt sich zwar als wirksam, Wirkung betrifft aber nicht das Ich, lediglich Dynamik der Umwelt ▪ Verletzung betrifft auch Umwelt („hinken", V. 2), die personifiziert wird ▪ lyrisches Ich bewegt die Sterne (vermutlich durch seinen Blick), wodurch sich die Umgebung verändert, dies führt zu einer positiven Reaktion ▪ insgesamt spiegeln Verben die Auflösung der üblichen Raumvorstellungen
Klangfiguren:	Alliterationen: „Wälder wandern" (V. 3), „Blaumeer", „Blicke" (V. 4) Assonanzen: a- und ä-Laute (V. 3), „Blicke winken" (V. 4)	▪ verbinden Eindrücke miteinander ▪ Verbindung von Eindrücken, teils dunkel (bei der Umwelt), als Kontrast helle Vokale bei der Darstellung der Sterne ▪ mögliche Deutung: positive Abgrenzung des Sternenreiches (als fiktive, erstrebenswerte Welt, Reich der Poesie) von der bedrohlichen Umwelt
Farbsymbolik:	„schwarze Quallen" (V. 3) „Blaumeer" (V. 4) „weißen Greise" (V. 7)	▪ symbolisieren Tod, nicht fassbare Unendlichkeit (des Himmels, des Alls) sowie Sterben und Vergänglichkeit
Sprachliche Bilder:	Metaphern: „Kleider" (V. 6) „Sternenreise" (V. 5) „Blaumeer" (V. 4) Personifikationen: V. 3, 4, 7, 8 Verdinglichung: „Ich lasse mein Gesicht […] fallen" (V. 1) Pleonasmus: „weißen Greise" Vergleich: Sterne hinken auseinander „wie getroffen" (V. 2)	▪ bedecken vergänglichen Körper, verweisen auf Scheindasein in der Welt ▪ Ausbruch/Flucht in unerreichte Welt, ggf. übertragen als Welt der Kunst/Poesie ▪ Himmel, All, unendliche Weite ▪ zeigen Umwelt als aktiv, bedrohlich; die Zeit wird als aktiv Sterbende dargestellt, das Körper-Ich als angstbesetztes Opfer ▪ Verschmelzung von Subjekt und Objekt, das Ich wird nicht als abgegrenzte Seinsform verstanden ▪ Greise werden meist mit weißen Haaren assoziiert, Dopplung verstärkt die Aussage ▪ gewaltsame Aktion, Assoziation mit einem Schuss

GK 4

LK 3 Beide Deutungen sind möglich. Zum einen lässt sich das Gedicht als transzendente Sinnsuche lesen bzw. als Flucht in die Welt der Poesie. Zum anderen gibt es auch Belege für eine Ich-Spaltung als Folge einer Erkenntnis, dass der Mensch mit der Welt nicht mehr verbunden ist oder in ihr nur Schaden anrichtet. Eigene Deutungen der Schülerinnen und Schüler könnten auch eine psychische Krankheit des lyrischen Ichs vermuten, das sich selbst als Gefangenen seines vergänglichen Körpers und seiner leidenden Nerven sieht – nicht untypisch für den Expressionismus.

124 GK 5 „UNTERWEGS SEIN" – LYRIK VON DER ROMANTIK BIS ZUR GEGENWART
LK 5 „UNTERWEGS SEIN" – LYRIK VOM BAROCK BIS ZUR GEGENWART

▶ GK 74 **(Nur im Arbeitsheft Grundkurs:)**

Else Lasker-Schüler: Weltflucht (1902)

5 Individuelle Lösungen. Die Darstellung sollte das Gefühl der Verlorenheit und Sehnsucht, aber auch der Wirrheit und Angst vermitteln.

6 Flucht vor: dem Alter („Herbstzeitlose", V. 3), dem (geistigem) Tod (V. 6), Ersticken (geistige Enge, V. 7), Chaos (V. 9)
Flucht hin zu: dem eigenen Ich (V. 2, 13), der Grenzenlosigkeit (individueller Möglichkeiten oder inneren Erlebens, V. 1)

7 Sprachliche Mittel und mögliche Deutungen:
- „Herbstzeitlose" (V. 3): giftige Pflanze, die erst im Herbst blüht, Metapher für das Jahresende; hier ggf. Angst, dass die Schönheit der Seele in Gefahr ist
- „ich sterbe unter euch" (V. 6): Hyperbel (Übertreibung), mit der das lyrische Ich verdeutlicht, dass es als Individuum unter der Masse leidet
- „da ihr mich erstickt mit euch" (V. 7): *ersticken* als Metapher für Enge der Gesellschaft und für die engen Grenzen, die einer Frau im Bürgertum Anfang des 20. Jahrhunderts gesetzt wurden
- „Fäden": Metapher für einen Kokon, den das lyrische Ich um sich spinnen will, Abgrenzungsversuch
- „Wirrwarr", „Beirrend", „verwirrend" (V. 9–11): Wortspiel; um dem Chaos um sich herum zu entfliehen, schafft das lyrische Ich eigene Verwirrungen, z. B. Irritationen, Provokationen als Dichterin
- „meinwärts" (V. 13): Neologismus; Wortspiel zu „heimwärts"
- Ausrufe (V. 5, 6, 9, 13): verdeutlichen in ihrer Häufigkeit die Vehemenz und Emotionalität der Aussagen
- Enjambements (V. 1 f., 3 f., 12 f.): es vermittelt sich ein Gefühl der Zerrissenheit

8

Boldt: „In der Welt"	Lasker-Schüler: „Weltflucht"
- fiktive, symbolische Reise zu den Sternen - Reiseziel vage, Sternenreich als Reich der Poesie deutbar oder als Reise in die Unendlichkeit des Weltalls und damit Aufgehen des Individuums in etwas Unermesslichem - Ich-Spaltung, nur das körperlose, also geistige, Ich reist (ggf. als transzendente Sinnsuche deutbar)	- fiktive Reise (als Flucht) zu sich selbst („meinwärts", V. 13) - Ziel: sich der Masse/Gesellschaft mit ihren beschränkenden Anforderungen zu entziehen - klare Perspektive eines lyrischen Ichs, das bei sich sein möchte und aktiv wird

5.4 bzw. 5.6 Brüchigkeit der Heimat – Lyrik des 20. und 21. Jahrhunderts

Heimat und Fremde – Exilliteratur zum Thema „Migration" vergleichen

▶ GK 75
LK 79   Ergänzend kann hier als Exiltext des 19. Jahrhunderts Heines Gedicht „Jetzt wohin?" einbezogen werden (→ S. 118)

Max Hermann-Neiße: Heimatlos (1936)

1 a Individuelle Lösungen. Etwa: herrenlose Katzen, Labyrinth, Schatten
b/c

	„Eingeborene"	„Heimatlose"
Mögliche Markierungen	plaudern vor den Toren; Ruh, sicherer Frieden; Stube, träumen vor den Toren	irren verloren, Fremde, Labyrinth, ausgestoßen, verlassen, Heimatglück ohne Schuld verloren, Schatten
Sprachliche Bilder	„abendliche(r) Sommerwind" (V. 4): Leichtigkeit, Idylle „Stube" (V 7): Symbol für ein gemütliches, sicheres Heim vor den Toren träumen und plaudern (V. 3, 15): Sorglosigkeit des Lebens, Tore haben für sie nichts Ausschließendes	„herrenlose Katzen": Symbol für Ausgestoßensein, keine Zugehörigkeit, keine Versorgung, keine Heimat, streunend, ohne Sicherheit Fenstervorhänge, die sich grausam verschließen (V. 5, 8): sprachliches Bild für den Ausschluss der Fremden

„Eingeborene"	„Heimatlose"
	negativer Vergleich: Bettler sind nicht so ausgestoßen wie Heimatlose
„Labyrinth" (V. 2, 14): Metapher für das Unbekannte, Verwirrende einer fremden Umgebung, in der man sich nur schwer zurechtfindet
„Schatten" (V. 16): Metapher dafür, dass die Fremden zu den Einheimischen dazugehören, auch wenn sie es nicht wahrhaben wollen; gleichzeitig Symbol dafür, auf der Schattenseite des Lebens zu stehen

Issam Al-Najm: Die Grenze der Angst (2017)

▶ GK 76
LK 80

2 Es lassen sich für alle Charakterisierungen Belege finden:
- Anklageschrift: V. 5, 9–14 (Beschränkungen durch den Heimatstaat)
- Verteidigungsschrift: V. 6–12 (Erläuterung der Fluchtgründe)
- Sehnsuchtslied: V. 1 f., 15–22, 27 (verbunden mit Stolz, aber auch bitteren Erinnerungen)

3 „Die Grenze der Angst" stellt eine Auseinandersetzung mit dem Heimatland dar:
- Bruch zwischen dem lyrischen Ich und der Heimat (V. 1 f.); Unverständnis (V. 14)
- Heimatverlust = Vergangenheitsverlust (die „schmerzhaften Erinnerungen", V. 19–21)
- Angst vor Situation in der Heimat: Beschränkung (V. 3, 5), Angst um das Leben (V. 28)
- freie Meinungsäußerung in der Heimat problematisch (V. 9 f.)
- Beschränkung der Sicht(-weise) (V. 11 f.)
- Perspektivlosigkeit (V. 4, 23 f.)
- Zerrissenheit des Migranten (V. 20 f., 25–29)

4 Der lyrische Sprecher ist offenbar aus seiner Heimat ausgewandert und sieht keine Rückkehrmöglichkeit. Das angesprochene Du zielt auf die angesprochene Heimat, und dort vorrangig auf die Machthaber. Die Kommunikationssituation macht die Zerrissenheit des lyrischen Ichs deutlich, die angstvolle Zuneigung zur Heimat.

5

Hermann-Neiße: „Heimatlos"	Al-Najm: „Die Grenze der Angst"
Orientierungspunkt (V. 1 f.)
Vertrautheit (V. 4)
Ruhe, Sicherheit (V. 6 f.)
Glück (V. 12)
Möglichkeit des Träumens (V. 15)	für lyrischen Sprecher verschlossen (V. 1 f.)
Angst (V. 3)
Ausgrenzung (V. 4 ff.)
ungerechtfertigte Beschuldigung (V. 6 ff.)
Gedankenbeschränkung (V. 9 f.)
Perspektivbeschränkung (V. 11 f.)
Stolz und Freude in der Vergangenheit (V. 15, 18), dann Verlust der Fröhlichkeit (V. 18)

Hinweis: In einer Verbindung zu Kapitel 6 (LK) des Arbeitsheftes könnte hier thematisiert werden, inwieweit der Begriff „Flüchtling" (Wort des Jahres 2015) abwertend zu verstehen ist.

„Und jedem Anfang wohnt ein Zauber inne" – Ein Gedicht im biografischen Kontext sehen

Hermann Hesse: Stufen (1942)

▶ GK 77
LK 81

1 a Individuelle Lösungen. Assoziationen zu Inhalt und Titel könnten sein: Lebensabschnitte, Entwicklungen nach oben und unten, mühsam (Stufen steigen)
  b Etwa: Es ist eine natürliche Lebensbedingung, dass Dinge zu Ende gehen und Neuem weichen. Dies ist zu begrüßen, denn das Neue enthält einen Zauber, während das Alte welkt.

GK 5 „UNTERWEGS SEIN" – LYRIK VON DER ROMANTIK BIS ZUR GEGENWART
LK 5 „UNTERWEGS SEIN" – LYRIK VOM BAROCK BIS ZUR GEGENWART

2 a

Abschied (V. 6)	**Aufbruch/Reise** (V. 17)	**Neubeginn** (V. 6)
welkende Blüte (V. 1)	Weichen der Stufe für die nächste (V. 2)	neue Bindungen (V. 8)
Erschlaffen (V. 16)	Lebensrufe (V. 5), Tapferkeit, ohne Trauer (V. 7)	Zauber des Anfangs (V. 9)
lähmende Gewöhnung (V. 18)	heiteres Durchschreiten der Räume (V. 11)	
Erhebung (V. 14)		

b Er wird gelähmt und erschlafft vergehen (V. 16, 18), sein Herz wird krank werden (V. 22). Außerdem bleibt derjenige immer auf der gleichen Stufe stehen (V. 14) und bleibt so der Enge seines Daseins verhaftet (V. 13).

3 a Individuelle Lösungen

b Vor dem biografischen Hintergrund ist die Bedrohung durch Angst und Tod eine mögliche Deutung. Hesse schrieb das Gedicht im Alter von 65 Jahren nach langer, schwerer Krankheit. Eine Exilerfahrung im engeren Sinne machte Hesse nicht, da er bereits seit 1919 in der Schweiz lebte. Allerdings war sein Werk in Deutschland „unerwünscht", Autoren wie Thomas Mann und Bertolt Brecht machten auf ihrem Weg ins Exil bei Hesse Station.
Abgelöst vom biografischen Kontext kann das Gedicht als philosophische Betrachtung des Lebens gesehen werden, bei dem jede Lebensphase eine Stufe darstellt, die der Mensch nach einer bestimmten Zeit auch wieder verlassen muss, um sich weiterzuentwickeln.
Allgemein sollte thematisiert werden, dass die Biografie eines Autors auch Sinnbeschneidungen vorgeben kann und daher nicht als einzige Deutungsmöglichkeit gesehen werden sollte. Ein Text weist immer auch über sich und den Autor hinaus.

c Individuelle Lösungen

Halt auf freier Strecke – Zwei themenverwandte Gedichte vergleichen

▶ GK 78 Bertolt Brecht: **Der Radwechsel** (1954)
LK 82 Jan Wagner: **Hamburg–Berlin** (2001)

1 Individuelle Lösungen

2 a

	Brecht: „Der Radwechsel"	Wagner: „Hamburg–Berlin"
Assoziation zum Titel	Veränderung, Unterwegssein mit Panne	Zugfahrt
Grundsituation	Reifenpanne	Stopp eines Zuges
Thema	Umgang mit Lebensveränderungen	Halt als Selbstbesinnung im Leben
Lyrischer Sprecher	lyrisches Ich, reist mit eigenem Fahrer im Auto	unbestimmtes *man*, Bahnreisender
Bedeutung des Unterwegsseins	nicht näher begründete Fahrt zwischen ungeliebten Orten Untätigkeit am Haltepunkt Situation des „Dazwischenseins" Bewusstwerden einer Unzufriedenheit mit dem bisherigen und kommenden Leben deutbar als Anstoß zu Veränderung	absichtslose Ankunft an einer unbekannten Zwischenstation Unsicherheit der neuen Unterwegs-Situation alltägliche Reise, die erst durch die Unterbrechung eine Bedeutung erhält Stopp ermöglicht Betrachten der Umgebung, die sonst nur schnell vorbeiziehen würde
Sicht des lyrischen Sprechers auf den Halt	Ungeduld und Hadern mit der Situation, obwohl Reiseziel nicht als Wunschort erscheint	zunächst neutral, Ausgangspunkt für Beobachtung und symbolische Deutung der Umgebung (vermutlich in Mecklenburg-Vorpommern)
Äußere Form	reimloses Gedicht ohne strophische Untergliederung, ohne festes Metrum	drei Strophen mit je drei Versen, reimlos, kein wiederkehrendes Metrum

	Brecht: „Der Radwechsel"	Wagner: „Hamburg–Berlin"
Sprache / Zentrale Bilder	„Radwechsel" (Titel, V. 5), „wechselt das Rad" (V. 2): Häufung, die anzeigt, dass der Radwechsel eine Bedeutung für das lyrische Ich hat/haben könnte „Straßenhang" (V. 1): lyrisches Ich im Abseits, untätig Aktivität liegt bei anderen (Fahrer) Anapher/Parallelismus (V. 3 und 4): Situation des lyrischen Ichs ist überall gleich, sowohl am Herkunftsort als auch am Zielort rhetorische Frage/Enjambement (V. 5 f.): lyrisches Ich hinterfragt seine Haltung zum Stopp und damit auch zu seiner Lebenssituation	Vergleiche, mit denen Vermutungen über die Umgebung angestellt werden: Land wirkt, als sollte es versteigert werden (V. 3); rechteckige Felder (V. 5) = Solitairekarten; könnte darauf verweisen, dass landwirtschaftliche Flächen ehemaliger DDR-Betriebe Spielball des Zufalls sind Metapher: „Bäume mit dunklen Kapuzen" (V. 4 f.) = Baumkronen, die wie Kleidung radikaler Jugendlicher (sowohl Linke als auch Rechtsradikale) wirken Personifizierung des Dorfes („mit dem Rücken zum Tag" (V. 4): kann als Abgeschiedenheit gesehen werden Metapher der Probebohrung (V. 8): vgl. Lösung zu Aufg. 4 „gott hielt den atem an" (V. 9): Stillstand, keine schöpferische Kraft oder Anspannung/ Hoffnung, was die Menschen entwickeln

b Das Gedicht „Der Radwechsel" enthält die zentrale Überlegung, dass ein Wunsch nach Veränderung zu begrüßen ist, auch wenn das Ziel keine Verbesserung verspricht.
Das Gedicht „Hamburg–Berlin" zeigt mit dem Blick auf eine konkrete Landschaft, dass sowohl Zukunftsunsicherheit als auch Potenzial in ihr steckt.

3 **Brecht:** schafft mit wenigen und einfachen Sätzen ein plastisches Bild; dargestellte Situation lässt sich als Bestandsaufnahme seines Lebens lesen; ihm gefällt nicht die Vergangenheit (Faschismus, Exil, Kapitalismus), aber er sieht auch schon die Missstände der jetzigen Gesellschaftsordnung, in der er lebt. Der Aufbruch in die Utopie scheint misslungen, ggf. ist das lyrische Ich auch müde vom Leben
Wagner: zeigt alltägliche Situation einer Bahnfahrt, kritischer Blick auf Umwelt (wirtschaftlich und ökologisch), Metaphorik anhand von Alltagsgegenständen (Kapuzen, Bohrung durch Windräder), moderne Form durchgängiger Kleinschreibung

▶ GK 80
LK 83

4

Metapher	Bildspender (Herkunftsbereich)	Bildempfänger (Übertragungsbereich)	Mögliche Vorstellung bei Leserin/Leser
Radwechsel (Brecht: Titel, V. 2, 5)	Auto erhält neues Rad	im Leben steht Wechsel für neuen Antrieb, neue Stütze	Radwechsel als grundlegende Veränderung von Lebenssituationen
probebohrung im himmel (Wagner, V. 8)	Gewinnung von Strom durch Windräder; Bohrung zur Gewinnung von Strom (eigentlich aber Erdöl)	(wirtschaftliche) Zwischensituation wird als Test (Probebohrung) wahrgenommen, der Himmel als Ort neuer Möglichkeiten	Bild erscheint paradox, da Bohrungen in die Erde vorgenommen werden; Bild einer modernen Zukunft entsteht

5 Individuelle Lösungen. Aspekte (vgl. auch Lösungen zu Aufgaben 2 und 3, S. 126 f.):
Gemeinsamkeiten: Situation des unfreiwilligen Halts auf einer Reise; Stopp liegt zwischen zwei Orten, auf freier Strecke; symbolische Überhöhung der Situation
Unterschiede: Haltegrund (Panne bei Brecht, unklar bei Wagner); Herkunft und Ziel werden bei Brecht zwar erwähnt, aber nicht als konkrete Orte benannt; bei Wagner kommen die Orte nur in der Überschrift vor („Hamburg–Berlin"); während bei Brecht der Fokus auf dem Radwechsel liegt und nur der Straßenhang als Ortsbeschreibung dient, wird die Umgebung/Landschaft bei Wagner genau beobachtet; Verbleib des lyrischen Ichs in der Situation (Brecht), Auseinandersetzung des lyrischen Ichs mit der Umwelt, die metaphorisch überhöht wird (Wagner)

128 GK 5 „UNTERWEGS SEIN" – LYRIK VON DER ROMANTIK BIS ZUR GEGENWART
LK 5 „UNTERWEGS SEIN" – LYRIK VOM BAROCK BIS ZUR GEGENWART

Unterwegs in ein neues Deutschland – Lyrische Texte zur deutschen Wende untersuchen

▶ GK 80   **Annerose Kirchner: Zwischen den Ufern** (1989/1990)
  LK 84   **Hans Magnus Enzensberger: Aufbruchsstimmung** (1991)

  1 a/b Individuelle Lösungen. Etwa: Wendesituation als „Unterwegssein" einer Gesellschaft / eines Landes in ein neues Gesellschaftssystem, in eine Verbindung zu einem neuen Staat

  2 Mögliche Deutungen:
  - Winterschlaf = Verschlafen eines langen, kalten Zeitabschnitts: Passivität der Menschen in der DDR
  - Trampelpfad = schmaler Weg, der im Verborgenen liegt: Unsicherheit, neue Wege zu gehen
  - Nesthocker = Vögel, die noch nicht flügge sind: unmündige Bürger, die die Sicherheit nicht aufgeben wollen
  - Jahreswechsel: Öffnung der Grenzen erfolgte am Jahresende im November, neues Jahr versprach neue Situation
  - mündig gesprochen = Übernahme von Eigenverantwortung
  - betrogene Zunge: Zunge spricht etwas aus, woran man selbst nicht glaubt; sie musste lügen
  - Hymnus der Freiheit = Loblied: muss erst erprobt werden, da neu und ungewohnt
  - zwischen den Ufern = im Fluss: das eigene Leben geht im Strom der Zeit auf, Identitätsfrage in Umbruchszeiten
  - steigende Flut = Bedrohung durch Hochwasser: das Leben wird schwieriger, weil so viel Neues, Ungewohntes auf einen einströmt
  - nur einmal trägt dich das Wasser: Chance muss genutzt werden

  3 a/b Mögliche Markierungen und ihre Deutung:
  - „rosig bestrahlte Gase" (V. 2): typische Luftverschmutzung in der DDR erscheint nun „rosiger"
  - „brösett, champagnergebadet, Beton" (V. 5 f.): Feierstimmung beim Fall der Mauer
  - „Pilgerscharen in der Fußgängerzone" (V. 11 f.): DDR-Bürger fahren zum Einkaufen in West-Städte, Vergleich mit christlichen Wanderern, die zu Orten göttlicher Erleuchtung unterwegs waren
  - „Suche nach Identität und Südfrüchten" (V. 13 f.): Zeugma, das Geistiges und Materielles verbindet; Neuorientierung der DDR-Bürger, aber auch Wunsch nach lang Entbehrtem
  - „valiumfarbene Scheine" (V. 15): Westgeld als Betäubungsmittel, aber auch Verweis auf profitablen Absatz durch Zuzügler (z. B. Gebrauchtwagenverkäufer)
  - „Beletage" (V. 17): in den obersten Kreisen (vermutlich aus Wirtschaft und Politik) werden die Bedingungen der Wiedervereinigung (Ehe) ausgehandelt; Hinrichtung lässt darauf schließen, dass der Osten nicht gut dabei wegkommt
  - „Blindgänger" (V. 22): mögliche Anspielung auf den Freudentaumel nach dem Fall der Mauer, als sich fremde Menschen umarmten
  - „Politbüro: ausgestorben" (V. 24): die alten Funktionäre der SED (Sozialistische Einheitspartei Deutschlands) haben ihre Macht verloren
  - Dichter (V. 25–Ende): ironische Sicht auf die unveränderte Utopiebereitschaft der Dichter

  4 Individuelle Lösungen. Erwartete Aspekte:
  Ost-Perspektive: Selbstkritik (V. 1, 3), Unsicherheit (V. 9 f.), Selbstansprache (V. 14)
  West-Perspektive: Kritik an positiver Stimmung (V. 2, 5), Abwertung/Belächeln von DDR-Bürgern (V. 13 f.), Unterstellung materieller Motive bei DDR-Bürgern (V. 14), ironische Darstellung eines Dichters, der glaubt, im neuen Land gehört zu werden (zeigt Desillusionierung des Autors)

▶ GK 81   **5.5 bzw. 5.7 Selbstreflexion als Reise – Lyrik des 21. Jahrhunderts**
  LK 85

  Matthias Politycki: Rote Berge, weiße Wüste, egal (2013)

  1 a Individuelle Lösungen
  b/c Thema: Orientierungslosigkeit aufgrund eines mangelnden Gefühls für das eigene Ich; Beliebigkeit des Reisens
  Inhalt: eine abenteuerliche und rasante Fahrt auf der Pritsche eines Pickups, die Landschaft ist dabei eher nebensächlich, Fahreindrücke, Klima und Straßenverhältnisse des Reiselandes, Beschreibung eines möglichen Unfalls, Ziellosigkeit und Gleichgültigkeit
  Lyrischer Sprecher: lyrisches Ich, das sich selbst in den Mittelpunkt stellt (V. 2), ist als Rucksacktourist unterwegs, vermutlich ohne zu wissen, wohin es geht

2 a/b
- „zwischen Sack und Pack verkeilt" (V. 1): feststehende Redewendung, bedeutet, mit allem, was man hat; Hinweis auf Reise in einem Dritte-Welt-Land, wo Menschen mit viel Gepäck unterwegs sind; gleichzeitig wirkt das lyrische Ich selbst wie ein Gepäckstück
- „Pritsche" (V. 2): Leben als Aufspringen auf Wege anderer Menschen ohne Ziel
- „Wüstenflirr'n mit roten Bergen" (V. 4): Exotik eines fernen Landes mit roter Erde, heißes Klima
- Straße als Fata Morgana (V. 5): Orientierung als Illusion
- „Rückwärtslauf" (V. 7): Reise, bei der man nicht sieht, was als Nächstes kommt, weil man sich gleichsam blind vorwärts bewegt
- heißer, harter Fahrtwind (V. 9): Hinweis auf Klima und hohe Geschwindigkeit, Abenteuerlichkeit der Reise auf offenem Pickup; Gegenwind nimmt einem gleichzeitig die Luft = Atemlosigkeit des Reisens
- „gen Himmel aufgefahr'n" (V. 13): Reise ins Jenseits bei möglichem Unfall, Risiko des Reisens
- geschmolzener Asphalt (V. 14): Wege zerfließen unter den Bedingungen, die die Realität schafft
- „Gummi, Glimmer" (V. 14): Sinneseindrücke: Duft nach Gummi der Reifen, hochstehende Sonne flimmert
- „Woher?", „Wohin?" (V. 18): Beliebigkeit des Reisens, Plan- und Ziellosigkeit, alles ist egal
- kein „Horizont" (V. 19): keine Orientierung, kein Ziel vor den Augen, mangelnde Lebensperspektive
- das Ich stellt sich zwar (mit Ausrufezeichen) in den Mittelpunkt (V. 2), jedoch spürt es nichts mehr, nicht mal sich selbst (V. 15, 17); die Umgebung ist so um sich greifend, dass kein Platz für das Ich bleibt, es herrscht völlige Orientierungslosigkeit

c **formaler Aufbau:** drei Strophen mit zweimal acht und einmal vier Versen, reimlos, kein regelmäßiges Metrum; eingerückte Strophenanfänge

Syntax:
- viele Ellipsen ohne Verben (1. Strophe, V. 9 f.): Beschreibungen wirken dadurch aufgezählt, stichpunktartig
- nachgestelltes „ich!" (V. 2): zusätzlich betont durch Versendstellung, Doppelpunktankündigung und Ausrufezeichen; zeigt, dass nicht die umgebende Umwelt im Zentrum steht, sondern das Ich, das Subjekt
- Vers, der nur aus einem Wort besteht („egal" V. 8); Sätze, die nur aus einem Fragewort und einem Wort als Antwort bestehen (V. 18): wirkt gehetzt, zeigt Gleichgültigkeit des lyrischen Sprechers, der nur in Bewegung sein will

Sprachliche Mittel:
- Enjambements (V. 1 f., 6 f., 9–14): spiegeln das Fahren ohne Stopp
- „Linksrechts" (V. 3): Neologismus steht für Orientierungslosigkeit und Überforderung, das lyrische Ich ist vom „Rest der Welt" (Übertreibung, V. 3) wie umstellt
- Vergleiche: „als Wüstenflirr'n" (V. 4), „fatamorganahaft" (V. 5): Umwelt wird als schemenhaft, unwirklich, eingebildet wahrgenommen
- Akkumulation: „Asphalt, Gummi, Glimmer" (V. 14): Bild für das Einerlei einer zusammengeschmolzenen Umwelt, die nicht mehr im Detail bedeutsam ist
- ausdrucksstarke und bildhafte Partizipien: „verkeilt" (V. 1), „flimmernd" (V. 5), „zahnbleckend grinsend" (V. 12)
- „Sack und Pack" (V. 1): Redewendung, Binnenreim, Assonanz
- „von Jetzt auf Gleich" (V. 12): Redewendung
- „ein Duft von geschmolzenem Asphalt, Gummi, Glimmer" (V. 13 f.): Paradoxon, da man mit Duft eher angenehme Gerüche verbindet

3 a Erwartbare Antworten: Das lyrische Ich hat offenbar eine große Distanz zu sich selbst (V. 1) und keinen Kontakt zu den eigenen Gefühlen (V. 15–17). Daraus entsteht eine Orientierungslosigkeit, die dem lyrischen Ich zum Lebensgefühl wird. In der Wüste ist vage die Selbstfindung ein Ziel, aber das entpuppt sich als Illusion (V. 17). Gleichzeitig hat das lyrische Ich das Gefühl, völlig in der rasanten Fahrt und der Umgebung aufzugehen (V. 15 f.). Das Abenteuer der Wüstenreise erscheint als inhaltsloses Unterwegssein.

b Mögliche Antworten: keinen Blick mehr für ferne Welten haben, Reisen mit Ansprüchen überfrachten, in Reisen nicht zu sich selbst finden; Reise als Versuch, Einsamkeit zu kompensieren; Angst vor dem Innehalten und davor, sich auf etwas wirklich einzulassen.

| GK | 5 „UNTERWEGS SEIN" – LYRIK VON DER ROMANTIK BIS ZUR GEGENWART |
| LK | 5 „UNTERWEGS SEIN" – LYRIK VOM BAROCK BIS ZUR GEGENWART |

Weiterführend kann die Aufgabe gestellt werden, im Gedicht Anknüpfungspunkte an andere Epochen zu finden, in denen Reisen als Selbstreflexion angesehen wurde, z. B. in der Romantik (ziellose Reise, Reiz der Gefahr und des Abenteuers) oder im Expressionismus (Expressivität der Eindrücke, Verlorenheit des Ichs, Bedrohungspotenzial der umgebenden Welt, sprachliche Formen wie Neologismen und besondere grammatische Formen).

4 Individuelle Lösungen

Die Liebe als Reise – Ein Gedicht und einen Songtext vergleichen

▶ GK 82
▶ LK 86

Durs Grünbein: **Unbekümmert, anderntags, Verse** (2008)
Cro: **Einmal um die Welt** (2011)

1 Individuelle Lösungen

2 a/b

Grünbein: „Unbekümmert, anderntags, Verse"	Cro: „Einmal um die Welt"
gemeinsame Reise zweier Körper (V. 1) Reise mit Fingern und Lippen über den Körper (V. 5–8) „Haut-Atlas Länder / Schrieb die Hand" (V. 11 f.): zärtliches Spiel „durch Zeitzonen gleitend" (V. 13): zwischen Nacht und Morgen, vor und nach Mitternacht „Navigator" (V. 14): gibt Richtung an verschlungen zum „Und" (V. 25)	Einladung der Liebsten zu einer Weltreise (V. 3); Reise als Geschenk eines wohlhabenden Mannes, der einer Frau die Welt „kauft" (V. 2) Reiseorte: London, New York, Paris, Hawaii, L. A. Himmelsrichtungen: „Ost, West oder Nord" (V. 5) Reiseunternehmungen: joggen, shoppen, frühstücken ganze Welt als Heimat (V. 18) Reise durch Modewelt: Manolo Blahnik, Prada, Gucci, Lacoste

c Bei Grünbein wird keine Beziehung beschrieben, die über einen längeren Zeitraum geht, die Reise steht auch nicht für die Liebe als Gefühl, sondern ist weitgehend eine Metapher für das körperliche Beisammensein einer Nacht (vor dem Schlaf bis zum Morgen). Der Titel und der letzte Vers lassen vermuten, dass es um eine zwanglose, nicht dauerhafte Begegnung geht.
Bei Cro ist die Reise ein Vorschlag/Angebot an die Freundin. Die Weltreise wird imaginiert und mit Reiseorten und Versprechungen dargestellt. Reise und Liebe werden gleichermaßen mit materiellen Wunscherfüllungen gleichgesetzt.

▶ GK 83
▶ LK 87

3 a Die Frau bei Grünbein: „wachen Blicks" (V. 14), „durch Zeitzonen gleitend" (V. 13), „Nackt im Fensterglasfunkeln" (V. 15), die Seiten tauschend (vgl. V. 16), „lächelnd" (V. 16), „Sommersprossig dein Rücken" (V. 18)
Die Frau bei Cro: „Baby" (V.1), indirekte Beschreibung durch ihre Wünsche: „Frühstück in Paris" „joggen auf Hawaii" (V. 15) „shoppen in L. A." (V. 16); „Babe in der Hand" (V. 19), „Sie will Kreditkarten / Und meine Mietwagen" (V. 26 f.); will „Designerschuhe" (V. 31), „in Geld baden" (V. 31), „Pelz tragen" (V. 32), „schnell fahren" (V. 34); konnte sich früher nichts leisten (vgl. V. 35)

b/c Bei Grünbein erscheinen die Partner gleichberechtigt, als „Paar" (V. 2), die auch zusammen lachen. Die Frau wird zwar erotisch reizvoll (z. B. V. 18), aber nie mit abwertendem Vokabular beschrieben. Außerdem übernimmt auch sie mal die Führung bzw. gibt die Richtung vor („Navigator", V. 14) und ein „Rollentausch" ist möglich (vgl. V. 16). Ein Beleg für die Verbundenheit beider ist die Umschreibung „Wir verschlungen zum *Und*" (V. 25).
Bei Cro wird die Frau als konsumsüchtiges Geschöpf dargestellt (V. 16, V. 24 ff.), was den lyrischen Sprecher aber nicht stört, denn er will ihr alle Wünsche erfüllen. Obwohl sie alles von ihm fordern kann, ist sie nicht gleichberechtigt, denn sie kann das alles nur an seiner Hand haben (vgl. V. 2) und damit hat er sie auch „in der Hand" (V. 19).

4 Mögliche Umschreibungen:
Grundstimmung bei Grünbein: erotisch, zukunftsvergessen, der Vergänglichkeit von Körper und Liebe bewusst
Grundstimmung bei Cro: erfolgsberauscht, konsumorientiert, oberflächlich, selbstverliebt, optimistisch

5 Beide Gedichte zeigen fiktive bzw. metaphorische Reisen, aber ein Ausloten von Grenzen gibt es nur bei Grünbein (Äquator überqueren, Seiten tauschen, Zeitzonen durchgleiten). Bei Cro werden alle Grenzen als finanziell überwindbar dargestellt. Seine Weltreise führt auch nur zu bekannten Orten und dient lediglich dem Konsum.

5.6 bzw. LK 5.8: Klausurtraining: Zwei Gedichte analysieren und vergleichen

Clemens Brentano: In der Fremde (1810)
Hilde Domin: Mit leichtem Gepäck (1962)

▶ GK 84
LK 88

Erster Schritt: Die Aufgabenstellung verstehen

1 **Analysieren:** Das Gedicht im Hinblick auf das Motiv des Unterwegsseins untersuchen, dabei den Inhalt und die formale Textstruktur aufeinander beziehen. Rhetorische Gestaltungsmittel sind herauszuarbeiten und in ihrer Funktion zu deuten. Die Analyse mündet in einer reflektierten Zusammenschau, in der Inhalt, Form und Wirkung abstrahierend mit Blick auf das Gesamtgedicht aufeinander bezogen werden.
Prüfen: Das romantische Gedicht auf der Basis eigener Kenntnisse auf epochentypische Merkmale hin prüfen. Das Gedicht von Domin hinsichtlich seiner Merkmale der Exilliteratur untersuchen.
Vergleichen: Die Texte, ihre Aussagen und ihre sprachlich-rhetorische Gestaltung hinsichtlich des Motivs des Unterwegsseins auf Gemeinsamkeiten und Unterschiede hin untersuchen.

Zweiter Schritt: Erstes Textverständnis und Ideen formulieren

▶ GK 85
LK 89

2

	Brentano: In der Fremde	**Domin: Mit leichtem Gepäck**
Titel	Das Unterwegssein wird mit „Fremdheit" verbunden, also mit Unsicherheit, Unkenntnis des Neuen, Abgrenzung des Ankömmlings.	„Mit leichtem Gepäck" hingegen deutet darauf hin, dass es sich um eine unbeschwerte Reise handelt.
Epoche	Das Bild des Unterwegsseins in der Fremde, das Brentano zeichnet, wird positiv mit dem Aufgehen in der Natur verknüpft; die Fremde ist eine Chance, das lyrische Ich fühlt sich anscheinend überall zu Hause; nicht alles an dieser Textaussage ist typisch für die Romantik, so wird der Unterschied zur Heimat gerade als unwichtig gesehen (V. 20).	Gleich beim ersten Lesen wirkt das Gedicht gar nicht mehr leicht. Epoche: Offenbar thematisiert das in der Nachkriegszeit entstandene Gedicht Erfahrungen aus dem Exil. Typisch erscheint die Unsicherheit der Lebenssituation sowie die Formlosigkeit und das Arbeiten mit einfachen Bildern.
Erster Eindruck	Insgesamt vermittelt das Gedicht ein positives Gefühl. Der lyrische Grundton ist fast volksliedhaft; eher Brechung der Erwartung des Titels: Vertrautheit, Wohlfühlen, Ankommen wie in der Heimat.	Dagegen wirkt dieses Gedicht wie eine Predigt/Ansprache, was man darf und was nicht; die Titelerwartungen werden nicht erfüllt: Das leichte Gepäck deutet eher auf Gefahren hin, denen man ohne Ballast schneller entkommen kann.

3 a Mögliche Markierungen:
Bei Brentano: „Weit … einhergezogen" (V. 1), „Über Berg und über Tal (V. 2), „Herberg suchen" (V. 7), „Hier wie dort" (V. 16)
Bei Domin: „ein Heim / ist kein Heim" (V. 4f.), „nicht … Bleiben" (V. 10); „Grab" (V. 23)
b In Brentanos Gedicht ist das Unterwegssein verbunden mit einem positiven Heimatgefühl.
Bei Domin hingegen ist Unterwegssein eine Situation, die keine Bindung erlaubt, da die/der Reisende immer auf Gefahr und baldige Abreise/Flucht gefasst sein muss.

GK 5 „UNTERWEGS SEIN" – LYRIK VON DER ROMANTIK BIS ZUR GEGENWART
LK 5 „UNTERWEGS SEIN" – LYRIK VOM BAROCK BIS ZUR GEGENWART

Dritter Schritt: Den Text analysieren und interpretieren

4

Aspekte der Analyse	Brentano: „In der Fremde"	Domin: „Mit leichtem Gepäck"
Inhalt: Darstellung des Unterwegsseins Strophe für Strophe	1. Strophe: Hinweis auf weite Reise, Geborgenheit durch den Himmel 2. Strophe: Zwang zur Übernachtung in der Natur, Nachtigall als Herbergsmutter 3. Strophe: ruhiger, friedlicher Schlaf 4. Strophe: Vergleich Heimat – Fremde Gleichheit der Gefühle 5. Strophe: Sternenbilder im Fluss als Verbindung zwischen Heimat und Fremde, Fremde als Zuhause	1. Strophe: Aufforderung, nirgends heimisch zu werden, weil ein Heim verloren gehen kann 2. Strophe: Warnung, Materielles anzuhäufen 3. Strophe: Löffel als Beispiel für notwendiges, aber leichtes Gepäck 4. Strophe: Vergleich Zucker mit Trost und Wunscherfüllung 5. Strophe: Auflistung der materiellen und immateriellen Besitztümer, die „erlaubt sind"
Äußere Form: Gedicht- und Strophenform; Reim und Metrum	Strophenbau: fünf Strophen mit je vier Versen Reim: Kreuzreim Metrum: fast durchgängig vierhebige Trochäen Wirkung: wie Volkslied, Zufriedenheit des lyrischen Ichs spiegelt sich in der gleichmäßigen Form	freie Rhythmen, reimlos, ohne durchgehendes Metrum Wirkung: Form spiegelt die Haltlosigkeit zu Hause und in der Fremde, in der kein Bleiben ist
Sprache: Satzbau, Wortwahl, rhetorische Figuren, besonders Bildlichkeit	Personifikation: „Frau Nachtigall" als Beschützerin (V. 8 ff.); „mit freudigem Gebraus" (V. 18) und grüßende Sterne (V. 19) zeigen Freundlichkeit der Natur Akkumulation: „Schlaf und Traum und Friede" (V. 11): zählen auf, was der Seele guttut. Alliterationen: spiegeln die einheitliche Rauheit der Natur, die sich dann auflöst (V. 6); verbinden Natur mit Freude (V. 17 f.) Parallelismen: „Über Berg und über Tal (V. 2), „Unter Eichen, unter Buchen" (V 5) Anaphern (V. 13 ff.): betonen die Gleichheit von Fremde und Heimat Metapher: „Himmelsbogen" (V. 4): Rundheit vermittelt Geborgenheit	Antithese (V. 3–5): kontrastiert mitnehmbare Güter und die Illusion des Bewahrens einer immobilen Heimat Metapher: „Schoßhund" (V. 6): Abwertung des Materiellen, das gleichzeitig personifiziert ist Alliteration (V. 12–15): betont die Bedeutung des Löffels Akkumulation (Schlussstrophe): zeigt das Wenige, was erlaubt ist, dabei aber Kontrast materiellsymbolisch; Grab als Brechung Enjambements (V. 4 f., 7 f., 9 f., 14 f., 20–23)
Epochenmerkmale:	typische Motive: Nacht, Nachtigall, Reise, Fluss, Sternengruß, Fremde als Heimat typisches Verständnis von Reisen: Reise als Selbstzweck, Unterwegssein als Heimat, männliches Ich, Ziellosigkeit	einfache Bildlichkeit, symbolische Überhöhung (Rose, Löffel, Grab), implizite politische Botschaft (weiter bestehende Unsicherheit jener, die auch vor NS-Regime geflohen sind), Formlosigkeit; Reisehinweise als Warnhinweise

▶ GK 86
LK 90

5 a/b Erwartbare Markierungen:
Brentano: Kreuzreim und meist vierhebiger Trochäus, Personifikation, Alliteration, Akkumulation, volksliedhaft; Natur als Beschützerin, Vertrauen in Natur, romantisches Motiv der Reise als Selbstzweck
Domin: freier Rhythmus, Alliteration, Akkumulation, reimlos, Bilder des Alltags; Haltlosigkeit in der Fremde, Unmöglichkeit des Ankommens, Warnung vor Bindung, Exilerfahrung des unfreiwilligen Reisens

c Beide Gedichte thematisieren das Grundgefühl des In-der-Ferne-Seins. Während bei Brentano betont wird, dass die Ferne sich als freundlich zugewandt erweist und dem Zuhause ähnelt, wird bei Domin gerade die Unsicherheit der Ferne betont, in der man nirgends bleiben darf. Somit wird in Domins Gedicht ein Appell an ein Du formuliert, nämlich mit leichtem Gepäck zu reisen, um stets abreisebereit zu sein. Brentanos Gedicht fordert dagegen dazu auf, das Heimatliche im Fremden zu sehen, denn hier wie dort gibt es Dinge, die beklagenswert sind oder mit Lust erlebt werden.

Vierter Schritt: Den Schreibplan erstellen und schreiben

6 a/b Individuelle Lösungen

7
1. Einleitungssatz
2. Kurze Wiedergabe des Inhalts von Brentanos Gedicht „In der Fremde"
3. Deutung von Brentanos Gedicht hinsichtlich der Darstellung von „Unterwegssein" (Inhalt, Sprache, Form und deren Zusammenhang)
4. Darstellung von Bezügen zur Epoche der Romantik
5. reflektiertes Fazit der Ergebnisse zu Brentano
6. Überleitungssatz
7. Kurze Wiedergabe des Inhalts von Domins Gedicht „Mit leichtem Gepäck"
8. Deutung von Domins Gedicht im Hinblick auf die Darstellung von „Unterwegssein" (Inhalt, Sprache, Form und deren Zusammenhang; kurz: Epochenbezüge)
9. Unterschiede und Gemeinsamkeiten in der Darstellung des „Unterwegsseins" in beiden Texten
10. Zusammenfassung der Ergebnisse des Gedichtvergleichs

8 Individuelle Lösung

Fünfter Schritt: Den eigenen Text überarbeiten   ▶ GK 87
9/10 Individuelle Lösungen   LK 91

Analyse und Vergleich von Gedichten (Aufgabenart I B)

Aufgabenstellung

1 Analysieren Sie das Gedicht „Die Seefahrer" von Georg Heym (1887–1912) hinsichtlich der Darstellung des Unterwegsseins. Berücksichtigen Sie dabei die Epochenzugehörigkeit. *(34 Punkte)*

2 Analysieren Sie das Gedicht „Der junge Schiffer" von Friedrich Hebbel (1813–1863) und vergleichen Sie es anschließend mit Heyms Gedicht hinsichtlich der Darstellung des Unterwegsseins. Prüfen Sie abschließend, inwieweit „Der junge Schiffer" typische Merkmale eines Gedichts des Realismus aufweist. *(38 Punkte)*

Georg Heym: Die Seefahrer (1912)

Die Stirnen der Länder, rot und edel wie Kronen
Sahen wir schwinden dahin im versinkenden Tag
Und die rauschenden Kränze der Wälder thronen
Unter des Feuers dröhnendem Flügelschlag.

5 Die zerflackenden Bäume mit Trauer zu schwärzen,
Brauste ein Sturm. Sie verbrannten, wie Blut,
Untergehend, schon fern. Wie über sterbenden Herzen
Einmal noch hebt sich der Liebe verlodernde Glut.

Aber wir trieben dahin, hinaus in den Abend der Meere
10 Unsere Hände brannten wie Kerzen an.
Und wir sahen die Adern darin, und das schwere
Blut vor der Sonne, das dumpf in den Fingern zerrann.

Nacht begann. Einer weinte im Dunkel. Wir schwammen
Trostlos mit schrägem Segel ins Weite hinaus.
15 Aber wir standen am Borde im Schweigen beisammen
In das Finstre zu starren. Und das Licht ging uns aus.

Eine Wolke nur stand in den Weiten noch lange,
Ehe die Nacht begann, in dem ewigen Raum
Purpurn schwebend im All, wie mit schönem Gesange
20 Über den klingenden Gründen der Seele ein Traum.

*(Aus: Georg Heym: Dichtungen.
Philipp Reclam Jun., Stuttgart 1964, S. 22 f.)*

Friedrich Hebbel: Der junge Schiffer (1857)

Dort bläht ein Schiff die Segel,
 Frisch saust hinein der Wind;
Der Anker wird gelichtet,
Das Steuer flugs gerichtet,
5 Nun fliegt's hinaus geschwind.

Ein kühner Wasservogel
 Kreist grüßend um den Mast,
Die Sonne brennt herunter,
Manch Fischlein, blank und munter,
10 Umgaukelt keck den Gast.

Wär' gern hineingesprungen,
 Da draußen ist mein Reich!
Ich bin ja jung von Jahren,
Da ist's mir nur ums Fahren,
15 Wohin? Das gilt mir gleich!

*(Aus: Friedrich Hebbel:
Werke. Bd. III. München 1965, S. 40)*

Autor: Frank Schneider

Inhaltliche Leistung

Aufgabe 1

	Anforderungen Die Schülerin / Der Schüler	maximale Punktzahl (AFB)	erreichte Punktzahl
1	verfasst eine aufgabenbezogene Einleitung.	3 (I)	
2	**skizziert den Inhalt und den Aufbau des Gedichts,** etwa: • fünf Strophen mit je vier Versen, Kreuzreim, Metrum: meist Daktylus, zum Teil Jamben • Blick der Seefahrer auf die Länder, die sie immer wieder verlassen (1. und 2. Strophe) • Blick der Seefahrer auf sich selbst (3. Strophe) • Blick der Seefahrer auf die nächtliche finstere See (4. Strophe) • Blick der Seefahrer in den Himmel (5. Strophe)	6 (I)	
3	**erschließt Strophe für Strophe die Darstellung des Unterwegsseins:** • **1. Strophe:** Auslaufen aus dem Hafen, Blick zurück zum Ufer im Abendrot; Feuer spielt auch auf Untergang der Welt (Länder) an (Assoziation z. B. zum Krieg) • **2. Strophe:** Bäume verbrennen im Feuersturm; sie symbolisieren die Trauer und vergangene Liebe, all das sehen die Seefahrer nur von fern • **3. Strophe:** Seefahrer treten erstmals als lyrisches Wir auf; sie haben das Land mit all seinem Chaos hinter sich gelassen, schauen auf sich; Fahrt ist ziellos, sie treiben nur dahin (V. 9), sind passiv, gezeichnet von dem, was sie verlassen haben • **4. Strophe:** es ist Zeit vergangen, Nacht, Trauer und Schweigen als Reaktion auf Erlebtes, zwar erscheint das Zusammensein der Seefahrer an Bord zunächst als Hoffnung (V. 15), aber das ausgehende Licht symbolisiert die Ausweglosigkeit (V. 16); am Ende ist jeder allein für sich • **5. Strophe:** Rückblende, Erinnerung an Wolke, die bei der Ausfahrt am Himmel stand; mögliche Deutung: Seefahrer träumen sich mit ihr ins All hinaus, um im ewigen Raum unterwegs zu sein; gleichzeitig kann das All als Ausweitung der Hoffnungslosigkeit gesehen werden, als Flucht	7 (II)	
4	**erklärt Strophe für Strophe, mit welchen Mitteln die Aussage und Wirkung des Gedichts erreicht werden,** z. B.: • **1. Strophe:** Metapher („Stirnen der Länder"); bildhafte Umschreibung für Baumwipfel („rauschenden Kränze der Wälder"), die gleichzeitig personifiziert werden; Kränze gleichzeitig Bild für Beerdigung; alliterative Verknüpfungen *(Stirnen, sahen, schwinden; Feuers Flügelschlag)* betonen die Einheitlichkeit des Bildes; Farbsymbolik: Rot vom versinkenden Abend und gleichzeitig Feuer; dessen Triumph wird durch Überlegenheitsattribute gespiegelt: „Kronen" • **2. Strophe:** Farbsymbolik: Schwarz für Vernichtung und Trauer (V. 5), indirekt Rot im Blut und in der Glut; paradoxe Umschreibungen wie „zerflackernde Bäume" (auch Neologismus), „brennendes Blut"; Vergleich: „Wie über sterbenden Herzen" • **3. Strophe:** Metapher „Abend der Meere"; Vergleich (V. 14), der gleichzeitig eine Verdinglichung beschreibt; Chiffren: Blut zerrinnt dumpf • **4. Strophe:** expressive Bilder für Gefühle, z. B. „schwammen trostlos"; verstärkende Synonyme *(Nacht, im Dunkel, ins Finstre)* • **5. Strophe:** durchgehendes Enjambement als Spiegelung des „Klingens" der Hoffnung; Wolke wird als positives Bild gezeichnet *(purpurn schwebend)*; Vergleich: „wie mit schönem Gesange"	9 (III)	

Autor: Frank Schneider

ERWARTUNGSHORIZONT

	Anforderungen Die Schülerin / Der Schüler	maximale Punktzahl (AFB)	erreichte Punktzahl
5	**erläutert, inwiefern das Gedicht typische Merkmale des Expressionismus zeigt** (z. B. Anklänge an Weltuntergang; Reise als hoffnungsloser Ausbruchsversuch aus der Welt, Entgrenzung und Flucht in die Weite des Raums; Personifizierung der Natur und Verdinglichung/Entindividualisierung des Menschen; expressive sprachliche Mittel wie Farbadjektive, Neologismen und Chiffren, Telegrammstil).	6 (II)	
6	**fasst die Ergebnisse der Analyse in einer Schlussfolgerung zusammen** (z. B. Seefahrt als Spiegelung eines Untergangsszenarios; Schiff treibt ziellos auf der See, der Blick ins All erzeugt nur vage Illusionen; hoffnungslose Reise ins Nichts).	3 (III)	
7	**erfüllt ein weiteres aufgabenbezogenes Kriterium.**	(6)	
	Summe Aufgabenteil 1	**34**	

Aufgabe 2

	Anforderungen Die Schülerin / Der Schüler	maximale Punktzahl (AFB)	erreichte Punktzahl
1	**verfasst eine aufgabenbezogene Überleitung.**	3 (I)	
2	**skizziert kurz den Inhalt und den Aufbau des Gedichts,** etwa: • drei Strophen à fünf Verse, die letzten vier Verse jeweils als umarmender Reim, gleichmäßiges Metrum (Jamben) • Blick auf ein abfahrendes Segelschiff (1. Strophe) • Blick auf Himmel und Meer rund um das Schiff (2. Strophe) • lyrisches Ich tritt in Erscheinung, offenbar ein an Land stehender Schiffer, der gern mitfahren würde (3. Strophe)	6 (I)	
3	**erschließt Strophe für Strophe die Darstellung des Unterwegsseins:** • **1. Strophe:** Auslaufen aus dem Hafen, Schiff ist startklar (Segel gesetzt, Anker gelichtet, Steuer gerichtet), Aufbruchsstimmung, Vorfreude • **2. Strophe:** auf dem Meer, Reisebegleiter/Begegnungen auf der Reise: Tiere (Wasservogel und Fische); Schiff und damit auch der mitreisende Mensch werden als Gast auf dem Meer dargestellt • **3. Strophe:** lyrisches Ich schaut dem abfahrenden Schiff hinterher, äußert Reisewunsch, die Ferne („da draußen") ist die eigentliche Heimat („mein Reich"), Ziel ist egal, Reise nur Selbstzweck, Jugend steht als Symbol für den Aufbruch ins Weite	7 (II)	
4	**erklärt Strophe für Strophe, mit welchen Mitteln die Aussage und Wirkung des Gedichts erreicht werden,** z. B. • **1. Strophe:** ausnahmslos positive Attribute für das Reisen; helle Vokale, teils Assonanzen; Personifikationen des Schiffes und des Windes stehen für Eigendynamik der Reise ohne Zutun des Menschen; Metapher („fliegt's" = hohes Tempo) • **2. Strophe:** Personifikation des Schiffes als Gast, Vermenschlichung der Tiere *(kühn, grüßen, keck umgaukeln)* • **3. Strophe:** Konjunktivform, um Wunsch auszudrücken; Alliteration (V. 13), Ausrufesätze erzeugen Nachdruck; Metapher *(hineinspringen* = Assoziation mit Redewendung „ins kalte Wasser springen", Bereitschaft, sich auf die Welt einzulassen, sich in ein Abenteuer zu stürzen)	7 (III)	

Autor: Frank Schneider

Texte, Themen und Strukturen

… ERWARTUNGSHORIZONT

	Anforderungen Die Schülerin / Der Schüler	maximale Punktzahl (AFB)	erreichte Punktzahl
5	**erläutert, welche Merkmale des Realismus das Gedicht aufweist** (bürgerlicher Realismus, kein simples Abbild der Wirklichkeit, subjektive Haltung des lyrischen Ichs zum Dargestellten, Spiegelung des Wahren, das sich hinter dem bloßen Abbild verbirgt; in Abgrenzung zum Frührealismus keine politische Aussage).	6 (II)	
6	**erklärt die wichtigsten Gemeinsamkeiten** (Schiffsmotiv, Ziellosigkeit, Perspektive des Seefahrers/Schiffers, Personifizierungen, Passivität der Menschen, lyrisches Ich bzw. Wir als Repräsentanten ihrer Zeit) **und Unterschiede** (fundamentaler Kontrast der Grundatmosphäre: bei Heym: Hoffnungslosigkeit der Reise, Umgebung ist zerstört, eine Rückkehr an Land unmöglich, Schiff ist passiv, ungewollte Ziellosigkeit bzw. Ziel nur im überhöhten Raum, Mensch ist ausgeliefert, dem Untergang geweiht; bei Hebbel: Reise als Aufbruch der Jugend, verbunden mit Hoffnung, Schiff ist aktiv, Umgebung gastlich, Ziellosigkeit ist gewollt und hat einen Eigenwert).	6 (III)	
7	**fasst die Ergebnisse der Analyse in einer Schlussfolgerung zusammen** (z. B. beide Gedichte nutzen Seefahrt als Symbol typisch menschlicher Grundsituationen; epochentypische Unterschiede – bei Hebbel realistisch / fast noch spätromantisch: Reise als Selbstzweck, Unterwegssein als eigentlicher Grundmodus eines jungen Menschen; bei Heym typisch expressionistisch: Reise als Spiegelung der Hoffnungslosigkeit).	3 (III)	
8	**erfüllt ein weiteres aufgabenbezogenes Kriterium.**	(6)	
	Summe Aufgabenteil 2	**38**	

Darstellungsleistung

	Anforderungen Die Schülerin / Der Schüler	maximale Punktzahl (AFB)	erreichte Punktzahl
1	strukturiert den Klausurtext kohärent, schlüssig, stringent und gedanklich klar.	6	
2	formuliert unter Beachtung der fachsprachlichen und fachmethodischen Anforderungen.	6	
3	belegt Aussagen durch angemessenes und korrektes Zitieren.	3	
4	drückt sich allgemeinsprachlich präzise, stilistisch sicher und begrifflich differenziert aus.	5	
5	formuliert lexikalisch und syntaktisch sicher, variabel und komplex (und zugleich klar).	5	
6	schreibt sprachlich richtig.	3	
	Summe Darstellungsleistung	**28**	
	Gesamtpunktzahl	**100**	

Note: Datum:

Autor: Frank Schneider

Texte, Themen und Strukturen

LERNERFOLGSKONTROLLE/KLAUSURVORSCHLAG

Analyse und Vergleich von Gedichten (Aufgabenart I B)

Aufgabenstellung

1 Analysieren Sie das Gedicht „Die zwei Gesellen" von Josef von Eichendorff (1788–1857) hinsichtlich der Darstellung des Unterwegsseins. Berücksichtigen Sie dabei die Epochenzugehörigkeit. *(34 Punkte)*

2 Analysieren Sie das Gedicht „Wohin zieht ihr?" von Bertolt Brecht (1898–1956) und vergleichen Sie es anschließend mit Eichendorffs Gedicht hinsichtlich der Darstellung des Unterwegsseins. Prüfen Sie abschließend, inwieweit Brechts Gedicht auf seine Entstehungszeit verweist. *(38 Punkte)*

Josef von Eichendorff: Die zwei Gesellen (1818)

Es zogen zwei rüst'ge Gesellen
Zum ersten Mal von Haus,
So jubelnd recht in die hellen,
Klingenden, singenden Wellen
5 Des vollen Frühlings hinaus.

Die strebten nach hohen Dingen,
Die wollten, trotz Lust und Schmerz,
Was Recht's in der Welt vollbringen,
Und wem sie vorübergingen,
10 Dem lachten Sinnen und Herz. –

Der Erste, der fand ein Liebchen,
Die Schwieger¹ kauft' Hof und Haus;
Der wiegte gar bald ein Bübchen
Und sah aus heimlichem Stübchen
15 Behaglich ins Feld hinaus.

Dem Zweiten sangen und logen
Die tausend Stimmen im Grund,
Verlockend' Sirenen, und zogen
Ihn in der buhlenden Wogen
20 Farbig klingenden Schlund.

Und wie er auftaucht' vom Schlunde,
Da war er müde und alt,
Sein Schifflein, das lag im Grunde,
So still war's rings in die Runde,
25 Und über die Wasser weht's kalt.

Es singen und klingen die Wellen
Des Frühlings wohl über mir;
Und seh ich so kecke Gesellen,
Die Tränen im Auge mir schwellen –
30 Ach Gott, führ uns liebreich zu dir!

*(Aus: Joseph von Eichendorff: Werke und Schriften. Bd. 1.:
Gedichte. Epen. Dramen. Hg. v. G. Baumann.
Cotta, Stuttgart 1953)*

1 Schwieger: Schwiegereltern

Bertolt Brecht: Wohin zieht ihr? (1931)

1
Wohin zieht ihr? Freilich
Wo ihr immer hinzieht, dort
Wird es schlechter sein und
Wo immer ihr wegzieht, dort
5 War es besser.

2
Wovor flieht ihr? Eurem Elend
Werdet ihr nicht entfliehen.
Niemand hält euch, hier
Werdet ihr nicht vermißt.
10 Wo ihr hinkommt
Seid ihr nicht willkommen.

3
Ihr fürchtet das Unten
Ihr seid noch nicht unten.
Ihr werdet erkennen: es gibt
15 Mehr als ein Unten
Wenn ihr meint, ihr seid unten.

4
Könnt ihr nicht haltmachen
Könnt ihr nicht umkehren?
Ihr flieht, aber
20 Wohin flieht ihr?
Euerm Elend
Werdet ihr nicht entgehn.
Macht also halt. Schaut euch um.

5
Wenn ihr erkennen würdet, wohin ihr geht
25 Würdet ihr haltmachen.
Wenn ihr wissen würdet
Was mit euch geplant ist
Würdet ihr euch umschauen.

6
Wißt, daß ihr eure Lage verbessern könnt! ®

*(Aus: Bertolt Brecht: Gesammelte Gedichte. Bd. I.
Suhrkamp, Frankfurt/M. 1967, S. 365 f.)*

Autor: Frank Schneider

Texte, Themen und Strukturen
Lernerfolgskontrolle 8, S. 1

ERWARTUNGSHORIZONT

Inhaltliche Leistung

Aufgabe 1

	Anforderungen Die Schülerin / Der Schüler	maximale Punktzahl (AFB)	erreichte Punktzahl
1	verfasst eine aufgabenbezogene Einleitung.	3 (I)	
2	skizziert den Inhalt und den Aufbau des Gedichts: • sechs Strophen mit Reimschema abaab, Metrum: Jambus und Daktylus • gemeinsamer Aufbruch von zwei jungen Gesellen (1. und 2. Strophe) • Ankunft und Lebensweg des ersten Gesellen (3. Strophe) • Lebensweg und Schicksal des zweiten Gesellen (4. und 5. Strophe) • Reflexion/Erkenntnis des lyrischen Ichs als Spiegelung der 1. Strophe	6 (I)	
3	erschließt Strophe für Strophe die Darstellung des Unterwegsseins: • **1. Strophe:** froher Auszug von zwei jungen, zuversichtlichen Männern im Frühling, es ist das erste Unterwegssein, Wellen verweisen auf Schiffsreise = Auf und Ab des Lebens • **2. Strophe:** keine Reise zur Unterhaltung, Anlass sind idealistische und bürgerliche Ziele („von hohen Dingen", „was Recht's") • **3. Strophe:** Ankunft des ersten Gesellen in bürgerlicher Idylle („Hof und Heim"), nicht selbst erarbeitet, sondern Erbschaft; behaglicher Stillstand • **4. Strophe:** zweiter Geselle bleibt immer unterwegs (Anspielung auf Odysseus), folgt den bunten und gefährlichen Verlockungen der Welt • **5. Strophe:** diese Art zu reisen macht alt, man erleidet Schiffbruch • **6. Strophe:** veränderte Sicht des lyrischen Ichs aufs Unterwegssein; Wissen, dass sich Ziel und Ankunft der (Lebens-)Reise unterscheiden; am Ende weist nur Gott uns den richtigen Weg	7 (II)	
4	erklärt Strophe für Strophe, mit welchen Mitteln die Aussage und Wirkung des Gedichts erreicht werden, z. B.: • **1. Strophe:** Frühling = Symbol für Lebensphase der Jugend, auch für Neubeginn (Jahresanfang); lautmalerische Assonanzen mit hellen Vokalen (V. 4); Akkumulation, teils als Binnenreim (V. 3 f.), teils synästhetische Personifizierung der Wellen; Enjambements spiegeln Dynamik des Aufbruchs, ebenso der Wechsel von Jambus und Daktylus • **2. Strophe:** Parallelismen (V. 7, 10), Anapher (V. 6 f.), metaphorische Umschreibungen für Bürgerlichkeit (*hohe Dinge, was Rechtes*) • **3. Strophe:** Ironisierung der bürgerlichen Idylle durch abwertende Verkleinerungsformen *(Liebchen, Bübchen, Stübchen)* und unreinen Reim (V. 11, 13, 14), der das perfekte Bild „stört"; Alliteration (V. 12) • **4. Strophe:** Sirenengesang als Symbol für Untergang, Synästhesie (V. 20) zeigt Überfülle und Überforderung, Scheinwiderspruch („sangen und logen"), Enjambements spiegeln anhaltende Dynamik • **5. Strophe:** Scheitern spiegelt sich in der Statik der Zeilen, Akkumulation („müde und alt"), Verkleinerungsform hier nicht Ironie, sondern Ausdruck von Mitleid; Alliteration (V. 25) • **6. Strophe:** Spiegelung der ersten Strophe, ähnliches Vokabular; allerdings werden Gesellen nun „keck" genannt, ihr Anspruch erscheint als Hybris; Ausruf des letzten Verses wirkt wie Lebenseinsicht	9 (III)	
5	erläutert, welche Merkmale der Romantik das Gedicht aufweist (z. B. Aufbruchsmotiv, teils schwärmerischer, teils melancholischer Grundton, Ironisierung des Philister-Glücks, Entgrenzung aus der Enge der Welt, Religiosität, Reise als Allegorie auf das Leben, volksliedhafte Form).	6 (II)	

Autor: Frank Schneider

Texte, Themen und Strukturen

140 ERWARTUNGSHORIZONT

	Anforderungen Die Schülerin / Der Schüler	maximale Punktzahl (AFB)	erreichte Punktzahl
6	fasst die Ergebnisse der Analyse in einer Schlussfolgerung zusammen (z. B. zwei Varianten des Unterwegsseins, keiner der Lebenswege scheint erstrebenswert – weder das enge bürgerliche Heim noch die rastlose Hingabe an alle Verlockungen des Lebens; Warnung vor Selbstüberschätzung, Gott als Ausweg).	3 (III)	
7	erfüllt ein weiteres aufgabenbezogenes Kriterium.	(6)	
	Summe Aufgabenteil 1	**34**	

Aufgabe 2

	Anforderungen Die Schülerin / Der Schüler	maximale Punktzahl (AFB)	erreichte Punktzahl
1	verfasst eine aufgabenbezogene Überleitung.	3 (I)	
2	skizziert den Inhalt und den Aufbau des Gedichts: ▪ sechs Strophen ohne festes Metrum und Reim; unterschiedliche Strophenlänge, besonders auffallend einversige Schlussstrophe ▪ 1. und 2. Strophe: rhetorische Fragen und desillusionierende Antworten ▪ 3. und 4. Strophe: Beschreibung der Lage der Fliehenden und Überlegungen zum Innehalten, Umkehren ▪ 5. Strophe: Aufforderung zur Reflexion des Unterwegsseins ▪ 6. Strophe: Alternative zum Weggehen	6 (I)	
3	erschließt Strophe für Strophe die Darstellung des Unterwegsseins: ▪ **1. Strophe:** Unterwegssein meint zunächst nur woanders *hinziehen*, den Wegziehenden wird Verklärung der Heimat unterstellt (V. 2–5) ▪ **2. und 3. Strophe:** hier ist von *fliehen* die Rede, der lyrische Sprecher zeigt die Folgen der Flucht: weiter Elend, Weggehen wird niemandem auffallen, in der Fremde wird man nicht willkommen sein (V. 8–11), die soziale Lage wird sich nicht bessern, im Gegenteil (V. 12–16) ▪ **4. Strophe:** Phasen des Unterwegsseins: haltmachen, umkehren, zunächst als Frage, dann als explizite Aufforderung ▪ **5. Strophe:** Alternativen zur Ziel- und Planlosigkeit des Weggehens, Kritik an fehlender Reflexion des Unterwegsseins ▪ **6. Strophe:** Aufforderung zur Verbesserung der Lage am Heimatort	7 (II)	
4	erklärt Strophe für Strophe, mit welchen Mitteln die Aussage und Wirkung des Gedichts erreicht werden, z. B.: ▪ der lyrische Sprecher hält sich im Hintergrund, die Anrede *ihr* wirkt, als würde die Leserin / der Leser direkt angesprochen ▪ rhetorische Fragen verdeutlichen Illusion, dass ein Ortswechsel die Lage verbessert, Konjunktivkonstruktionen veranschaulichen Irrealität ▪ Alliterationen der Fragewörter und Konjunktionen vieler Versanfänge *(wohin, wo, wovor, wenn, was)* wirken wie Litanei ▪ Enjambements: der Hoffnung wird im Folgevers die Desillusionierung entgegengesetzt (V. 2 f., V. 4 f.) ▪ Anaphern (z. B. V. 17 f.), Parallelismen (V. 2, 4; 24–28), Wiederholungen *(das Unten, unten,* V. 12–16), Vers mit zwei Imperativsätzen (V. 23); Ausrufezeichen als Antwort auf alle vorigen Fragen (V. 29)	9 (III)	

Autor: Frank Schneider

Texte, Themen und Strukturen
Lernerfolgskontrolle 8, S. 3

ERWARTUNGSHORIZONT

	Anforderungen Die Schülerin / Der Schüler	maximale Punktzahl (AFB)	erreichte Punktzahl
5	**erläutert, inwieweit im Gedicht Anklänge an die Entstehungszeit nachweisbar sind** (z. B. Flucht, Aufbruch angesichts der politisch und wirtschaftlich instabilen Lage in Deutschland, realitätsnahe Darstellung der Wirklichkeit, agitatorischer Charakter).	4 (II)	
6	**erklärt die wichtigsten Gemeinsamkeiten** (Hoffnung bei Aufbruch, baldige Desillusionierung, einfache Form, Präsentation einer Alternative zum gescheiterten Unterwegssein) **und Unterschiede** (bei Eichendorff: Anlass des Aufbruchs ist Ziel, etwas im Leben zu erreichen; Aufzeigen zweier möglicher Lebenswege, die einander entgegengesetzt sind; Reisende sind junge Männer, Handwerksgesellen voller Tatendrang; Alternative liegt im Religiösen; bei Brecht: kein freudiger Aufbruch, sondern Entschluss, die Heimat zu verlassen; es wird nur ein Weg aufgezeigt, der noch weiter nach unten führt; „Reisende" sind Menschen auf der Flucht; Alternative liegt im Klassenkampf).	6 (III)	
7	**fasst die Ergebnisse der Analyse in einer Schlussfolgerung zusammen** (z. B. Unterwegssein als Lebensweg bzw. Lebensphase, Darstellung allgemeinmenschlicher Aspekte; bei Eichendorff: Warnung vor übersteigerten Hoffnungen, bei Brecht: Aufforderung, die eigene Lage zu erkennen und aktiv und bewusst selbst zu gestalten).	3 (III)	
8	**erfüllt ein weiteres aufgabenbezogenes Kriterium.**	(6)	
	Summe Aufgabenteil 2	38	

Darstellungsleistung

	Anforderungen Die Schülerin / Der Schüler	maximale Punktzahl (AFB)	erreichte Punktzahl
1	strukturiert den Klausurtext kohärent, schlüssig, stringent und gedanklich klar.	6	
2	formuliert unter Beachtung der fachsprachlichen und fachmethodischen Anforderungen.	6	
3	belegt Aussagen durch angemessenes und korrektes Zitieren.	3	
4	drückt sich allgemeinsprachlich präzise, stilistisch sicher und begrifflich differenziert aus.	5	
5	formuliert lexikalisch und syntaktisch sicher, variabel und komplex (und zugleich klar).	5	
6	schreibt sprachlich richtig.	3	
	Summe Darstellungsleistung	28	
	Gesamtpunktzahl	100	
	Note: Datum:		

Autor: Frank Schneider

Texte, Themen und Strukturen
Lernerfolgskontrolle 8, S. 4

GK 6 Sprachvarietäten und ihre gesellschaftliche Bedeutung – Dialekte und Soziolekte

Konzeption des Kapitels

GK: Arbeitsheft für den Grundkurs; **LK:** Arbeitsheft für den Leistungskurs;
Texte, Themen und Strukturen: Ausgabe Nordrhein-Westfalen, 978-3-464-68112-1 / 978-3-464-68111-4

Seite	Sequenz/ Materialien	Didaktisch-methodische Hinweise	Anknüpfung an „Texte, Themen und Strukturen"
GK 88	6.1 Einführung in das Thema	Aufgabe 1 aktiviert das Vorwissen der Schüler/-innen und ermöglicht so einen intuitiven Einstieg. Aufgabe 2 bietet ihnen eine persönliche Auseinandersetzung mit dem Thema an und Aufgabe 3 bereitet mit der Unterscheidung von Dialekt und Soziolekt auf die weiteren Teilkapitel vor.	Als Einstieg in das Thema kann auch das Kreuzworträtsel auf Seite 316 genutzt werden, das ebenfalls an das Vorwissen der Schüler/-innen anknüpft.
GK 89	6.2 Merkmale und Verbreitung von Dialekten *Sabine Kaufmann:* „Dialekte" Information: Merkmale von Dialekten	Die Schüler/-innen erhalten einen ersten Überblick zur Entwicklung der Dialekte. Die historische Einschätzung des Dialekts ist bis heute für die Bewertung und das soziale Ansehen von Dialekt und Dialektsprechenden relevant.	Die Verbreitung von Dialekten in Abgrenzung zur überregionalen Standardsprache, zu Mundarten und zur regionalen Umgangssprache wird bei *Antje Stedje:* „Die Sprache in der Sprache" (S. 318 ff.) thematisiert.
GK 90 f.	„Asterix op kölsch" „Asterix küert westfäölsk" Information: Sprachwandel (Lautverschiebung) und Dialekte Nordrhein-Westfalens	Die Schüler/-innen lernen anhand mundartlicher Asterix-Comics das Kölsche und Westfälische als zwei Dialekte kennen, die in Nordrhein-Westfalen sehr verbreitet bzw. markant sind. Neben sprachlichen Aspekten (Lautverschiebung) kann auch die unterschiedliche Wirkung der Dialekte thematisiert werden.	Weitere Informationen zum Westfälischen lassen sich bei *Nicole Scherschun:* „Westfälisch – Das A und O" finden (S. 320). Als Ergänzung kann anhand von *Elena Ern:* „Dem Ruhrpott seine Sprache" (S. 320) das Ruhrdeutsche untersucht werden.
GK 92 f.	6.3 Vorteil Dialekt? – Dialekte und ihre Wirkung *Stefan Mayr:* „Nie wieder schwäbeln. Sprachtherapeutin treibt Managern den Dialekt aus" *Hans Kratzer:* „Bayern treibt Kindern den Dialekt aus"	Die Texte stellen das Schwinden der Dialekte und die Situation von Dialektsprecherinnen und -sprechern dar, die sich aufgrund ihres Dialektes so diskriminiert fühlen, dass sie sich diesen bewusst abtrainieren (lassen).	Mit der Wirkung von Dialekten setzt sich auch *Christof Hamann:* „Dialekt" (S. 317) auseinander.

| GK | 6 SPRACHVARIETÄTEN UND IHRE GESELLSCHAFTLICHE BEDEUTUNG – DIALEKTE UND SOZIOLEKTE |

Seite	Sequenz/ Materialien	Didaktisch-methodische Hinweise	Anknüpfung an „Texte, Themen und Strukturen"
GK 94	„Die Entwicklung von Dialekten in der spanischen Sprache"	Der Text informiert die Schüler/-innen über die Verbreitung und Besonderheiten spanischer Dialekte und ermöglicht ihnen, einen Vergleich zu den zuvor erlernten Merkmalen deutscher Dialekte zu ziehen.	
GK 95 f.	6.4 Jugendsprache *Diana Marossek:* „Kommst du Bahnhof oder hast du Auto?" *Eva Neuland:* „Prozesse von Stilbildung und Stilverbreitung"	Dieses Teilkapitel setzt sich in unterschiedlicher Art und Weise mit Jugendsprache auseinander. Während der erste Textauszug sich auf populärwissenschaftlicher Ebene mit dem Soziolekt auseinandersetzt und die Schüler/-innen mit dessen stilistischen Mitteln vertraut macht, steht bei Eva Neuland ein propädeutischer Ansatz im Vordergrund.	Mit den Merkmalen von Jugendsprache befassen sich auch *Nikolaus Nützel:* „Wenn Digger endkrass diggen – Oder: Sprechen Jugendliche eine eigene Sprache?" (S. 322 f.) und *Heike Wiese:* „Kiezdeutsch rockt, ischwör!" (S. 323 f.).
GK 97 f.	*Harald Martenstein:* „Über die Bedeutung eines Füllwortes"	Die Glosse gibt einen launig-humorvollen Einblick in das Sprechverhalten junger Menschen und regt zur selbstkritischen Einschätzung des Umgangs mit sprachlichen Moden an.	Als Hilfe bei der Textsortenerschließung lässt sich die Information „Eine Auswahl journalistischer Texte" (S. 253) heranziehen.
GK 99 ff.	6.5 Fußballsprache und weitere Soziolekte *Armin Burkhardt:* „Wenn das Leder im Kasten klingelt … Der deutsche Fußball und seine Sprache" „Populäre Zocker-Abkürzungen – We talk gaming"	Die Schüler/-innen erweitern ihr Verständnis von Soziolekten, indem sie weitere Soziolekte und ihre stilistischen Besonderheiten kennen lernen. Sie erfahren, dass die Fußballsprache insbesondere aus Metonymien und innovativen Metaphern besteht, und erschließen die Bedeutung des Akronyms für die Gamer-Sprache sowie deren Einfluss auf die jugendliche Alltagssprache.	Zur Ergänzung der Soziolekte können die Bürosprache und die Seminarsprache herangezogen werden; *Jochen Leffers:* „Bürosprech" und *Kathrin Langhans:* „Juhu, niemand versteht mich" (S. 325 f.).
GK 103 f.	*Ursula Kals:* „Triumph der Schönfärber und Wortklauber" Information: Sprachvarietäten	Die kritische Auseinandersetzung mit der Verwendung von Euphemismen in bestimmten Sprachvarietäten soll die Schüler/-innen zur Reflexion eigenen Sprachverhaltens anregen.	

6 SPRACHVARIETÄTEN UND IHRE GESELLSCHAFTLICHE BEDEUTUNG – DIALEKTE UND SOZIOLEKTE

Seite	Sequenz/Materialien	Didaktisch-methodische Hinweise	Anknüpfung an „Texte, Themen und Strukturen"
GK 105 ff.	**6.6 Klausurtraining: Materialgestütztes Schreiben** „Häufigkeitseinschätzung der Verwendung von Jugendsprache" (Diagramm) „Bildungssprache" (Lexikonartikel) *Helmuth Feilke:* „Bildungssprachliche Kompetenzen – fördern und entwickeln" *Eva Neuland:* „Sprachleistungen von Jugendlichen innerhalb und außerhalb der Schule" *Wolfgang Krischke:* „Rettet das Deutsche vor seiner Selbstdemontage" Methode: Diagramme auswerten Information: Die gedankliche Struktur eines informierenden Textes entwickeln	Das Klausurtraining kann eigenständig im Unterricht oder zu Hause bearbeitet werden. Diese Handreichung bietet einen weiteren Klausurvorschlag zu diesem Aufgabentyp (mit Erwartungshorizont) sowie einen Klausurvorschlag zur Sachtextanalyse (Aufgabentyp II A).	Übungen zu weiteren Aufgabenarten/-typen an Texten zum Thema: S. 327 ff. (Aufgabenart IV), S. 350 ff. (Aufgabenart II B) Die fünf Schritte entsprechen dem Vorgehen des Klausurtrainings in „Texte, Themen und Strukturen". Unterstützen kann auch das Kapitel „Texte planen, schreiben und überarbeiten – Die Schreibkompetenz verbessern" (S. 580 ff.).

Literaturhinweise:

Bußmann, Hadumod (Hg): Lexikon der Sprachwissenschaft, Alfred Kröner Verlag, Stuttgart 2008
Cornelissen, Georg: Kleine Sprachgeschichte von Nordrhein-Westfalen, Greven Verlag, Köln 2015
Göttert, Karl-Heinz: Alles außer Hochdeutsch. Ein Streifzug durch unsere Dialekte, Ullstein Verlag, Berlin 2011
Kessel, Katja; Reimann, Sandra: Basiswissen deutsche Gegenwartssprache. Francke, Tübingen u. a. 2012
König, Werner; Elspass, Stephan; Möller, Robert: dtv-Atlas Deutsche Sprache, Deutscher Taschenbuch Verlag, München 2015
Maitz, Peter; Elspass, Stephan: Fallbeispiele: Sprachliche Diskriminierung von deutschen Muttersprachlern in Deutschland. In: Der Deutschunterricht, 6/2011, Friedrich Verlag, Seelze 2004
Marossek, Diana: Kommst du Bahnhof oder hast du Auto? Hanser Berlin im Carl Hanser Verlag, München 2016
Neuland, Eva: Jugendsprache. Francke, Tübingen u. a. 2008
Stedje, Astrid: Deutsche Sprache gestern und heute. Einführung in die Sprachgeschichte und Sprachkunde. Wilhelm Fink, Paderborn 2007

6.1 Dialekte und Soziolekte

▶ GK 88

Mit der Karte lässt sich an das Vorwissen und die Vorstellungen der Schülerinnen und Schüler anknüpfen.

1 a

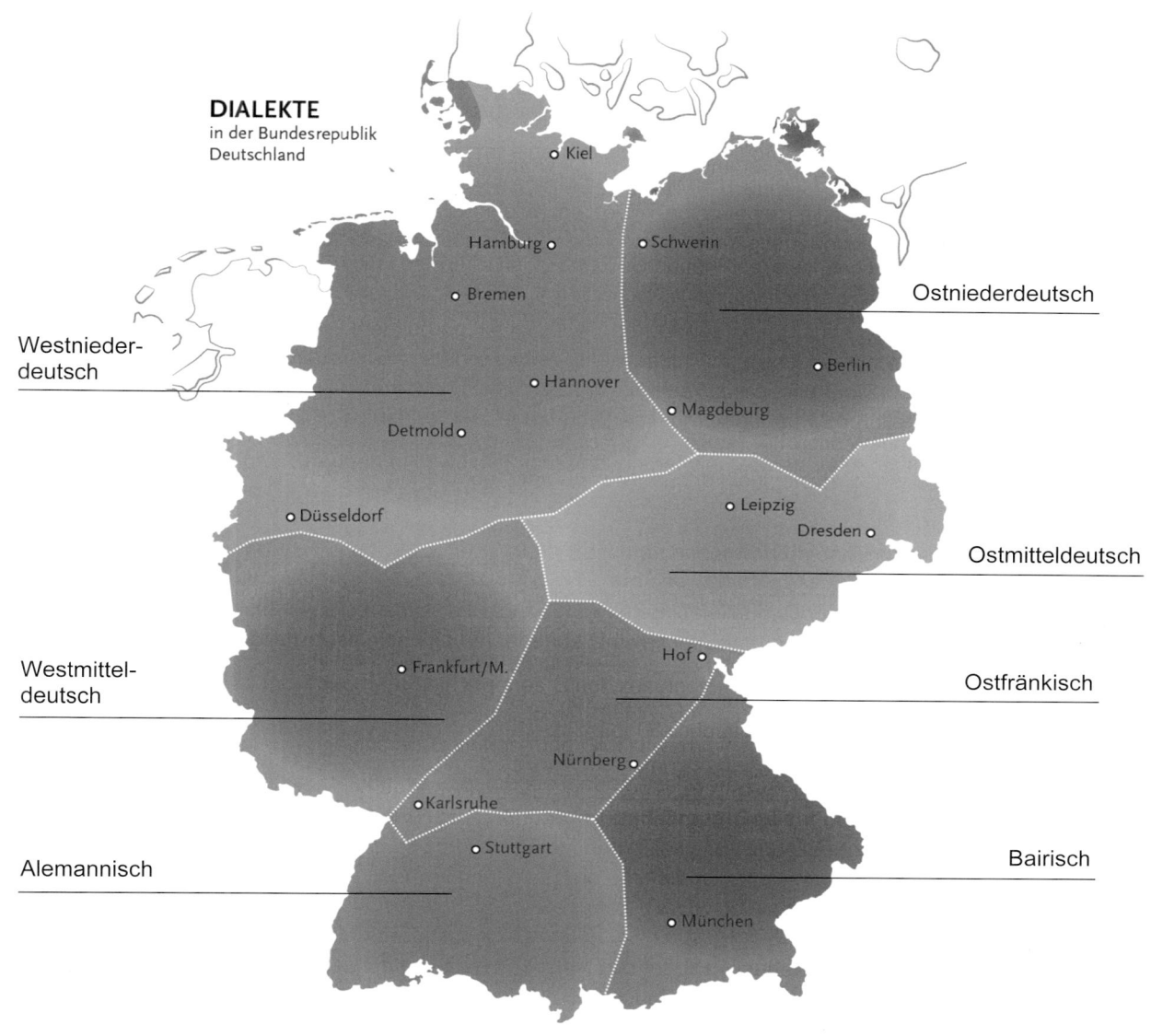

© werkstatt für gebrauchsgrafik, Berlin

b Die folgenden Zuordnungen richten sich nach dem typischen Gebrauch. Das schließt nicht aus, dass einige Bezeichnungen (v. a. Frikadelle) überregional gebraucht werden.
Bulette: Ostniederdeutsch, Ostmitteldeutsch
Frikadelle: Westmitteldeutsch, Westniederdeutsch
Fleischpflanzerl: Bairisch
Klops: Ostniederdeutsch, Westniederdeutsch, Ostmitteldeutsch
Fleischküchle: Alemannisch, Ostfränkisch
Bratklops: Ostmitteldeutsch
Fleischklößchen: Ostfränkisch, Ostmitteldeutsch
Gehacktesbällchen: Ostmitteldeutsch

c Weitere Beispiele könnten *Semmeln, Schrippen, Wecken, Brötchen* oder *Mädchen, Mädle, Deern* oder *Bonbon, Bollchen, Klömpkes, Schnongse, Kamellen, Bröckskes* etc. sein.

2 Individuelle Lösungen

GK 6 SPRACHVARIETÄTEN UND IHRE GESELLSCHAFTLICHE BEDEUTUNG – DIALEKTE UND SOZIOLEKTE

3 a Während es sich beim Dialekt um eine regionale bzw. lokal begrenzte Sprachvarietät handelt, die von Menschen aus einem bestimmten Gebiet gesprochen wird, kennzeichnet der Soziolekt Sprachvarietäten, die jeweils von bestimmten sozialen Gruppen gesprochen werden.

b/c Die Beispiele bieten die Möglichkeit, den Unterschied zwischen Dialekten und Soziolekten bewusst zu machen.

Beispiel	Dialekt	Soziolekt	Bestimmung
Mia san mia.	X		Bairisch, wörtlich „wir sind wir", gilt als Ausdruck des bayerischen Selbstbewusstseins, Dinge so zu bewerten und zu handhaben, wie man es selbst für richtig hält, ohne sich nach der Einschätzung anderer zu richten.
Yolo!		X	Jugendsprache, Jugendwort 2012, Abk. für „You only live once", steht für das jugendliche Selbstverständnis, mit Abenteuerlust und Tollkühnheit durchs Leben zu gehen, etwas zu riskieren und auch einmal Irrwege zu gehen.
Das war ein Elfer!		X	Sportlersprache aus dem Fußball für Situationen, in denen ein Elfmeter als angemessene Konsequenz für ein Foul im Strafraum angesehen wird.
Moin, moin.	X		Grußformel in Norddeutschland zu jeder Tages- (und Nacht-)zeit

6.2 Merkmale und Verbreitung von Dialekten

▶ GK 89 **Sabine Kaufmann: Dialekte (2016)**

1

Antike	Bis Ende des Mittelalters	16. Jh.	Frühe Neuzeit	Heute
Griechen und Römer sprechen von Dialekt als „Gespräch und Redeweise von Gruppen".	Das Volk spricht Dialekt, Professoren, Kleriker und Humanisten Lateinisch.	Im Zuge der Bibelübersetzung Martin Luthers ins Deutsche wird eine einheitliche deutsche Standardsprache erforderlich, damit die Bibel landesweit zu verstehen ist.	Die Standardsprache entwickelt sich als Schriftsprache, die v. a. durch den sächsischen und den pfälzischen Dialekt beeinflusst wird. Dialektformen werden aus der Schriftsprache verbannt, nur einzelne Wörter bleiben erhalten.	Heute gilt als Standardsprache die hochdeutsche Schriftsprache mit einer einheitlichen Grammatik und Aussprache. In Deutschland gibt es sechzehn größere Dialektverbände.

2 Mögliche Antwort: Im Rundfunk wurde Standardsprache gesprochen. Da Radio und Fernsehen schnell zu Massenmedien wurden und immer mehr Menschen erreichten, führte dies zu einer schnelleren Verbreitung des Hochdeutschen und zu einem stärkeren Bewusstsein für den eigenen Sprachgebrauch im Dialekt.

Sprachwandel und Dialekte aus Nordrhein-Westfalen

▶ GK 90 **Asterix küert westfäölsk**
Asterix op Kölsch

Asterix-Comics gibt es in nahezu allen Dialekten. Die Texte sind der Auftaktseite entnommen, die in allen Asterix-Heften gleich ist. Lineare Übersetzungen der vorliegenden Dialektvarianten, die von der hochdeutschen Heft-Fassung abweichen, sind ebenfalls möglich.

1 „Wir befinden uns im Jahre 50 v. Chr. Ganz Gallien ist von den Römern besetzt ... Ganz Gallien? Nein! Ein von unbeugsamen Galliern bevölkertes Dorf hört nicht auf, dem Eindringling Widerstand zu leisten. Und das Leben ist nicht leicht für die römischen Legionäre, die als Besatzung in den befestigten Lagern Babaorum, Aquarium, Laudanum und Kleinbonum liegen ..."

(aus: Asterix bei den Schweizern. Egmont Ehapa Verlag, Berlin, ASTERIX®- OBELIX®- IDEFIX® / © 2018 LES ÉDITIONS ALBERT RENÉ / GOSCINNY-UDERZO, 1973, S. 5)

2 a/b Individuelle Lösungen ▶ GK 91

3 a/b/c

	Kölsch	Westfälisch	Standarddeutsch	Merkmale
Dörp	X		Dorf	keine Verschiebung *p* zu *f*
schriewen	X		schreiben	keine Diphtonierung; keine Verschiebung von *w* zu *b*
Duorp		X	Dorf	Diphtongierung der Kurzvokale, keine Verschiebung *p* zu *f*
Gallierdickköppe		X	Gallierdickköpfe	keine Verschiebung *p* zu *pf*

4 **Kölsch:**
Jallier (Gallier): anlautendes *g* als *j* gesprochen
Lejionäre (Legionäre): anlautendes *g* als *j* gesprochen (Beginn der Silbe)
Fründ (Freund): nicht vollzogene Diphtongierung
Westfälisch:
Wildswiene (Wildschweine): nicht vollzogene Diphtongierung
Wunnersapp (Wundersaft): keine Verschiebung von *p* zu *pf*
Mestersinger (Meistersinger): nicht vollzogene Diphtongierung

6.3 Vorteil Dialekt? – Dialekte und ihre Wirkung

Stefan Mayr: Nie wieder schwäbeln. Sprachtherapeutin treibt Managern den Dialekt aus (2017) ▶ GK 92

Der Text zeigt auf, dass das Sprechen von Dialekt im beruflichen Bereich häufig als negativ angesehen ist, was dazu führt, dass Dialektsprecher sich den Dialekt mit professioneller Hilfe abtrainieren.

1 Dialektsprecher werden oft nicht verstanden (vgl. Z. 8 ff.), nicht akzeptiert (vgl. Z. 23), sie werden belächelt (vgl. Z. 20) und wirken unsympathisch (vgl. Z. 9 f.), distanziert und desinteressiert (vgl. Z. 37). Der Dialekt kann die Karriere verhindern bzw. Aufstiegschancen einschränken (vgl. Z. 13 ff.).

2 Mögliche Gründe könnten in der historischen Entwicklung liegen, da die hochdeutsche Standardsprache zunächst nur als Schriftsprache existierte, die vorrangig von den Gebildeten und Gelehrten beherrscht wurde, während das einfache Volk im Dialekt sprach. Möglicherweise wird deshalb bis heute mit Dialektsprechen fehlende Bildung oder gar Dummheit assoziiert.

3 Dies wird nicht für jeden Dialekt gleichermaßen zutreffen. Dialekte, die allgemein eher unbeliebt sind oder von einer Mehrheit der Bevölkerung sogar als lächerlich eingestuft werden, könnten dazu führen, dass deren Sprecher als weniger attraktiv eingeschätzt werden.

Hans Kratzer: Bayern treibt Kindern den Dialekt aus (2016) ▶ GK 93

Der Text referiert die Kritik des Germanisten Peter Maitz, dass Schulkindern in Bayern das Dialektsprechen insbesondere durch im Standarddeutsch verfasste Schulbücher verwehrt werde. Darüber hinaus werden die beruflichen und sozialen Nachteile und Diskriminierungen, denen Dialektsprecher ausgesetzt seien, beklagt.

148 GK 6 SPRACHVARIETÄTEN UND IHRE GESELLSCHAFTLICHE BEDEUTUNG – DIALEKTE UND SOZIOLEKTE

4 a Nach Maitz werden Dialektsprecher vor allem in sozialen und beruflichen Zusammenhängen diskriminiert. Dies beginne schon in der Schule, wo das Dialektsprechen nicht gefördert, sondern im Gegenteil durch ausschließlich hochdeutsch verfasste Schulbücher verhindert werde. Im Gegensatz zu anderen Gruppen, die wegen ihres Geschlechts oder ihrer Herkunft diskriminiert werden, fehle es in der Gesellschaft allerdings an einem Bewusstsein für die Problematik von Dialektsprechern.

b

Argumente	Beispiele
Ergebnisse einer systematischen wissenschaftlichen Analyse bayerischer Schulbücher der Universität Augsburg (vgl. Z. 5 ff., 25 ff.)	
Widerspruch zu bayerischer Verfassung, zum Grundgesetz (vgl. Z. 13 f., 48 f.) und zu Forderungen des Kultusministeriums (vgl. Z. 32 f.)	Antwort des bayerischen Kultusministeriums auf eine Anfrage der Partei „Freie Wähler", die Bedeutung des Dialektes Schülerinnen und Schülern bewusst zu machen (vgl. Z. 16 ff.), und Aussage des Kultusministers, der den Wert der sprachlichen Vielfalt betont (vgl. Z. 22 ff.)
enger Zusammenhang zwischen Sprache und Diskriminierung (vgl. Z. 37 f.)	Studentin, die in einer Prüfung an einer Universität schwäbischen Dialekt gesprochen hat, habe deswegen eine schlechtere Note bekommen (vgl. Z. 44 ff.)
negative Bewertung des Dialektes in den Schulen verfestigt eine Ideologie des 19. Jh. und tradiert das bildungsbürgerliche Sprachideal, das Hochdeutsch „zum Sozialsymbol des gehobenen Bürgertums" ernennt (vgl. Z. 57 ff.)	

c Peter Maitz stützt seine Position vor allem auf Autoritätsargumente (wissenschaftliche Studie, Instanzen wie das Grundgesetz oder Ministerien) und veranschaulicht bzw. belegt diese Argumente mit konkreten Beispielen.

5 Siehe Lösung zu S. 92, Aufgabe 2.

6 a Sowohl Mayr als auch Maitz stellen die Behauptung auf, dass Dialektsprecher Nachteile vor allem im beruflichen Leben erfahren. Mayr stützt sich allerdings nicht auf wissenschaftliche Studien, sondern auf individuelle Erfahrungsberichte, die zumeist aber auch aus dem akademischen Bereich stammen. Im Gegensatz zu Maitz beklagt Mayr die Situation der Dialektsprecher nicht, sondern stellt sie lediglich fest. Auch beschreibt er eine unterschiedliche Bewertung von Dialekten, anstatt nur auf die Diskriminierung von Dialektsprechern abzuzielen. Damit zeichnet er ein deutlich differenzierteres Bild zur Thematik.
b Individuelle Lösungen

▶ GK 94 **Die Entwicklung von Dialekten in der spanischen Sprache**

1 a von oben nach unten: Spanien, Chile, Äquatorial-Guinea, Nicaragua, Kuba
b z. B.:
Europa: Spanien
Amerika: Mexiko, Guatemala, El Salvador, Costa Rica, Panama, Puerto Rico, Dominikanische Republik, Venezuela, Kolumbien, Ecuador, Peru, Bolivien, Argentinien, Uruguay, Paraguay
Afrika: Ceuta und Melilla (Städte/spanische Exklaven)
Eine vollständige Auflistung findet sich unter https://de.wikipedia.org/wiki/Spanische_Sprache (Zugriff: 02.04.2018)

2 a Dialektale Unterschiede lassen sich auf lautlicher Ebene bei der unterschiedlichen Aussprache der *s*-Laute finden, diese können gelispelt oder scharf ausgesprochen werden. Auf semantischer Ebene fällt vor allem der unterschiedliche Wortschatz zwischen Lateinamerika und Spanien auf. Dies betrifft sowohl einzelne Begriffe wie die jeweiligen Übersetzungen, z. B. für *Handy* oder *Wohnung*, aber auch die direkte Anrede in der zweiten Person Plural. Bei Letzterer wird u. a. in Lateinamerika kein Unterschied zwischen der vertraulichen und der höflichen Anrede gemacht, während sich die beiden Formen in Spanien unterscheiden.

b Auf lautlicher Ebene: Ein Nordspanier könnte denken, dass ein Südspanier von *der Jagd* spricht, wenn er eigentlich ein *Haus* meint und dass ein Lateinamerikaner von seinem *Haus* spricht, wenn er eigentlich die *Jagd* meint.
Auf semantischer Ebene: Hier könnte zum einen die Anrede in der zweiten Person Plural zu Missverständnissen führen. So könnte ein Spanier, der diese Form der Anrede nicht gewöhnt ist, von einer besonderen Höflichkeit oder Distanziertheit seines Gesprächspartners ausgehen, während dem Süd- oder Lateinamerikaner die gesonderte vertraute Anrede nicht vertraut ist. Zum anderen kann es auch zu Missverständnissen kommen, wenn beispielsweise ein Mexikaner nicht versteht, was ein Spanier mit dem Substantiv *móvil (Handy)* meint, da er den Begriff nur als das Adjektiv *beweglich* versteht.

3 In Berlin und Mitteldeutschland heißt das meist mit Marmelade oder Pflaumenmus gefüllte Gebäck *Pfannkuchen*, während es in den restlichen Regionen Deutschlands *Berliner* (oder *Krapfen*) heißt. Dafür heißt die in der Pfanne zubereitete Eierspeise in Berlin und weiten Teilen Ostdeutschlands *Eierkuchen* (in Sachsen: *Plinse*), ist jedoch im westlichen Teil Deutschlands eher unter dem Begriff *Pfannkuchen* bekannt. Missverständnisse sind hier vor allem beim Einkauf in der Bäckerei oder bei Einladungen zum Essen denkbar.

6.4 Jugendsprache

Diana Marossek: „Kommst du Bahnhof oder hast du Auto?" (2016) ▶ GK 95

1 a Zu den semantischen Merkmalen von Jugendsprache gehören Verbildlichungen, Anglizismen, Entfremdungen (meist in Form von Bedeutungserweiterungen oder -reduzierungen), Neologismen und Zitate. Auf syntaktischer Ebene findet häufig eine Vertauschung oder Auslassung von Satzgliedern statt.

b Hier sind nicht immer genaue Zuordnungen möglich, da z. B. Entfremdungen oft eine Form der Verbildlichung sind.

Merkmale von Jugendsprache	Beispiel aus dem Text
Anglizismen:	*stylen, twerken, nice, fresh, Player*
Verbildlichungen:	*Kaspar machen, hartzt, bocken, Kellerbräune, Bus klären*
Entfremdungen:	*Alte, fett, cremig* (alles Bedeutungserweiterungen); *hartzt* (Bedeutungsreduzierung)
Zitate:	Kein Beispiel im Text, mögliche eigene Beispiel wären: „*Ich habe heute leider kein Foto für dich.*" Dieses Zitat stammt aus der Casting Show „Germany's next Topmodel" und bedeutet, dass die Teilnehmerin ausscheidet; „*leider geil*" ist ein Zitat aus einem Lied der Band Deichkind.
Vertauschung von Satzgliedern:	*Stefan, der hat ja end die nice Alte.*
Auslassung von Satzgliedern:	*Ich muss Bus klären. / Sonst fliege ich Mannschaft. , 'fjeden (auf jeden Fall) / Kann nicht zu spät sein.*

2 Soziolekte sind Varietäten der Sprache, die von bestimmten gesellschaftlichen Gruppen und je nach Situation verwendet werden. Auch wenn es keine universelle und eindeutige Jugendsprache gibt, zeichnet sich die Sprache der Jugendlichen durch bestimmte sprachliche Muster aus, die vorwiegend in der Kommunikation zwischen den Jugendlichen selbst zur Anwendung kommen.

3 a/b Individuelle Lösungen

150 GK 6 SPRACHVARIETÄTEN UND IHRE GESELLSCHAFTLICHE BEDEUTUNG – DIALEKTE UND SOZIOLEKTE

▶ GK 96 **Eva Neuland: Prozesse von Stilbildung und Stilverbreitung** (2008)

Der Text setzt sich mit der Entstehung und Verbreitung von Jugendsprache auseinander.

4 **Destandardisierung:** beschreibt die Entstehung der Jugendsprache; standardsprachliche Ausdrücke werden ihres Kontextes enthoben und erfahren eine Bedeutungsveränderung.
Restandardisierung: beschreibt die Verbreitung der Jugendsprache in der Standardsprache; die durch Destandardisierung entstandenen Begriffe der Jugendsprache werden Teil der Standardsprache und verlieren damit oft ihre jugendsprachliche Prägung.

5

6 Ausdrücke, die die Prozesse der Destandardisierung und Restandardisierung durchlaufen haben:

Ursprüngliche Standardsprache	Jugendsprachliche Destandardisierung	Verallgemeinernde Restandardisierung
Proletarier: Menschen, die der Arbeiterklasse angehören	Verknappung zu *Proll:* Angeber	*Proll:* ungehobelter, ungebildeter, ordinärer Mensch
Thusnelda: wahrscheinlich seit Kleists Drama „Hermannschlacht" abwertender Begriff für die Gattin	*Tussi:* abwertend für eingebildetes und oft stark zurechtgemachtes Mädchen	*Tussi:* weibliche Person, Freundin eines Mannes

Jugendsprachliche Ausdrücke wie z. B. *behindert* oder *schwul* unterliegen lediglich dem Prozess der Destandardisierung. Hier könnte sich eine Diskussion anschließen, was diese beiden Ausdrücke von den anderen genannten Beispielen unterscheidet und ob langfristig auch hier eine verallgemeinernde Restandardisierung denkbar ist.

7 Individuelle Lösungen

▶ GK 97 **Harald Martenstein: Über die Bedeutung eines Füllwortes** (2016)

Der Text beschreibt in unterhaltender und lapidarer Form subjektiv wahrgenommene Veränderungen in der Verwendung jugendsprachlich genutzter Füllwörter.

8 a Martensteins Text verfolgt hauptsächlich die Intention zu unterhalten. Darüber hinaus finden sich aber auch informierende Passagen.
b Mögliche Markierungen:
argumentativ, persuasiv: Z. 1, 4–9, 28–32, 38–41, 43–50, 52–56, 68 f.
deskriptiv: Z. 2–4, 16–19, 32–38, 51
narrativ: Z. 10–12, 19–28, 41–43, 56–67

- c Die Lösungen können im Detail unterschiedlich sein. Zwar handelt es sich insgesamt um einen argumentativen Text, der sich aber vieler narrativer und damit unterhaltender Elemente bedient.
- d Die argumentativen Passagen sind größtenteils subjektive Behauptungen, mit denen der Autor seine Leserinnen und Leser auf humorvolle Art von seinen Thesen zu überzeugen versucht. Es findet sich lediglich eine Expertenmeinung (vgl. Z. 28 ff.), die dem Argumentationsgang eine gewisse Objektivität und Sachlichkeit verleiht. Die vorwiegend narrativen Passagen dienen der Unterhaltung und Anschaulichkeit. Die wenigen deskriptiven Passagen dienen dazu, die Leserinnen und Leser zu informieren. Da die Übergänge zwischen den einzelnen Darstellungsweisen fließend sind, lässt sich aber auch in den beschreibenden Passagen kein nüchtern-sachlicher Stil finden. Dies hängt auch damit zusammen, dass der Text (eine Glosse) einen ironischen Grundton hat.

9 Mögliche Vervollständigung des Lückentextes: ▶ GK 98
Harald Martenstein vertritt in seinem Text mehrere Thesen. Zunächst nennt er als Grund für die Verwendung von Jugendsprache die gewünschte Provokation der Erwachsenen. Laut Martenstein ist das neue Modewort unter jungen Leuten „genau" in einer Verwendung als Füllwort. Dies erklärt er damit, dass Jugendliche von ihren Eltern stets Zuspruch und Bekräftigung erfahren und sich durch die häufige Verwendung regelmäßig selbst in ihren Aussagen bestätigen. Abschließend weist er daraufhin, dass „genau" in den 50er Jahren des zwanzigsten Jahrhunderts schon einmal Modewort war und schließt daraus, dass die Wiederentdeckung des Füllwortes auch in Zusammenhang mit der Wiederentdeckung der Mode dieser Zeit in Verbindung gebracht werden kann. Hier schließt er indirekt an seine Ausgangsthese an, dass die Jugend provozieren will und dies wohl nur noch durch Konservatismus möglich sei.

10

Sprachlich-rhetorische Gestaltung	Zeile(n)	Wirkungsabsicht
Personifikation: „Begriffe […] Karriere machen […]".	Z. 2 ff.	Veranschaulichung der Beliebtheit provozierender Beleidigungen in der Jugendsprache
fiktive Zitate	Z. 7 ff., 43 f., 58	erwecken auf überspitzte und ironisch-humorvolle Weise den Anschein einer realitätsnahen Darstellung
Umgangssprache, z.B. „checkt", „Netz"	z. B. Z. 23, 27	durch konzeptionelle Mündlichkeit wird Nähe zu den Leserinnen und Lesern suggeriert
Wiederholung „genau"	Z. 17, 18, 25, 38 usw.	Verdeutlichung des sprachlichen Phänomens durch häufige Verwendung im eigenen Text
Häufung der Pronomen der 1. Person Singular: „ich", „meiner", „mich"	z. B. Z. 5 f., 10, 19, 23 usw.	Hervorhebung der eigenen Position/ Subjektivität
Metapher: „Wiedergeburt"	Z. 67	ironische Überhöhung des sprachlichen Phänomens
Ironie: „Oder auch eine Genausagerin, geschlechtsspezifische Unterschiede in der Genausaghäufigkeit scheint es nicht zu geben."	Z. 33 ff.	nicht ganz ernst gemeinte politische Korrektheit
sprachliche Bilder: „Zentralrat der Kulturpessimisten"; „Comeback der Pünktchenbluse"	Z. 49 f., 68 f.	ironisch, zugespitzt
Übertreibung: Verhalten von Jugendlichen und Reaktion der Eltern	Z. 56 ff.	ironisch, lustig

11 Beim vorliegenden Text handelt es sich um eine Glosse. Sowohl bei einem Kommentar als auch bei einer Glosse handelt es sich um eine namentlich gekennzeichnete, subjektiv wertende Textsorte, die für den eigenen Standpunkt wirbt. Die Glosse ist dabei jedoch ironisch-witzig formuliert und arbeitet mit Übertreibungen. Sie unterscheidet sich somit vor allem auf stilistischer Ebene vom Kommentar. Auch in einer Reportage lassen sich zwar wie in Martensteins Text viele wörtliche Zitate finden. Diese entstammen allerdings der unmittelbaren Anschauung des Reporters, um der Veranschaulichung allgemeiner Hintergründe zu dienen und sind nicht wie in Martensteins Text größtenteils fiktiv.

12 Individuelle Lösungen, siehe auch Lösungen zu S. 97, Aufgabe 8 sowie zu S. 98, Aufgaben 9 bis 11.

6.5 Fußballsprache und weitere Soziolekte

GK 99 **Armin Burkhardt: Wenn das Leder im Kasten klingelt ... Der deutsche Fußball und seine Sprache** (2008)

Der Text setzt sich auf sprachwissenschaftlicher Ebene mit dem Soziolekt Fußballsprache auseinander.

GK 100 1 Individuelle Lösungen, z. B.: Tor, es klingelt im Kasten, der Ball zappelt im Netz, Treffer, Volltreffer, der Ball ist drin, sie/er hat dem Torwart einen eingeschenkt, Lupfer.

2 Die Fußballsprache wird von der sozialen Gruppe der Fußballfans und -reporter sowie Fußballer selbst im Gespräch über die Sportart verwendet.

3 1B, 2D, 3A, 4C

4 a
- A Die verteidigende Mannschaft hat in ihrem Strafraum einen Regelverstoß begangen.
- B Der Spieler Lukas Podolski hat nach Verhängung eines Strafstoßes den Ball vom Elfmeter-Punkt sicher ins Tor geschossen.
- C Der Schiedsrichter ahndete einen Regelverstoß im Strafraum der verteidigenden Mannschaft mit einem Strafstoß zugunsten der angreifenden Mannschaft.
- D Der Torwart Manuel Neuer hielt einen Strafstoß, sodass der Ball nicht ins Tor gelangte.

b Bedeutung des Satzes: Wenn der erfolgreiche Torschütze den eigens für ihn abgestellten Gegenspieler ausdribbelt und seinen gefürchteten Torschuss abgibt, dann fällt vielleicht ein Tor.
Bedeutung und Wirkung der Metaphern:
- Knipser: Torschütze, der so schnell schießt, wie man ein Foto knipsen kann; drückt Bewunderung aus
- Sonderbewacher: Spieler, der einen Gegenspieler permanent aufmerksam verfolgt, damit er nicht oder schlecht agieren kann; Metapher nutzt negative Konnotation des Bewachers
- austanzt: einen Gegenspieler mit eleganten, wenigen Bewegungen stehenlassen; Vergleich mit Tanz lässt Fußball zu einer eleganten Sportart werden
- Hammer: besonders schlagkräftiger und starker Schuss; Vergleich mit Werkzeug verleiht dem Schuss zusätzlich etwas Kräftiges
- klingelt: starker Schuss, der das Tor zum Vibrieren bringt; positiv freudige Wirkung
- Gehäuse: Tor; wirkt wie eine vom Torwart zu beschützende Unterkunft

c Das „Ding" ist ein abstrakter verallgemeinernder Begriff für den an sich naheliegenden „Fußball" und „reinmachen" ersetzt das spezifische und eindeutige Treffen des Tores.

5 Individuelle Lösungen. Zur Sprache kommen kann z. B. das teils martialische Auftreten von Fans oder die Härte der Spieler auf dem Spielfeld, die oft tatsächlich schwer verletzt werden. Außerdem kann thematisiert werden, dass Fußball nach wie vor eine männliche Domäne ist, ähnlich wie Krieg und Armee.

Populäre Zocker-Abkürzungen – We talk Gaming (2016)

GK 101 Der Text erläutert gängige Abkürzungen und Verhaltensregeln aus dem Bereich der Computerspiele.

GK 102 6
- Ein Akronym ist eine Abkürzung, die aus den Anfangsbuchstaben mehrerer Wörter oder Wortsilben zusammengesetzt ist.
- Vor allem die Abkürzung „LOL" (Laugh out loud) wird auch außerhalb der Computerspielsprache in der digitalen Kommunikation häufig verwendet, um zu zeigen, dass man über einen Witz o. Ä. des anderen lachen muss. Eine weitere Abkürzung mit gleicher Bedeutung ist „ROFL" (Rolling on floor laughing). Ebenfalls oft verwendet wird „Yolo" (You only live once).
- AFK (Away from Keyboard): Ein Teilnehmer muss den PC kurz verlassen.
GLHF (Good luck and have fun): Begrüßung zwischen Spielpartnern zu Spielbeginn
GG (Good game): Höfliche Form, mit der der Verlierer ein Spiel beendet und dem Gewinner Respekt zollt, aber auch ausdrückt, dass er sich Mühe beim Spiel gegeben hat.

7 Ursprünglich wurde „biblethumb" (dt.: „auf die Bibel pochen") verwendet, um einer Aussage Nachdruck zu verleihen. Der Bedeutungswandel durch die Computerspielsprache geht auf ein Computerspiel zurück, in dem einer der Charaktere von seiner sich stark auf die Bibel berufenen Mutter unterdrückt wird und deshalb oft traurig ist. Da das entsprechende Emoticon (ein Gesicht mit herunterlaufenden Tränenbächen) diesen Charakter abbildet, bezeichnet „biblethumb" in der Computerspielsprache einen Ausdruck von Traurigkeit oder Ärger.

8 Computerspielsprache wird in der sozialen Gruppe der Computerspieler verwendet. Sie stellt jedoch keine technischen Sachverhalte aus diesem Bereich dar.

9 Individuelle Lösungen

Ursula Kals: Triumph der Schönfärber und Wortklauber (2017) ▶ GK 103

Der Text thematisiert das in vielen Soziolekten vorherrschende Phänomen des Euphemismus.

9 a Ein Euphemismus ist ein beschönigender Ausdruck für eine eigentlich unangenehme oder negative Sache. ▶ GK 104
 b Im Alltag gebräuchliche Euphemismen sind z. B.: *einschlafen/das Zeitliche* segnen für *sterben, in den besten Jahren* für *alt/älter, Problemzone* für *Speck an Bauch, Hüfte oder Oberschenkel* etc.
 c Die Autorin kritisiert, dass unangenehme Wahrheiten durch Euphemismen verschleiert und ehemals eindeutige Bezeichnungen im Zuge der Globalisierung unverständlich werden. Die Verwendung von Euphemismen komme so teilweise einer „Verspottung" gleich.
 d Beispiellösung:

Varietät	Beispiel	Wirkung/Ziel
Politikersprache	„Beitragsanpassung" für „Beitragserhöhung"	Verschleierung
Militärsprache	„stockender Friedensprozess" für „Krieg"	Verharmlosung
Werbung	„Frühstückchen" für „zuckriger Keks"	Verschleierung/Absatzerhöhung
Immobilienbranche	„lebhaftes Viertel" für „laute Gegend"	Verschleierung/Verkaufsargument
Tourismusbranche	„Idylle" für „keinerlei Infrastruktur"	Verschleierung/pos. Außenwirkung
Finanzbranche	„Negativzinsen" für „Belastung des Guthabens"	Verschleierung
Personalwirtschaft	„Mitarbeiter freisetzen" für „kündigen"	Verschleierung/Versachlichung
Berufsbezeichnungen	„Facility Manager" für „Hausmeister"	Beschönigung / globale Außenwirkung
Bildung	„bildungsfern" für „ungebildet"	Beschönigung

10 Individuelle Lösungen

6.6 Klausurtraining: Materialgestütztes Schreiben

Häufigkeitseinschätzung der Verwendung von Jugendsprache ▶ GK 105
Bildungssprache (Lexikonartikel)
Helmuth Feilke: Bildungssprachliche Kompetenzen – fördern und entwickeln (2012) ▶ GK 106
Eva Neuland: Sprachleistungen von Jugendlichen innerhalb und außerhalb der Schule (2008)
Wolfgang Krischke: Rettet das Deutsche vor seiner Selbstdemontage (2015) ▶ GK 107
Cover des Magazins „DER SPIEGEL" (28/1984)

Erster Schritt: Die Aufgabenstellung verstehen ▶ GK 108

1 Thema des Textes: Verbesserung der sprachlichen Kompetenz unter Jugendlichen durch die Einführung des Schulfachs „Bildungssprache" als Gegenpol zur Jugendsprache
 Anlass/Ziel: Stellungnahme in einer Tageszeitung zum Schulfach „Bildungssprache"
 Adressaten: bildungsinteressierte Leser/-innen der regionalen Tageszeitungen
 Textsorte: Zeitungsartikel

154 GK 6 SPRACHVARIETÄTEN UND IHRE GESELLSCHAFTLICHE BEDEUTUNG – DIALEKTE UND SOZIOLEKTE

inhaltliche Aspekte:
- Definition Jugendsprache und Bildungssprache
- Verwendung von Jugendsprache
- Einfluss der Jugendsprache auf Sprachkompetenz
- Notwendigkeit, bildungssprachliche Kompetenz unter Jugendlichen zu fördern

Zweiter Schritt: Erstes Textverständnis und Ideen formulieren

2 a Individuelle Lösungen
  b Dringlichkeit der Förderung von Bildungssprache: M 2, M 3, M 5, M 6
    Einfluss der Jugendsprache auf die allgemeine Sprachkompetenz: M 1, M 4
  c

Pro Förderung Bildungssprache	Kontra Förderung Bildungssprache
- Jugendsprache schleicht sich in den sonstigen Sprachgebrauch ein (z. B. Füllwörter wie „genau"). - Jugendsprache hält durch Restandardisierung Einzug in den alltäglichen Sprachgebrauch. - verkürzte Syntax in der Jugendsprache	- Jugendliche können zwischen verschiedenen Varietäten unterscheiden. - Jugendsprache ist eher eine Erfindung der Medien, sogenannte Jugendwörter werden von Jugendlichen kaum verwendet. - Sprachentwicklung unterliegt ohnehin einem ständigen Wandel.

Dritter Schritt: Die Materialien gezielt lesen / Argumente zusammentragen

3 a Bildungssprache bezeichnet ein differenziertes sprachliches Register, das unter anderem aus komplexen Satzstrukturen und Fremdwörtern besteht und vor allem im akademischen Bereich angewendet wird.
  b Weitere Argumente, die für eine gezielte Förderung der Bildungssprache sprechen (pro):
    - Ohne die Beherrschung von Bildungssprache ist eine erfolgreiche Schullaufbahn kaum möglich (M 3).
    - Deutsche Wissenschaftssprachen verschwinden (M 5).
    - Umgangssprachlicher Tonfall und Anglizismen im allgemeinen Sprachgebrauch und den audiovisuellen Medien verdrängen die Bildungssprache (M 5).
    - Rechtschreibkenntnisse und die Fähigkeit, sich nuanciert auszudrücken, schwinden unter Schülerinnen und Schülern (M 5).
    - In Schulen und Universitäten treten immer größere Niveauunterschiede auf (M 5).
    - Einflüsse von Migrantensprachen führen zur „Kreolisierung" des Deutschen (M 5).
    - Sprachunterricht muss einen Beitrag zur Entwicklung metasprachlichen Bewusstseins und stilistischer Kompetenz liefern (M 4).
    Weitere Argumente, die gegen eine gezielte Förderung der Bildungssprache sprechen (kontra):
    - Es gibt keine aussagekräftigen Studien zur schwindenden sprachlichen Kompetenz unter Jugendlichen (Ausnahme: Orthografie) (M 5).
    - Auch zur vermeintlichen „Kreolisierung" der deutschen Standardsprache gibt es keine systematisch erhobenen Daten (M 5).
    - Hohe Sprachkompetenz der Jugendlichen zeigt sich in ihrem kreativen und innovativen Umgang mit Sprache und in der Fähigkeit, zwischen verschiedenen Registern zu wechseln (M 4).
    - Orthografische und grammatische Fehler sind weniger schwerwiegend als erwartet und werden auch von Jugendlichen selbst berichtigt (M 4).

▶ GK 109 4 a Das Diagramm informiert über die geschätzte Häufigkeit der Verwendung von Jugendsprache in Freizeit, Schule und Familie. Dabei fällt auf, dass 74,6 % der Jugendlichen angeben, in ihrer Freizeit und 61,3 % in der Schule oft oder immer Jugendsprache zu sprechen, während sich in der Familie nur 24,3 % oft oder immer in Jugendsprache unterhalten.
  b Das Diagramm weist erneut auf eine hohe Flexibilität des jugendlichen Sprachgebrauchs und auf die Fähigkeit, Jugendsprache gezielt einzusetzen, hin. Dies erkennt man vor allem daran, dass ein Großteil der Jugendlichen sich in der Familie nur selten der Jugendsprache bedient. Aussagen über die bildungssprachliche Kompetenz werden dadurch jedoch nicht getroffen.

6.6 KLAUSURTRAINING: MATERIALGESTÜTZTES SCHREIBEN

5 a Das Wochenmagazin „Der Spiegel" titelt im Jahr 1984 „Deutsch: Ächz, Würg – Eine Industrienation verlernt ihre Sprache". Die Illustration zeigt einen Mann im jetzt altmodisch wirkenden Strickpullover, der sich über das Schreibheft eines Kindes mit Irokesenschnitt beugt, während eine Frau ihnen gegenübersitzt und strickt. Der Mann – vermutlich der Vater – berichtigt den Jungen in der Verwendung von Akkusativ und Nominativ, während die vermutliche Mutter das Kind verteidigt. Sowohl Vater, Mutter als auch Kind wenden dabei ein umgangssprachliches Register an, z. B.: „Schnall' das doch mal!" oder „Ich blick den Scheiß nicht." Auch der Anglizismus „too much" wird von der Mutter verwendet. Die Eltern werden als Alternative bzw. Hippies gezeigt, die vermutlich eine antiautoritäre Erziehung praktizieren.

b Die Debatte um Jugendsprache wird schon seit mehreren Jahrzehnten, wenn nicht sogar länger, geführt. Dies spricht dafür, dass ältere Generationen schon immer um die sprachliche Kompetenz der Jugend besorgt waren und sprachlicher Wandel zunächst häufig mit Argwohn betrachtet wird, ohne dass die Bildungssprache jemals verschwunden ist.

Vierter Schritt: Den Schreibplan erstellen und schreiben ▶ GK 110

6 a Individuelle Lösungen
  b Individuelle Lösungen

7 Individuelle Lösungen

Fünfter Schritt: Den eigenen Text überarbeiten

8/9 Individuelle Lösungen

Materialgestützt einen Text verfassen (Aufgabenart IV)

Aufgabenstellung

Die Schulleitung an Ihrer Schule möchte erreichen, dass die Kommunikation zwischen Schule und Eltern bzw. Schülerinnen und Schülern den formalen Kriterien des öffentlichen Dienstes entspricht, um beispielsweise bei gerichtlichen Auseinandersetzungen Formfehler im Vorfeld auszuschließen. Aus diesem Grund weist sie das Kollegium an, die schriftliche Kommunikation nur noch in der sogenannten „Verwaltungssprache" zu verfassen. Die Schülervertretung fürchtet, dass für viele Eltern sowie Schülerinnen und Schüler Mitteilungen der Schule nicht mehr verständlich sein werden und dass das vertrauensvolle Verhältnis zueinander darunter leiden könnte. Sie schreibt deshalb einen offenen Brief an die Schulgemeinschaft, in dem sie ihre Bedenken mitteilt.

Verfassen Sie diesen Brief auf der Grundlage der Materialien M 1 bis M 6 und Ihrer Kenntnisse aus dem Unterricht, indem Sie

- das Thema und seine Bedeutung sowie eine Definition der Verwaltungssprache darlegen,
- anhand von Beispielen Faktoren erläutern, die die empfundene Unverständlichkeit der Verwaltungssprache verursachen,
- die Einsicht und das Bemühen staatlicher Einrichtungen erläutern, ihre Kommunikation bürgernäher zu gestalten,
- Argumente darstellen und erläutern, die für und gegen eine stärkere Berücksichtigung der Verwaltungssprache in der Schule sprechen,
- zur Frage begründet Stellung nehmen
- und zugleich in Ihren Ausführungen relevante Aspekte fachlichen Kontextwissens einbeziehen.

Ihr Text sollte mindestens drei gedruckte DIN-A4-Seiten umfassen (= 7–8 Heftspalten). *(72 Punkte)*

M 1

Verwaltungssprache

Unter **Verwaltungssprache** versteht man zweierlei: Zum einen ist dies die Amtssprache, die gesetzlich oder üblicherweise in Ämtern und Verwaltungen eines Landes oder Gebietes verwendet wird. Mitunter kann auch wahlweise eine von mehreren Sprachen verwendet werden, etwa in einem Vielvölkerstaat. Zum anderen bezeichnet *Verwaltungssprache* eine sehr förmliche Ausdrucksweise, wie sie häufig im Schriftverkehr von Behörden und
5 Verwaltungen, aber auch in vielen Privatfirmen verwendet wird. Der kompakte und auf vermeintliche Genauigkeit bedachte Stil dient dazu, einen Text als objektiv und unangreifbar erscheinen zu lassen. Begriffe aus Gesetzen und Verordnungen werden zu diesem Zweck oft unverändert übernommen, obwohl sie in der Alltagssprache nicht vorkommen. Der Duden verwendet zur Kennzeichnung von Verwaltungssprache den Ausdruck *Papierdeutsch*. Die Allgemeinheit betrachtet Verwaltungssprache als eine umständliche und für Behörden typische Form, die deutsche
10 Sprache zu verwenden. Es handelt sich um einen Soziolekt und in Teilen um eine Fachsprache.

https://educalingo.com/de/dic-de/beamtendeutsch (Zugriff: 06.04.2018)

M 2

Helmut Ebert: Verwaltungssprache: Bürokratenspeak oder Bürgerdeutsch (2010) – Auszug

Kommunikation erfolgt auf der Inhaltsebene (Was wird gesagt?) und auf der Beziehungsebene (Wie wird es gesagt?). Nicht nur Schwerverständlichkeit ist beziehungsgefährdend, sondern auch der Verstoß gegen *Akzeptanzregeln, Glaubwürdigkeits-/Wahrheitsregeln, Respekt- und Vertrauensregeln*. Unpersönliche Ausdrücke lassen nicht nur offen, wer handeln soll, sondern sie schränken auch die Kooperationsbereitschaft ein: *Es wird daran
5 erinnert ...* (besser: *wir erinnern Sie ...*), *die Steuerpflichtige* (besser: *Frau Elke Müller*). [...]
Viele amtliche Schreiben sind nach wie vor wenig serviceorientiert, geizen mit Tipps, informieren nicht voraussetzungslos oder sagen nicht explizit, wer zuständig ist oder mit einer Auskunft weiterhelfen kann. Nicht immer ist für den Adressaten auf den ersten Blick ersichtlich, was ein Schreiben bezweckt und was zu tun ist: *Der Bescheid wird Ihnen nach Eingang der Gebühren auf eines der Konten der Stadtkasse zugesandt.* Besser ist es,
10 Handlungsappell und Handlungsfolge auf zwei Sätze zu verteilen: *Bitte überweisen Sie die Gebühren an die Stadtkasse. Den Bescheid sende ich Ihnen zu, wenn die Zahlung eingegangen ist.*

http://www.bpb.de/politik/grundfragen/sprache-und-politik/42703/verwaltungssprache?p=all (Zugriff: 06.04.2018)

M 3

Bundesverwaltungsamt: Bürgernahe Verwaltungssprache. Ein Arbeitshandbuch (2002) – Auszug

Die Vielfalt der öffentlichen Aufgaben erfordert immer häufiger einen Schriftwechsel zwischen Privatpersonen und Behörden. Die Sprache ist dabei die wichtigste Brücke: Sie vermittelt den Bürgerinnen und Bürgern die notwendigen Informationen und muss ihnen auch die Gründe für das Verwaltungshandeln verständlich machen. Beides wird am besten gelingen, wenn die Schreiben der Behörde so verständlich wie möglich formuliert sind, wenn sie Verständnis
5 ausdrücken und dadurch die Bereitschaft zur Zusammenarbeit mit der Behörde fördern.
Sprachwissenschaft und Kommunikationswissenschaften haben Erkenntnisse darüber gewonnen, wie man schriftliche Informationen wirksam mitteilen kann. Diese Erkenntnisse sollte die öffentliche Verwaltung nutzen, denn so findet sie Wege zu einer bürgernahen Sprache. Eine bürgernahe Verwaltung begünstigt das Verhältnis der Menschen zum Staat. Dadurch werden zahlreiche Widersprüche, Klagen, Dienstaufsichtsbeschwerden und
10 Petitionen (Bittschriften, Eingaben) vermieden. Vielen Menschen bleiben Ärger, Aufregungen, schlaflose Nächte und gesundheitliche Beeinträchtigungen erspart.
Mit verständlichen Behördenschreiben wird die Grundlage für eine störungsfreie Zusammenarbeit von Behörden und Privatpersonen geschaffen. Die Gemeinsame Geschäftsordnung I der Bundesministerien fordert: „Schreiben müssen präzise, inhaltlich vollständig, verständlich und höflich sein." (§ 16 (2) GGO).
15 Daraus lassen sich folgende Grundforderungen an die Verwaltung ableiten:
- Weil die Schreiben der Verwaltung genau und vollständig sein müssen, kann die Verwaltungssprache nicht auf fachsprachliche Elemente verzichten.
- Weil Schreiben der Behörde verständlich sein sollen, müssen sie einfach formuliert sein.

Richtige und überzeugende Aussagen in Behördenschreiben sind demnach nicht die einzigen Forderungen an die
20 Verwaltung. Hinzu kommt die Forderung nach allgemeiner Verständlichkeit. Die Verwaltungssprache befindet sich damit in einem Spannungsverhältnis zwischen Fachsprachlichkeit und allgemeiner Verständlichkeit. [...]
Mit Verwaltungssprache ist im Folgenden die Sprache gemeint, die Behörden im Schriftwechsel mit Privatpersonen verwenden.
Eine Verständigung zwischen Menschen ist vor allem durch eine gemeinsame Sprache möglich. Für die Verwaltung
25 ergibt sich daraus eine Vermittlungsaufgabe: Je stärker ein Schreiben von der Fachsprache geprägt ist, umso mehr muss der Verfasser oder die Verfasserin mit alltagssprachlichen Mitteln auf die Verständnismöglichkeiten der angeschriebenen Person Rücksicht nehmen.
Die Alltagssprache ist diejenige Sprachform, die wir in unserer Sprachgemeinschaft benutzen und verstehen können. Die Verwaltungssprache muss sowohl der Sache als auch dem Empfänger oder der Empfängerin angemessen sein.
30 Sie darf deshalb nicht zur Geheimsprache werden, sondern sie soll den Betroffenen den Willen und die Absichten der Behörde in verständlicher Form mitteilen.
Mit alltagssprachlichen Erläuterungen und Verständnishilfen werden Bürger und Bürgerinnen bis zu einem gewissen Grad in die Sache eingeführt. Dies setzt einerseits ihre Mitwirkungs- und Lernbereitschaft voraus. Andererseits werden sie dadurch in die Lage versetzt, richtige Anträge zu stellen, Fragen richtig zu beantworten und so ihrer
35 Mitwirkungspflicht nachzukommen.
Die Verwaltungssprache dient ebenso wie das Verwaltungshandeln dazu, die Aufgaben der Verwaltung zu erfüllen. Erforderlich sind deshalb Schreiben, die alle Personen so zur Zusammenarbeit mit der Behörde veranlassen, dass der Verwaltungszweck möglichst ohne Umwege (z. B. Missverständnisse, Beschwerden, Widersprüche) erreicht werden kann. Nur eine nachvollziehbare Anwendung der Gesetze überzeugt die Menschen. Zudem ist die Art und Weise
40 wichtig, wie ihnen die Gesetzesanwendung nahegebracht wird.

*http://www.bva.bund.de/SharedDocs/Downloads/DE/BVA/Verwaltungsmodernisierung/Buergernahe_*
Verwaltungssprache_BBB.pdf?__blob=publicationFile&v=2 (Zugriff: 06.04.2018)

Autorinnen: Manuela Meyer-Pfeil, Linda Walbergs

[M 4] und [M 5]
Wie denken die Deutschen über die Rechts- und Verwaltungssprache? – Eine repräsentative Umfrage der Gesellschaft für deutsche Sprache

[M 4]
Nur jeder Achte findet die Rechtssprache gut verständlich

Frage: „Wenn man ein Schreiben von einem Amt, einer Behörde, vom Gericht oder einer Anwaltskanzlei erhält, ist dieses Schreiben ja in der Regel in der juristischen Fachsprache, der sogenannten Rechtssprache, verfasst. Wie ist Ihr Eindruck: Wie gut ist diese Rechtssprache im Allgemeinen verständlich? Würden Sie sagen ..."

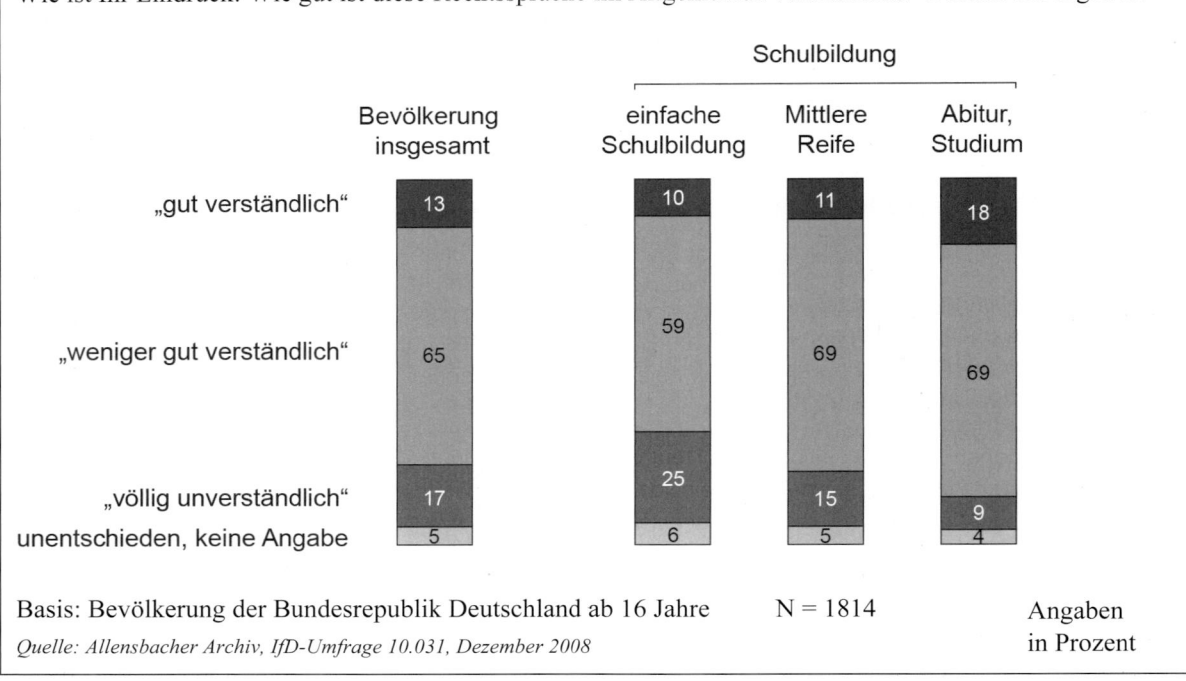

Basis: Bevölkerung der Bundesrepublik Deutschland ab 16 Jahre   N = 1814   Angaben in Prozent
Quelle: Allensbacher Archiv, IfD-Umfrage 10.031, Dezember 2008

[M 5]
Bessere Verständlichkeit ist eine wichtige Forderung in der Bevölkerung

Frage: „Einmal ganz allgemein gefragt: Für wie wichtig halten Sie es, dass Ämter und Behörden in ihren Schreiben weniger juristische Fachsprache verwenden und sich einfacher und klarer ausdrücken?"

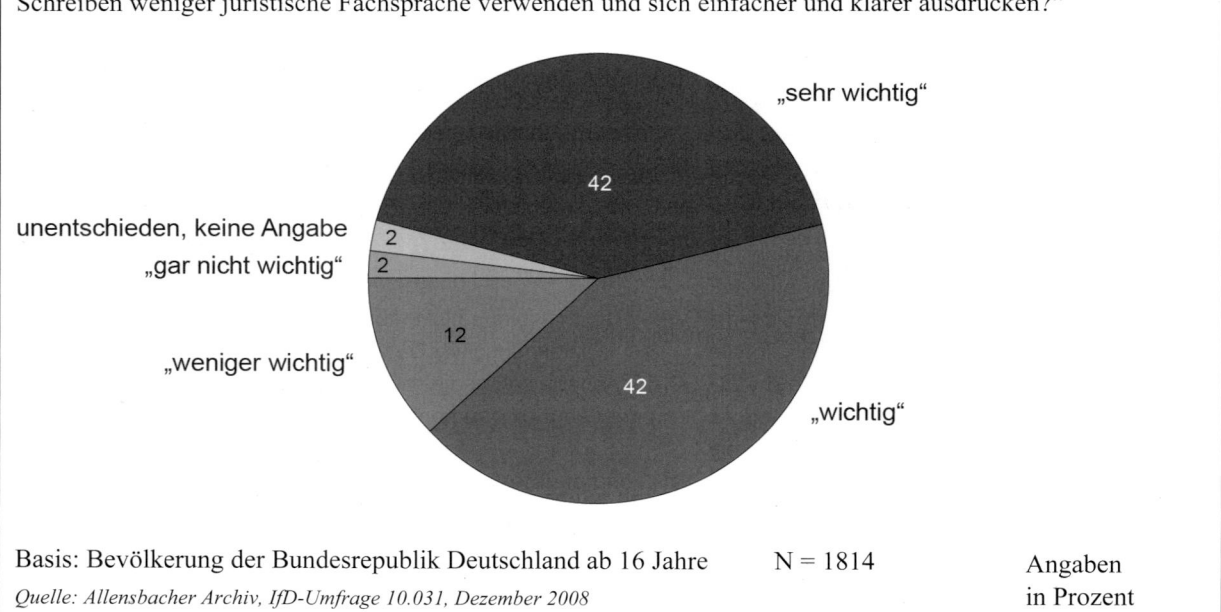

Basis: Bevölkerung der Bundesrepublik Deutschland ab 16 Jahre   N = 1814   Angaben in Prozent
Quelle: Allensbacher Archiv, IfD-Umfrage 10.031, Dezember 2008

Autorinnen: Manuela Meyer-Pfeil, Linda Walbergs

Texte, Themen und Strukturen

M 6
Günther Birkenstock: **Verwaltungssprache. Radiobeitrag auf „Deutsche Welle"** – Auszug

SPRECHERIN: Betrachtet man die deutsche Verwaltungssprache genauer, stellt man eine Reihe von Besonderheiten fest, die im Alltagsdeutsch seltener zu finden sind. So stößt man in Verwaltungstexten sehr häufig auf Substantivierungen, die man in der Alltagssprache in wesentlich geringerem Umfang antrifft.
SPRECHER: Substantivierung bedeutet, dass eine Tätigkeit nicht durch ein Verb, sondern mit einem Substantiv, also Hauptwort, bezeichnet wird. Diese Substantive erkennt man häufig an der Endung *-ung*. Sätze, in denen Substantivierungen überflüssigerweise vorkommen, sind beispielsweise …
SPRECHERIN: „Die Überweisung wird vorgenommen."
SPRECHER: In der Alltagssprache würde man sagen: „Ich überweise."
SPRECHERIN: „Ich habe in Erfahrung gebracht."
SPRECHER: Hier würde man sagen: „Ich habe erfahren."
SPRECHERIN: Außerdem stößt man im Amtsdeutsch häufig auf Passivkonstruktionen, wie zum Beispiel: „Es wurde angeordnet." – oder – „Es wird darum gebeten."
SPRECHER: Ein Grund für den hohen Anteil an Passivkonstruktion im Amtsdeutsch liegt an den verschleiernden Aussagen solcher Sätze. Der Handelnde, der etwas tut, beispielsweise eine Geldstrafe festsetzt, wird nicht genannt. Für den schreibenden Beamten ist das Verfassen unangenehmer Behördentexte durch die Verwendung von Passivsätzen einfacher. Wer teilt einem anderen Menschen schon gerne etwas Unangenehmes mit, zumal der Beamte oft selbst gar nichts mit der entsprechenden Entscheidung zu tun hat. Um zu den Beispielen von vorhin zurückzukehren: statt „Es wird angeordnet." kann man einfach sagen „Ich habe angeordnet." und statt „Es wird darum gebeten." lieber „Ich bitte darum.".
SPRECHERIN: Die Bürger sind als Empfänger behördlicher Schreiben oft überfordert. Substantivierungen und Passivkonstruktionen, die in endlos langen Sätzen verpackt sind, lassen den Grund für den Brief im Dunkeln. Obendrein empfinden die Empfänger den Briefstil als unfreundlich. Erinnerungen an den Obrigkeitsstaat des Kaiserreiches werden beim Lesen so manchen Formulars wach. Vor allem kommunale Behörden, das heißt die Verwaltung der Städte und Gemeinden, bemühen sich seit einigen Jahren, ihre Mitarbeiter auf diese Probleme aufmerksam zu machen. Sicherlich ist es eine gute Sache, wenn sich die Beamten Gedanken darüber machen, ob ihre Schreiben auch vom Empfänger verstanden werden. Schließlich soll die Verwaltung ja zum Wohle des Bürgers und nicht zu seinem Nachteil arbeiten. Doch auch das Bemühen um Verständlichkeit hat so seine Grenzen. Das hat auch Sprachwissenschaftler Lambertz erkennen müssen, nachdem er von der Universität zur Stadtverwaltung Duisburg wechselte.
THOMAS LAMBERTZ: Wenn ich also jetzt bemüht bin, verständlich zu schreiben, steh' ich also jetzt vor dem Dilemma, dass ich also womöglich mit meinen verständlichen Sätzen an einen Bürger gerate, der mir genau diese verständlichen Sätze vor dem nächsten Verwaltungsgericht um die Ohren schlägt und sagt, „damit ist ja wohl Ihre Entscheidung nicht mehr haltbar". Und spätestens dann sieht sich dann die Stadt womöglich irgendwann mal vor dem Oberverwaltungsgericht wieder und zieht bei 'nem Prozess den Kürzeren. Also, das ist ein sehr, sehr schwieriges Dilemma, vor dem unsere Kollegen und Kolleginnen vor Ort stehen.
SPRECHER: In Deutschland kann jeder Bürger gegen eine behördliche Anordnung Widerspruch einlegen. Diese Streitigkeit wird dann vor einem speziellen Gericht verhandelt, dem sogenannten Verwaltungsgericht. Auch dem dort gefällten Urteil muss man sich nicht unbedingt fügen, sodass anschließend eine höher stehende Instanz, nämlich das Oberverwaltungsgericht, darüber entscheiden muss. Will die Stadtverwaltung nun vor diesem Gericht Recht bekommen, so müssen ihre Schreiben an den Bürger juristisch eindeutig sein. Würden hier Zweifel entstehen, so könnte der Bürger die verständlich formulierten, aber nicht eindeutigen Sätze der Behörde vor Gericht um die Ohren schlagen. Das heißt in diesem Fall gerade die Schwächen der amtlichen Argumente zu seiner Verteidigung nutzen. […]
SPRECHERIN: Und so wird wohl der Wunsch nach einer immer einfachen und verständlichen Verwaltungssprache ein Traum bleiben. Auch wenn sich das Amtsdeutsch schon ein wenig verändert hat.

http://www.dw.com/de/verwaltungssprache/a-6011508 (Zugriff: 06.04.2018)

Autorinnen: Manuela Meyer-Pfeil, Linda Walbergs

Erwartungshorizont

Inhaltliche Leistung

	Anforderungen Die Schülerin / Der Schüler	maximale Punktzahl (AFB)	erreichte Punktzahl
1	**verfasst eine themen- und anlassbezogene Einleitung,** etwa unter Bezugnahme auf • die vorgegebene Schreibsituation (kommunikative Situierung), • den Gegenstand des Schreibauftrags (thematische Situierung).	4 (II)	
2	**legt das Thema und seine Bedeutung dar,** etwa: • Diskussion über eine Verwendung der Verwaltungssprache in der Kommunikation der Schule • Frage nach der grundsätzlichen Bewertung von Verwaltungssprache in der Bevölkerung	6 (I)	
3	**stellt das zunehmende Bemühen und die Einsicht in die Notwendigkeit öffentlicher Institutionen dar, ihre Kommunikation bürgernäher und verständlicher zu gestalten,** etwa: • Verständnis ausdrückende Schreiben fördern die Bereitschaft zur Zusammenarbeit mit der Behörde (M 3), eine bürgernahe Verwaltung begünstigt das Verhältnis der Menschen zum Staat, vermeidet Klagen u. Ä. (M 3) • Sprache als Brücke im Schriftwechsel zwischen Privatpersonen und Behörden (M 3) • den Menschen bleiben Ärger, Aufregungen und gesundheitliche Beeinträchtigungen erspart (M 3) • Schreiben, die Fachsprache enthalten, müssen mit alltagssprachlichen Mitteln die Verständnismöglichkeiten der Adressaten berücksichtigen (M 3) • Alltagssprache wird in Sprachgemeinschaft genutzt • Verwaltungssprache darf nicht als Geheimsprache erlebt werden, sondern muss die Absicht des Absenders in verständlicher Form mitteilen (M 3) • durch alltagssprachliche Erläuterungen und Verständnishilfen können Bürgerinnen und Bürger ihrer Mitwirkungspflicht nachkommen und sie zur Zusammenarbeit veranlassen (M 3)	12 (II)	
4	**erläutert Faktoren, die die empfundene Unverständlichkeit der Verwaltungssprache verursachen,** etwa sprachliche Besonderheiten, die sich von der deutschen Alltagssprache unterscheiden: • Substantivierungen, die den Grund eines Schreibens verschleiern (M 6) • Passivkonstruktionen, die den Absender verschleiern (M 6) • lange Sätze, die den Grund eines Schreibens verschleiern (M 6)	6 (II)	
5	**stellt Argumente dar, die für und gegen eine Verwendung von Verwaltungssprache in der Schule sprechen, und erläutert sie,** etwa: <u>Für Verwaltungssprache in der Schule spricht:</u> • Schreiben einer Verwaltung müssen genau und vollständig sein und können auf fachsprachliche Elemente nicht verzichten (M 3) • behördliche Entscheidungen dürfen bei gerichtlichen Auseinandersetzungen nicht wegen sprachlicher Formfehler angezweifelt werden und müssen juristisch eindeutig sein (M 6)	12 (II)	

Autorinnen: Manuela Meyer-Pfeil, Linda Walbergs

	Gegen Verwaltungssprache in der Schule spricht: • laut Umfragen wird Verwaltungssprache von den meisten Menschen als unverständlich empfunden (selbst Befragte mit höherer Schulbildung halten Rechts- und Verwaltungstexte nur zu 18 Prozent für „gut verständlich", Personen mit einfacher Schulbildung bewerten sie zu 25 Prozent als „völlig unverständlich", M 4) • bessere Verständlichkeit ist eine wichtige Forderung in der Bevölkerung (M 5) • Schwerverständlichkeit in der Kommunikation ist beziehungsgefährdend (M 2) • unpersönliche Ausdrücke schränken die Kooperationsbereitschaft ein (M 2)		
6	**nimmt zur Frage begründet Stellung,** etwa anhand: • einer angemessenen und selbstständigen Gewichtung von Pro- und Kontra-Argumenten • der Entwicklung einer begründeten Schlussfolgerung • einer differenzierten Beurteilung der strittigen Frage, ggf. durch das Formulieren von Kompromissvorschlägen	10 (III)	
7	**entfaltet das Thema schlüssig unter Einbezug fachlichen Kontextwissens,** etwa zu folgenden Aspekten: • Definition des Soziolekts Verwaltungssprache • Erläuterung der Bedeutung der Verwaltungssprache für Behörden und staatliche Institutionen • Einsatzmöglichkeiten von Verwaltungssprache in der schulischen Kommunikation	8 (III)	
8	**nutzt die Materialien funktional zur Erfüllung des Schreibauftrags durch:** • angemessene Ausschöpfung des gesamten Informationsangebots, • funktionale Integration von Referenzen auf die Materialien in den eigenen Text • Konzentration auf Wesentliches und Vermeidung unnötiger Redundanzen • sachliche und auftragsbezogene Verarbeitung der aus unterschiedlichen Perspektiven gestalteten Beiträge • eigenständiges Verknüpfen von relevanten Informationen mit eigenen Kenntnissen	9 (III)	
9	**gestaltet seinen Text unter Berücksichtigung der Anforderungen des aufgabenbezogenen Zieltextformats** im Hinblick auf: • die Adressaten • die für die Textsorte charakteristischen Merkmale • die Intention des Textes und das Erreichen des Kommunikationsziels	5 (III)	
10	**erfüllt ein weiteres aufgabenbezogenes Kriterium.**	(3)	
	Summe inhaltliche Leistung	**72**	

Autorinnen: Manuela Meyer-Pfeil, Linda Walbergs

ERWARTUNGSHORIZONT

Darstellungsleistung

	Anforderungen Die Schülerin / Der Schüler	maximale Punktzahl (AFB)	erreichte Punktzahl
1	strukturiert den Klausurtext kohärent, schlüssig, stringent und gedanklich klar.	6	
2	formuliert unter Beachtung der fachsprachlichen und fachmethodischen Anforderungen.	6	
3	belegt Aussagen durch angemessenes und korrektes Zitieren.	3	
4	drückt sich allgemeinsprachlich präzise, stilistisch sicher und begrifflich differenziert aus.	5	
5	formuliert lexikalisch und syntaktisch sicher, variabel und komplex (und zugleich klar).	5	
6	schreibt sprachlich richtig.	3	
	Summe Darstellungsleistung	**28**	
	Gesamtpunktzahl	**100**	
	Note: **Datum:**		

Autorinnen: Manuela Meyer-Pfeil, Linda Walbergs

Texte, Themen und Strukturen

Analyse eines Sachtextes mit weiterführendem Schreibauftrag (Aufgabenart II A)

Aufgabenstellung

1. Analysieren Sie den Artikel „Hochdeutsch oder Mundart. Manchmal hilft die Spätzle-Connection" von Chris Löwer. Untersuchen Sie dabei die argumentative Herleitung der Thesen und stilistische Besonderheiten sowie die damit verbundene Intention hinsichtlich der inhaltlichen Aussage und der Leserlenkung. *(40 Punkte)*

2. Erörtern Sie auf Grundlage von Löwers Artikel und Ihrer Kenntnisse aus dem Unterricht kritisch-abwägend die Frage, ob das Sprechen eines Dialekts gefördert oder abtrainiert werden sollte. Beurteilen Sie abschließend die Überzeugungskraft der Darstellungsweise von Löwer. *(32 Punkte)*

Chris Löwer: Hochdeutsch oder Mundart. Manchmal hilft die Spätzle-Connection (2010)

„Wann mer net genunk noi pulvern dunn, dann kimmt aach hinne nix naus." So klingt es, wenn ein Hesse erklärt, dass ohne kräftige Investitionen kaum gute Ergebnisse zu erzielen sind.

Hätte man diesen Satz bei einem Assessment-Center für den Führungsnachwuchs der Deutschen Bank aufgeschnappt, müsste man sich um die Erfolgsaussichten des Kandidaten ernsthaft sorgen. Für einen angehenden Polier des Baukonzerns Hochtief wäre das völlig in Ordnung.

Dialekt kann eine Karrierebremse sein. Aber auch ein taktisches Instrument, das einen nach vorne bringt. „Ich mache oft die Erfahrung, dass stark ausgeprägter Dialekt von Personalentscheidern teilweise mit mangelnder Kompetenz und Intellektualität in Zusammenhang gebracht wird", sagt die Karriereberaterin Kirstin Schönfeld.

Werner Kallmeyer, Soziolinguist aus Mannheim, sieht die Sache ähnlich: „Gerade, wenn es um Spitzenpositionen geht, kann die Sprache zum Selektionskriterium werden." Wer tiefstes Sächsisch oder Pfälzisch spreche, könne sich keine großen Chancen ausrechnen, wenn es um überregionale Stellen mit Publikumsverkehr oder Prestige gehe.

Manchmal hilft die Spätzle-Connection

Es sei denn, es treffen zwei vom selben Schlag aufeinander: Als sich ein Controller aus dem Raum Stuttgart bei einer großen Wirtschaftsprüfer-Gesellschaft in Berlin bewarb, plagte ihn die Sorge, wie er sein unüberhörbares Schwäbisch ablegen könne.

Beraterin Schönfeld riet dem Mann, bloß nicht den Fehler zu begehen, den Dialekt wegtrainieren zu wollen. Zum einen funktioniere das nicht, zum anderen gehe die Authentizität verloren. Da der Personalchef selbst Schwabe war und neben der fachlichen Qualifikation von der „sympathischen Art" des Bewerbers angetan war, gab es dann ohnehin kein Problem. Manchmal hilft die sprachliche Spätzle-Connection ungemein.

„Bei einem Auswahlverfahren kann der Dialekt von Vorteil sein, wenn er Vertrautheit schafft, die sich sonst nicht so schnell eingestellt hätte", sagt Constanze Wachsmann, Senior Consultant bei der Managementberatung Kienbaum in Dresden. Sie selbst werde oft darauf angesprochen, dass sie offenbar „nicht von hier" sei. „Das ist ein guter Aufhänger für ein Gespräch", sagt Wachsmann.

Wenn es um Stellen im Außendienst oder die Position des Vertriebsleiters geht, wird zuweilen eine regionale Sprachtönung ausdrücklich gewünscht. Grundsätzlich entscheide aber die Qualifikation, sagt Wachsmann. Etwaige Abneigungen gegen einen Dialekt haben nichts mit der Sprache an sich zu tun, sagt Werner Kallmeyer vom IDS: „Auslöser dafür sind alte Städte-Rivalitäten oder die politische Geschichte der Regionen." Er konstatiert ein Nord-Süd-Gefälle: „Im Süden ist der einheimische Dialekt akzeptiert und auf allen beruflichen Ebenen präsent. Im Norden ist das nicht unbedingt der Fall." Das heißt: Ein Hamburger Aspirant auf eine Stelle in Passau wird es schwer haben. Kallmeyer: „Standardsprache wirkt in diesem Kontext arrogant und distanzierend."

Sein Rat: Sich nicht verstellen, stattdessen saloppe sprachliche Elemente und Redensarten einstreuen. Denn Versuche, anpassungshalber einen Dialekt zu lernen, sind selten von Erfolg gekrönt.

Derartige Verrenkungen sind auch nicht nötig – vor allem für Menschen in gehobener Position und in menschelnden Berufen wie der Bürgerberatung oder in Behörden. Kallmeyer: „Gut ist, wenn diese Kräfte die Standardsprache beherrschen, bei Bedarf aber auch in ihrer dialektalen Tönung sprechen können. Das gibt Pluspunkte, das schafft Volksnähe."

Das wissen auch Politiker und Anwälte. „Der Dialekt dient in einer Verhandlung der Camouflage, um die gegnerische Seite im Irrglauben zu lassen, dass es mit der Cleverness nicht weit her ist", sagt Beraterin Kirstin Schönfeld.

Autorinnen: Manuela Meyer-Pfeil, Linda Walbergs

Texte, Themen und Strukturen

Auch Chefs von inhabergeführten Unternehmen sprechen gern, wie ihnen der Schnabel gewachsen ist, um der Belegschaft die Botschaft zu vermitteln: „Er ist einer von uns." Das motiviert.

„Bei uns haben Mitarbeiter weder Vor- noch Nachteile durch einen Dialekt. Die Frage relativiert sich ohnehin durch den Gebrauch von Fremdsprachen", sagt BMW-Sprecherin Martina Hatzel.

In der Praxis läuft das oft auf einen heiteren Sprachmix hinaus, der mittlerweile auch kritisch gesehen wird: Denglisches Geschwurbel, eine neudeutsch-dialektale Abart, ist nicht nur peinlich, sondern auch wenig nützlich. „Vor Jahren mag das noch ungemein schick gewesen sein, heute sind Anglizismen alles andere als das. Sie gelten nicht mehr als Zeichen globaler Potenz, sondern markieren eher das Gegenteil, werden negativ aufgefasst und sind in jedem Fall weit entfernt von der Sprache der normalen Belegschaft", sagt Kirstin Schönfeld. Ganz doll werde es, wenn der angelsächsische Wichtigtuersprech mit Sächsisch oder ähnlich starken Dialekten unterlegt sei. Das ginge gar nicht. Gut hingegen sei es immer, sich und seiner Herkunft treu zu bleiben. Wenn es wegen der Sprachfärbung einmal eng werden sollte, hilft nur noch Selbstbewusstsein mit einem Schuss Ironie und Koketterie. Wie in der Eigenwerbung für den Hightech-Standort Baden-Württemberg, in der es heißt: „Wir können alles – außer Hochdeutsch."

Chris Löwer: Hochdeutsch oder Mundart. Manchmal hilft die Spätzle-Connection. SZ v. 11.05.2010

ERWARTUNGSHORIZONT

Inhaltliche Leistung

Aufgabe 1

	Anforderungen Die Schülerin / Der Schüler	maximale Punktzahl (AFB)	erreichte Punktzahl
1	**verfasst eine aufgabenbezogene Einleitung:** Autor, Titel, Textsorte, Entstehungsjahr, Medium (Zeitung).	3 (I)	
2	**skizziert kurz den Kontext,** z. B.: Löwer beleuchtet die Vor- und Nachteile des Dialektsprechens im beruflichen Kontext.	3 (I)	
3	**arbeitet zentrale Thesen und ihre argumentative Herleitung heraus,** etwa: • Erste These: Das Sprechen eines Dialekts kann Karrieren gleichermaßen behindern oder fördern. Begründung: Dialekt wird mit mangelnder Kompetenz assoziiert (Z. 14 f.), kann aber auch Vertrautheit schaffen (Z. 41) und ist in manchen Positionen sogar erwünscht (Z. 50). Beleg: Expertenmeinung und konkretes Beispiel einer Bewerbungssituation. • Das Sprechen eines Dialekts sollte weder abtrainiert (Z. 32) noch antrainiert (Z. 65 f.) werden. Begründung: Dies gelingt meist nicht und wirkt in beiden Fällen nicht authentisch. Beleg: Expertenmeinungen. • Ratschlag für Personen, die in Führungspositionen oder in Bürgernähe arbeiten: sich standardsprachlich ausdrücken und im Bedarfsfall auf dialektale Redeweisen zurückgreifen (Z. 64, 72). Begründung: Motivation, Herstellen von Nähe. Unterstützung durch Beispiele aus der Arbeitspraxis von Politikern, Anwälten und Unternehmern. • Zweite These: Das Für und Wider für die Verwendung eines Dialekts wird im Arbeitsalltag oft durch den Gebrauch von Fremdsprachen verdrängt (Z. 85). Beleg durch Fachmeinung (Z. 85 f.) und kritische Beobachtung von Kirstin Schönfeld (Z. 91 ff.), dass Anglizismen eher Distanz zur Belegschaft schaffen und in Verbindung mit regionaler Prägung lächerlich wirken. • Schlussfolgerung: Man sollte in seiner Sprachverwendung möglichst authentisch bleiben und mit eventuellen regionalen Prägungen in der Sprache humorvoll und selbstbewusst umgehen.	12 (II)	

4	**analysiert Aufbau und Charakteristik der Argumentation,** etwa:
	• Einstieg über ein Zitat in dialektaler Prägung (Z. 1 f.)
	• Aufbau:
	  1. Darstellung der Nachteile von Dialekten in der Arbeitswelt
	  2. Darstellung von Vorteilen des Gebrauchs einer regionalen Prägung in der Arbeitswelt
	  3. Schlussfolgerung
	• Argumente von Experten (Karriereberaterin, Soziolinguist) und Fachleuten bestimmter Berufsgruppen (Senior Consultant einer Managementberatung, BMW-Sprecherin)
	• konkrete Beispiele und Ratschläge aus der Praxis
		7 (II)	

Autorinnen: Manuela Meyer-Pfeil, Linda Walbergs

Texte, Themen und Strukturen

ERWARTUNGSHORIZONT

	Anforderungen Die Schülerin / Der Schüler	maximale Punktzahl (AFB)	erreichte Punktzahl
5	**analysiert die stilistischen Mittel,** z. B.: • Darstellungsmodi: argumentative Beschreibung der Vor- und Nachteile des Dialektgebrauchs im beruflichen Kontext unter Zuhilfenahme humorvoller narrativer Elemente in Form von konkreten Beispielen aus dem Berufsalltag • rhetorische Mittel, z. B.: Konjunktiv II („Hätte man […], müsste man […]", Z. 5 ff.), Metapher („Karrierebremse", Z. 11) • humorvoller und umgangssprachlicher Stil: umgangssprachliche Idiome und Begriffe („zwei vom selben Schlag", Z. 26, „wie ihnen der Schnabel gewachsen ist", Z. 80, „denglisches Geschwurbel", Z. 89, „menschelnde Berufe", Z. 69, humoristische Komposition „Spätzle-Connection", Z. 25)	7 (II)	
6	**erschließt aus den Analyseergebnissen Intention und Leserlenkung,** z. B.: • Elemente der Leserlenkung: zahlreiche Expertenmeinungen und authentisch wirkende Beispiele aus dem Berufsalltag, populärwissenschaftliche Argumentationsweise in leicht verständlichem Stil, praxisnahe Tipps • Ermutigung zu reflektiertem und selbstbewusstem Umgang mit eigener dialektaler Prägung • Adressaten: bildungsbürgerliche Öffentlichkeit („SZ"-Leserschaft)	5 (III)	
7	**bündelt die Ergebnisse in einer evtl. kritischen Zusammenschau (Fazit),** etwa: • mögliche Kritik: das Fehlen objektiv verifizierbarer Fakten zum Nutzen oder Schaden einer regionalen Prägung in bestimmten beruflichen Positionen • Stil des Artikels gleicht der empfohlenen Umgangsweise mit Sprache: standardsprachlich mit passenden umgangssprachlichen Redewendungen	3 (III)	
8	**erfüllt ein weiteres aufgabenbezogenes Kriterium.**	(5)	
	Summe Aufgabenteil 1	**40**	

Aufgabe 2

	Anforderungen Die Schülerin / Der Schüler	maximale Punktzahl (AFB)	erreichte Punktzahl
1	**verfasst eine aufgabenbezogene Überleitung,** die die Frage des zweiten Aufgabenteils mit dem vorliegenden Text verbindet.	3 (I)	
2	**erörtert,** ob das Sprechen eines Dialekts gefördert oder abtrainiert werden sollte, und **nennt Argumente** – sowohl aus dem Text als auch aus eigener Überlegung –, die die Einschätzung stützen bzw. relativieren, z. B.: <u>Förderung von Dialekten, weil:</u> • Authentizität – auch im beruflichen Umfeld – vermittelt wird • Vertrautheit geschaffen wird (sowohl unter Angestellten als auch bei Chefs) • sie erste Kontaktaufnahmen erleichtern • sie Ausdruck sprachlicher Vielfalt sind • das Grundgesetz Diskriminierung aufgrund von Sprache untersagt	12 (II, III)	

Autorinnen: Manuela Meyer-Pfeil, Linda Walbergs

	Vermeidung von Dialekten, weil: - sie unprofessionell wirken und beruflicher Karriere im Wege stehen können - die Verständlichkeit erschwert wird - mit bestimmten Dialekten negative Assoziationen verbunden sind (auch wenn sie irrational oder unbegründet sind) - das Gegenüber Dialektgebrauch als anbiedernd empfinden kann - sie „Flirtkiller" sein können		
3	**kommt zu einer begründeten eigenen Position in dieser Frage.**	7 (III)	
4	**beurteilt die Überzeugungskraft der Argumentationsweise des Autors.**	6 (II)	
5	**zieht ein Fazit**, z. B.: führt in einer abschließenden Bewertung des Artikels die eigenen Argumente mit denen von Löwer zusammen.	4 (III)	
6	**erfüllt ein weiteres aufgabenbezogenes Kriterium.**	(5)	
	Summe Aufgabenteil 2	**32**	

Darstellungsleistung

	Anforderungen Die Schülerin / Der Schüler	maximale Punktzahl (AFB)	erreichte Punktzahl
1	strukturiert den Klausurtext kohärent, schlüssig, stringent und gedanklich klar.	6	
2	formuliert unter Beachtung der fachsprachlichen und fachmethodischen Anforderungen.	6	
3	belegt Aussagen durch angemessenes und korrektes Zitieren.	3	
4	drückt sich allgemeinsprachlich präzise, stilistisch sicher und begrifflich differenziert aus.	5	
5	formuliert lexikalisch und syntaktisch sicher, variabel und komplex (und zugleich klar).	5	
6	schreibt sprachlich richtig.	3	
	Summe Darstellungsleistung	**28**	
	Gesamtpunktzahl	**100**	
	Note: Datum:		

Autorinnen: Manuela Meyer-Pfeil, Linda Walbergs

LK 6 Zur Aktualität der Sapir-Whorf-Hypothese

Konzeption des Kapitels

GK: Arbeitsheft für den Grundkurs; **LK:** Arbeitsheft für den Leistungskurs;
Texte, Themen und Strukturen: Ausgabe Nordrhein-Westfalen, 978-3-464-68112-1 / 978-3-464-68111-4

Seite	Sequenz/ Materialien	Didaktisch-methodische Hinweise	Anknüpfung an „Texte, Themen und Strukturen"
LK 92	**6.1 Sprache, Denken, Wirklichkeit – Eine Annäherung**	Die Auftaktseite bietet neben einem spielerisch-motivierenden Einstieg diverse Zitate zum Zusammenhang zwischen Sprache und Denken. Auf diese Weise sollen die Schüler/-innen ein Bewusstsein für die Problemfrage des Kapitels entwickeln, ihr vorhandenes Wissen soll abgerufen und als Horizont für die weitere Arbeit genutzt werden.	
LK 93	*Stefanie Schramm, Claudia Wüstenhagen:* „Südlich des Salzstreuers"	Anhand eines verblüffenden kulturanthropologischen Befunds kann die grundlegende Fragestellung des Kapitels abgeleitet und erörtert werden.	
LK 94	*Stefanie Schramm, Claudia Wüstenhagen:* „Der Streit der Linguisten"	Der Artikel gibt eine Übersicht über die historischen Ansätze zur Frage nach dem Zusammenhang von Sprache und Denken, aus denen die linguistischen Strömungen (Relativisten/Universalisten) abgeleitet werden sollen.	Vertiefend lassen sich die unterschiedlichen Positionen anhand von *David Crystals* „Sprache und Denken" (S. 358 f.) herausarbeiten.
LK 95 f.	**6.2 Die Sapir-Whorf-Hypothese** *Benjamin Lee Whorf:* „Das ‚linguistische Relativitätsprinzip'" Information: Sprachliche Relativität: Sapir, Whorf und die Sapir-Whorf-Hypothese Interpretationen der Sapir-Whorf-Hypothese	Anhand des Textes soll Whorfs Hypothese vom sprachlichen Relativismus und seine Begründung herausgearbeitet werden. Außerdem wird ein Zusammenhang mit dem physikalischen Prinzip der Relativität hergestellt und davon abgeleitet eine „Relativität" von „Weltbildern" aufgrund sprachlich unterschiedlicher Voraussetzungen diskutiert. Informationstexte zur Entwicklung der Sapir-Whorf-Hypothese und zu ihren unterschiedlichen Interpretationen dienen als Grundlage für weitere Diskussionen.	Ergänzend kann ein weiterer Textauszug aus *Benjamin Lee Whorfs* „Das ‚linguistische Relativitätsprinzip'" (S. 356 f.) herangezogen werden.
LK 97	*Wilhelm von Humboldt:* „Natur und Beschaffenheit der Sprache überhaupt"	Humboldts Ansicht „Sprache ist das bildende Organ des Gedankens" wird hier als ein wesentlicher Vorläufer von Whorf erarbeitet. Darüber hinaus wird anhand von Beispielen die Bedeutung eines Zeichensystems für das Denken diskutiert.	Ergänzend kann *Wilhelm von Humboldts* „Die Sprache als Weltansicht" (S. 344) umfassend und im Hinblick auf Fremdsprachen besprochen werden.

LK 6 ZUR AKTUALITÄT DER SAPIR-WHORF-HYPOTHESE

Seite	Sequenz/ Materialien	Didaktisch-methodische Hinweise	Anknüpfung an „Texte, Themen und Strukturen"
LK 98 f.	*Steven Pinker:* „Mentalesisch" *Aristoteles:* „Lehre vom Satz" Information: Sprache – Denken – Wirklichkeit	Als Gegenposition zu Whorf und Humboldt wird Pinkers universalistische These der Mentalese untersucht und in Beziehung gesetzt zu Aristoteles' „Lehre vom Satz".	Eine Einbettung des Universalismus in die Spracherwerbsdiskussion kann über die Informationen „Die Stufen des Spracherwerbs" (S. 334) und „Theorien zum Spracherwerb" (S. 337) erfolgen. Außerdem bieten sich das Interview mit *Steven Pinker* „Zum Reden geboren" (S. 335) und *Jerome Bruners* „Wie das Kind sprechen lernt" (S. 336) für eine Vertiefung an.
LK 100 f.	*Benjamin Lee Whorf:* „Die Fragwürdigkeit der Unterscheidung von Haupt- und Zeitwörtern" *Steven Pinker:* „Der Stoff, aus dem das Denken ist" Methode: Argumente entkräften	Die beiden Texte stellen zwei unterschiedliche Positionen zum vielfach kolportierten Beispiel von der angeblich hohen Anzahl differenzierter Bezeichnungen für „Schnee" in der Sprache der Inuit dar. Indem die Schüler/-innen die wesentlichen Textaussagen und Argumente herausarbeiten, erkennen sie, wie untauglich dieses sprachliche Phänomen für einen Beweis der Sapir-Whorf-Hypothese ist. Der Text von Pinker dient zugleich als Übung zur Sachtextanalyse. Hierzu wird auch ein Klausurbeispiel angeboten (Aufgabentyp II A) (→ S. 187).	Sachtextanalysen können anhand folgender Texte geübt werden: *Dick Swaab:* „Das verliebte Gehirn" (S. 94 f.); *Rolf Dobelli:* „Denkfehler: The Swimmer's Body Illusion" (S. 96 f.); *Daniel Rettig:* „Intelligenz: Kluge Menschen irren sich häufiger" (S. 98 ff.). Hilfreich sind dabei die Information „Sachtexte und ihre Wirkungsabsicht" (S. 97), der Methodenkasten „Sprachliche Besonderheiten untersuchen" (S. 97) und die „Checkliste zur Sachtextanalyse" (S. 101).
LK 102	*Guy Deutscher:* „Von Sapir-Whorf zu Boas-Jakobson"	Die Boas-Jakobson-These stellt eine aktuell häufig vertretene Variante der Sapir-Whorf-Hypothese dar, die die Schüler/-innen kennen lernen und an Beispielen überprüfen sollen. Sie vermittelt überdies eine plausible Vorstellung davon, wie Sprache Denken beeinflusst, nämlich nur als Nahelegen von Denkwegen.	
LK 103 f.	**6.3 Sapir-Whorf heute – Aktuelle Experimente kennen lernen und bewerten** *Klaus Wilhelm:* „Gedacht wie gesprochen"	In diesem Teilkapitel erarbeiten die Schüler/-innen den heutigen Forschungsstand zum Einfluss der Sprache auf das Denken. Wilhelm referiert Sprachexperimente und kulturanthropologische Beobachtungen der Neo-Whorfianerin Lea Boroditsky, anhand derer die Abhängigkeit des Denkens vom erlernten Sprachsystem herausgearbeitet und die daran ablesbare Interpretationsform der Sapir-Whorf-Hypothese bestimmt werden soll. Dazu erproben die Schüler/-innen selbst einen Versuch und erschließen dabei die Bedeutung grammatischer Strukturen für Denkprozesse.	Ein weiteres Experiment bietet der Kapitelauftakt zur Thematik „Sprache – Denken – Wirklichkeit" (S. 355). Zur Vertiefung kann *Lea Boroditskys* „Wie die Sprache das Denken formt" (S. 360 f.) untersucht werden, hier sind ihre Thesen ausführlicher beschrieben.

[LK] 6 ZUR AKTUALITÄT DER SAPIR-WHORF-HYPOTHESE

Seite	Sequenz/ Materialien	Didaktisch-methodische Hinweise	Anknüpfung an „Texte, Themen und Strukturen"
LK 105	*Eva Hoffman:* „Lost in Translation"	Die Schüler/-innen lernen hier einen autobiografischen Text kennen, in dem die Autorin ihre Erfahrung mit Mehrsprachigkeit literarisch verarbeitet hat. Sie arbeiten heraus, dass die geschilderten Phänomene mit Humboldts Weltansicht von einer Sprachgebundenheit des Denkens korrespondieren.	Unter dem Aspekt „Sprache und Denken" lassen sich verschiedene Texte zur Mehrsprachigkeit einbeziehen, insbesondere *Catharine Caldwell-Harris:* „Parlez-vous ‚logique'?" (S. 341) und *Bas Kast:* „Wanderer zwischen den Wortwelten" (S. 342). Das Gedicht von *Yüksel Pazarkaya* „deutsche sprache" (S. 343) kann dahingehend geprüft werden, ob es Aussagen zum Zusammenhang von Sprache und Denken zulässt.
LK 106 ff.	**6.4 Klausurtraining – Materialgestütztes Schreiben** *Elisabeth Wehling:* „Politisches Framing" *Toralf Staud:* „Framing: Klimaschutz den ‚richtigen' Rahmen geben" *Charlotte Wiedemann:* „Die gerahmte Welt" Checkliste: Materialgestützt einen Text verfassen	Im Klausurtraining wird Aufgabentyp IV trainiert, und zwar an einem für die Lernenden neuen Thema (Framing), das sie selbstständig mit der Fragestellung nach dem Zusammenhang von Sprache und Denken verbinden müssen. Das Klausurtraining kann eigenständig im Unterricht oder zu Hause bearbeitet werden. Diese Handreichung bietet einen weiteren Klausurvorschlag zu diesem Aufgabentyp (mit Erwartungshorizont) sowie einen Klausurvorschlag zur Sachtextanalyse (Aufgabentyp II A).	Die fünf Schritte entsprechen dem Vorgehen des Klausurtrainings in „Texte, Themen und Strukturen". Auf den Seiten 156 ff. und 327 ff. wird das Vorgehen des materialgestützten Schreibens geübt. Unterstützen kann auch das Kapitel „Texte planen, schreiben und überarbeiten – Die Schreibkompetenz verbessern" (S. 580 ff.).

Literaturhinweise:
Beyer, Reinhard und Rebekka Gerlach: Sprache und Denken. Verlag für Sozialwissenschaften, Wiesbaden 2011
Deutscher, Guy: Im Spiegel der Sprache. Warum die Welt in anderen Sprachen anders aussieht. Beck, München 2010
Everett, Daniel: Das glücklichste Volk. Sieben Jahre bei den Piraha-Indianern am Amazonas. DAV, München 2010
Lakoff, George und Elisabeth Wehling: Auf leisen Sohlen ins Gehirn. Politische Sprache und ihre Macht. Auer, Heidelberg 2016
Schneider, Frank und Klaus Tetling: Von Nashörnern bis Neurobiologie. Zur Funktion fachüberschreitender Sachtexte im Deutschunterricht. In: Der Deutschunterricht. Heft 6/2013, S. 62–74
Schramm, Stefanie und Claudia Wüstenhagen: Das Alphabet des Denkens. Wie Sprache unsere Gedanken und Gefühle prägt. Rowohlt, Reinbek 2015
Schulte, Susanne (Hg.): Ohne Wort keine Vernunft – keine Welt. Bestimmt Sprache Denken? Waxmann, Münster u. a. 2011
Wehling, Elisabeth: Politisches Framing. Wie eine Nation sich ihr Denken einredet – und daraus Politik macht. Halem, Köln 2016
Werden, Iwar: Sprachliche Relativität. Francke (UTB), Tübingen, Basel 2002
Whorf, Benjamin Lee: Sprache. Denken. Wirklichkeit. Beiträge zur Metalinguistik und Sprachphilosophie. Rowohlt, Reinbek 1963

6.1 Sprache, Denken, Wirklichkeit – Eine Annäherung

Mit dem spielerischen Einstieg über einen Cartoon sowie Zitaten zum Zusammenhang zwischen Sprache und Denken werden die Schülerinnen und Schüler aufgefordert, eine erste Position zur Kapitelfrage einzunehmen und zu formulieren.

▶ LK 92

1 a Die Pointe besteht darin, dass die beiden Menschen am Tisch auf unterschiedliche Weise eine Ortsbestimmung vornehmen und sich daher nicht verstehen.
 b Die Person rechts wählt als Bezugssystem für eine Ortsbestimmung Himmelsrichtungen. Die Person links kann dies aber nicht zuordnen, denn dafür müsste sie wissen, wo Süden bzw. Südwesten ist. Sie ist es gewohnt, dass Orte oder Richtungen in Bezug auf sie selbst angegeben werden, also links, rechts, vor, neben etc. Die Person rechts wählt unveränderliche geografische Koordinaten, was jedoch voraussetzt, dass man in der Lage ist, sich jederzeit (und ohne Kompass) bezüglich der Himmelsrichtungen zu orientieren. Die Person links hingegen wählt jederzeit veränderbare Bezüge, je nach Betrachter: So ist z. B. links von mir rechts von meinem Gegenüber.
 c Diese Aufgabe lässt sich auch als Rechercheauftrag vergeben. Alternativ ist hier ein direkter Anschluss an den Text „Südlich des Salzstreuers" (S. 93) möglich.
 d Individuelle Lösungen, etwa: In einigen Ländern, z. B. Bulgarien, schüttelt man mit dem Kopf, wenn man Ja sagt, und nickt, wenn man Nein sagt. Im Englischen gibt es die sogenannten „falschen Freunde", wenn ein Wort ähnlich wie im Deutschen klingt, aber etwas völlig anderes bedeutet (z. B. *I become a sandwich.* → Ich werde ein Sandwich.).

2 Mögliche Antworten:

Brauchen wir Worte nur, um Gedanken auszudrücken, oder schon, um Gedanken zu denken?	Zwingen verschiedene Sprachen ihre Sprecher zu verschiedenen Gedanken und Wahrnehmungen?
▪ Man kann auch ohne Worte Gedanken ausdrücken, z. B. kann ich jemandem zeigen, was ich will. ▪ Babys entwickeln am Anfang auch ohne Sprache Strategien, wie sie an etwas herankommen, das denken sie vorher bestimmt nicht. ▪ Als Philosoph oder Wissenschaftler überhaupt brauche ich aber Sprache, um mir komplizierte Gedankengänge klarzumachen. ▪ …	▪ Im Urwald muss ich vielleicht mehr auf Gefahren aufpassen und dann habe ich mehr oder andere Wörter für *Regen*, *Sturm* oder *essbar*, als jemand, der aus einer Stadt kommt. ▪ Der Cartoon zeigt, dass mich die Sprache der Menschen, die mit Himmelsrichtungen Ortsangaben machen, dazu zwingt, diese auch jederzeit zu erkennen. ▪ …

3 a Mögliche Einschätzungen:
  ▪ Ostwald sieht Sprache nur als Zweck an, was auf den ersten Blick nachvollziehbar erscheint, die Sprache aber auf ein reines Kommunikationsmittel reduziert.
  ▪ Wittgenstein formuliert eine radikale These von der Beschränkung des Denkens durch Sprachgrenzen, die man allerdings anzweifeln könnte, denn z. B. entdeckt der Mensch immer wieder Neues, wofür er erst ein sprachliches Äquivalent finden muss. (Anm.: Diese These gilt heute vor dem Hintergrund experimenteller Befunde auch als fraglich.)
  ▪ Humboldt vertritt eine allgemeine Abhängigkeit des Denkens von Sprache, aus der Sprache heraus entstehen erst die Gedanken (s. auch Lösungen zu S. 97).
  ▪ Müller sieht Sprache in einer das Denken unterstützenden Funktion. (Anm.: Dies kann später beim „Boas-Jakobson-Prinzip" noch einmal aufgegriffen werden, vgl. Lösungen zu S. 102.)
 b/c Individuelle Lösungen

Räumliches Denken und Sprache – Kausalitäten hinterfragen

Stefanie Schramm, Claudia Wüstenhagen: Südlich des Salzstreuers (2015)

▶ LK 93

Der Text präsentiert ein Beispiel für einen kulturanthropologischen Befund, also kein Experiment, sondern eine Beobachtung an Sprecherinnen und Sprechern spezieller Sprachen, die eine Sprachabhängigkeit des Denkens nahelegt.

1 These Levinsons: Da die Sprache eine Kenntnis der Himmelsrichtungen in jedem Sprechmoment verlangt, wird der Orientierungssinn der Sprecherinnen und Sprecher immerfort trainiert und dadurch verbessert. Die Sprache verbessert also die Orientierung.
These McWhorters: Der Orientierungssinn wird durch die Lebensbedingungen ihrer Sprecherinnen und Sprecher trainiert, die Sprache spiegelt nur diese Lebensgewohnheit wider. Die Sprache ist somit Ergebnis eines anderen Denkens, aber nicht deren Ursache.

2 a Man könnte z. B. bei Sprecherinnen und Sprechern des Guugu Yimithirr, die an ganz anderen Orten oder in anderen Lebensumständen leben, prüfen, ob auch bei ihnen die Orientierung besser ist. Dies wäre ein Beleg für den Einfluss der Sprache auf das Denken.
  b Es kann eine gegenseitige Beeinflussung von Sprache und Denken angenommen werden statt einer radikalen Einseitigkeit der Kausalität.

Der Zusammenhang von Denken und Sprache – Fragestellungen und Grundpositionen

▶ LK 94 Stefanie Schramm, Claudia Wüstenhagen: **Der Streit der Linguisten** (2015)

1 Mögliche Markierungen: „Worte sind bloß die Zeichen der Gedanken" (Z. 6); „Sprache […] notwendiges Erfordernis zur […] Erzeugung des Gedanken" (Z. 10 ff.); „Sprache […] um Gedanken auszudrücken […] gegen […] Sprache […], um Gedanken überhaupt erst zu denken" (Z. 26 ff.); „Universalgrammatik" (Z. 54); „Mentalese […] Sprache der Gedanken" (Z. 59 f.).

2

	Relativismus	Universalismus
Grundposition	Sprache beeinflusst das Denken der Menschen. Das Denken verläuft sprachlich, somit benötigt das Denken ein sprachliches System. Menschen denken in verschiedenen Sprachen verschieden. Unterschiedliche Sprachen beeinflussen das Denken in unterschiedlicher Weise. Denken ist also „relativ" zur Sprache des Sprechers, hängt also zum Teil von dieser ab.	Allen Menschen ist dasselbe Sprachvermögen angeboren, es ist Teil der Gene. Allen Menschen ist auch dasselbe Denkprogramm angeboren (Mentalese). Die Sprache der Gedanken ist universell (Meta-Sprache) und unabhängig von den Einzelsprachen der Sprecher.
Vertreter und Vorläufer	Wilhelm von Humboldt, Ludwig Wittgenstein, Benjamin Lee Whorf (jeweils mit unterschiedlichen Akzenten)	Noam Chomsky, Jerry Fodor

6.2 Die Sapir-Whorf-Hypothese

▶ LK 95 Benjamin Lee Whorf: **Das „linguistische Relativitätsprinzip"** (1940)

1 a Benjamin Lee Whorfs These, die als „linguistisches Relativitätsprinzip" bezeichnet wird, besagt, dass die sprachlichen Hintergründe der Menschen zu unterschiedlichen Weltansichten führen.
  b Whorf zufolge haben Sprachen historische Prägungen (Z. 38 ff.), die als „Bahnen" (Z. 44) dienen, in denen Denken und Sprechen verläuft, ohne dass sich der Denker/Sprecher dessen bewusst ist. Diese Bahnen prägen die Sicht auf die Welt auf verschiedene Weise.

2 Wie der Beobachter am Bahnsteig die Geschwindigkeit des Reisenden im Zug relativ zur eigenen Bewegung wahrnimmt, so nimmt der Beobachter bei Whorf die Welt als solche relativ zur eigenen Sprache wahr.

▶ LK 96 Die Sapir-Whorf-Hypothese wurde und wird von Sprachwissenschaftlern sehr unterschiedlich interpretiert, was auch an der Unschärfe der Formulierungen Whorfs liegt. Es existieren verschiedene Abstufungen einer starken und schwachen Interpretation; den Schülerinnen und Schülern wird mit der Information ein Handwerkszeug gegeben, um bei den folgenden Texten des Arbeitsheftes sowohl Verteidiger als auch Kritiker der Hypothese auszumachen.

6.2 DIE SAPIR-WHORF-HYPOTHESE

3 Das erste Zitat legt eine starke Form der Interpretation nahe, das zweite Zitat eine schwache Form.

4

Diese Aussage ... wäre zutreffend für folgende Interpretationen:	Schwach	Stark
Die wirkliche Übersetzung einer sprachlichen Aussage in eine andere Sprache ist unmöglich.		X
Deutsche schreiben dem Wort „die Brücke" eher weibliche Eigenschaften zu, Spanier eher männliche, da es „el puente" heißt *(el = männlicher Artikel)*.	X	
Unterschiede zwischen Farbnuancen nehmen wir nicht wahr, wenn es dafür nicht unterschiedliche Farbbegriffe gibt.		X
Die Bezeichnung von Raumbezügen beeinflusst die Raumwahrnehmung der Sprecher.	X	

Vorläufer von Whorf – Wissenschaftspositionen historisch verorten

Wilhelm von Humboldt: Natur und Beschaffenheit der Sprache überhaupt (1835) ▶ LK 97

Während Whorf die Abhängigkeit der „Weltansichten" von den Einzelsprachen betont, zeigt Humboldt zunächst auf, inwiefern Denken prinzipiell Sprache (genauer: ein Zeichensystem) benötigt. Im zweiten Teil des Textes weist er dann – wie Whorf – den Einzelsprachen die Bedeutung zu, unterschiedliche „Weltansichten" zu repräsentieren. Allerdings wird hier nur gesagt, dass die Unterschiede der Subjektivitäten der Nationen zu verschiedenen Weltsichten in den Sprachen führen. Die umgekehrte Kausalität, dass die Sprachen in ihrer Verschiedenheit das Denken beeinflussen, formuliert Humboldt an anderen Stellen seines Gesamtwerkes.

1

Gängige Theorie über Sprache	Humboldts Gegenposition	Textstelle
Sprache ist lediglich ein Mittel, um Gedankeninhalte zu einem anderen Menschen zu transportieren.	Die Sprache wird bereits benötigt, um Gedankeninhalte zu konstruieren.	Z. 8 ff.
Ohne menschliche Gesellschaft bräuchte man keine Sprache.	Sprache ist Denknotwendigkeit auch in der Einsamkeit.	Z. 21 ff.
Die verschiedenen Sprachen sind nur verschiedene Zeichensysteme für identische Begriffe.	Die Sprachen spiegeln unterschiedliche Begriffssysteme (Weltansichten).	Z. 38 ff.

2 Nimmt man Humboldt wörtlich, dann ist Sprache offensichtlich als Lautsprache zu verstehen, die zumindest Taubstumme und Babys nicht besitzen, Tiere nur in bestimmtem Sinne. Humboldts Text macht aber deutlich, dass er eigentlich die Abhängigkeit des Denkens von einem Zeichensystem begründet, in dem der Mensch Gedanken über ein Zeichen fassbar werden lässt. Taubstumme haben selbstverständlich solche Zeichensysteme, wenn sie auch nicht an Laute gebunden sind, z. B. Gebärden, aber auch die Schriftsprache. Inwieweit Babys und Tiere kognitiv solche Zeichensysteme nutzen, ist umstritten. Gesteht man ihnen klare Denkprozesse zu, aber kein Zeichensystem, würde das Humboldt widerlegen.

3 a Der Begriff „Glühbirne" ist eine Metapher. Als dem neu erfundenen Leuchtkörper eine Bezeichnung gegeben werde musste, wurde aufgrund der optischen Ähnlichkeit zu einer Frucht eine Bedeutungsübertragung vorgenommen: Man sah den technischen Gegenstand als glühende Birne. Diese sprachlich erzeugte Analogie ist ein Beispiel dessen, was Humboldt die „durchgehende Analogie" in einer Sprache nennt, die die Weltansicht veranschauliche (vgl. zu weiteren Beispielen: TTS S. 344). Im Englischen z. B. erfolgte die Bedeutungsübertragung von einer Blumenzwiebel, Knolle *(bulb)*, im Russischen wurde lediglich eine Verkleinerungsform von Lampe gewählt *(лампочка – lampotschka)*.

   b Humboldts Thesen über den Zusammenhang zwischen Denken, Sprache und Weltansicht kommen der schwachen Form der Interpretation der Sapir-Whorf-Hypothese nahe. Humboldt geht nicht von einer Determination/Abhängigkeit aus.

4 Wörter wie „Glühbirne" zeigen lediglich die Spiegelung eines Denkens in der Sprache und sprechen nicht für eine Abhängigkeit des Denkens von der Sprache.

Universalismus – Gegenpositionen zum Relativismus

▶ LK 98 **Steven Pinker: Mentalesisch** (1996)

1 Pinker versteht unter „Mentalesisch" eine Gedankensprache, die unabhängig von Einzelsprachen existiert und vermutlich aus Symbolen für Konzepte sowie aus Symbolanordnungen besteht.

2 a **Thesen:**
- Menschen denken nicht in Einzelsprachen, sondern in einer Gedankensprache (Z. 28 f.).
- Eine Sprache zu beherrschen, bedeutet, die Gedankensprache (Mentalesisch) in eine Einzelsprache zu übersetzen (Z. 31 f.).
- Babys und nichtmenschliche Lesewesen beherrschen einfache Form des Mentalesisch (Z. 32–34).

Argumente:
- Auch „sprachlose" Menschen sind zu abstrakten Denkleistungen fähig (Z. 24 f.). Beispiel: Ildefonso, der ohne Kontakt zur „verbalen Welt" lebte und dennoch innerhalb kürzester Zeit mathematische Leistungen vollbringen und ganze Geschichten „erzählen" konnte (Z. 8–27).
- Wenn Babys kein Mentalesisch beherrschten, so könnten sie auch keine Sprache erlernen, weil sie gar nicht wüssten, was Sprache ist (Z. 34–36).

b/c Individuelle Lösungen

▶ LK 99 3 Pinker geht von einer Gedankensprache aus, die unabhängig von Einzelsprachen und damit bei allen Menschen gleich ist. Whorf geht davon aus, dass die Einzelsprachen das Denken prägen, weil sie Bahnen nahelegen (oder determinieren), denen der Sprecher dieser Sprache folgt.

4 a Pinker und Aristoteles gehen von (einzel-)sprachunabhängigen Gedanken aus: Pinker nennt dies die Gedankensprache Mentalesisch, Aristoteles spricht von „Vorstellungen". Aristoteles sagt explizit, die Vorstellungen seien bei allen Menschen gleich, Pinker erwähnt dies nicht, dürfte es aber auch meinen.

b Anders als Aristoteles, der Wörter nur als Symbole von Vorstellungen begreift, geht Pinker mit Mentalesisch zunächst von einem universellen gedanklichen Zeichensystem aus. Wörter sind für ihn dann Übersetzungen des Mentalesischen in jeweilige Einzelsprachen.

5 Pinker vertritt einen universalistischen Ansatz, da er von einer Gedankensprache ausgeht, die unabhängig von den Einzelsprachen ist, also bei allen Menschen gleich (universell) sein dürfte. Explizit grenzt er sich von relativistischen Positionen ab (Z. 1–7).

200 Wörter für Schnee – Einen Sachtext analysieren

▶ LK 100 **Benjamin Lee Whorf: Die Fragwürdigkeit der Unterscheidung von Haupt- und Zeitwörtern** (1942)
Steven Pinker: Der Stoff, aus dem das Denken ist. Was die Sprache über unsere Natur verrät (2014)

1 a Zum Wortfeld „Schnee" gehören etwa: Neuschnee, Altschnee, Pappschnee, Pulverschnee, Harsch (gefrorener Pulverschnee), Schneematsch, Griesel, Firn (alter Schnee).

b Im Englischen wird meist das Wort „snow" verwendet. Es gibt aber auch „sleet" (Schneeregen, Graupel) oder – ähnlich wie im Deutschen – Komposita wie „powdersnow" (Pulverschnee), „crusted" oder „frozen snow" (Harsch), „damp" oder „sticky snow" (Pappschnee), „slush" bzw. „snow slush" (Schneematsch).

c Die Bezeichnung kann durch Umschreibungen und Attribute deutlich werden: Schnee, der fällt / der alt ist / der wie Pulver erscheint; neuer Schnee …

▶ LK 101 2 a Zentrale Argumente, die für einen sprachlichen Determinismus angeführt werden, erweisen sich Pinker zufolge als eine Umkehrung der Ursache: Selbst wenn beispielsweise Eskimosprachen mehr Wörter für „Schnee" enthielten, wäre das kein Beleg dafür, dass Sprache das Denken präge. Naheliegender sei vielmehr die Annahme, dass sich in der Sprache nur eine differenzierte Wahrnehmung spiegele (Z. 47 ff.).

b Pinker nutzt folgende Entkräftungsstrategien:
- logische Schwächen aufzeigen: Z. 30 f., Z. 29 ff.
- Begrenztheit des Arguments aufzeigen: Z. 20 ff., Z. 27 f.
- Gegenbeispiele anführen: Z. 44 ff., Z. 58 ff.

6.2 DIE SAPIR-WHORF-HYPOTHESE

c Stilistische Mittel und ihre Wirkung:
- „diffuser Brei" (Z. 3) = Metapher: gegnerische Position wird als gedanklich unscharf beschrieben, wirkt abwertend
- „Das Ärgerliche" (Z. 1) = emotionale Bewertung einer wissenschaftlichen Position, damit erscheint diese nicht als gleichberechtigt, sondern als gedankliches Ärgernis
- „wie ein zweiter Descartes" (Z. 16) = ironischer Vergleich: unterstellt jenen, die das Schnee-Beispiel als Beleg für die These einer Sprachabhängigkeit des Denkens anführen, naiven Größenwahn
- „Wie es das Schicksal will" (Z. 26) = Ironie: selbst die Tatsache, auf die sich die Gegner berufen, wird ironisch als falsch dargestellt
- „stellt die Dinge dermaßen auf den Kopf" (Z. 31 f.) = Metapher: unterstellt der Gegenposition eine Umkehrung der Tatsachen
- „weil man sich außerordentlich schlau vorkommt" (Z. 36) = Ironie: Gegner werden lächerlich gemacht
- „stellt vor allem die kognitive Kluft zwischen den Völkern übertrieben dar" (Z. 40 f.) = Metapher zur Darstellung der Konsequenz aus der Gegenannahme; indem die Gegenseite von kognitiven Unterschieden spricht, trägt sie zur Spaltung der Völker bei
- „klassisches Beispiel für die Verwechslung von Korrelation und Verursachung" (Z. 52 f.) = Selbstaufwertung durch Abwertung der Gegenvermutung, die explizit als klassischer Denkfehler gekennzeichnet wird
- „Szenario" (Z. 73) = Übertreibung: hypothetische Situation / Denkmöglichkeit / andere Interpretation wird mit einem Begriff benannt, der Assoziationen mit Unglück, Horror weckt

d Pinker bezieht sich auf jene Interpretation der Sapir-Whorf-Hypothese, wonach die Sprache das Denken prägt, entweder als Denkschranke (starke Form der Interpretation) oder als Aufmerksamkeitslenkung (schwache Form der Interpretation). Er versucht nachzuweisen, dass das Schnee-Beispiel kein Beleg für eine wie auch immer verstandene Whorf-Hypothese sei. Pinker selbst vertritt offenbar die Annahme eines sprachunabhängigen Denkens (Mentalese), seine Argumentation ist aber zugleich vereinbar mit der schwachen Form einer Interpretation der Sapir-Whorf-Hypothese, wonach Sprachen nur Denk- und Wahrnehmungsunterschiede spiegeln, also die „Weltsicht" der Sprachgemeinschaft zeigen (vgl. auch Humboldts Weltansichtsthese).

3 Individuelle Lösungen unter Zuhilfenahme der Analyseergebnisse aus Aufgabe 2.

Eine Präzisierung der Sapir-Whorf-Hypothese? – Das Boas-Jakobson-Prinzip erfassen

Guy Deutscher: Von Sapir-Whorf zu Boas-Jakobson (2010) ▶ LK 102

1 a Das rechte Bild passt zum Boas-Jakobson-Prinzip: Sprache verpflichtet zu sprachlichen Gewohnheiten (Z. 19–24, Z. 64–69), die sich zu Denkgewohnheiten verfestigen (Z. 73 f.) und so Auswirkungen auf das Denken oder gar Handeln haben (Z. 74–77).

b Das mittlere Bild passt zur starken Form der Interpretation der Sapir-Whorf-Hypothese (Determinismus). Das linke Bild geht im Sinne Pinkers vom sprachunabhängigen Denken aus. Da das Boas-Jakobson-Prinzip weitgehend der schwachen Form der Interpretation der Whorf-These entspricht, ist diese somit auch im rechten Bild erfasst.

c Individuelle Lösungen. Als Beispiele für das Boas-Jakobson-Prinzip könnten bildliche Ausdrücke wie *Lampenschirm* oder *Sonnenaufgang* dienen oder Wörter, die Wirklichkeitsinterpretationen darstellen wie *Arbeitnehmer/Arbeitgeber*, *Verdienst* (für *Gehalt*). Man kann das Prinzip aber auch kritisch sehen, wenn man sich die Frage stellt, wie groß der Anteil jener Wörter und Prinzipien an der Sprache ist, die solche Gewohnheiten/Zwänge erzeugen. Denn Wörter wie *Baum, Tisch, Auto, gehen* etc. dürften kaum Denkgewohnheiten erzeugen.

6.3 Sapir-Whorf heute: Aktuelle Experimente kennen lernen und bewerten

▶ LK 103 **Klaus Wilhelm: Gedacht wie gesprochen** (2011)

Die wohl prominenteste Neo-Whorfianerin Lera Boroditskys hat zahlreiche Experimente durchgeführt, um eine Sprachabhängigkeit des Denkens nachzuweisen. In TTS kann ihre Position nachgelesen werden (S. 360 f.). Im Text von Klaus Wilhelm wird ein experimentelles Beispiel vorgestellt, das ihre These belegen soll.

1 a Der Versuch stützt vor allem das Boas-Jakobson-Prinzip, da er zeigt, dass ein sprachliches Phänomen (grammatisches Geschlecht) offenbar die Wahrnehmung von Dingen verändert. Das grammatische Geschlecht eines Wortes wird durch die jeweilige Sprache vorgegeben. Wenn davon abhängig die Sicht auf Dinge (durch Assoziationen etc.) unterschiedlich ist, so wird durch die Sprache eine Denkdimension beeinflusst. Somit ist ein Einfluss der Sprache auf das Denken belegt oder zumindest naheliegend.
  b Durch den Versuch wird die schwache Form der Deutung der Whorf-Hypothese gestützt, das Genus legt uns offenbar eine bestimmte Sicht auf Dinge nahe, aber es zwingt uns nicht – das wäre die starke, deterministische Deutung – die Dinge so zu sehen. Auch Spanier können einer Brücke weibliche Eigenschaften zuschreiben, Deutsche auch männliche. Eine Einengung durch Sprache liegt also nicht vor, lediglich eine Bevorzugung bestimmter Denkweise.
  c Individuelle Lösungen. Mögliche Beispiele:
  - dt. *die Sonne* (f.), frz. *le soleil* (m.), russ. *солнце* (n.)
  - dt. *das Auto* (n.), frz. *la voiture* (f.), russ. *автомобиль* (m.) oder *автомашина* (f.)
  - dt. *der Mond* (m.), frz. *la lune* (f.), russ. *луна* (f.) oder *месяц* (m.)

2 Experiment: Der Test, in dem die Probanden Attribute zu Nomen zuordnen sollen, ist eine experimentelle Anordnung.
Kulturanthropologischer Befund: Die Beobachtungen im Museum stellen keine experimentelle Untersuchung dar, sondern prüfen kulturanthropologisch vorhandene Erscheinungen.

3 Mehrsprachige Menschen könnten einen komplexeren Blick auf Dinge erlangen, indem sie Eigenschaftszuschreibungen relativieren.

▶ LK 104 4 a/b Individuelle Lösungen

5 a Die Interpretationen der Studienergebnisse stützen das Boas-Jakobson-Prinzip: Die Existenz oder Nicht-Existenz einer Verlaufsform in der Muttersprache führt dazu, dass Beobachter einen Vorgang auf unterschiedliche Weise wahrnehmen, in Erinnerung behalten und wiedergeben. Grammatische Sprachstrukturen legen somit bestimmte Denkwege nahe, denen die Sprecher unbewusst folgen. Es wird nicht in Abrede gestellt, dass alle Beobachter das Geschehen auch auf andere Weise beobachten könnten, aber ihre Sprachen legen ihnen eine bestimmte Art nahe, der sie meist folgen.
  b Individuelle Lösungen

6 Der Linguist McWhorter könnte wieder einwenden, dass nicht die Sprachstruktur das Denken beeinflusst, sondern das Denken etwa zwischen Englischsprechern und Deutschsprechern aufgrund von Lebensumständen unterschiedlich ist und sich diese nur in der Sprache spiegelt. Sehr plausibel wäre diese Annahme aber bei so ähnlichen Nationen nicht.
Die Kausalität des Experiments kann schwerlich in entgegengesetzter Richtung verlaufen. Das würde – vereinfacht gesehen – bedeuten, dass Englisch sprechende Menschen hauptsächlich Wert auf eine Bewegung legen und nicht auf das Ziel und sich daher in ihrer Sprache diese grammatische Form ausgebildet hat.

Zwischen Sprachen reisen – Migrationserfahrung im Hinblick auf Sprache und Denken deuten

▶ LK 105 **Eva Hoffman: Lost in Translation** (1989, deutsch 1993)

1 a Das Nachdenken vor dem Einschlafen dient dazu, die Erfahrungen des Tages sprachlich zu eigenen Gedanken zu machen. Das Polnische passt nicht zu den Erfahrungen, das Englische reicht dazu noch nicht aus.
  b Das Polnische kann offenbar Zwiespältigkeit besser erfassen: Die Ironie in einer Freundlichkeit, die Herzlichkeit in unbarmherzigen Wörtern.

2 Individuelle Lösungen, etwa: Die Sprache ermöglicht eine gedankliche Reflexion von Erfahrungen oder macht diese schwierig oder unmöglich. Die „inneren Bilder" werden dadurch „unscharf". Fehlt also das Sprachpendant, so verändern sich die Gedanken. Dies erinnert an Humboldts Vorstellung der Zeichenabhängigkeit des Denkens oder an die schwache Form der Interpretation der Sapir-Whorf-Hypothese. Zum Zusammenhang zur Identität: Sprache als Gespräch mit sich selbst; Sprache als Mittel, Erfahrungen zu Gedanken zu machen; Sprache als Bindung an Personen, gekoppelt an Gefühle etc.

6.4 Klausurtraining – Materialgestütztes Schreiben

Elisabeth Wehling: Politisches Framing (2016) ▶ LK 106
Beispiele für unterschiedliche Bezeichnungen in politischen Debatten ▶ LK 107
Toralf Staud: Framing: Klimaschutz den „richtigen" Rahmen geben (2016)
Kleiner Ausschnitt, große Wirkung?
Charlotte Wiedemann: Die gerahmte Welt (2004) ▶ LK 108

Erster Schritt: Die Aufgabenstellung verstehen

1
- Thema meines Textes: Framing und die damit verbundene Aktualität der Sapir-Whorf-Hypothese
- Adressaten meines Textes: Schülerinnen und Schüler (die sich für aktuelle Wissenschaft interessieren)
- Textsorte: populärwissenschaflicher Artikel online
- Anlass und Ziel des Textes: Anlass: Information der Leser über aktuelle Zentralabiturthemen, Ziel: am Beispiel „Framing" die Bedeutung des aktuellen Zentralabiturthemas „Aktualität der Sapir-Whorf-Hypothese" für unsere heutige Zeit verdeutlichen

Zweiter Schritt: Erstes Textverständnis und Ideen formulieren ▶ LK 109

2 a/b

	Material
Definition „Framing"	1, 3, 4, 5
Beispiele zum Framing	1–5
Chancen und Gefahren von Framing	1, 2, 3, 5
Kausalität Sprache – Denken – Wirklichkeit	eigene Kenntnisse

3 a Als Sapir-Whorf-Hypothese bezeichnet man die von Benjamin Lee Whorf formulierte Behauptung, wonach unterschiedliche Grammatiken der Einzelsprachen ihre Sprecher auch zu unterschiedlichen Wahrnehmungen und Bewertungen von äußerlich identischen Dingen veranlassen. Die Sicht auf die Welt sei demnach je nach Sprache des Menschen unterschiedlich. Wie Whorf genau zu verstehen ist, ist umstritten: Manche interpretieren ihn stark deterministisch, demnach sind Sprecher in den Denkwegen, die ihre Sprache vorgibt, gefangen. Andere gehen von einer schwachen Interpretation aus, wonach die Sprache nur Denkweisen nahelegt, der Sprecher aber auch andere Denkwege gehen kann.
b Mögliche These: „Framing" bezeichnet eine Beeinflussung des Denkens durch die Wahl bestimmter Formulierungen. Das entspricht einer schwachen Form der Interpretation der Sapir-Whorf-Hypothese, denn Whorf geht davon aus, dass die Sprache unsere Sicht auf die Welt wenn nicht determiniert, so doch beeinflusst. „Framing" beschreibt eine Art solcher Beeinflussung, wobei eher die Sprachverwendung als die Sprache selbst der beeinflussende Faktor ist.

6 ZUR AKTUALITÄT DER SAPIR-WHORF-HYPOTHESE

Dritter Schritt: Die Materialien gezielt lesen

4 a

	Mögliche Markierungen
Definition „Framing"	Erzeugung eines gedanklichen Deutungsrahmens durch verwendete Sprache: M 1: Z. 16–23; M 3: Z. 5–11; M 5: 18–24)
Beispiele zum Framing	M 1: Z. 46 ff., M 2; M 3: Z. 35–40; M 4; M 5: Z. 28–31, 70–74
Chancen von Framing	positive Beeinflussung (z. B. Bewusstmachen von Gefahren des Klimawandels, M 3: Z. 20–25, 28–32)
Gefahren von Framing	selektiv, Vorbereitung unliebsamer politischer Entscheidungen, verfälschende Sicht, weder Journalisten noch Rezipienten bemerken Framing überhaupt noch (M 1: Z. 20–27, 61–63; M 5: Z. 25, 27 f., 42 f., 67)

b M 1 zeigt vor allem die Gefahren des politischen Framings auf, M 2 liefert dazu Beispiele, wie unterschiedlich das Framing gestaltet werden kann. M 3 ergänzt M 1 um den Aspekt, dass Framing auch Chancen bietet, wenn es für bestimmte Dinge sensibilisiert und eine solche Sensibilisierung wünschenswert ist. M 5 weitet den Begriff aus, da es hier nicht nur um sprachliches Framing in politischen Zusammenhängen geht, sondern die journalistische Berichterstattung gerade aus fremden, dem eigenen Alltag fernen, Ländern als Framing beschrieben wird. M 4 ist eine Illustration, die zum einen die Grundidee von Framing verdeutlicht, zum anderen auf das Problem Framing beim Umgang mit Bildmaterial hinweist.

5 Der Ausschnitt (frame) fokussiert aus einem großen Bild einen kleinen Ausschnitt und lässt so den Eindruck entstehen, dass es eine Steinlawine gab. Das gesamte Bild macht jedoch deutlich, dass lediglich ein paar kleinere Steine herabrollen und die weitere Umgebung nicht davon beeinträchtigt ist und z. B. keine Gefahr für das Segelboot ausgeht.

6 a

	Mögliche Markierungen
M 1	Frames legen uns eine Denkweise nahe (Boas-Jakobson-Prinzip = schwache Interpretation der Sapir-Whorf-Hypothese)
M 2	Bezeichnungen suggerieren Bewertungen und legen Denkbahnen nahe (Boas-Jakobson-Prinzip = schwache Interpretation der Sapir-Whorf-Hypothese)
M 3	wie M 2
M 4	Frames lenken Aufmerksamkeiten, die das Bild der Wirklichkeit verzerren (eher starke Interpretation der Sapir-Whorf-Hypothese)
M 5	Übertragung des Framing-Konzepts auf Journalismus insgesamt: eher Bezug zur Meinungsbildung als zur Wirklichkeitserfassung

b Framing korrespondiert eher mit der schwachen Interpretation: Durch einen Begriff wie „Klimawandel" werden wir nicht im Denken determiniert und könnten nicht mehr begreifen, dass es sich nicht um einen neutralen Wandel, sondern um eine Erhitzung handelt. Vielmehr legt uns der Begriff nur eine Deutung nahe.

▶ LK 110 **Vierter Schritt: Den Schreibplan erstellen und schreiben**

7 a Möglicher Aufhänger: Beispiel eines Framings (z. B. *Turbo-Abitur*)
 b Mögliche Struktur: Definition des Framing-Konzepts, Erläuterung mit Beispielen / Chancen und Gefahren von Framing / Zusammenhang zur Sapir-Whorf-Hypothese / Beurteilung der Kausalität zwischen Sprache – Denken – Wirklichkeit / Stellungnahme bzw. Bewertung

c Mögliche Ideen für ein Fazit: Framing als Beispiel für die Aktualität der Whorf-Hypothese (in der schwachen Form der Interpretation); Einfluss der Sprache auf das Denken wird heute gezielt genutzt; Unterschied: Die Sprache beeinflusst nicht „automatisch", sondern das Beeinflussungspotenzial wird genutzt, um etwa politische Ziele zu verfolgen; Hinweis auf Gefahr der unbewussten Beeinflussung bzw. Aufruf, sich Chancen und Gefahren bewusst zu machen.

8 Individuelle Lösungen mit folgenden möglichen Aspekten:
Einleitung:
- politische Meinungsbildung nicht immer nur auf der Grundlage von objektiven Informationen
- neben Fakten spielen auch die Art der sprachlichen Darstellung, in der politische Zusammenhänge präsentiert werden, und die Informationsauswahl eine Rolle

Hauptteil:
- Begriff: „Framing" bedeutet das Rahmen des Denkens durch Vorabinformationen. Gemeint ist damit, dass unsere Position zu politischen Fragen wesentlich auch davon abhängt, mit welchen Begriffen operiert wird.
- Haltungen und Beispiele: Forschungen der Kognitionspsychologin Elisabeth Wehling, die das Konzept des Framing für den Bereich des politischen Denkens anhand von konkreten Beispielen beschrieben hat; z. B. Zusammenführung von gesetzlicher und privater Krankenversicherung, die als „Bürgerversicherung" oder als „Einheitsversicherung" bezeichnet wird, wodurch das Denken in bestimmte Richtungen gelenkt werden soll; alle Bürger in einer Versicherung zu erfassen, erscheint als positiver Wert, „Einheitsversicherung" klingt dagegen nach Uniformität, Abschied von Individualität; die Kritik ist dem Begriff gleich eingeschrieben
- Bewertung: Wehling führt zwar keinen Beweis an, dass durch Begrifflichkeiten Denkrahmen geschaffen werden, etwa durch Ergebnisse aus der psychologischen Forschung, sie argumentiert mit Plausibilität: Wer von „Klimawandel" spricht, lässt vermuten, es gehe um einen neutralen Prozess des Wandels. Wer dagegen „Erderhitzung" sagt, warnt vor einer katastrophalen Entwicklung.
- Chancen des Framing: Framing ist nicht immer mit Manipulation gleichzusetzen; der Denkrahmen, der gesetzt wird, kann auch dazu dienen, ein Phänomen wie die Klimaveränderung mit einem angemessenen Begriff zu versehen oder Zusammenhänge, die nicht allein „Katastrophe" assoziieren, herzustellen, um Wahrnehmungen zu schärfen, die gewollte Konsequenzen hervorrufen.
- weitere Aspekte des Framing: Selektion von Informationen – ein Phänomen, das nicht unbedingt sprachliche Denkrahmen setzt, ohne das die politische Berichterstattung jedoch gar nicht mehr auskommt; dadurch aber Gefahr, dass Framing nicht mehr bewusst als solches wahrgenommen wird
- Zusammenhang von Sprache – Denken – Wirklichkeit: Benjamin Lee Whorf formulierte 1940 die These, wonach unsere Sicht auf die Welt auch von den sprachlichen Hintergründen abhängt, die unsere Muttersprache uns liefert. Die Sapir-Whorf-Hypothese ist unterschiedlich interpretiert worden … (ggf. Gegenüberstellung: Relativismus – Universalismus)
- Zusammenhang der Sapir-Whorf-Hypothese und des Framingkonzepts: Framing legt aktuell eine spezifische Antwort nahe: Nicht die Muttersprache beeinflusst das Denken, sondern die Sprachnutzung der einzelnen Sprecherinnen und Sprecher. Eine bestimmte Wortwahl kann bewirken, dass Menschen einen bestimmten Blick auf die Wirklichkeit gewinnen, der sich möglicherweise sogar in Wahlentscheidungen niederschlägt.

Schluss:
- Die Frage nach dem Zusammenhang von Sprache und Denken im Rahmen von Framing erscheint vor allem in politischen Auseinandersetzungen hochaktuell. Gerade die Medien, die den öffentlichen Diskurs prägen, schaffen auf vielfältige Weise die Möglichkeit der Beeinflussung …
- Framing stützt zwar nicht die starke Interpretation der Sapir-Whorf-Hypothese, da es nicht um die Abhängigkeit/Beeinflussung der Weltsicht durch Einzelsprachen geht, dennoch lässt sich nicht leugnen, dass Sprache manipulieren oder enttarnen kann.

Fünfter Schritt: den eigenen Text überarbeiten

9 Individuelle Lösungen

Materialgestützt einen Text verfassen (Aufgabenart IV)

Aufgabenstellung

An Ihrer Schule wird in jedem Jahr ein „Tag der Sprachen" veranstaltet. Dort können Schülerinnen und Schüler in Workshops die Besonderheiten von bestimmten Fremdsprachen kennen lernen. An diesem Tag sollen Sie einen Vortrag zur Sprache der Pirahã halten, zu dem Oberstufenschülerinnen und -schüler ebenso eingeladen sind wie Lehrerinnen und Lehrer sowie Eltern.

Verfassen Sie auf der Basis der Materialien M 1 bis M 5 ein Manuskript für diesen Vortrag, in dem Sie
- das Volk der Pirahã, ihre Sprache und deren Besonderheiten kurz vorstellen,
- darauf eingehen, welche verschiedenen Interpretationen diese Besonderheiten der Pirahã-Sprache erfahren haben,
- erläutern, wie sich diese Interpretationen in Bezug auf die verschiedenen Deutungen der Sapir-Whorf-Hypothese einordnen lassen,
- und abschließend die Bedeutung der Forschung zur Sprache der Pirahã beurteilen.

Ihr Text sollte mindestens drei gedruckte DIN-A4-Seiten umfassen (= 7–8 Heftspalten). *(72 Punkte)*

M 1

Annette Less-Möllmann: Wer Salat isst, spricht nicht Pirahã (2005) – Auszug

Ein kleines Volk im Amazonasgebiet gibt Linguisten Rätsel auf: Die Pirahã kennen keine Zahlwörter. Können sie womöglich gar nicht zählen? Irrtum: Sie zählen nicht, weil sie es nicht wollen, meint Sprachwissenschaftler Daniel L. Everett.

Schwerpunkt von Everetts Forschungsinteresse sind die Sprachen im Amazonasgebiet, von denen viele vom Aussterben bedroht sind. Sieben Jahre verbrachte er als junger Forscher bei den Pirahã [...] die sich selbst hiaiti'ihi' nennen: die Aufrechten. Seitdem untersucht er Kultur und Sprache des Stamms – und stieß schnell auf ein Kuriosum, das mittlerweile auch seine Kollegen in Atem hält: Die Pirahã kennen keine Zahlwörter oder eindeutige Bezeichnungen für Mengen, haben keine differenzierten Begriffe für Verwandtschaftsbeziehungen und nur wenige für Zeitangaben. Sie lesen und schreiben nicht, sprechen nicht über Abstraktes, können keine Nebensätze bilden und lernen die Landessprache[1] nicht, obwohl sie in regem Kontakt mit der Außenwelt stehen.

Wie kommt es zu diesen Lücken? Sind die Pirahã überhaupt nicht in der Lage, mit Abstrakta, Vergangenheit, Zukunft und Verwandtschaft umzugehen? Oder zumindest nicht so wie der Rest der Welt? Unterscheidet sich ihr Denken grundsätzlich von dem unseren? Auch Everetts Kollege Peter Gordon machte Sprachtests in der Pirahã-Siedlung. Er fand bei den Indianern ein Zählsystem, in dem es nur Begriffe für „eins", „zwei" und „viele" gibt. In einem kürzlich veröffentlichten Artikel im Fachjournal „Science" erklärt er das so: Die Pirahã haben nur wenige Zahlwörter, weil sie eben nicht weiter zählen können. Everett ist da ganz anderer Auffassung. [...]

[1] Landessprache in Brasilien ist Portugiesisch.

Herr Professor Everett, wie zählt eine Pirahã-Mutter ihre Kinder?
Sie würde nie sagen: „Ich habe fünf Kinder." Aber eigentlich braucht sie das auch nicht: Sie kennt ja die Namen und Gesichter ihres Nachwuchses. Wenn sie mit ihnen auf eine Reise geht, dann behält sie immer den Überblick. Dafür braucht sie nicht zu zählen. Hat eine Mutter acht Kinder, eine andere nur eines, dann sagen sie so etwas wie: „Ich habe eine große Menge Kinder" beziehungsweise „Ich habe eine kleine Menge."

Aber sind Zahlen nicht doch hin und wieder praktisch?
Die Pirahã benötigen sie nicht. Wenn alle in die Kanus steigen, sagen sie nicht: „Hier haben nur noch drei Leute Platz." Sondern sie erklären, wann das Kanu zu sinken beginnen würde. [...]

Das heißt, Pirahã haben nicht einmal die Wörter „eins" und „zwei", wie Peter Gordon in seinem Artikel annimmt?
So ist es. Ich fand heraus, dass das angebliche Wort für „eins" eigentlich „klein" bedeutet. Sie bezeichnen damit zum Beispiel ein Baby, aber nicht weil es ein einzelnes Baby ist, sondern weil es klein ist. [...] Präzise Ausdrücke wie „zehn" haben die Pirahã tatsächlich nicht.

Wie kommt es zu den Diskrepanzen zwischen Gordons und Ihren Ergebnissen?
Eigentlich sind wir uns einig: Die Pirahã haben keine Zahlwörter und zählen nicht. [...] Der große Unterschied zwischen Gordon und mir ist aber die Argumentation, warum die Pirahã keine Zahlwörter haben und nicht zählen können. Er sagt, sie seien dazu kognitiv nicht in der Lage.

Diesen Schluss würden viele Forscher ziehen. Es ist ja ein klassischer Ansatz in der Linguistik, dass allgemeine kognitive Leistungen – zum Beispiel Wahrnehmen und Kategorisieren – eng mit der Sprache zusammenhängen.

Natürlich. Leute wie der Linguist Noam Chomsky oder der Psychologe Steven Pinker, beide vom Massachusetts Institute of Technology (MIT), gehen von einer angeborenen Sprachfähigkeit aus, die aus allgemeinen Denkfähigkeiten erwächst.

Wobei Gordons Ergebnisse eher in die umgekehrte Richtung weisen, nämlich in die der Hypothese des Anthropologen Benjamin Lee Whorf, dass die Muttersprache das Denken beeinflusse. In diesem Fall hieße das: Die Pirahã kennen keine Zahlwörter, also denken sie auch nicht in Zahlen. Allen diesen Ansätzen ist gemein, dass sie von einer sehr engen Verknüpfung zwischen Sprache und Kognition ausgehen. Diese Annahme lässt jedoch völlig außer Acht, welche Rolle äußere Einflüsse wie die Kultur dabei spielen. […]

Was folgt daraus für Ihre Überlegungen?
Zusammengefasst lautet meine These, dass das Portugiesische mit seinen Abstrakta, Zahlwörtern, Zeitwörtern und auch mit seinen Geschichten die Kultur der Pirahã gefährden würde. Wer eine andere Sprache lernt, der verändert sich und muss sein Denken anpassen. Das kommt bei derartig unterschiedlichen Sprachen wie Pirahã und Portugiesisch viel deutlicher zum Tragen als bei Sprachen, die seit vielen Jahrhunderten Kontakt miteinander haben.

Der Philosoph Donald Davidson sagte, eine menschliche Sprache könne nur als solche gelten, wenn sie Ausdrücke wie „alle" und „jeder" besitze.
Dann wäre Pirahã keine Sprache; „alle" bedeutet bei ihnen: „die überwiegende Menge", aber eben nicht „alle". Die Pirahã könnten sich diese Begriffe aneignen, wenn ihre Kultur sich entsprechend veränderte. Im Fall dieses Stamms wäre das vermutlich eine traumatische Veränderung.

Aber eigentlich gehen wir in unserer Kultur genau so vor: Wir entdecken einen naturwissenschaftlichen Sachverhalt und geben ihm einen Namen. Es kann also einen Gedanken schon geben, bevor ein Wort dafür vorhanden ist. Dass die Pirahã diesen Schritt nicht tun, muss mit ihrer Kultur zu tun haben.

Annette Less-Möllmann: Wer Salat isst, spricht nicht Pirahã.
In: Gehirn & Geist, 9/2005, S. 36–39

M 2

Wolfgang Krischke: Ist Grammatik eine Sache der Kultur? (2017)

Daniel Everett verficht seine These, dass die Verschiedenheit der Sprachen in unterschiedlichen Lebensformen wurzle – und übergeht dabei die Argumente seiner Kritiker.

Bekannt geworden durch seine linguistischen Forschungen im Amazonas-Becken, präsentiert Daniel Everett in seinem neuen Buch die menschlichen Sprachen als Werkzeuge, die nur zu erklären sind, wenn man sie als kulturelle Produkte begreift. Auf den ersten Blick ist das keine Neuigkeit: Dass sich die Kultur, von der Religion bis zur Technik, im Wortschatz und in den Metaphern einer Sprache niederschlägt, liegt auf der Hand. Aber Everett geht weiter: Für ihn ist auch die Grammatik bis in die Details der Flexion und des Satzbaus hinein ein Produkt der Lebensumstände, der Werte und der Weltwahrnehmung einer Gesellschaft. Die großen strukturellen Unterschiede zwischen den Sprachsystemen spiegeln also die Verschiedenheit kultureller Welten.

Damit stellt sich Everett gegen eine naturalistisch geprägte Auffassung von Sprache, wie sie von prominenten Linguisten wie Noam Chomsky und Stephen Pinker vertreten wird: Für sie ist Sprache im Kern kein gesellschaftlich geformtes Werkzeug, sondern ein neurobiologisch verankerter „Instinkt", der bewirkt, dass Kindern in einer normalen sprachlichen Umgebung ihre Muttersprache von selbst zuwächst.

Alle Sprachen beruhen danach auf derselben Universalgrammatik, quasi ein Lego-Kasten, der für jede Sprache denselben Bausatz bereithält. Nur welche Steine ausgewählt und wie sie zusammengesteckt werden, variiert in gewissen Grenzen. Die scheinbar enormen Unterschiede zwischen den Sprachen entpuppen sich in dieser Perspektive als oberflächliche Erscheinungen, Arabisch, Latein oder Deutsch schrumpfen zu Dialekten ein und derselben Welt-Sprache. […]

Die entscheidende Erkenntnisquelle, aus der sich Everetts antiuniversalistische Stoßrichtung speist, sind seine jahrzehntelangen Feldforschungen zur Sprache der Pirahã, eines wenige Hundert Mitglieder zählenden Volkes an einem Nebenfluss des Amazonas. […] Was sich ihm im Laufe der Jahre enthüllte, war eine Sprache, die zwar außerordentlich komplexe Wortstrukturen und Intonationsverläufe aufweist, die aber in anderer Hinsicht erstaunlich einfach ist und – aus dem Blickwinkel europäischer Sprachen – elementare Lücken aufweist. So gibt es Everett zufolge im Pirahã keine eigenständigen Farbbezeichnungen, sondern nur behelfsmäßige Augenblicksbildungen wie „undurchsichtiges

Auge" oder „durchsichtiges Auge" für Schwarz und Weiß oder „es ist wie Blut" für Rot. [...]

Doch es gibt ernst zu nehmende empirische Einwände gegen Everetts Pirahã-Darstellung. [...] Vorgetragen wird die Kritik vor allem von den Sprachwissenschaftlern Andrew Nevins, David Pesetsky und Cilene Rodrigues, die selbst eher der universalistischen Schule zuneigen. Sie werfen Everett vor, dass er das Pirahã durch seine Analysen und Übersetzungen viel exotischer erscheinen lasse, als es eigentlich ist. Indem er Wörter und Sätze in einer bewusst verfremdenden Weise zerlege und ihnen etymologische Bedeutungen zuordne, die längst verblasst seien, entstehe erst das Bild einer „ganz anderen" Sprache. In Wirklichkeit, so Everetts Kritiker, fehlen dem Pirahã weder Farbwörter noch rekursive Einbettungen, auch ein rudimentärer Zahlwortschatz sei vorhanden, und viele der vermeintlich außergewöhnlichen Grammatikmerkmale ließen sich in etlichen anderen Sprachen nachweisen.

Was mit dem Vorwurf der „Exotisierung" und „Etymologisierung" gemeint ist, lässt sich am deutschen Wort „grün" illustrieren: Nimmt man seine Wortwurzel, nämlich „wachsen/sprießen", als heutige Bedeutung an, müsste man folgern, dass das Deutsche über keine echte Bezeichnung dieser Farbe verfügt. In ähnlicher Weise ließe sich belegen, dass Deutschen und Österreichern das Reden über abstrakte Denkprozesse eigentlich fremd ist, denn warum müssten sie sonst zu handfesten Umschreibungen wie *be-greifen* und *er-fassen* Zuflucht nehmen. [...]

Nun sind Nevins, Pesetsky und Rodrigues wie fast alle Linguisten gegenüber Everett im Hintertreffen, weil sie kein Pirahã sprechen. Stattdessen nutzen sie jedoch Argumente, die Everett selbst ihnen an die Hand gegeben hat: In seinen ersten Forschungsarbeiten zum Pirahã aus den achtziger Jahren analysierte Everett nämlich dieselben sprachlichen Daten noch ganz anders als zwei Jahrzehnte später: Von den Zahlwörtern bis zur Rekursivität[1] – in seinen Beschreibungen aus dieser Zeit ist all das noch vorhanden. Everetts Kritiker halten diese frühen Untersuchungen für empirisch korrekter und logisch konsistenter. Everett selbst hält dagegen, die universalistischen Dogmen hätten ihm damals den Blick auf die Andersartigkeit des Pirahã so verstellt. Einige Rätsel, die das Pirahã aufgibt, dürften sich jedoch lösen lassen, wenn man einen Blick in die Geschichte europäischer Sprachen wirft: Viele syntaktische Komplexitäten haben sich erst mit dem Entstehen der Schriftlichkeit herausgebildet, über die die Pirahã – wie Tausende anderer Sprachgemeinschaften – nicht verfügen. Gut möglich, dass die Amazonas-Sprache am Ende nicht viel exotischer ist als die Vorläufer des heutigen Deutsch.

1 Rekursivität: bezeichnet in der Sprachwissenschaft die Eigenschaft einer Grammatik, mit der nach bestimmten Regeln, z. B. durch Einbettung von Nebensätzen, unendlich viele Sätze gebildet werden können.

Wolfgang Krischke: Ist Grammatik eine Sache der Kultur?
FAZ vom 28.06.2013, © Alle Rechte vorbehalten.
Frankfurter Allgemeine Zeitung GmbH, Frankfurt.
Zur Verfügung gestellt vom Frankfurter Allgemeine Archiv.

M 3
Farben in der Sprache der Pirahã

Wort	Bedeutung	Entsprechung
bii'-sai (auch bii-si oder nur bii)	Blut	rot (aber auch gelb und orange)
xahoasai	unreif	grün, blau
kobiai	durch etwas durchsehen, durchsichtig	weiß
kopai'ai	undurchsichtig	schwarz
tixoho'i'	Bezeichnung für einen kleinen lila Käfer	lila
tioai	schattig, außerhalb der Sonne	dunkel

M 4
Kristin Raabe: Wie einflussreich ist Sprache? (2004)

Sprache ist ein konstitutives Element des Menschen, möglicherweise auch von anderen hoch entwickelten Tieren. Doch welchen Einfluss hat dieses Kommunikationsmittel auf unsere Denkfähigkeit, wie strukturiert es unsere Gedanken? Dieses Thema beschäftigt nicht erst Philosophen in der jüngsten Vergangenheit. Ein Team aus Ethnologen und Sprachforschern hat es im Dschungel von Amazonien ganz konkret verfolgt.

Dreimal klopft die Ethnologin Keren Everett auf den Fußboden. Der dunkelhäutige Mann im Lendenschurz klopft dreimal gegen die Wand. Es folgen vier Klopfer der Wissenschaftlerin. Wieder reagiert der Mann –
5 allerdings nur mit zwei Klopfern. Diese kurze Videosequenz gibt Rätsel auf: Eigentlich hätte der Mann vom Volk der Pirahã viermal gegen die Wand klopfen müssen. Viermal – genau wie die Ethnologin. Der Sprachforscher Peter Gordon erklärt diese Reaktion
10 mit der eigentümlichen Sprache der Pirahã:
Diese Sprache ist in vieler Hinsicht völlig anders. Sie verfügt über kein Zahlensystem, wie wir es kennen. Die Pirahã haben nur zwei Zahlwörter: hói mit einem fallenden Ton bedeutet ungefähr eins, hoí mit einem
15 *ansteigenden Ton heißt so viel wie ungefähr zwei oder auch einfach nur mehr als eins. Das hängt ganz vom jeweiligen Kontext ab.*
Die Pirahã haben also keine richtigen Wörter für Zahlen. Ob sie deswegen auch keine Zahlen denken
20 können, wollte Peter Gordon überprüfen. Dazu hatte er sich bereits in seinem Büro an der Columbia Universität in New York eine Reihe von Tests überlegt, die die Pirahã dann später mit viel Spaß absolvierten:
Sie begannen damit, zu einer Reihe verschiedener
25 *Batterien jeweils eine passende dazuzulegen. Danach mussten sie die jeweils passenden Batterien aus einem Haufen heraussuchen. Dann habe ich Gegenstände in eine Dose getan und sie wieder herausgenommen. Die Pirahã mussten dann sagen, ob noch Gegenstände in*
30 *der Dose waren. Auf diese Weise haben wir ihr Gedächtnis für Zahlen getestet.*
Bei allen Tests schnitten die Pirahã relativ gut ab, solange es nicht um eine Anzahl größer als drei ging. Waren mehr als drei Gegenstände in der Dose, dann
35 wurden die Angaben der Pirahã immer ungenauer. Ihr Zahlenverständnis reicht anscheinend tatsächlich nur bis drei. Und das liegt möglicherweise daran, dass sie keine Wörter für Zahlen haben. Gordon:

Die Ergebnisse passen ganz gut zu dem, was wir heute über Zahlenverständnis wissen. Die ersten drei Zahlen 40 *eins, zwei und drei nehmen wir ziemlich direkt war. So als gäbe es dafür drei verschiedene Gedächtnisfächer. Bei allem, was über drei hinausgeht, müssen wir zählen. Wenn wir nicht zählen können, dann schätzen wir. Und genau das tun die Pirahã.* 45
Die Pirahã schätzen, weil sie nicht zählen können. Für manche Experten sind diese Forschungsergebnisse ein Beleg dafür, wie sehr Sprache unser Denken beeinflusst. Peter Gordon sieht das allerdings anders:
Ich glaube nicht, dass wir in Sprache denken. Wir 50 *können auf vielerlei Weise ohne Sprache über Dinge nachdenken. Beispielsweise kann man ein Konzept von diesem Ding haben, dass eine Straßenbahn mit dem Leitkabel verbindet. Aber kaum jemand weiß, wie dieses Ding heißt. Trotzdem können wir darüber nachdenken.* 55 *Wir brauchen keine Wörter für unsere Gedanken. Bei den Zahlen beinhaltet Sprache allerdings eine Art höheres Wissen. Und dadurch führt sie uns über das hinaus, was in uns von Geburt an angelegt ist.*
Zumindest wenn es um Zahlen geht, ist Sprache also ein 60 Gewinn. Für die Pirahã im Dschungel von Amazonien ist all das ohne Bedeutung. In ihrem ursprünglichen Leben ist Zählen einfach nicht wichtig. Aber die Zeiten ändern sich, und auch die Pirahã haben begonnen, mit anderen Brasilianern zu handeln. Dabei werden sie 65 regelmäßig übervorteilt – weil sie nicht zählen können.

Kristin Raabe: Wie einflussreich ist Sprache? Online unter http://www.deutschlandfunk.de/wie-einflussreich-ist-sprache.676.de.html?dram:article_id=21768 (Zugriff: 26.04.2018)

ERWARTUNGSHORIZONT

Inhaltliche Leistung

	Anforderungen Die Schülerin / Der Schüler	maximale Punktzahl (AFB)	erreichte Punktzahl
1	**verfasst eine themen- und anlassbezogene Einleitung,** etwa unter Bezugnahme auf: • die Adressaten des Vortrags (kommunikative Situierung) • den Gegenstand des Schreibauftrags (thematische Situierung)	4 (II)	
2	**stellt das Volk der Pirahã, ihre Sprache und deren Besonderheiten vor,** etwa: • kleines Volk in Brasilien, lebt am Amazonas, haben eigene Sprache, lernen die Landessprache nicht (M 1, Z. 8–15) • Nennung und Erläuterung der Besonderheiten ihrer Sprache (z. B. keine Zahlwörter, Farbbezeichnungen nur in indirekter Form, keine Abstrakta, keine Nebensätze)	7 (I)	
3	**geht auf die Interpretationen zur Sprache der Pirahã ein,** etwa: • Interpretation durch Everett: Kulturabhängigkeit der Sprache (M 1), Sprache beeinflusst demnach nicht direkt das Denken, sondern Sprache und Denken sind Produkte der Lebensumstände. • Interpretation durch Gordon: Sprache nicht als Denkmittel, sondern als „höheres Wissen" (M 4) • evtl. Hinweis auf Everetts Interpretation von Gordon (M 1), die seinen eigenen Worten z. T. widerspricht • Interpretation durch Nevins/Pesetsky/Rodrigues (M 2): weitgehend verblasste etymologische Bedeutungen lassen keine weitergehenden Schlüsse zu	15 (II)	
4	**erläutert, wie sich diese Interpretationen in Bezug auf die verschiedenen Deutungen der Sapir-Whorf-Hypothese einordnen lassen,** etwa: • Einordnung der Position Everetts: jenseits der Relativismus-Universalismus-Dualität, als weitere These: Kulturabhängigkeit der Sprache • Einordnung der Position Gordons: geht wie die Universalisten von sprachlosem Denken aus, zugleich aber von einem Einfluss der Muttersprache als „höherem Wissen" (M 4, Z. 56 ff.) auf das Denken (relativistisch) • Einordnung der Position von Nevins/Pesetsky/Rodrigues als universalistisch: Das Volk der Pirahã hat sehr wohl Vorstellungen von Farben, Zahlen etc., die aber nicht unbedingt an sprachliche Formen geknüpft sind.	12 (II)	

Autor: Frank Schneider

	Anforderungen Die Schülerin / Der Schüler	maximale Punktzahl (AFB)	erreichte Punktzahl
5	**kommt hinsichtlich der Bedeutung der Forschung zur Sprache der Pirahã zu einem begründeten Urteil,** etwa: Die Forschung zur Sprache der Pirahã zeigt auf, wie schwer es ist, valide Befunde zur Gültigkeit der Sapir-Whorf-Hypothese zu erhalten. Begründung: ▪ Korrelationen zwischen menschlicher Sprache und kognitiver Leistung lassen nicht unbedingt auf eine Kausalität zwischen Sprache und Denken schließen, denkbar ist auch eine Abhängigkeit von Sprache und Denken von einer dritten Größe, etwa den Lebensumständen. ▪ Es ist z. T. nicht einmal eindeutig entscheidbar, welche Sprachelemente eine Sprache überhaupt enthält. So ist die Frage, ob die Pirahã Farbbezeichnungen haben, nicht eindeutig zu klären, weil diese gewissermaßen als Umschreibungen existieren.	9 (III)	
6	**verfasst einen themen- und anlassbezogenen Schluss, etwa unter Bezugnahme auf die Aktualität des Themas** (z. B. werfen die aktuellen anthropologischen Erkenntnisse – wie die zu den Pirahã – die Frage nach dem Zusammenhang von Sprache und Denken neu auf).	5 (III)	
7	**entfaltet das Thema schlüssig unter Einbezug fachlichen Kontextwissens,** etwa zu folgenden Aspekten: ▪ Definition der Sapir-Whorf-Hypothese ▪ Beschreibung der gängigen Wissenschaftspositionen zum Thema (Relativismus und Universalismus) ▪ Erläuterung des Zusammenhangs zwischen Sprache – Denken – Wirklichkeit	6 (II/III)	
8	**nutzt die Materialien funktional zur Erfüllung des Schreibauftrags durch:** ▪ angemessene Ausschöpfung des gesamten Informationsangebots ▪ funktionale Integration von Referenzen auf die Materialien in den eigenen Text ▪ Konzentration auf Wesentliches und Vermeidung unnötiger Redundanzen ▪ sachliche und auftragsbezogene Verarbeitung der aus unterschiedlichen Perspektiven gestalteten Beiträge ▪ eigenständiges Verknüpfen von relevanten Informationen mit eigenen Kenntnissen	9 (III)	
9	**gestaltet seinen Text unter Berücksichtigung der Anforderungen des aufgabenbezogenen Zieltextformats im Hinblick auf:** ▪ die Adressaten ▪ die für die Textsorte charakteristischen Merkmale ▪ die Intention des Textes und das Erreichen des Kommunikationsziels	5 (III)	
10	**erfüllt ein weiteres aufgabenbezogenes Kriterium.**	(4)	
	Summe inhaltliche Leistung	**72**	

Autor: Frank Schneider

ERWARTUNGSHORIZONT

Darstellungsleistung

	Anforderungen Die Schülerin / Der Schüler	maximale Punktzahl (AFB)	erreichte Punktzahl
1	strukturiert den Klausurtext kohärent, schlüssig, stringent und gedanklich klar.	6	
2	formuliert unter Beachtung der fachsprachlichen und fachmethodischen Anforderungen.	6	
3	belegt Aussagen durch Bezugnahme auf den Text.	3	
4	drückt sich allgemeinsprachlich präzise, stilistisch sicher und begrifflich differenziert aus.	5	
5	formuliert lexikalisch und syntaktisch sicher, variabel und komplex (und zugleich klar).	5	
6	schreibt sprachlich richtig.	3	
	Summe Darstellungsleistung	28	
	Gesamtpunktzahl	100	
	Note: Datum:		

Autor: Frank Schneider

Texte, Themen und Strukturen
Lernerfolgskontrolle 11, S. 7

Analyse eines Sachtextes mit weiterführendem Schreibauftrag (Aufgabenart II A)

Aufgabenstellung

1 Analysieren Sie den Text von Steven Pinker hinsichtlich der vorgetragenen These, der Argumentation und der sprachlich-stilistischen Gestaltung. *(40 Punkte)*

2 Referieren Sie im zweiten Teil zunächst, welche zwei Interpretationsvarianten bezüglich der Sapir-Whorf-Hypothese vorherrschen. Diskutieren Sie dann, von welcher dieser Varianten sich Pinker abgrenzt und mit welcher seine Position durchaus verträglich ist. *(32 Punkte)*

Steven Pinker: **Sprachlicher Determinismus** (2014) – Auszug

Ich habe mich mit den markanten neuen Behauptungen des Whorfianismus nicht deshalb auseinandergesetzt, um zu demonstrieren, wie sie zu widerlegen sind. Zum einen wollte ich damit zeigen, wie sich unsere unstillbare Neugier in Bezug auf Sprache und Denken mit Hilfe der Wissenschaft befriedigen lässt; zum anderen ließ sich auf diese Weise ein Blick auf die Fähigkeit des menschlichen Geistes erhaschen, über Objekte, Zahlen und die drei räumlichen Dimensionen logische Überlegungen anzustellen. Darüber hinaus aber wollte ich auch ein zentrales Thema dieses Buches hervorheben: Sprache ist ein Fenster zur menschlichen Natur, das tiefgreifende und universale Merkmale unseres Denkens und Fühlens offenbart, wobei die Gedanken und Gefühle nicht mit den Wörtern selbst gleichzusetzen sind. Darum möchte ich mit einigen positiven Argumenten für eine Sprache des Geistes schließen – als Teil einer größeren Skizze von den Funktionsweisen des menschlichen Geistes und um einen Überblick darüber zu geben, wo wir in Relation zu den drei radikalen Theorien stehen.

Erstens kann die Sprache, die wir sprechen, in unseren geistigen Funktionen keine *allzu* zentrale Rolle spielen, weil wir sie ja zunächst erst einmal lernen mussten. Man kann sich ganz gut vorstellen, wie der Spracherwerb wohl vonstattengeht, wenn sich Kinder auf einige Ereignisse und Intentionen in ihrer Umgebung einen Reim machen könnten und dann versuchten, sie mit den Lauten, die aus dem Mund ihrer Eltern dringen, in Einklang zu bringen. Aber wie ein bloßer Schwall von Geräuschen im Kopf eines Kindes aus dem Nichts Konzepte erstehen lassen könnte, ist ein Rätsel. Es überrascht nicht, dass Studien über das Denkvermögen von Säuglingen vor dem Erwerb der Sprache gezeigt haben, dass sie Antennen für Ursache und Wirkung besitzen, für menschliche Handlungsfähigkeit, für räumliche Beziehungen und für andere Vorstellungen, die den Kern der konzeptuellen Struktur bilden.

Wir wissen außerdem, dass Menschengedanken in einer viel abstrakteren Form als Sätze im Gedächtnis gespeichert sind. Eine wichtige Entdeckung der Gedächtnisforschung ist gewesen, dass wir ein schlechtes Erinnerungsvermögen für den genauen Wortlaut der Sätze haben, aus denen wir unser Wissen beziehen. Diese Amnesie in Bezug auf die *Form* hindert uns jedoch nicht daran, uns den *Inhalt* des Gehörten oder Gelesenen zu merken. In einem klassischen Experiment präsentierte man Personen Gruppen von verknüpften Sätzen, von der Art wie *Der Baum stand im Vorgarten, Die Ameisen fraßen die Marmelade, Der Baum spendete dem Mann Schatten, Die Marmelade war süß* oder *Die Marmelade stand auf dem Tisch*. Kurz darauf erhielten sie eine Liste von Sätzen, auf der sie die Sätze ankreuzen sollten, die sie gesehen hatten. Bei Sätzen, die sich gewissermaßen aus den Bedeutungen der ursprünglichen Sätze zusammensetzten, wie *Die Ameisen fraßen die süße Marmelade* oder *Der Baum im Vorgarten spendete dem Mann Schatten*, schworen sie Stein und Bein, dass sie sie zuvor gesehen hatten – und das sogar noch nachdrücklicher als bei den Sätzen, die sie *tatsächlich* gesehen hatten. Das legt nahe, dass Sprachsequenzen normalerweise gelöscht werden, bevor sie den Gedächtnisspeicher erreichen, und man nur ihre Bedeutungen abspeichert, die in eine riesige Datenbank konzeptueller Strukturen eingehen.

Zweitens kann die Sprache das Denken auch deswegen nicht steuern, weil Sprecher einer Sprache, die ihren konzeptuellen Anforderungen nicht genügt, sich nicht ratlos am Kopf kratzen (zumindest nicht lange). Sie verändern die Sprache einfach – erweitern sie mit Metaphern und Metonymen, entlehnen Wörter und Phrasen aus anderen Sprachen oder prägen einen neuen Slang oder Jargon. (Wenn man einmal darüber nachdenkt – wie sollte es auch sonst funktionieren? Wenn es uns Menschen schwerfallen würde, ohne Sprache zu denken, wo hätte unsere Sprache dann herkommen sollen? Von einem Marsmenschen-Komitee?) Eine zentrale unverrückbare Tatsache der Sprachwissenschaft ist die unaufhaltsame Veränderung, und die wäre mit den „Grenzen der Welt" und einem „sprachlichen Zwange" kaum zu vereinbaren. Aus diesem Grunde verdrehen Linguisten die Augen angesichts verbreiteter Behauptungen wie „Deutsch ist die ideale Wissenschaftssprache", „Nur Französisch erlaubt eine wahrhaft logische Ausdrucksweise" oder „Eingeborenensprachen eignen sich nicht für das Leben in der

Autor: Frank Schneider

modernen Welt". Das ist laut Ray Harlow[1] so, als würde man sagen: „In Altenglisch sprach man nicht über Computer; darum kann man auch im modernen Englisch nicht über Computer sprechen."

Drittens – und das ist der wohl tiefgreifendste Grund – muss der Einfluss der Sprache auf das Denken beschränkt sein, weil sich die Sprache als solche so schlecht als Medium für logische Überlegungen eignet. Sprache ist nur dann nutzbar, wenn sie sich auf eine riesige Infrastruktur abstrakter geistiger Berechnungen stützen kann. Sätze sind einerseits übersät mit Informationen, die auf akustische Kommunikation zugeschnitten sind – Sprachlaute, die zeitlich gegliederte Abfolge von Wörtern sowie zahlreiche Hilfsmittel, um die Aufmerksamkeit der Hörer zu fesseln. Andererseits fehlen Informationen, die für eindeutige Schlussfolgerungen unerlässlich sind. Das offensichtlichste Manko ist die Polysemie[2]. Kein Sprecher, der im Vollbesitz seiner geistigen Kräfte ist, würde eine Öffnung in einer Wand nicht von einer Glasscheibe unterscheiden können, Blätter aus Zellstoff von einem informationsverbreitenden Unternehmen, einen zehnmonatigen Fertigungsprozess von einem Gebäude mit zehn Stockwerken oder eine Tierspezies von einem leibhaftigen Viech. (Experimentelle Psychologen, die alles testen, was ihnen unter die Finger kommt, haben in der Tat aufgezeigt, dass Menschen die verschiedenen Bedeutungen eines polysemen Verbs nicht durcheinanderwerfen.) Doch genau das würden die gebräuchlichen Wörter des Deutschen, des Englischen und anderer Sprachen ihre Sprecher zwingen zu tun, wenn sie das innere Medium des Denkens wären. Ein Appell an die Fähigkeit des Geistes, Polysemie im Kontext aufzulösen, würde nicht helfen, denn wir reden hier ja über genau diejenige geistige Komponente, die das Auflösen übernehmen würde, und diese Komponente muss zwischen den Kategorien, die in einem Wort zusammengepfercht sind, differenzieren können.

In dieser Hinsicht widerlegen sich die radikalen Theorien über Sprache und Denken gegenseitig wie bei einem Schere-Stein-Papier-Spiel. Unterschiede zwischen den Sprachen, auf denen der *Sprachliche Determinismus* so stolz herumreitet, bereiten dem *Extremen Nativismus*[3], nach dem Konzepte angeboren und somit universal sind, böse Kopfschmerzen. Die Präzision von Wortbedeutungen, die der *Extreme Nativismus* gerne anführt, um Definitionen zu diskreditieren, wirft den Schatten des Zweifels auf die *Radikale Pragmatik*, die behauptet, dass das Wissen über ein Wort extrem formbar ist. Und die Polysemie, die die *Radikale Pragmatik* befeuert, bedeutet nichts Gutes für den *Sprachlichen Determinismus*, weil sie illustriert, dass Gedanken viel feinkörniger als Wörter sein müssen.

Die Theorie der konzeptuellen Semantik, laut der Wortbedeutungen als mentale Ausdrücke in einer reichhaltigeren und abstrakteren Sprache des Geistes repräsentiert sind, steht in der Mitte dieses Kreises und hat auf alle genannten Komplikationen eine Antwort. Wortbedeutungen können sprachenübergreifend variieren, weil Kinder sie aus grundlegenderen Konzepten zusammensetzen und justieren. Sie können präzise sein, weil sie einige Aspekte der Realität ins Visier nehmen und den Rest links liegen lassen. Und sie können unsere logischen Überlegungen unterstützen, weil sie gesetzmäßige Aspekte der Wirklichkeit repräsentieren – Raum, Zeit, Kausalität, Objekte, Absichten und Logik – und nicht das System aus Geräuschen, das sich unter den Mitgliedern einer Gemeinschaft entwickelt hat, um diesen die Kommunikation zu ermöglichen. Zudem entspricht die konzeptuelle Semantik unserer aus dem gesunden Menschenverstand geborenen Auffassung, dass Wörter und Gedanken nicht dasselbe sind und dass menschliche Weisheit in der Tat oft darin besteht, die beiden nicht miteinander zu verwechseln. „Kluge gebrauchen die Worte wie Rechenpfennige, wobei sie lernen wollen", schrieb Hobbes[4]. „Toren aber sehen sie als wirkliche Münze an."

Steven Pinker: Sprachlicher Determinismus.
In: S. Pinker: Der Stoff, aus dem das Denken ist. Was die Sprache
über unsere Natur verrät. Aus dem Amerikan. von Martina Wiese.
S. Fischer, Frankfurt/M. 2014, S. 251–254

---

1 Ray Harlow: ehem. Linguistikprofessor an der University of Waikato und Gründungsmitglied der Māori Language Commission
2 Polysemie: Mehrfachbedeutung eines Wortes
3 Extremer Nativismus: Der Nativismus geht von der Angeborenheit sprachlicher Strukturen aus, insbesondere nimmt er an, eine universelle Grammatik sei jedem Kind angeboren. Extreme Vertreter des Nativismus gehen darüber hinaus davon aus, dass auch gedankliche Konzepte (Begriffe) zur angeborenen Grundausstattung jedes Menschen gehören.
4 Thomas Hobbes (1588–1679): englischer Philosoph

Inhaltliche Leistung

Aufgabe 1

	Anforderungen Die Schülerin / Der Schüler	maximale Punktzahl (AFB)	erreichte Punktzahl
1	**verfasst eine aufgabenbezogene Einleitung** unter Angabe von Titel, Autor, Textsorte und Entstehungsjahr.	3 (I)	
2	**skizziert kurz den Inhalt und den Aufbau des Textes,** etwa: • Einleitung: Zielsetzung einer offenbar vorausgegangenen Argumentation (bis Z. 21) • Vorstellung von drei Argumenten dafür, dass der Einfluss der Sprache auf das Denken gering sein muss (Z. 22–Z. 124) • Abgrenzung vom extremen Nativismus (Z. 125–139) • Präsentation der kognitiven Semantik als Lösung (Z. 140–163)	4 (I)	
3	**arbeitet die Thesen des Textes heraus,** etwa: • Gewinnung von Einsichten in die Natur des menschlichen Geistes (der weitgehend von Sprache unabhängig ist) über die Sprache (Z. 12 ff.) • Ablehnung sowohl des sprachlichen Determinismus als auch des extremen Nativismus, die sich selbst widerlegten (Z. 127 ff.) • konzeptuelle Semantik als Lösung der Frage: Sprache des Geistes ist sprachunabhängig und vor jeder Einzelsprache vorhanden (Z. 140 ff.)	9 (II)	

4	**untersucht die Argumentation,** etwa:
	• Hinweis auf drei Argumente, die zeigen sollen, dass Sprache keinen großen Einfluss auf den Geist habe:
	  1. kindliches Denken vor dem Spracherwerb, abstrakte Gedächtnisleistungen
	  2. Möglichkeit, über Dinge nachzudenken, deren Bezeichnung die Sprache nicht enthält
	  3. Sprache spiegele nicht die Möglichkeiten des logischen Denkens, das über sie hinausgehe
	• Nutzung von empirischen Studien als Beleg (Z. 41 ff.)
	• Plausibilitätsargumentationen (Z. 22 ff., 91 ff.)
	• Autoritäten-Zitate (Z. 87 ff.; Z. 160 ff.)
	• Stützung der Argumente durch konkrete Beispiele (z. B. Z. 103 ff.)
	• insgesamt: Ablehnung des „Whorfianismus" in der Variante des sprachlichen Determinismus
	• anschließend: Ablehnung des extremen Nativismus ohne explizite Argumentation
	• Präsentation der konzeptuellen Semantik als Lösung mit kurzen Hinweisen auf Plausibilität
		13 (II)	

Autor: Frank Schneider

ERWARTUNGSHORIZONT

	Anforderungen Die Schülerin / Der Schüler	maximale Punktzahl (AFB)	erreichte Punktzahl
5	**untersucht die sprachlich-stilistische Gestaltung,** etwa: - Aufwertung der Geistesfähigkeiten und der Möglichkeiten, sie durch Sprache zu erkennen, durch Metaphern („Fenster zur menschlichen Natur", Z. 12 f., „Sprache des Geistes", Z. 17) und anderes aufwertendes Vokabular (z. B. Z. 5 ff.) - abwertendes Vokabular bzw. Metaphern bei der Beschreibung relativistischer Annahmen: „Schwall von Geräuschen" (Z. 30 f.), „so stolz herumreitet" (Z. 129) - abwertendes Vokabular für den extremen Nativismus („böse Kopfschmerzen", Z. 131) - aufwertendes Vokabular für die Idee der konzeptuellen Semantik: „hat auf alle genannten Komplikationen eine Antwort" (Z. 144) - Ironie (z. B. Z. 73 ff.) zur Abwertung anderer Auffassungen in unterhaltsamem Stil - salopper Plauderton, um Leser zu fesseln (z. B. Z. 104 ff.), aber auch Verwendung von Fachsprache, um argumentativ zu überzeugen (Z. 136 f.)	8 (II)	
6	**formuliert eine reflektierte Schlussfolgerung auf der Grundlage der Untersuchungsergebnisse,** etwa: - Kritik: selbstgerechte Darstellung einer vermeintlich unangreifbaren Position in einer komplexen, kontrovers diskutierten Frage - Zustimmung: plausible Darstellung eines sprachunabhängigen Denkens	3 (III)	
7	**erfüllt ein weiteres aufgabenbezogenes Kriterium.**	(5)	
	Summe Aufgabenteil 1	**40**	

Aufgabe 2

	Anforderungen Die Schülerin / Der Schüler	maximale Punktzahl (AFB)	erreichte Punktzahl
1	**formuliert eine sinnvolle Überleitung,** z. B. unter Bezugnahme auf Pinker als Vertreter eines weitgehend sprachunabhängigen Denkens in der Diskussion über die Sapir-Whorf-Hypothese.	3 (I)	
2	**stellt die Sapir-Whorf-Hypothese und ihre Interpretationsformen dar:** - umreißt kurz den Inhalt der Sapir-Whorf-Hypothese - nennt und erläutert präzise die zwei Formen der Interpretation: deterministische (starke) Auslegung = Muttersprache legt Denkbahnen fest, die nicht verlassen werden können; schwache Auslegung: Muttersprache legt Denkbahnen nahe, die uns meist nicht bewusst sind, denen wir aber unbewusst folgen	12 (I)	
3	**stellt begründet dar, von welcher der Formen sich Pinker abgrenzt,** etwa: - Pinkers Argumente richten sich explizit gegen den sprachlichen Determinismus (Z. 127 f.), also gegen die Vermutung eines sprachlichen Zwangs (Z. 80 f.), der das Denken festlegt.	6 (III)	

Autor: Frank Schneider

Texte, Themen und Strukturen

	Anforderungen Die Schülerin / Der Schüler	maximale Punktzahl (AFB)	erreichte Punktzahl
4	**diskutiert, mit welcher Form der Interpretation Pinkers Position verträglich ist,** etwa: • vereinbar mit den Formen der schwachen Interpretation • Erläuterung: Zwar beschreibt Pinker nicht – wie die schwache Interpretation der Sapir-Whorf-Hypothese – ein Nahelegen von Denkwegen durch die Sprache, aber keine seiner Erläuterungen würde dieser These direkt widersprechen.	8 (III)	
5	**kommt zu einer reflektierten Schlussfolgerung,** etwa: Sprachlicher Relativismus wird in der starken Form der Interpretation dargestellt, um die Abgrenzung besonders plausibel zu machen.	3 (III)	
6	**erfüllt ein weiteres aufgabenbezogenes Kriterium.**	(5)	
	Summe Aufgabenteil 2	**32**	

Darstellungsleistung

	Anforderungen Die Schülerin / Der Schüler	maximale Punktzahl (AFB)	erreichte Punktzahl
1	strukturiert den Klausurtext kohärent, schlüssig, stringent und gedanklich klar.	6	
2	formuliert unter Beachtung der fachsprachlichen und fachmethodischen Anforderungen.	6	
3	belegt Aussagen durch Bezugnahme auf den Text.	3	
4	drückt sich allgemeinsprachlich präzise, stilistisch sicher und begrifflich differenziert aus.	5	
5	formuliert lexikalisch und syntaktisch sicher, variabel und komplex (und zugleich klar).	5	
6	schreibt sprachlich richtig.	3	
	Summe Darstellungsleistung	**28**	
	Gesamtpunktzahl	**100**	
Note: Datum:			

Autor: Frank Schneider

Texte, Themen und Strukturen

Redaktion: Birgit Patzelt, Verena Walter
Umschlaggestaltung: Studio SYBERG, Berlin (Foto: Fotolia/Gina Sanders)
Technische Umsetzung: zweiband.media, Berlin

www.cornelsen.de

Die Webseiten Dritter, deren Internetadressen in diesem Lehrwerk angegeben sind, wurden vor Drucklegung sorgfältig geprüft. Der Verlag übernimmt keine Gewähr für die Aktualität und den Inhalt dieser Seiten oder solcher, die mit ihnen verlinkt sind.

1. Auflage, 1. Druck 2018

Alle Drucke dieser Auflage sind inhaltlich unverändert
und können im Unterricht nebeneinander verwendet werden.

© 2018 Cornelsen Verlag GmbH, Berlin

Das Werk und seine Teile sind urheberrechtlich geschützt.
Jede Nutzung in anderen als den gesetzlich zugelassenen Fällen
bedarf der vorherigen schriftlichen Einwilligung des Verlages.
Hinweis zu §§ 60a, 60b UrhG: Weder das Werk noch seine Teile dürfen
ohne eine solche Einwilligung an Schulen oder in Unterrichts- und
Lehrmedien (§ 60b Abs. 3 UrhG) vervielfältigt, insbesondere kopiert oder
eingescannt, verbreitet oder in ein Netzwerk eingestellt oder sonst öffentlich
zugänglich gemacht oder wiedergegeben werden. Dies gilt auch für
Intranets von Schulen.

Druck: Media Print Informationstechnologie GmbH, Paderborn

ISBN 978-3-06-200180-2

PEFC zertifiziert
Dieses Produkt stammt aus nachhaltig bewirtschafteten Wäldern und kontrollierten Quellen.
www.pefc.de